Pão Diário ®

O livro de leituras devocionais diárias
nº 13

D1735860

Uma publicação com direitos reservados
à Rádio Trans Mundial

Coordenador do comitê editorial: Roland Körber
São Paulo – SP, 2010, 1ª Edição.

rádio trans mundial

AUTORES

AP – Andréa Pavel, *São Paulo-SP*
APS – Adelma Pereira da Silva, *São Paulo-SP*
ARG – Antônio Renato Gusso, *Curitiba-PR*
CK – Claiton André Kunz, *Ijuí-RS*
CT – César Thomé †
CTK – Carlise Tiede Käser, *Santo Ângelo-RS*
DK – Doris Körber, *Curitiba-PR*
DW – David Winter, *Bozano-RS*
EA – Eliezer de Araújo, *Feira de Santana-BA*
EB – Eliceli Bonan, *Faxinal dos Guedes-SC*
EOL – Edson de Oliveira Lima, *Araraquara-SP*
ETS – Elias Torres da Silva,
  São Bernardo do Campo-SP
HK – Hans Kellert, *Curitiba-PR*
HM – Helmuth Matschulat, *Curitiba-PR*
HS – Helmuth Scholl, *Florianópolis-SC*
HSG – Hebert dos Santos Gonçalves,
  Ceres-GO
IAO – Ivan Augusto de Oliveira, *São Paulo-SP*
JG – João Garcia, *Oakville, Canadá*

KCB – Kalley Gean Costa Brito, *Brasília-DF*
LM – Laércio Miranda, *São Paulo-SP*
LSa – Luiz Sayão, *São Paulo-SP*
LSch – Lodemar Schlemper, *Blumenau-SC*
MAS – Marcio Alexandre Santos, *São Paulo-SP*
MHJ – Miguel Herrera Jr., *São Paulo-SP*
MLN – Mário Lúcio Nascimento,
  Mogi das Cruzes-SP
MM – Mário Miki, *Curitiba-PR*
MZK – Marivete Zanoni Kunz, *Ijuí-RS*
NE – Nelson Ellert, *São Paulo-SP*
RK – Roland Körber, *São Paulo-SP*
RPM – Reginaldo Pereira de Morais,
  Curitiba-PR
TL – Teodoro Laskowski, *Abbotsford, Canadá*
VK – Vanderli Kühl, *Guaíra-PR*
VS – Vanderlei Schach, *Nova Ramada-RS*
VWR – Vanessa Weiler Ribas, *Ijuí-RS*
WMJ – Wanderley de Mattos Júnior,
  São Paulo-SP

REVISORES: *Elsa Körber / Roland Körber*
Numerosos voluntários que auxiliaram na avaliação preliminar dos textos

COMITÊ EDITORIAL: *Roland Körber* (coordenador), *Erich Tausendfreund,
José Carlos dos Santos, Klaus George Rempel, Walter Feckinghaus*

EDITORAÇÃO ELETRÔNICA: *Janete Dias Celestino Leonel*

PROJETO GRÁFICO E CAPA: *Carlos Bertoni*

FOTOGRAFIA: *Getty Imagens*

IMPRESSÃO: *Imprensa da Fé*

DIREÇÃO EXECUTIVA: *José Carlos dos Santos*

Realização – Rádio Trans Mundial
Salvo algumas citações isoladas, os textos bíblicos desta edição seguem a NVI – Nova Versão Internacional, cedidos gentilmente pela SBI – Sociedade Bíblica Internacional.

**Dados Internacionais de Catalogação na Publicação (CIP)
(Câmara Brasileira do Livro, SP, Brasil)**

Pão Diário : o livro das leituras devocionais diárias,
  nº 13 / coordenador do comitê editorial Roland
  Körber. -- São Paulo : Rádio Trans Mundial, 2010.

Vários autores.
979-85-895-5820-3 - brochura
979-85-895-5821-0 - brochura letra grande
979-85-895-5822-7 - espiral letra grande

1. Bíblia - Leitura 2. Bíblia - Meditações 3. Devoções diárias I. Körber,
Roland II. Título III. Título: o livro de leituras devocionais diárias.

09-08287   CDD-242.5

Índices para catálogo sistemático:
1. Bíblia : Leituras devocionais diárias : Cristianismo   242.5

Prefácio

Pão Dário é justamente isso. Todos os dias sua leitura alimenta para o nosso ser. Textos selecionados salientam algo prático para a vida.

Há livros para os mais diversos propósitos. Há os que informam. Há livros que reformam e também que deformam. Mas há um só livro que transforma - o Livro de Deus, a Bíblia! Esse livro é a biblioteca de Deus. São 66 obras inspiradas por Deus que atravessam séculos.. O Pão Diário caminha por ele apresentando pepitas que enriquece a vida do leitor. São temas atuais e práticos que Deus nos oferece como uma salva de prata com maçãs de ouro (Pv 25.11).

Estas palavras transformam a vida de quem as digere como alimento para sua alma. Sei de muitas pessoas transformadas pelo impacto dessas mensagens em sua vida e no seu ambiente. O dedo de Deus escreve não com letras de tinta, e mas com seu Espírito no coração.

Num pequeno povoado do Amazonas onde atendia o povo, tratei de um homem idoso e obviamente debilitado. Receitei-lhe um remédio para seu corpo e lhe disse: "E eis aqui uma receita para sua alma!" Expliquei-lhe como sintonizar os programas da Rádio Trans Mundial.

Anos depois conheci seus filhos. "Papai nos acordava toda madrugada para ouvir os programas da Trans Mundial. Hoje todos seguimos a Jesus e participamos ativamente de uma igreja com as nossas famílias", relataram.

Com carinho e amor, o Pão Diário penetra em todas as camadas da sociedade. Onde moramos hoje, diversos segmentos da liderança da cidade conhecem e leem o Pão Diário. Neste mundo tenebroso, o rei Davi dirige-se a Deus escrevendo: "Lâmpada para os meus pés e luz para o meu caminho é a tua Palavra" (Sl 119.105).

P. Alan Bachmann

Compreendendo a Bíblia

A liberdade que temos de ler a Bíblia é um privilégio. Muitos, no passado, não a tiveram e pagaram um alto preço para que nós a tivéssemos. Portanto, ler a Bíblia e estudá-la é um presente de Deus para cada um. Sugerimos os seguintes passos para seu estudo:

1. *Observe*   Quando ler a Bíblia, seja curioso. Cada vez que ler o texto bíblico, tente responder às seguintes perguntas: *Quem? O quê? Por quê? Como? Onde? Quando?* Mantenha um dicionário sempre à mão, para compreender bem as palavras cujos significados não sejam tão claros.

2. *Investigue*   Tente descobrir o que o texto diz, lendo passagens que vêm imediatamente antes e depois do texto lido. É bom ler também as passagens paralelas indicadas na própria Bíblia. Um dicionário bíblico funciona como uma lente de aumento, ampliando a compreensão do texto.

3. *Aplique*   Depois de observar e investigar, faça a si mesmo a pergunta: *"O que este texto significa para a minha vida?"* Tome cuidado para não misturar aspectos culturais próprios da época aos dias de hoje. Princípios bíblicos sempre são válidos quando provocam um caminhar saudável com o Senhor Jesus.

4. *Ore*   Orar significa conversar com Deus de maneira sincera e espontânea, sem rodeios. O ato de orar não funciona mais se for repetido várias vezes. Orar é atitude de fé. Quem ora, precisa crer e confiar de todo o coração que Deus ouve e responde. Portanto ore sempre, não importando se em voz alta ou consigo mesmo. Peça sempre em nome de Jesus. Ele é o único mediador entre Deus e os homens, conforme lemos em 1Tm 2.5.

Rádio Trans Mundial

Rádio Trans Mundial

Para o rádio não existe cidade, vila, fazenda, ser tão e beira de rio que não possa ser alcançado. Não importa a distância. Dentro desta certeza, em 1970 nasceu no Brasil a Rádio Trans Mundial, cobrindo os cerca de 8,5 milhões de quilômetros quadrados. Conheça um pouco mais a Rádio Trans Mundial:

Transmissão

A programação em Ondas Curtas é transmitida para todo o Brasil através de três transmissores localizados em Santa Maria – RS, cobrindo praticamente todo o território nacional, e também por emissoras locais afiliadas à rede. Você pode ouvir a Trans Mundial em qualquer parte do mundo através da Internet, rádio on-line, 24hs ao vivo.

Programação

Comunicar o Evangelho aos brasileiros em língua portuguesa e em línguas nativas, para que todos compreendam de maneira clara e objetiva a razão pela qual Deus enviou o seu Filho ao mundo, é uma das metas da RTM. Oferecemos aos ouvintes estudo bíblico, devocionais, músicas, utilidade pública, instrução, educação, jornalismo e entretenimento.

Projetos Ministeriais

Através do PAR – Programa de Adoção da RTM você se torna um missionário sustentador de um dos nossos Projetos Ministeriais:

Línguas Indígenas – trabalha para que índios recebam o Evangelho em seu próprio idioma, transmitindo programas nas línguas Baniua, Macuxi e Ticuna, além de apoiar o estúdio e a creche Ticuna.

Capelania Escolar – através de materiais, cursos e congressos, prepara capelões para atuarem em escolas públicas, particulares e confessionais, tornando-se uma especial ferramenta de missões urbanas.

Projeto Ana – oração, conscientização e ação em favor de mulheres oprimidas no Brasil e no mundo.

Plantação de Igrejas – desenvolve ações que auxiliam no evangelismo e consolidação de novas igrejas, por meio do projeto Ceifa Sul.

Cursos Bíblicos – ensina a Palavra de Deus através de cursos gratuitos, via correspondência, à milhares de jovens, crianças e adultos que estão em presídios, asilos, casas de recuperação e lugares remotos.

Projeto Antenas – busca parcerias com o maior número de emissoras de rádio, para levar o evangelho com a programação da RTM.

Operação Resgate – conscientiza a Igreja a trabalhar com crianças e jovens excluídos da sociedade.

Departamento de Publicações

Além do Pão Diário, é possível adquirir o Comentário Bíblico Rota 66 (MP3), na apresentação do Prof. Luiz Sayão, CDs musicais (Hinos, Belos Hinos 1, 2, 3, 4 e 5), os comentários Através da Bíblia (Livro e MP3), pelo Prof. Itamir Neves (Gênesis, Mateus, Marcos e Lucas).

Mais informações pelo site: www.transmundial.com.br

Rádio Trans Mundial
Caixa Postal 18.113 – 04626-970 São Paulo – SP
Email: rtm@transmundial.com.br
Site: www.transmundial.com.br
Para solicitar o Pão Diário
Tel.: 11 5031.0857 — Fax: 11 5031.3533 ramal 218
Email: vendas@transmundial.com.br
Site: www.transmundial.com.br

 Os dias em que esta figura aparece no topo da página, são os domingos de 2010. Neles, a leitura bíblica é a mesma de nossa publicação infantil "Pão Diário traz Surpresas para Hoje". Aproveite para ler a Palavra de Deus em família!

Rádio Trans Mundial – 40 anos

O início da missão radiofônica que veio a ser conhecida internacionalmente como Trans World Radio (TWR) e como Rádio Trans Mundial no Brasil remonta ao ano de 1958, com uma pequena estação em Tanger, no norte da África, transmitindo programas para a Espanha. Paralelamente com o seu crescimento durante a década de 60, surgiu também na Alemanha uma missão similar (Evangeliumsrundfunk – ERF), que logo se associou com a TWR.

Durante aquele período, depois de algumas representações isoladas da TWR no Brasil, os líderes do ramo alemão, em parceria com cristãos aqui no Brasil, principalmente de origem alemã (Batistas, Evangélicos Livres, Luteranos (MEUC), Menonitas e Presbiterianos), decidiram em 1969 iniciar um trabalho sistemático de produção de programas evangélicos no Brasil, a serem transmitidos para o Brasil por meio dos potentes transmissores de onda média e curta da TWR em Bonaire, Antilhas Holandesas, visando principalmente a toda a Região Norte e, via ondas curtas, também para as regiões de colonização alemã no Sul.

Assim, em 1970, constituiu-se em São Paulo a Rádio Trans Mundial do Brasil, que contratou o casal missionário Edmund e Marli Spieker para assumirem este encargo.

Após um período de treinamento na Alemanha, o casal iniciou suas atividades com a produção do programa infantil "Criança Feliz", sob a coordenação da "Tia Marli", usando equipamento de gravação portátil num estúdio improvisado, instalado nas dependências da Igreja Batista Alemã de São Paulo.

O trabalho cresceu rapidamente. Com a multiplicação dos programas produzidos houve a necessidade da criação de um curso bíblico para ouvintes e, não muito depois, da produção de livros e programas de áudio, entre os quais a primeira edição da Bíblia falada gravada em fita cassete.

Em 24 de março de 1973 houve o lançamento da pedra fundamental da sede própria na zona sul da cidade de São Paulo, com escritórios e estúdios, que foram posteriormente ampliados e que abriga a RTM até hoje.

Alguns marcos importantes no desenvolvimento da sua programação ao longo dos anos foram: a utilização de um canal de satélite para a distribuição de sua programação para várias partes do país. Em 1994, a RTM criou seu primeiro programa AO VIVO, com locutor âncora apresentando uma revista radiofônica chamada Espaço Trans Mundial.

Na linha de publicações, a RTM lançou em 1998 a primeira edição do devocional "Pão Diário" cujas primeiras edições foram traduzidas do inglês, de uma publicação similar americana. A partir do nº 5, ele passou a ser produzido integralmente no Brasil, por autores brasileiros.

Em 21 de novembro de 2004, a RTM pôde dar outro grande passo com a inauguração do parque de transmissões em onda curta em Santa Maria – RS, com o qual passou a cobrir praticamente todo o território nacional a partir do próprio Brasil. Em paralelo a isso expandiu-se também o fornecimento de programas a uma rede de estações de rádio locais - sem falar do alcance que houve a muitos ouvintes através da Internet, onde a programação pode ser ouvida 24 h/dia.

O avanço mais recente é a instalação de um pequeno estúdio de gravação na fronteira brasileiro-peruana, onde estão sendo produzidos programas no idioma indígena ticuna.

O sustento dos trabalhos da RTM é um impressionante testemunho da graça de Deus, que durante todos esses 40 anos jamais deixou faltar os recursos necessários para a obra. O orçamento operacional da RTM é integralmente coberto por fontes brasileiras. Apenas para a aquisição e instalação de equipamentos têm havido ajuda estrangeira.

Assim, queremos também aqui render graças ao nosso Deus, cuja mensagem de amor, reconciliação e restauração de vidas é o objeto do nosso trabalho.

1º de janeiro

Ano aceitável do Senhor

LEITURA BÍBLICA:
Isaías 61.1-2

...apregoar o ano aceitável do SENHOR (Is 61.2 ARA).

Feliz ano novo! Um próspero ano novo! Cumprimentos, cartões com felicitações. Este é o nosso desejo: sermos felizes e prósperos. Trezentos e sessenta e cinco dias felizes, bem-sucedidos, tranquilos, com saúde, sem problemas financeiros, familiares ou profissionais. Nada de errado com esses desejos! Nós temos sede de felicidade. Uma vontade de ser feliz implantada pelo próprio Deus.

Mas, será que a expressão *feliz ano novo* não revela um pouco de inquietação? Inquietação que vem de outros anos que não foram tão felizes, nos quais enfrentamos problemas e mais problemas? E, por outro lado, não sabemos como será o amanhã, o que nos aguarda nos próximos dias...

Talvez o *feliz ano novo* não passe de um sonho. Sabemos que a realidade é diferente. Há a possibilidade de crises, de guerras, de mortes, de pessoas se acusando, de problemas financeiros, de problemas familiares, etc. Tudo isso é bem real e acontece ao nosso redor.

Entretanto, quando recebemos Cristo em nossa vida, quando confiamos em Deus, as Escrituras nos dizem que nos assentamos com ele nas regiões celestiais (Efésios 1.3). Mesmo assim, nossa vida aqui na terra nem sempre é um "mar de rosas". Muitas vezes passamos por dificuldades e por muitas lutas.

Mas, que tal pensarmos, então, em *um ano aceitável do Senhor*? Sim! Talvez não seja um ano próspero ou tão tranquilo como esperávamos. Mas que seja um ano que possamos aceitar das mãos do Senhor.

Que você possa chegar ao final deste ano e dizer, como disse Samuel quando erigiu aquela pedra memorial: "Ebenézer: até aqui nos ajudou o Senhor" (1 Samuel 7.12). Um ano em que aceitemos a Deus, sua vontade e o que ele nos manda. Um ano aceitável do Senhor! – CK

Não há sucesso maior do que estar na vontade de Deus.

2 de janeiro

Família

LEITURA BÍBLICA:
Mateus 12.46-50

Jesus disse: "...quem faz a vontade de meu Pai que está nos céus, este é meu irmão, minha irmã e minha mãe" (Mt 12.50).

A maioria das pessoas gosta de viver em família. Família é tão marcante que, em alguns casos, nos orgulhamos até dos defeitos que dela herdamos. Quem já não ouviu alguém dizer: "Este é ruiiiim como o avô; Ela é teimoooosa como a tia; ... é briguento como o tio...". E a criança, toda faceira, pensa: eu sou um sucesso, mesmo!

Existem famílias famosas, como Orleans e Bragança, Kennedy, etc. Não quero falar destas. Quero falar da família de Jesus! Ele tinha uma família que o amava. Contudo, fez uma declaração que deve ter chocado seus familiares.

Veja: certa ocasião, familiares de Jesus o visitaram. Encontraram-no com muita gente. Ainda estavam fora da casa quando alguém o avisou: "Tua mãe e teus irmãos estão lá fora e querem falar-te". Talvez todos esperassem que ele fosse atendê-los de pronto. Mas ele não fez isso. Só perguntou: "Quem é minha mãe, e quem são meus irmãos?" Antes, porém, de qualquer resposta, ele mesmo disse que seus discípulos formavam sua família (Mt 12.49).

Não sei a reação dos familiares, mas com certeza a dos discípulos foi boa. E ele foi mais longe: além de considerar os discípulos da época seus familiares, afirmou que qualquer um poderia ser de sua família. Que verdade extraordinária! Não importa cor, raça, classe social, beleza ou sobrenome. Nada disso! Jesus disse: Quem fizer a vontade de meu pai, faz parte da minha família.

Talvez você não tenha uma família. Talvez a sua família tenha sido desmontada pelas dificuldades. Talvez você não encontre alegria no relacionamento familiar. Mas se você é um cristão legítimo, pertence à melhor das famílias. Muitos são os sobrenomes nesta família, mas o nome principal é o que está acima de todos os nomes: Jesus! Lembre-se: como cristão, você não é apenas o "João da Silva", ou o "Fulano de Tal", mas muito mais do que isto: é o "Fulano de Tal de Jesus". – ARG

O cristão pertence à melhor de todas as famílias, a de Jesus.

3 de janeiro

Até o fim!

LEITURA BÍBLICA:
Salmo 119.109-114

Quero obedecer aos mandamentos do meu Deus! (Sl 119.115b)

No texto que lemos hoje, o salmista afirma que decidiu cumprir a Palavra até o fim. Bonita decisão, mas o que significa? Primeiro, para cumprir algo é preciso conhecer seu conteúdo. Precisamos estudar a Palavra de Deus, conhecer aquilo que ele espera que façamos e também o que promete fazer. Quando a conhecemos bem, ela se torna o motivo de nossa alegria e louvor, pela preocupação e dedicação de Deus em deixar registrado tudo o que precisaríamos saber para viver conforme sua vontade.

Depois de conhecermos o que Deus quer, é preciso colocar em prática o que aprendemos. Aí vem a parte mais difícil. Surgirão situações em sua vida em que você terá de decidir se quer mesmo seguir a Palavra de Deus ou não – aquelas oportunidades de fazer algo errado sem que "ninguém" fique sabendo. Pois bem, o salmista estipulou um alvo bem alto: cumprir a lei de Deus até o fim, ou seja, dispôs-se a cumpri-la *apesar* dos sofrimentos e perigos (v 109-110). Ele não seria inconstante, pois já tinha tomado sua decisão: não importa a circunstância, escolho Deus!

Não é fácil fazer esta escolha, pois muitas vezes obedecer a Deus trará prejuízos por ter de cumprir as leis, pagar impostos, ser honesto em tudo, não permitir pequenos desvios... Mesmo assim, ainda é a melhor decisão. Quando a tomamos, recusamos os caminhos falsos e escolhemos viver à altura do que Deus instituiu. Hoje, viver com Jesus é uma escolha radical e talvez somente Deus entenda suas atitudes, mas lembre-se de que ele está no controle e o que ele estabeleceu será sempre o melhor para nossa vida. Não se preocupe com os prejuízos que isso possa trazer, pois Deus nos recompensa com seu cuidado e fidelidade constantes. Ele nos capacitará a fazer as escolhas certas e a suportar as consequências.

E você, está disposto a cumprir a Palavra até o fim? – VWR

Escolhi o caminho da fidelidade; decidi seguir tuas ordenanças (Sl 119.30)

4 de janeiro

Decepção

LEITURA BÍBLICA:
Salmo 118.1-9

Ame o Senhor, o seu Deus, de todo o seu coração, de toda a sua alma, de todas as suas forças (Dt 6.5).

O coração se aperta e bate descompassado. Os olhos lacrimejam e o sorriso some. Ó Deus, como dói a decepção! Os pensamentos vagueiam e se perguntam: por quê? Por que as coisas são assim? Por que até os que amamos são insensíveis a nós? Mesmo sem intenção somos tratados como objetos descartáveis. É estranho e triste sentir-se só no meio da multidão, mas por que contamos com quem nada pode nos oferecer? No silêncio da solidão, muitas vezes esperamos que outras pessoas supram nossas carências. Tudo ilusão! As pessoas falham e, apesar de entendermos isso, a distância entre a razão e o que sentimos é grande.

Mas Deus pode abrandar a tempestade do coração, tranquilizar as emoções e aliviar a dor. Nele realmente há consolo. Não há rocha firme a não ser o Senhor. Somente nele podemos confiar e saber que ele não nos abandona. No fundo, o problema não é que as pessoas falham conosco: nós é que nos deixamos enganar. Fechamos os olhos ao óbvio, criamos expectativas e pintamos o quadro conforme imaginamos. De repente, então, a realidade nos assalta e nem de longe é o que sonhamos. Mas a vida é assim, as pessoas são assim. Somente Jesus é diferente e nos aceita incondicionalmente. A decepção ocorre quando direcionamos o nosso amor ao alvo errado: ao invés de amar a Deus em primeiro lugar e experimentar sua maravilhosa graça, "amamos" as pessoas de forma egoísta e manipuladora, esperando que atendam às nossas expectativas. Esquecemos que deveríamos acima de tudo amar a Deus de todo o nosso coração, de toda a nossa alma e com toda a nossa força. Na verdade, com isso apenas corresponderemos ao amor de Deus, porque ele já nos amou antes mesmo de termos sido criados. Como é bom ter o Senhor nas horas de decepção. Como é bom saber que o Senhor é fiel e permanece presente ainda que todos nos abandonem.

Como é bom ser amado por Jesus; ele jamais nos decepciona. – APS

O amor de Deus é sempre maior.

5 de janeiro

Boa viagem!

LEITURA BÍBLICA:
Salmo 121

De dia o sol não o ferirá, nem a lua, de noite (Sl 121.6).

Em nossos dias, viajar tornou-se sinônimo de diversão e férias. Todavia, deixando a adrenalina de lado, se pararmos para pensar na realidade objetiva de uma viagem, ficaremos preocupados. Temos de enfrentar cansaço físico, perigos do trajeto, adaptação ao novo lugar, exposição a insetos e doenças, etc. A verdade é que as viagens eram um problema muito mais sério nos tempos bíblicos. A exposição aos perigos era constante. Assaltos, ataques de animais, ferimentos, calor intenso e perigos noturnos eram o temor dos viajantes – interessante que o tempo passou, mas os problemas permanecem semelhantes.

Apesar disso, a prática de fé do povo de Israel exigia viagens constantes. Nas grandes festas nacionais, como a Páscoa, Pentecostes e Tabernáculos, muitos vinham de longe para adorar a Deus e ficavam à mercê dos perigos do caminho. Além disso, tinham de enfrentar a longa subida para a montanhosa cidade de Jerusalém. Foi nesse contexto do sofrimento dos viajantes que surgiu o Salmo 121. Os peregrinos "levantavam os olhos para os montes" de Jerusalém e confiavam no socorro divino. Eles temiam os perigos do dia e da noite (v 6), como o calor desidratante e as perigosas influências da lua – talvez nos animais. Corriam perigo o tempo todo, mas colocavam sua esperança no Senhor.

Temos de viajar muitas vezes em nossa vida. Na hora do imprevisto, no meio do congestionamento, no cancelamento do voo e quando há risco de acidentes, devemos pedir a proteção divina e dizer, como o salmo do viajante, que o Senhor protegerá nossa saída e nossa chegada desde agora e para sempre (v 8). – LSa

Para todo viajante Deus é proteção constante.

6 de janeiro

O justo ora

LEITURA BÍBLICA:
Tiago 5.13-20

A oração de um justo é poderosa e eficaz (Tg 5.16).

Quando um homem justo ora, as coisas acontecem. Deus não rejeita o justo. Ele ouve atentamente. E o efeito de sua oração é muito vasto. Ela tem poder. Devemos notar, contudo, que só é realmente justo quem está totalmente entregue ao Senhor. Esse justo o Senhor ouve porque cuida daqueles que nele confiam. Como continuaria orando se não entendesse que Deus cuida dele e demonstra o seu poder por meio da oração? É por essa razão que o justo pode orar, porque compreende o cuidado de Deus. Ele ouve, responde e manifesta o seu poder quando o justo o busca em oração.

Georg Muller, de Bristol, entendeu esse ensino da Palavra. Viveu na base da oração. Muitas vezes não tinha comida para alimentar as suas crianças no orfanato que dirigia. Então entrava no seu quarto de oração e ali se curvava diante do Deus todo poderoso e, nem mesmo terminava sua oração, a resposta estava à sua porta. Foi por meio desse método que ele pôde expandir o seu ministério de ajudar grande número de crianças que em seus dias perambulavam sem lar, roupa e comida pelas ruas da Inglaterra. Havia poder em suas orações.

A oração do justo pode influenciar a vida da família, da igreja e da sociedade. Ele ora por seu lar para que haja proteção, soluções de problemas e cura dos doentes; ele ora por sua igreja para que ela seja forte, unida e uma grande benção no lugar onde está implantada; ele ora pela sociedade em que vive, pois ela está doente e é urgente que justos orem para que seja restaurada. Ficamos tristes com a situação de falta de justiça, mas não é suficiente ficar triste. É necessário também orar intensamente por nossa sociedade. A oração é a grande arma do justo. O profeta Elias orou e desafiou os profetas de Baal e Deus ouviu a sua oração (1Rs 18.25-38). Ele ouvirá também hoje a oração do justo, pois ela é poderosa e eficaz. – JG

Quando o justo ora, acontecem maravilhas.

7 de janeiro

Deus é espírito

LEITURA BÍBLICA:
João 4.19-26

Deus é espírito, e é necessário que os seus adoradores o adorem em espírito e em verdade (Jo 4.24).

Hoje lemos sobre o encontro de Jesus com uma samaritana junto ao poço de Jacó. Pela falta de companhia e pelo horário em que aquela mulher foi buscar água, é possível especular que ela se sentia rejeitada em sua cidade por ser "pecadora" – aliás, como todos os seres humanos. Jesus pediu um pouco de água e a mulher estranhou, pois não era comum um homem conversar com uma estranha, ainda mais um judeu com uma samaritana. Ao longo do diálogo, ela desconfiou que o seu interlocutor era profeta (alguém que fala do ponto de vista de Deus aos homens).

Demonstrando conhecimento e talvez até hábitos religiosos, ela perguntou a Jesus qual era o lugar certo para se adorar a Deus – hoje, talvez perguntaríamos qual a igreja verdadeira. É a partir desse ponto que Jesus conduz a conversação para o aspecto transcendental, ou seja, algo que vai além do físico e passa para o sublime, superior. Ele explicou que Deus é espírito, ou seja, não está limitado à matéria, a lugares e nem a tempos. Sendo Deus espírito, a nossa adoração também deve ser espiritual. Ela deve estar impregnada de amor, fidelidade, obediência e plena submissão ao Senhor.

Será que ela entendeu ou pensou como Davi: "Tal conhecimento é maravilhoso demais e está além do meu alcance; é tão elevado que não o posso atingir" (Sl 139.6)? O importante é que ela creu e passou a adorar a Deus da forma que Jesus ensinara – não recolhida a um templo e nem se refugiando em alguma gruta, mas testificando sua maravilhosa descoberta ao povo de sua cidade. Muitos samaritanos creram, não apenas por seu testemunho, mas porque ouviram Jesus e reconheceram nele o Salvador do mundo. – HM

O que importa é *quem* você adora, não onde.

Labirinto

LEITURA BÍBLICA:
Jeremias 8.4-13

Quando os homens caem, não se levantam mais? Quando alguém se desvia do caminho, não retorna a ele?
(Jr 8.4b)

O antigos gregos contavam a lenda de um rei de Creta, Minos, que mandou construir um enorme labirinto. Quem entrava não conseguia encontrar o caminho de volta e era destruído pelo monstro que ali vivia. Porém, o herói Teseu conseguiu abater o monstro e encontrar uma feliz saída do labirinto. Como isso aconteceu? A filha do rei, Ariadne, amava Teseu e lhe ensinou um jeito de sair do labirinto mortal. Ela deu ao herói um novelo de linha que ele foi desenrolando enquanto andava pelo labirinto. Para sair bastava seguir o fio. Esta lenda pode ser comparada com nossa vida. O pecado é o grande labirinto de Satanás e, em seus inúmeros caminhos enganosos, a morte eterna espera por nós. Estamos perdidos e por nossas próprias forças não conseguimos sair. Mas alguém que nos ama, Deus, nos ensina em sua Palavra uma maneira de sair desse labirinto. Ele não se conforma em ver as pessoas sendo destruídas, por isso mandou Jesus – o caminho, a verdade e a vida (Jo 14.6) – para que pudéssemos encontrar o caminho de volta.

Hoje lemos a mensagem que o Senhor mandou Jeremias dizer ao seu povo, prestes a ser levado cativo para a Babilônia. Eles estavam apegados ao engano e já não queriam mais ouvir a Deus, deixando de perguntar qual era sua vontade para suas vidas. Enquanto isso, os problemas no labirinto da vida só aumentavam. Deus queria que seu povo se apegasse a ele, que mostraria o caminho de volta. Mas eles não quiseram. Diante de atitude tão incompreensível, o Senhor questiona: Pode alguém se desviar do caminho e não retornar?

É exatamente assim que muitos fazem diante de Jesus. Ele procura, chama e convida, mas as pessoas não querem retornar a ele. Fatalmente continuarão no labirinto da morte. E você, já saiu dali? – LSch

Se sua vida é confusa como um labirinto,
o evangelho é o fio que mostra o caminho: Jesus Cristo.

9 de janeiro

Sonhadores

LEITURA BÍBLICA:
Jeremias 23.25-32

A fé vem por se ouvir a mensagem, e a mensagem é ouvida mediante a palavra de Cristo (Rm 10.17).

Certo cristão assustou-se quando, noite adentro, caiu da cama de costas no chão. Levantou-se e acomodou-se de novo para dormir, com o coração ainda palpitando. Lembrou-se de que no sonho que tivera havia lutado contra um animal feroz que o atacava – razão de projetar-se ao chão e de custar a pegar no sono novamente. Julgou que tal pesadelo fosse resultado da pressão de muito trabalho no dia anterior e não um aviso de que algum mal aconteceria. De fato, passou o dia sem novidades, mas lembrou-se do sonho por muitos dias, sem dar-lhe maior importância.

Em outros tempos, todavia, um sonho poderia ter algum significado (por exemplo, o sonho do faraó interpretado por José, em Gn 41). Você, como eu, pode ter perguntado por que encontramos tantos sonhos na Bíblia. Na verdade, ela registra vários casos em que Deus falou através de sonhos. Porém, não foram tão numerosos quando considerados ao longo do curso dos muitos séculos em que a Bíblia foi escrita.

Deus impressionou certos indivíduos com sonhos; era um dos meios pelos quais revelava a sua vontade em situações especiais. Ao mesmo tempo, como você leu na passagem bíblica de hoje, o Senhor condenou os sonhadores que iludiam o povo. Jesus também advertiu a respeito dos falsos profetas e os apóstolos não pouparam denúncias contra eles. Se um sonho for interpretado fora do contexto bíblico em que se encontra, corremos um grande risco de engano. Também não é *necessário* que Deus fale deste modo – Paulo não louvou os judeus que exigiam sinais como provas (1Co 1.22).

A luz de Deus brilha quando nos dedicamos ao estudo da sua Palavra. Crie o costume de ler a Bíblia, meditando em seus princípios, e decore versículos para enfrentar a batalha da vida e receber direção segura para suas decisões e problemas. – TL

"Não deem ouvido às palavras daquele [falso] profeta ou sonhador" (Dt 13.3a).

10 de janeiro

Poda ou corte?

LEITURA BÍBLICA:
João 15.1-17

Todo ramo que, estando em mim, não dá fruto, ele corta; e todo que dá fruto ele poda, para que dê mais fruto ainda (Jo 15.2).

A poda é uma técnica agrícola usada há milhares de anos e em todo o mundo. Seu objetivo é estimular a brotação de novos ramos e aumentar a produção da planta. Ela tem época certa para ocorrer e técnicas diferenciadas dependendo do tipo de planta cultivada (pêssego, uva, figo...). Além disso, exige conhecimento e habilidade do podador.

Lendo o texto de hoje, vemos que Jesus se compara com uma videira, cujo agricultor é o Pai. O ramo que não produz frutos, só consome seiva, é cortado, jogado fora, seca e é queimado. O ramo produtivo é podado, para que a seiva possa circular mais e assim produzir mais. Qual é o fruto que se espera de uma videira? Uva, é lógico. Não podemos esperar que produza maçã ou figo. Pensando nisso, qual é o fruto que Deus espera de seus filhos? A resposta está no v 12: "O meu mandamento é este: Amem-se uns aos outros como eu os amei". O fruto que os discípulos de Cristo devem produzir é o amor. Para isso, é necessário permanecer na videira, ou seja, em Jesus e no seu amor, obedecendo aos seus mandamentos (v 10).

Existem muitos cristãos que têm amplo conhecimento da Bíblia e participam de todas as atividades de suas igrejas (o que é muito bom), mas não demonstram amor a Deus e ao próximo. Já quem age como indica o texto de hoje demonstra amor, preocupando-se com os outros, ajudando-os em suas necessidades materiais ou espirituais, perdoando, encorajando e praticando as atitudes descritas por Paulo em 1Co 13.4-7 (não deixe de ler!).

Com que propósito Deus poda o ramo que já está dando fruto? Para que produza mais! De quem já está demonstrando amor, Deus tira a parte do galho improdutiva, que só consome seiva – como o egoísmo ou a motivação errada – para que o amor se aperfeiçoe e o Senhor seja glorificado. – CTK

**Seja um ramo produtivo:
permaneça em Cristo e demonstre amor.**

11 de janeiro

Em grupo?

LEITURA BÍBLICA:
Ezequiel 18.1-3;19-20

Vocês são o corpo de Cristo, e cada um de vocês, individualmente, é membro desse corpo (1Co 12.27).

Um dos atos mais nobres do humano é trabalhar em prol por uma causa justa: salvar a vida de pessoas, socorrê-las em suas necessidades, empenhar-se pacificamente por melhores condições de vida e por salários dignos. Deus se agrada quando vê pessoas unidas em prol da justiça: quando unidos oramos pelos outros, quando juntos dizemos "não!" a Satanás, quando somos solidários com pessoas que sobreviveram a tragédias. Deus também fica satisfeito quando seu povo o honra com louvores até mesmo nos momentos de dificuldade. Porém, Deus não aprova quando nos unimos para promover a guerra, a discórdia e o isolamento ou quando um grupo dá um falso testemunho para favorecer quem é culpado. Grupos podem ser bons ou maus – depende do objetivo da união.

Será que na igreja, se todos trabalham e vivem juntos, poderiam ser salvos por Deus da condenação do pecado também em grupo? Não! A oferta de vida eterna com Deus, mediante a morte de Cristo, é para todos, mas a opção é individual. Quando Jesus voltar, não buscará pessoas por participarem de grupos e comunidades cristãs, mas virá buscar sua igreja composta de todos os filhos de Deus, mas cada um em particular. Assim, cada pessoa é responsável por seu próprio pecado e também por aquilo que fez em relação a ele – se pediu perdão a Deus e deixou de praticá-los ou se confiou que pertencer a um grupo já resolvia seu problema. Filhos não recebem a vida eterna porque seus pais são fiéis, e vice-versa. Apenas "fazer o bem" não basta – o que vale é nossa resposta a Cristo. Cada um prestará contas das escolhas que fez em sua vida e de seu procedimento aqui na terra. Na continuação do texto bíblico de hoje, o Senhor adverte: "Eu os julgarei, a cada um de acordo com os seus caminhos ... Arrependam-se! Desviem-se de todos os seus males, para que o pecado não cause a queda de vocês" (Ez 18.30). – ETS

Fazer parte de um grupo não garante vida com Deus.

O melhor

LEITURA BÍBLICA:
Filipenses 3.1-4

Alegrem-se sempre no Senhor. Novamente direi: alegrem-se!
(Fp 4.4)

Temos a tendência de pensar em coisas negativas, e o pior é que há pessoas que passam a crer nelas no seu dia-a-dia. Dizem a si mesmas: "Nada vai dar certo, até parece que hoje levantei com o pé esquerdo". O interessante é que acaba não dando mesmo, e como resultado se sentem infelizes, miseráveis, e não conseguem se alegrar. O apóstolo Paulo poderia ter sido uma pessoa assim, pois se há alguém que sofreu muito foi ele (2Co 11). Quando escreveu a carta à igreja de Filipos tinha muitos motivos para não pensar no melhor.

Entretanto, em toda a carta pede aos cristãos daquela igreja que se alegrem, que pensem nas coisas boas e não andem ansiosos. Pensar desta forma quando tudo vai mal não é muito fácil, mas é possível se tivermos um relacionamento pessoal com o Senhor Jesus. Só ele pode, por meio do seu Espírito, criar em nós a alegria que de precisamos mesmo nos momentos negativos pelos quais passamos. Ele dá direção à nossa caminhada terrena e nos capacita a pensar sempre no melhor.

Um senhor mandou escrever numa sepultura: "Amada esposa, morreu de febre, 1865, sempre procurou o melhor, sempre encontrou". Se pudéssemos ler o epitáfio no sepulcro de Paulo poderíamos talvez encontrar ali o que ele escreveu a Timóteo: "Combati o bom combate, terminei a carreira, guardei a fé" (2Tm 4.7). Ele foi um homem determinado. Estava sempre concentrando suas forças no melhor. Tinha motivos suficientes para pensar em sofrimento, tristezas, decepções e nas suas perdas – "mas o que para mim era lucro, passei a considerar como perda, por causa de Cristo" (Fp 3.7). Paulo aconselha-nos a fazer o mesmo. As pessoas perceberão nosso modo de vida melhor porque Cristo vive em nós. – JG

Com Jesus, o bem em nós é maior
que o mal em torno.

13 de janeiro

Jogo

LEITURA BÍBLICA:
Provérbios 13.10-16

Para o homem não existe nada melhor do que comer, beber e encontrar prazer em seu trabalho. E vi que isso também vem da mão de Deus (Ec 2.24).

"O dinheiro ganho com desonestidade diminuirá,..." diz o verso 11 da leitura de hoje. Outras traduções e a Bíblia na Linguagem de Hoje dizem algo como "o dinheiro que é fácil de ganhar, é fácil de perder". Na cabeça de algumas pessoas, uma das maneiras de ganhar dinheiro fácil é o popular jogo ou aposta. Existem vários tipos conhecidos por quase todos os brasileiros. Investem-se alguns trocados na esperança de ganhar alguns milhões rapidamente. O que faz alguém apostar seu dinheiro? Muitas vezes aquele dinheiro que é ganho com sacrifício durante o mês. Ou até pode ser aquele reservado para pagar luz, água, medicamentos ou mesmo o leite das crianças.

Algumas frases sempre são mencionadas pelos apostadores quando novamente a esperança de ganhar foi adiada: "Desta vez foi por um número"; "Quase acertei"; "Na próxima, acerto na cabeça" e assim por diante. No verso 12, o autor sagrado menciona que a "esperança que se retarda deixa o coração doente". Esta é, na verdade, a situação de muitos nas apostas que envolvem dinheiro. Ansiosos por ganhar dinheiro fácil, vão investindo cada vez mais, não percebendo que não conseguem retorno, sem falar nas consequências negativas para a economia familiar.

Movidos pela ganância, incentivados pela propaganda e para manter o círculo de "amigos", as pessoas vão apostando e, por vezes, vendem até seus bens úteis para ganhar facilmente. Basta acompanhar alguns jornais e ver a experiência prática para comprovar como algumas pessoas que ganham muito facilmente, também perdem rapidamente. Por isso é melhor seguir os conselhos da Bíblia: trabalhar honestamente, pedir a bênção de Deus para o trabalho e pouco a pouco ir juntando com segurança o que é necessário para sobrevivência e outros desejos razoáveis. – VS

Para que criar incertezas artificiais na vida?

14 de janeiro

Incógnito

LEITURA BÍBLICA:
Deuteronômio 34.1-12

Moisés foi fiel em toda a casa de Deus (Hb 3.2).

Quem serve fielmente merece uma sepultura digna, assim como lemos de Moisés. Todavia, provavelmente para que ninguém conhecesse o lugar da sua morte e o endeusasse, Deus o escondeu. "Deus levou Moisés a passear e escolheu um lugar secreto para sepultá-lo," disse alguém. Quem sabe se Deus não providenciou um deslizamento de terra solta da encosta de um barranco para enterrá-lo? Seja como for, o capítulo que você leu, o último dos cinco livros atribuídos à sua autoria, ficará como seu epitáfio. Afirma-se que Deus sepulta seus servos, mas continua sua obra. Moisés foi levado por Deus, mas o trabalho com as multidões de Israel continuou. Deus escolheu Josué, fiel ajudante de Moisés, para liderar o povo na ocupação da terra de Canaã. Porém, por melhor que fosse, ninguém seria igual a Moisés, com quem Deus falava face a face.

Observando o resultado do ministério de um grande homem de Deus na minha vida, perguntei-me como aquele trabalho continuaria. O fato é que Deus leva a termo a vida de seus servos, mas não seu trabalho feito pelo poder do Espírito. Depois da morte de Martinho Lutero, o grande reformador, o movimento "salvo-por-graça" espalhou-se mais do que nunca e somou-se com outros ramos evangélicos, para hoje alcançar praticamente o mundo todo, pois todos os cristãos fiéis à Bíblia divulgam a mesma mensagem da salvação pela fé na graça de Deus. Você já pensou quantos servos de Deus labutam com a mesma fidelidade demonstrada por Moisés? Vivem e morrem sem nosso conhecimento, contribuem para a edificação da Igreja, e no tribunal de Cristo receberão o seu justo prêmio. São como soldados que morrem incógnitos, mas são reconhecidos pelo povo que recebe o benefício dos seus sacrifícios.

Se você serve a Cristo, tanto você quanto o serviço que faz para ele perdurará por toda a eternidade. Então sua fidelidade na família, no emprego e na igreja será vista por todos. – TL

**A fidelidade é a principal qualidade
do seguidor de Cristo.**

15 de janeiro

Falar demais

LEITURA BÍBLICA:
Provérbios 20.18-20

Evite as conversas inúteis e profanas e as ideias contraditórias do que é falsamente chamado conhecimento (1Tm 6.20b).

A expressão "falar pelos cotovelos" significa falar demais e provavelmente surgiu do costume que as pessoas muito falantes têm de tocar o interlocutor com o cotovelo a fim de chamar mais a atenção. Quem fala demais acaba se tornando desinteressante e precisa cutucar as pessoas para ser ouvido. Será que Deus não criou o homem com dois ouvidos e apenas uma boca para que estivéssemos sempre prontos para ouvir, só falando quando necessário?

No texto de hoje aprendemos que é preciso evitar quem fala demais. Quem exagera no falar tem a tendência a não guardar segredos, dizer tudo que pensa e emitir julgamentos a partir do que acredita ser verdade. Pessoas assim costumam falar da vida alheia: sobre os problemas, a vida amorosa e as brigas dos outros, e pensam saber tudo o que se passa ao seu redor. É preciso evitar essas pessoas – na próxima conversa elas falarão mal daqueles que a ouviram.

Além das fofocas, falar demais pode se evidenciar pela busca constante de controvérsias. Muitos acreditam que ser polêmico é mostrar inteligência e se envolvem em discussões tolas sobre assuntos inúteis. No versículo em destaque, Paulo aconselha Timóteo a evitar este tipo de conversa. Nossa fala deveria gerar conciliação! As pessoas também falam demais quando estão iradas. Dizem qualquer coisa (até aquilo que nem pensam realmente) de forma agressiva e aumentam o problema. Nestes casos é preciso ter calma e falar somente quando as emoções estiverem controladas. Além de evitar quem fala demais, temos de ter cuidado no falar. Nossas palavras devem ser ditas com sabedoria e amor, visando aconselhar e encorajar os outros. É preciso ouvir antes de falar e aguardar até que o outro conclua seu pensamento. Faça isso se não quiser se tornar uma pessoa a ser evitada por falar demais. – HSG

Evite quem fala demais; evite falar muito.

16 de janeiro

Minha luz

LEITURA BÍBLICA:
João 8.12

Eu vim ao mundo como luz, para que todo aquele que crê em mim não permaneça nas trevas (Jo 12.46).

Certa noite faltou luz onde moro. Estava no pátio e tive medo de voltar no escuro. Após alguns minutos, como a energia elétrica não voltava, caminhei lentamente, tateando, com medo de tropeçar e cair. Quando cheguei em casa, logo acendi uma vela para ter um pouco de luz. Como é ruim ficar no escuro!

Infelizmente, muitos vivem em trevas e não percebem. Andam pela vida tateando e tropeçando, porque sem Jesus estamos no escuro. Essas pessoas não sabem para onde vão (Jo 12.35) nem que suas escolhas as levarão a um lugar ainda mais escuro e sem qualquer acesso à Luz: o inferno. O mundo é escuro e precisa de luz – a Luz do Mundo, Jesus Cristo. Ele transforma a vida das pessoas, dando-lhes um novo brilho e vida eterna em sua luminosa presença. Quando conhecemos Jesus, é como se nossos olhos fossem abertos. Compreendemos a ação de Deus na história e seu plano para nos salvar; descobrimos que nossa vida tem propósito e valor; aprendemos por meio de sua Palavra o que é correto e o que não é e assim paramos de tropeçar tanto. Deus nos dá a direção e nossa vida passa a fazer sentido, agora que há um caminho a seguir, bem iluminado por Jesus. Porém, alguns vão preferir ficar no escuro. O teólogo Leon Morris descreve essas pessoas como se estivessem numa sala totalmente escura, mas com a porta destrancada. Por que não saem e contemplam a luz de Deus? Porque amam as trevas e preferem continuar em seus erros. Nossa tarefa, então, é brilhar na escuridão para que estas pessoas vejam a porta e como é a vida fora da sala escura. Também estivemos lá, escravizados ao pecado, mas um dia abrimos a porta e deixamos que a Luz entrasse em nós. Jesus, a Luz do Mundo, espera que seus discípulos sejam luzes também, para que por nossas vidas os que estão na escuridão glorifiquem a Deus (Mt 5.14-16). Então, qual sua escolha: viver na escuridão ou na luz de Cristo? – VWR

Jesus é a solução para a escuridão do mundo.

17 de janeiro

Arrependimento

LEITURA BÍBLICA:
Marcos 1.1-4

Surgiu João... pregando
... arrependimento para
o perdão dos pecados
(Mc 1.4).

Há alguns anos visitei uma cadeia. Perguntei a um dos presos se estava arrependido. Ele respondeu: "Claro – veja onde vim parar!" Concluí comigo: se não o tivessem apanhado, não se "arrependeria". As aspas são porque isso é cinismo, não arrependimento. Nem sempre, porém, há cinismo – a pessoa sente-se mesmo mal pelo que fez: é o remorso. Ou então se entristece por voltar a cair – lutou, tentou, mas caiu de novo. Ainda assim pode ser decepção, vergonha, mas não o arrependimento de que fala a Bíblia.

Arrepender-se do ponto de vista bíblico envolve três passos: 1) Diagnóstico: como toda doença, o pecado precisa ser identificado para ser tratado – não adianta dar-lhe um nome mais agradável. Pecado nada mais é do que fazer valer a minha vontade em vez da de Deus (claramente expressa nas Escrituras). 2) Confissão: não basta diagnosticar; nem de tentar explicar, culpar outros. É entender que se trata de uma ofensa inaceitável e reconhecer-se como devedor. 3) Mudança: arrependimento sem mudança não é genuíno. É como descobrir que se está na direção errada – é preciso abandonar o trajeto e voltar-se para a direção correta (o que em trânsito é chamado, não por acaso, de conversão). Este ensino pode parecer legalista, mas não é! Trata-se apenas do ensino bíblico sobre a conversão: reconhecer a própria condição de pecador, confessar a Deus a incapacidade de reparar as ofensas e curar-se dessa doença fatal, rendendo-se a Jesus Cristo para ser transformado e viver uma nova vida. Não se quer dizer que o arrependido não voltará a cair, mas isto, quando e se ocorrer, só servirá para um retorno sincero a Deus, submetendo-se humildemente à ação do seu Espírito, para uma transformação gradual para um dia tornar-se semelhante a Jesus. As quedas serão oportunidades de aprender um pouco mais a depender do Senhor. – MHJ

**Mais do que reconhecer um erro,
arrepender-se é mudar de rumo.**

18 de janeiro

Debaixo das asas

LEITURA BÍBLICA:
Rute 1.6-18

O Senhor lhe retribua o que você tem feito! Que seja ricamente recompensada pelo Senhor, o Deus de Israel, sob cujas asas você veio buscar refúgio! (Rt 2.12)

Existem situações na vida em que ficamos sem rumo. Tudo parece dar errado. Os sonhos se vão, as esperanças morrem, humanamente falando não há solução. Assim estava a vida de Rute, personagem que se destaca na leitura bíblica de hoje: uma jovem viúva, sem filhos e sem perspectivas futuras. Diante de situações como esta, facilmente entramos em desespero e, como se diz, "jogamos tudo para o alto". Contudo, não foi isto o que Rute fez. Ela resolveu deixar para trás seu antigo modo de vida, seu povo e seus deuses e se agarrou com todas as forças a Noemi, seu povo e seu Deus. Ou seja, na dificuldade, ela correu para debaixo das asas do Todo-Poderoso.

Observando a vida de Rute, percebemos que sob este refúgio ela encontrou a proteção necessária (Rt 2.8-9,20-22), melhores condições de sobrevivência (2.14-18) e meios para uma mudança total em sua vida. A história começou com Rute sem Deus, sem povo, sem marido, sem filhos, sem comida, dependente da misericórdia de estranhos. Resumindo: sem saída à vista! Mas terminou com Rute servindo ao Deus verdadeiro, com um novo povo, um bom marido e um filho – vitoriosa!

Nós também podemos buscar este refúgio seguro. Debaixo das "asas" de Deus há lugar para todos. Se não fosse assim, Jesus não teria dito: "Venham a mim, todos os que estão cansados e sobrecarregados, e eu lhes darei descanso" (Mt 11.28). Creio que este convite não é só para quem ainda não creu em Jesus, mas sim, como o texto diz, para quem está cansado e sobrecarregado. Se esta é a sua situação, busque refúgio em lugar seguro e eficaz. Corra, agora mesmo, para debaixo das "asas" do Senhor, por meio de Jesus! – ARG

Debaixo das asas do Senhor encontramos o refúgio verdadeiro.

19 de janeiro

Pensamentos

LEITURA BÍBLICA:
Lucas 9.46-48

Seja a atitude de vocês a mesma de Cristo Jesus (Fp 2.5).

Enquanto viveu na terra, Jesus realizou muitas curas e milagres, tendo ajudado muitas pessoas. Pouco antes do texto de hoje, lemos que ele libertou um menino das garras de Satanás e que todos ficaram maravilhados. Então, no meio daquele ambiente de entusiasmo, Jesus diz aos seus discípulos que seria morto. Esta era sua grande preocupação. Mas eles não entenderam o que Cristo dizia. Parece que viviam num mundo diferente e não estavam em sintonia com Jesus. A preocupação *deles* era outra. Discutiam entre si sobre qual deles seria o maior – o mais importante e influente no Reino de Jesus. Provavelmente, a discussão surgiu porque pouco tempo antes Jesus havia estado em contato mais direto com alguns discípulos (veja Lc 9.28). Diante disso, Cristo sabiamente toma uma criança como exemplo e mostra que o *menor* entre eles, assim como uma criança simples e humilde, será o maior no Reino.

Note-se que Jesus tinha um plano em mente: a salvação da humanidade. Era isto que importava para ele. Os discípulos também tinham um plano: ser o maior. Mas Lucas diz que Jesus conhecia os seus pensamentos. Isso é importante para nós: Jesus sabe o que ocupa nossas mentes neste momento. Talvez alguém esteja pensando: "O meu vizinho comprou um carro e agora, para ser melhor que ele, preciso tratar de ter um melhor" ou "Meu colega foi promovido na empresa, e eu já estou há tantos anos no mesmo cargo..." e assim por diante. Será que estas preocupações realmente estão na mente de Jesus? Entendemos o que de fato interessa a Deus?

Procure compreender o que Deus espera de você e pense como ele. Paulo fez uma lista do que deve ocupar nosso pensamento em Fp 4.8 – é nisso que você pensa? Se o seu pensamento estiver de acordo com o que importa para Jesus, você deixará de se concentrar em seus desejos egoístas para trabalhar em prol da salvação da humanidade. – VS

Seja grande: ame e sirva como Jesus.

20 de janeiro

Servir

LEITURA BÍBLICA:
Ezequiel 34.1-10

Eu sou o bom Pastor;
o bom Pastor dá a sua
vida pelas ovelhas
(João 10:11).

M édicos curam doentes, professores ensinam quem deseja aprender, advogados defendem as causas dos necessitados, arquitetos projetam um ambiente melhor para vivermos; designers desenvolvem objetos e ambientes pensando em melhorar a nossa qualidade de vida, padeiros fazem os nossos pães e músicos agradam os nossos ouvidos. As profissões não existem em causa própria, mas para os próximos e para a sociedade. Imaginem uma sociedade em que o médico cuidasse só de sua própria saúde e o professor só se preocupasse em saber mais e mais!

Como cristãos, a responsabilidade de pensarmos no outro em nossa atividade diária é redobrada. A leitura de hoje fala de pastores que tinham o encargo de prover alimento, água e proteção para as ovelhas, mas não o faziam; em lugar disso, alimentavam-se delas e usavam-nas. Para nós, a mensagem é deixarmos de olhar apenas para os nossos próprios interesses e de nos preocuparmos com o próximo, de olhar, de proteger e de acolher o outro.

A Bíblia compara-nos a ovelhas perdidas (Mt 9.36) de que Jesus veio cuidar. A figura do pastor o acompanha do início (quando nasceu, foi visitado por pastores – Lc 2.8) ao fim de sua estada neste mundo. Antes de iniciar o seu trabalho, também foi pastoreado, cuidado e alimentado. E depois de pastorear, curar enfermos, alimentar famintos, defender pecadores e ensinar até mesmos os sábios, Jesus deixa um recado com um dos seus discípulos. Pergunta a Pedro se este o amava, Pedro diz que sim, e Jesus é taxativo: "Então apascenta as minhas ovelhas" (Jo 21.16). Três vezes ele pergunta e três vezes dá sua instrução, para não deixar dúvidas. Jesus nos ensinou que amar é servir. Você ama a Deus? Cuide das ovelhas dele, defenda-as, cure-as, ensine-as, alimente-as. Exerça sua profissão a suas atividades diárias lembrando-se de que você nasceu para servir. – LM

Quem ama a Deus,
serve ao próximo.

21 de janeiro

Epitáfio

LEITURA BÍBLICA:
2 Timóteo 4.5-8

Não ... considero a minha vida de valor algum para mim mesmo, se tão-somente puder terminar a corrida e completar o ministério que o Senhor Jesus me confiou (At 20.24).

Epitáfios são frases escritas sobre túmulos. Existe uma música do grupo Titãs chamada Epitáfio, que diz: "Devia ter amado mais, chorado mais, arriscado mais, complicado menos..." Acredito que em parte essa letra pode até motivar-nos a mudar de atitude em relação a algumas coisas que não estamos fazendo direito, mas é triste pensar nessa letra como frase no túmulo de alguém. Tal pessoa deve ter desperdiçado os melhores momentos de sua vida. O apóstolo Paulo foi um homem que dedicou sua vida à obra de Deus. Ele afirmou que nada considerava mais importante do que completar a sua carreira cristã – e realmente ele cumpriu o propósito pelo qual lutou toda a sua vida de seguidor de Jesus. Um epitáfio que poderia perfeitamente ser escrito no túmulo de Paulo é o versículo 7 da leitura de hoje: "Combati o bom combate, terminei a corrida, guardei a fé". Cada um de nós também deveria lutar como ele, para que, quando chegarmos ao final da nossa vida, possamos dizer essas mesmas palavras, e não as palavras da letra da música Epitáfio. Devemos combater o *bom* combate. No lugar de nos envolvermos num mau combate ou em vários, nosso tempo e nossa força deveriam ser gastos com o que tem maior valor, fazendo o que é bom e saudável para nossa vida física e espiritual. Também é preciso completar a corrida – não basta apenas começar fazendo o que é bom e desistir antes de concluir. É fácil começar e sonhar com o que é bom, mas são poucos os que têm a integridade e a responsabilidade de levar até o fim a sua carreira.

O mais importante durante toda nossa vida, porém, é guardar a fé. Ter como prioridade viver pela fé. Ter a fé como referencial de decisão em todas as realizações. Ter a consciência purificada pela verdade que é ensinada na Bíblia, a Palavra de Deus. – HSG

A coroa está reservada para os que se mantêm fiéis a Cristo – estes são os vencedores.

22 de janeiro

Oferta voluntária

LEITURA BÍBLICA:
1 Crônicas 29.1-9

Quem hoje está disposto a ofertar dádivas ao Senhor? (1Cr 29.5b)

No texto bíblico de hoje lemos sobre uma época importante na história do rei Davi. Antes de morrer, ele preparou um de seus filhos, Salomão, para assumir o trono. Fez isso conforme a orientação do Senhor, que escolheu Salomão para ser o novo rei e também para construir o templo – um lugar de adoração ao Senhor. Davi preparou e entregou ao filho o material necessário: madeira, ferro, mármore, pedras e metais preciosos – tudo em abundância! Além da generosidade do rei, é notável neste texto que, seguindo o exemplo de Davi, muitos dos que ali estavam também deram sua contribuição para a obra da Casa do Senhor – ofertas voluntárias (29.9,17). Então Davi orou e todo o povo louvou e adorou a Deus. Todos sabiam que as ofertas foram trazidas voluntariamente e entregues não ao rei, mas a Deus – e isso lhes trouxe muita alegria.

Ah, como seria bom se isso também acontecesse hoje: se tivéssemos um coração disposto a ofertar liberalmente ao Senhor e também a ajudar os necessitados! Não dar apenas aquilo que nos sobra ou que está jogado em algum canto da nossa casa, mas dar o melhor que tivermos, com generosidade, sentindo alegria em fazer isto para Deus! Em sua oração, Davi afirmou: "A riqueza e a honra vêm de ti; tu dominas sobre todas as coisas..." (1Cr 29.12a). Se tudo vem de Deus, inclusive tudo o que sou e tenho – alimento, roupas, trabalho, saúde – então por que não posso ofertar, contribuindo para a obra do Senhor? Se o poderoso rei Davi se humilhou e deu glórias a Deus, podemos perguntar: Quem somos nós para não ofertar, mas optar em gastar nossos bens e esforços somente para nosso prazer e não ao Senhor? Não esqueça: tudo o que temos e somos vem de Deus, e todo investimento em seu no Reino vale a pena. – VS

Ofertas voluntárias de gratidão agradam a Deus e retornam em forma de alegria.

23 de janeiro

Vá em frente

LEITURA BÍBLICA:
Filipenses 3.12-16

Esquecendo-me das coisas que ficaram para trás e avançando para as que estão adiante, prossigo para o alvo (Fp 3.13,14a).

Você já passou por alguma situação em que fatos do passado impediram seu progresso na vida? É provável que muitos de nós já passaram por experiências que ficaram para trás mas deixaram traumas emocionais a ponto de emperrar a vida, não nos permitindo ir em frente. É lamentável, mas tais ocorrências são comuns na nossa trajetória por este mundo. Algum fracasso no passado, por exemplo, pode fazer com que não tenhamos ânimo de enfrentar novamente uma situação semelhante, com receio de que aquilo possa repetir-se. Conhecemos pessoas que têm medo de lugares altos porque no passado caíram de certa altura e se machucaram.

No entanto, o que diz a Bíblia? "Você é meu servo; eu o escolhi e não o rejeitei. Por isso não tema, pois estou com você; não tenha medo, pois sou o seu Deus. Eu o fortalecerei e o ajudarei; eu o segurarei com a minha mão direita vitoriosa" (Is 41.9b, 10).

Portanto, todo aquele que submete sua vida a Deus e confia na sua poderosa proteção, não precisa temer coisa alguma. Saiba que o Deus em quem cremos e confiamos é o Senhor Todo-Poderoso, que sustenta os céus, a terra e todo o Universo!

É por isso que o apóstolo Paulo diz também: "Que diremos, pois, diante dessas coisas? Se Deus é por nós, quem será contra nós?" (Rm 8.31).

Deixe então o passado e seus traumas nas mãos de Deus. Não pense mais neles. Olhe para a frente e prossiga, avançando sempre para as coisas que estão adiante, prosseguindo firme para o alvo que Deus lhe apontar, a fim de conquistar a coroa da vida. – MM

Em comunhão com Deus podemos deixar o passado e prosseguir para o alvo.

24 de janeiro

Boa noite, John Boy!

LEITURA BÍBLICA:
Gênesis 37.1-4

Vocês já não são estrangeiros (...) mas membros da família de Deus (Ef 2.19).

Se você sabe o que este título significa, deve ter nascido antes dos anos 80! A série de TV "Os Waltons" mostrava a vida de uma família simples, frequentadora da igreja, mas nem por isso sem problemas. Sempre terminava com todos indo dormir dizendo "boa noite" uns para os outros! Famílias são um tema frequente na TV: Simpsons, Jetsons, Do-Ré-Mi (agora fui longe!), a Grande Família... Deveriam fazer um seriado sobre a família de Jacó! Às tantas fica evidente a preferência descarada de Jacó pelo filho mais novo, suscitando o ódio dos seus irmãos. José dedurava os irmãos ao pai e este ainda o presenteou com uma roupa nova! O clima tornou-se tenso. Diferenças no trato dos filhos, ódios, complôs, mentiras... e estamos falando da família de Jacó, que deu origem ao povo de Israel!

A Bíblia não enfeita seus personagens. Ela mostra todas as suas mazelas. Ao mesmo tempo revela todo o poder de Deus em restaurar o homem e como gera bênçãos mesmo em meio às piores circunstâncias. Os capítulos 37 a 47 de Gênesis mostram a linda ação de Deus nessa família tão cheia de problemas. Talvez você enfrente problemas na família. Talvez muita coisa devesse ser diferente. Não desanime. Os problemas que hoje o ferem como o ódio dos irmãos feria José, podem ainda converter-se em força para enfrentar outras crises! Por que o amargor de hoje não se transformaria em perdão e reconciliação amanhã? Mesmo que sua família não seja como você gostaria, agradeça a Deus por você existir e busque nele forças para crescer, superar traumas e vencer barreiras. Deixe que ele forje em você um caráter firme e íntegro. E lembre-se que somos todos chamados a participar da família de Deus, cujo Pai não tem alguns filhos preferenciais, mas ama a todos igualmente. – WMJ

A família é o primeiro e melhor lugar para aprender o que é o amor de Deus.

25 de janeiro

Gigantes

LEITURA BÍBLICA:
Deuteronômio 9.1-6

Esta é a vitória que vence o mundo: a nossa fé (1Jo 5.4b).

Há alguns anos visitávamos uma igreja no Canadá. Após o culto, um senhor distinto apertou minha mão e agradeceu a nossa presença. Tive de olhar para cima para ver o seu rosto e perguntei-lhe sua altura. Respondeu: "Sete pés", o que equivale a dois metros e treze centímetros. Tive razão em sentir-me baixo!

Era um caso excepcional, talvez como o antigo povo pagão dos enaquins. Quando os espias de Israel visitaram certa região de Canaã, encontraram um povo cuja altura os amedrontou. Sentiram-se como gafanhotos diante deles e a maioria aconselhou que não avançassem contra aqueles gigantes. Nossa leitura relata que, quarenta anos depois, Moisés preparava a nova geração de Israel para enfrentar aquele mesmo povo, sobre o qual surgira um ditado: "Quem é capaz de resistir aos enaquins?" Pouco antes da conquista daquela região, então, Moisés desafiou os israelitas a avançarem com coragem e fé, pois o Senhor Deus iria à sua frente "amolecer" os inimigos. Com fé no Deus todo-poderoso, ninguém teria razão de temer, apesar do pressentimento de ferrenha oposição.

Este desafio continua hoje: "Se Deus é por nós, quem será contra nós?" (Rm 8.31b). Ele está conosco na luta contra nosso principal inimigo: a nossa velha natureza, ou seja, o pecado que atua em nossos membros (Rm 7.23). Você encara algum "gigante" em sua vida, como "a cobiça da carne, a cobiça dos olhos e a ostentação dos bens" (1Jo 2.16)? Por exemplo, é comum os homens tenderem a querer impor sua posição, pois orgulham-se em poder controlar as pessoas. Deveriam, porém, lembrar-se de que isso os torna inimigos da paz no lar e que precisam lutar, com fé, contra as suas faltas.

Nossos "enaquins" particulares se opõem a Cristo em nós. Como vencê-los? Exercendo a *fé*, como enfatiza nosso versículo-chave, ou seja, obedecer à palavra de Cristo, nosso Senhor. – TL

Peça ajuda a Deus para derrotar seus "gigantes".

26 de janeiro

Cuidado onde pisa!

LEITURA BÍBLICA:
Gênesis 13.8-13

Estejam alertas e vigiem. O Diabo, o inimigo de vocês, anda ao redor como leão, rugindo e procurando a quem possa devorar (1Pe 5.8).

Nos versos anteriores aos da leitura bíblica de hoje, vemos um momento delicado, quando os pastores de Ló e Abrão começaram a se desentender. Para evitar maiores problemas, ambos decidiram viver separadamente, apesar de serem parentes. Então, numa atitude condizente com a grandeza de seu caráter, Abrão deixa que seu sobrinho escolha o seu próprio caminho. Diante dessa oportunidade, Ló optou ir para o leste, ao vale do Jordão, porque ali estavam os melhores pastos, e mudou seu acampamento para um lugar próximo a Sodoma. Outra versão bíblica diz "e ia armando as suas tendas até Sodoma" (ARA). Uma grande cidade, que alguns anos mais tarde foi destruída por Deus por causa de sua corrupção. Mas o que levaria Ló, um homem com caráter bem diferente daqueles moradores, a habitar numa cidade tão corrompida? Não há outra resposta a não ser sedução sutil! O grande problema é que o pecado nunca mostra suas garras logo de cara. No início tudo é sempre muito bonitinho, legal, excitante; porém seu objetivo é atrair e seduzir. No dia em que Ló escolheu o seu caminho, se lhe oferecessem uma bela casa no centro da cidade, é possível que dissesse "Não! De jeito nenhum!" Mas como foi passo a passo, indo de tenda em tenda, não percebeu a gravidade da situação. Sutilmente, Sodoma passou a fazer parte da sua vida. E você? O que tem feito? O que faz para definir decisões importantes? Apenas olha para as aparentes vantagens ou também tem-se preocupado com os pecados e as seduções à sua volta? Quando você precisa tomar alguma decisão, pensa nas consequências espirituais que ela possa implicar ou simplesmente procura se focar apenas no material? O recado de Deus para nós hoje é fugir até mesmo da aparência do mal. – RPM

Vistam toda a armadura de Deus, para poderem ficar firmes contra as ciladas do Diabo (Ef 6.11).

27 de janeiro

Passado

LEITURA BÍBLICA:
Tito 3.3-8

Ele me tirou de um poço de destruição, de um atoleiro de lama; pôs os meus pés sobre uma rocha e firmou-me num local seguro (Sl 40.2).

No texto de hoje, Paulo descreve como ele, Tito e todos os cristãos eram antes de conhecer a salvação em Cristo. Talvez não seja agradável lembrar o que éramos – e muitos dirão que precisamos esquecer o passado e seguir em frente, pois "O que passou, passou"; "Quem vive de passado é museu"; "Não adianta chorar pelo leite derramado"; "Águas passadas não movem moinhos"... Então, para que ficar recordando o que já passou? Lembrar como éramos e de onde Deus nos tirou – um atoleiro de lama – faz com que reconheçamos sua misericórdia em nossa vida. Ninguém, por mais correto ou bonzinho que fosse, merecia a salvação. Jesus veio ao mundo e morreu naquela cruz por nossos pecados por *amor*, não por méritos nossos. Assim, quando entregamos nossa vida a Cristo, Deus perdoou nossos pecados e retirou a lama em que estávamos envolvidos, dando-nos uma nova vida. Por amor, Deus transforma pessoas más e egoístas em filhos seus, aptos a boas obras – após a conversão é que os homens conseguem ser submissos às autoridades, pacíficos, amáveis, mansos (Tt 3.1-2). Somente conseguimos amar de verdade quando conhecemos o Deus que é amor. Se você é cristão, lembre-se de como era sua vida antes da salvação para perceber a ação de Deus e glorificá-lo por sua misericórdia. Testemunhe a transformação realizada pelo Espírito Santo em sua vida e o que você é hoje. As experiências do passado vão motivá-lo a crescer em seu relacionamento com Deus e a permanecer firme na fé. Mas se o texto de hoje é um retrato de sua vida, você pode mudar sua história. Reconheça que suas atitudes não agradam a Deus, arrependa-se dos erros cometidos e entregue sua vida ao Senhor, para que ele a renove e dirija. A transformação que Deus operará em sua vida fará você lembrar de seu passado não com saudade, mas para reconhecer o amor de Deus por você! – VWR

Arrependimento é reconhecer que estou na lama e deixar que Deus me tire dela.

28 de janeiro

Imitadores

LEITURA BÍBLICA:
Efésios 5.1-7

Quando entrarem na terra que o SENHOR, o seu Deus, lhes dá, não procurem imitar as coisas repugnantes que as nações de lá praticam (Dt 18.9).

Existe um personagem da Bíblia chamado Diótrefes. Sua história está registrada na terceira carta de João. Ele não é um bom exemplo a seguir. Era mentiroso e inventava coisas falsas a respeito de João. Diótrefes amava mais a si mesmo do que os outros. Não praticava a hospitalidade e até impedia outros de receber pessoas em suas casas. Expulsava da igreja os que vinham de fora. Na mesma igreja havia um homem chamado Gaio, que era totalmente o inverso de Diótrefes. Era conhecido como alguém que andava na verdade, amava as pessoas e era hospitaleiro. João o aconselha a imitar o que é bom e não o que é mau. A preocupação de João era que ele fosse influenciado por Diótrefes. Todas as pessoas têm a tendência de copiar um pouco as outras. Da mesma forma que todos influenciam outros, todos são influenciados. Infelizmente é mais comum imitar o que é mau. A influência negativa sempre parece mais forte e contagiante.

Realmente é preciso tomar muito cuidado para não seguir o conselho de quem despreza Deus e para não imitar e desejar o que homens maus vivem e praticam.

Nosso texto base diz que devemos ser imitadores de Deus, vivendo em amor, seguindo o que sua palavra ensina. Fugindo de imoralidade, obscenidade, impureza, cobiça e das palavras maliciosas e inconvenientes. Não devemos participar dessas coisas que os homens sem Deus praticam.

Precisamos aprender a olhar e imitar o melhor. Ouvir o que é bom e não as más obras e conversas. Devemos atentar para personagens bíblicos como os profetas, exemplos de submissão à direção de Deus. E mais, precisamos viver uma vida que influencie as outras pessoas a ponto de podermos dizer como Paulo: Tornem-se meus imitadores, como eu o sou de Cristo (1Co 11.1). – HSG

Cuidar da alma é imitar Cristo e aprender o que é bom.

29 de janeiro

Perdão

LEITURA BÍBLICA:
Lucas 17.3-10

Suportem-se uns aos outros e perdoem as queixas que tiverem uns contra os outros. Perdoem como o Senhor lhes perdoou (Cl 3.13).

Existe um ditado que diz: "Errar é humano, perdoar é divino". Geralmente quem usa este ditado tenta justificar seus próprios erros ou o fato de não querer perdoar – "já que não sou Deus, está tudo bem se eu não perdoar". Quem conhece a Bíblia, sabe que não é bem assim.

O que é o perdão? Gosto muito de um conceito que o professor David W. Smith usava em suas aulas de ética pessoal: "O perdão é uma decisão de não levantar mais a ofensa perante três pessoas: Deus, os outros (inclusive o ofensor), e eu mesmo".

Perdoar é difícil porque gostamos de relembrar a ofensa. Perdoar é difícil porque gostamos de comentá-la com outras pessoas. Perdoar é difícil porque gostamos de "jogar na cara" do ofensor o que ele nos fez. Perdoar é difícil porque gostamos de nos fazer de vítimas e nos queixar com Deus. De fato, perdoar é difícil, mas não impossível. Mas perdoar também é necessário, pois é a única maneira de salvar um relacionamento. Perdoar é preciso por ser a única maneira de sarar a ferida e não ficar preso nas garras da autopiedade e da amargura. Perdoar é preciso para não contaminar outras pessoas em nossos contatos interpessoais. Perdoar é preciso porque Deus nos manda perdoar sempre – e mesmo quando obedecemos a Deus e perdoamos temos de reconhecer que: "somos servos inúteis, apenas cumprimos o nosso dever", conforme diz o texto que lemos hoje (v 10).

Não é tanto uma questão de fé, mas de obediência, de decisão. Se quisermos realmente seguir a Cristo, perdoar não é uma opção ou um "favor" que fazemos ao outros. É um dever.

Nosso Senhor também perdoa nossos pecados, e nos capacita a cumprir suas ordens. Desta forma, perdoar não é sobre-humano, mas algo que podemos cumprir com a graça do nosso Senhor. – CTK

Perdoar é difícil, mas necessário.

30 de janeiro

Planos

LEITURA BÍBLICA:
Provérbios 16.1-3

Em seu coração o homem planeja o seu caminho, mas o SENHOR determina os seus passos (Pv 16.9).

P lanejar é estabelecer metas e os meios para atingi-las. Com frequência traçamos planos de ação para aproveitar melhor nosso tempo, ter sucesso profissional, manter nossa família unida e até mesmo para crescer espiritualmente. Fazer planos não é errado – o problema é não deixar que Deus interfira neles.

O texto de hoje ensina que é o Senhor quem vai permitir ou não que nossos planos sejam colocados em prática. Às vezes nosso plano pode parecer perfeito, mas o de Deus sempre será melhor. Há pouco tempo planejei algo que parecia ser o que Deus queria, mas ele respondeu que não. Não foi fácil desistir de tudo e cumprir o plano de Deus. Mas isso não é novidade – fiz tantos planos para minha vida profissional e muitos não foram aprovados pelo Senhor. Mas, analisando como Deus conduziu a questão, posso dizer que os planos dele eram muito melhores que os meus! Se pudesse decidir novamente, mais uma vez escolheria seguir os planos de Deus – mesmo quando isso envolveu sofrimento.

Em Atos 16.6-10 lemos que Paulo também tinha um plano (era um bom plano: evangelizar pessoas de certo local), mas o Espírito Santo o impediu e dirigiu-o a outro lugar. Paulo não teve dúvidas: preferiu o plano do Senhor. Max Lucado escreveu: "Não vá para Deus com opções e esperando que ele escolha uma de suas preferências ... vá até ele disposto a fazer o que ele lhe disser". Então, o que fazer com nossos planos? O v 3 ensina que devemos consagrar *tudo* ao Senhor e então nossos planos darão certo – pois estaremos fazendo o que Deus quer. Quando entregamos nossa vida a Deus e permitimos que ele a dirija da forma que quiser, ele cumprirá em nós o seu plano e tudo dará certo, porque *seus* planos são perfeitos e adequados a nós. Confie sua vida e seus planos ao Deus que conhece sua história, é perfeito e sabe o que é realmente melhor para você. – VWR

**[Diga:] Se o senhor quiser,
viveremos e faremos isto ou aquilo (Tg 4.15).**

31 de janeiro

Deus
é fiel

LEITURA BÍBLICA:
Gênesis 39.1-19

*Como poderia eu,
então... pecar contra
Deus? (Gn 39.9)*

Tenho visto a expressão do título colocada em certos locais de negócios. Quero, de antemão, deixar claro: creio de coração que Deus é mesmo fiel. Só que alguns interpretam esta verdade à luz de um relacionamento direto de causa e efeito: se eu agir como devo, Deus me abençoará (leia-se: prosperarei nos negócios). No mínimo, o texto de hoje coloca esta visão em xeque. Relembremos: um jovem mimado pelo pai rico é traído por seus irmãos e vendido como escravo. Mesmo em situação adversa, age com integridade e zelo e colhe prosperidade. Tudo vai bem até ser colocado à prova em uma questão de caráter – saindo-se, aliás, muito bem. Mas, em vez de prosperar mais, é acusado injustamente e lançado na prisão imunda.

Quem conhece a história de José do Egito sabe que, anos mais tarde, veio a tornar-se governador do Egito, e nesta posição de honra e poder serviu de instrumento para que a nação de onde o Messias nasceria fosse preservada. O bem resultante da fidelidade de José não se mede pela prosperidade pessoal alcançada, mas pela utilidade que teve para o plano maior de Deus – a redenção por meio de Jesus, o Cristo.

Somos por natureza autorreferidos: consideramos tudo de um prisma pessoal e centrado em nós mesmos. Assim, ao aprender sobre a fidelidade divina, nada mais natural que começar a medir como isto nos beneficiará pessoalmente.

Fidelidade é um dos atributos de Deus, como amor, por exemplo. Ele é fiel: não fica mudando de ideia, e invariavelmente cumpre suas promessas. Mas é preciso entender que ele não é um negociante disposto a barganhar em troca de nossa obediência, premiando-nos como crianças comportadas.

A fidelidade a Deus não é um truque para receber suas bênçãos, mas a única resposta apropriada à fidelidade dele. – MHJ

**Porque Deus é fiel, a única resposta digna
de minha parte é ser fiel a ele.**

1º de fevereiro

Peregrinos

LEITURA BÍBLICA:
Hebreus 11.8-16

Amados, insisto em que, como estrangeiros e peregrinos no mundo, vocês se abstenham dos desejos carnais que guerreiam contra a alma (1Pe 2.11).

A peregrinação do povo de Israel pelo deserto rumo a Canaã, a terra prometida por Deus, é uma ótima comparação com a nossa caminhada neste mundo em direção ao encontro com o Senhor no céu. Como aquele povo se desviou pelo caminho, muitas vezes nós também tomamos atitudes erradas e vivemos como se o deserto fosse a nossa morada.

Precisamos lembrar todos os dias que somos peregrinos e estrangeiros neste mundo. Por isso, devemos afastar-nos do pecado e dos maus desejos que nos separam de Deus (veja o versículo em destaque). Nosso comportamento deve demonstrar nossa fé. Somos o povo de Deus e temos de viver conscientes de que o caminho é um processo de descoberta, uma preparação para algo que está por vir. O cristão vive como peregrino, comprometido com sua fé e com as pessoas que conhece por onde passa, unindo forças para fazer o que Deus quer.

Muitas pessoas compreendem que este mundo não é seu lar, mas vivem como turistas – só estão interessadas em si mesmas. O turista está apenas de passagem e sua motivação é viver novas experiências; quer desfrutar os lugares que conhece, mas não se compromete com nada e com ninguém à sua volta. Assim, muitos vivem como se estivessem no mundo para uma temporada de férias e fazem de seus dias uma aventura divertida, sem compromisso; vivem livremente fazendo o que acham melhor.

É preciso entender que a vida que recebemos é dada por Deus com um propósito definido por ele. Como peregrinos, necessitamos viver pela fé como Abraão, que obedeceu à ordem de Deus: deixou tudo para trás e peregrinou até o local escolhido pelo Senhor. Fez isso porque sua esperança não era limitada a este mundo: esperava uma pátria melhor – a pátria celestial. – HSG

Os peregrinos mostram em sua vida que estão em busca da pátria celestial.

2 de fevereiro

Ester

LEITURA BÍBLICA:
Ester 4.1-14

Tenham cuidado com a maneira como vocês vivem; que não seja como insensatos, mas como sábios, aproveitando ao máximo cada oportunidade (Ef 5.15,16).

Você conhece a história de Ester? Ela aconteceu em um período em que os judeus eram cativos sob a dominação dos persas e seu rei Xerxes. Ester era uma moça judia que foi alçada à posição de rainha. Uma conspiração armada por um membro da corte (Hamã) pretendia o extermínio em massa dos judeus. Ester estaria relativamente segura em sua condição de rainha; seu povo, porém, condenado. É então que o tio de Ester, Mardoqueu, lhe envia uma longa mensagem que conclui dizendo: Quem sabe se não foi para um momento como este que você chegou à posição de rainha? Há quem pense que Deus traçou um destino detalhado para cada pessoa – "está escrito". Gastei um bom tempo da vida e muita energia tentando compreender o que estava escrito a meu respeito, qual a vontade de Deus para mim. Lutei com a dificuldade de saber como agir, principalmente porque não compreendia por que deveria me esforçar se o que aconteceria já estava escrito. Um dia entendi que nem sempre o Senhor determina planos detalhados para alguém – aliás, geralmente não o faz. Compreendi que mais do que planos para mim ou você, ele tem o propósito de abençoar-nos e abençoar pessoas por nosso intermédio. Ele é o Senhor da história e tudo será conforme ele quer, mas entendo que tenho a liberdade de escolher se quero participar. Se você leu o texto bíblico de hoje, verá que é disto que Mardoqueu fala a Ester.

Certo, não somos reis ou rainhas. Mas cada um de nós tem um espaço único na família, vizinhança, trabalho, escola, aonde só nós chegamos. Creio firmemente que os servos de Deus são sementes do amor dele, plantadas por este mundo afora. Cabe a nós aceitar ser instrumentos dele e frutificar. Afinal, o que está escrito a nosso respeito é que Deus nos ama e nos deu a grande honra de ser seus cooperadores. – MHJ

Cooperar com Deus é uma honra ao alcance de todo cristão.

3 de fevereiro

Crime

LEITURA BÍBLICA:
Êxodo 2.11-15

Não abandone a sabedoria e ela o protegerá; ame-a, e ela cuidará de você (Pv 4.6).

Sempre ouvi dizer que o crime não compensa e que não há crime perfeito. Cada vez mais creio nisso. A ciência criminalística está tão avançada que é possível descobrir um criminoso por um simples fio de cabelo ou até mesmo pela saliva – é o desenvolvimento tecnológico a favor da punição dos que violam as leis. Muitos não são punidos por falta de interesse na investigação ou outros problemas, mas ficou muito mais difícil cometer um crime sem ser descoberto.

No texto que você acabou de ler, Moisés pensou ter cometido um crime perfeito, sem testemunhas. Enganou-se. No dia seguinte, ao tentar separar dois indivíduos que brigavam, descobriu que um deles sabia do crime. Além do mais, Deus vê todas as coisas – *ele* sabia. Ameaçado de morte, Moisés teve de fugir – seu crime só lhe trouxe problemas.

O assassinato não agrada a Deus e foi proibido por ele (Êx 20.13). Precisamos pedir sabedoria e domínio próprio ao Senhor para não nos deixarmos levar pela ira – sentimento que antecede esses atos criminosos. No caso de Moisés, o egípcio espancava um hebreu e sua morte poderia parecer "justa", mas tudo seria diferente se ele controlasse sua raiva e conversasse com aquele homem. Faltou sabedoria. O diálogo ainda é a melhor maneira de buscar a paz.

Quem não busca a sabedoria deixa-se levar pela violência e pelos maus sentimentos, demonstrando que não teme a Deus, pois "O temor ao Senhor *conduz à vida*: quem o teme pode descansar em paz, livre de problemas (Pv 19.23). Quem deseja obedecer a Deus valoriza cada vida criada por ele e busca controlar seus sentimentos para que estes não firam os outros. Isto só se tornará natural pela intervenção divina em sua vida: o Espírito Santo lhe mostra como ser sábio e desenvolve as características de Jesus em você. Você já teve esta experiência? – ETS

 Façam todo o possível para viver em paz com todos (Rm 12.18).

Jair

LEITURA BÍBLICA:
Juízes 10.3-5

Ensina-nos a contar os nossos dias para que o nosso coração alcance sabedoria (Sl 90.12).

O livro de Juízes narra um período da história de Israel em que não havia liderança estabelecida. Ao longo dele encontra-se uma alternância entre períodos de infidelidade a Deus, opressão por inimigos e o surgimento de heróis nacionais (juízes) que lideravam o povo ao arrependimento e à vitória sobre os inimigos. Assim, alternam-se derrotas para o inimigo interno (infidelidade) e externo (opressores) e períodos de vitória sobre ambos. Há uma longa lista desses juízes que descreve seus principais feitos, geralmente de forma resumida. Jair foi um deles: liderou o povo por 22 anos, aparentemente sem acontecimentos extraordinários, pois do pouco que se conta sobre ele somos informados apenas de que tinha 30 filhos que montavam 30 jumentos.

Há também as genealogias. Fulano gerou "A" e "B" e morreu; por sua vez, "A" gerou "X" e "Y" e morreu. Em um pequeno parágrafo passam rapidamente pessoas que nasceram, cresceram, geraram e morreram – mas devem ter vivido nesse intervalo! A ideia da imortalidade persegue a humanidade; os faraós construíam pirâmides... e por muito favor decoramos seus nomes nas aulas do colégio, sem necessariamente ligá-los a uma pessoa. Grandes compositores deixaram sua marca na história – mas alguém aí, a não ser por alguns dados biográficos e sua obra artística, sabe quem foram de fato esses homens?

Bem, se eu quiser deixar como lembrança da minha vida algo mais do que o número de jumentos que meus filhos montaram, uma questão se impõe: como viver de forma que valha a pena? Como fazer diferença? Pelo visto, a questão já ocupava a mente de Moisés (autor do Salmo 90): vivendo um dia por vez, porém não de qualquer jeito, mas tornando-se sábio – e então, com humildade, deixando que o aprendizado transborde para outras pessoas. Seu nome constará dos livros de história? Provavelmente não, mas você terá feito muita diferença. – MHJ

Viver uma vida significativa
é muito mais do que ser celebridade.

5 de fevereiro

Ajude!

LEITURA BÍBLICA:
Mateus 25.31-46

Parem de fazer o mal, aprendam a fazer o bem! (Is 1.16d-17a)

Muitas vezes fui chamado para ajudar pessoas em necessidade. Um pai de família procurou-me e contou a sua situação. Ele tinha uma doença incurável e precisava que alguém o levasse com frequência às consultas com o médico especialista e ao hospital. Sempre estive pronto para ir com ele aonde fosse necessário. Por mais de dez anos levei aquele homem a diferentes médicos e hospitais, buscando a cura que nunca chegou. Com uma doença que o fazia sofrer, ele nem sempre era amável. Certa ocasião, um membro de sua família me perguntou: "Por que o senhor se preocupa em ajudar esse homem que nem sequer agradece e às vezes é tão rude com o senhor?" Confesso que fiquei surpreendido com tal pergunta. Como responder? O que dizer quando se ajuda uma pessoa que não responde ao amor demonstrado? Do ponto de vista cristão, o amor não exige resposta. Respondi àquele homem que estava fazendo aquilo porque Jesus me amou primeiro. Foi ele quem ensinou os cristãos a agir daquela maneira e, quando assim fazemos, ficamos parecidos com ele. Jesus derramou o seu amor em nosso coração e então passamos a servir àqueles que precisam, mesmo que não respondam – tudo isso porque Deus ama *todas* as pessoas. Quando aquele senhor faleceu, fui ao funeral e agradeci a Deus pelo privilégio que Deus me dera em poder ajudá-lo.

Jesus veio a este mundo por amor às pessoas e entregou sua vida por elas. Com seu exemplo ensinou que devemos segui-lo ajudando a todos, sem distinção. O amor de Deus não vem para ficar parado em nosso coração: deve ser repartido com outros. No texto de hoje, Jesus ensina que quando ajudamos alguém que precisa (um "pequenino") é a Cristo que o fazemos. Com seu amor e auxílio poderemos realizar essa tarefa e então compreender o significado de servir. – JG

**Ajudar alguém é repartir
o que recebemos de Deus.**

6 de fevereiro

O tempo é agora!

LEITURA BÍBLICA:
Gênesis 19.1-23

Devemos fazer as obras daquele que me enviou enquanto é dia. A noite vem, quando ninguém pode trabalhar (Jo 9.4).

Lembra aquela expressão "Não tenho tempo"? Você já deve tê-la ouvido várias vezes e talvez também já a tenha utilizado. O interessante é que geralmente ela não condiz com a realidade. É apenas uma desculpa para nos desviarmos do triste fato de que não estamos interessados em fazer algo ou resolver determinadas coisas. E isso não é de hoje.

Em nossa leitura vemos que Ló e sua família moravam em Sodoma numa época em que a imoralidade e o pecado haviam-se propagado tanto que Deus decidiu destruir aquela cidade. Para isso enviou dois anjos, os quais se hospedaram na casa de Ló. Após o trágico incidente no qual os homens da cidade procuraram violentá-los, os mensageiros celestiais revelaram sua natureza, explicaram sua missão e ainda concederam a Ló e aos seus familiares a possibilidade de escapar da destruição que estaria por vir.

Ló, porém, diante do descrédito e da zombaria dos seus futuros genros, perdeu a noção de urgência ao ponto de os anjos terem que apressá-lo. Apesar do perigo iminente e da enfática declaração dos mensageiros, ele se demorava.

Todavia, Ló e sua família não são os únicos a não tomarem uma atitude diante de um desafio. Constantemente temos praticado semelhante gesto. Muitas vezes ouvimos ou até dizemos: "Amanhã me dedicarei mais à oração", ou então "Preciso me aproximar mais de Deus, mas não tenho tempo", ou ainda "Sei que preciso crescer, tornar-me uma pessoa melhor: amanhã começarei a agir diferente".

Nosso tempo de ação, nossa hora de agir, é agora. Não é amanhã ou quando tivermos tempo, quando a aposentadoria chegar ou quando acontecer isso ou aquilo. Não! Definitivamente, não! O tempo de aproveitarmos as oportunidades de Deus é agora! – RPM

"Nunca deixe para amanhã, pois o amanhã será sempre amanhã" (citação de autoria desconhecida).

7 de fevereiro

Multidões

LEITURA BÍBLICA:
Mateus 9.35-36

Tenho outras ovelhas que não são deste aprisco. É necessário que eu as conduza também. (Jo 10.16).

Quem mora em cidade grande sabe o que são multidões. É gente e gente enchendo os ônibus, as ruas, os parques, tudo. O que você vê numa multidão? Há os que enxergam alguma vantagem. Para o pessoal de marketing, quanto mais gente tiver contato com os seus anúncios, maiores serão as chances de obterem usuários. Políticos podem ver nas multidões a garantia de sua próxima eleição; para líderes religiosos mal intencionados podem ser massas fáceis de manobrar, visando ao lucro pessoal. O artista reconhece na multidão que lota o recinto o seu prestígio e a continuidade do seu sucesso. Raros são os que veem nas multidões pessoas com rostos, nomes e histórias.

No texto de hoje, Jesus anda pelas cidades cuidando das pessoas. De repente, ao ver as multidões, nota que aquele aglomerado é mais do que massa, mas vidas sem rumo, gente desorientada, desamparada e aflita que não sabe para onde ir. Jesus as vê como ovelhas sem um pastor que as conduza. No cotidiano rural da Palestina, a imagem do pastor conduzindo e guardando ovelhas era comum. Aquela gente não tinha quem cuidasse dela. Quantas vezes nos sentimos assim em meio à multidão: desamparados, aflitos, sem rumo, sem alguém que seja por nós. Estar rodeado de gente não significa companheirismo e alegria. A multidão não tem o poder de banir a angústia da alma aflita. Então Jesus chega e destaca na multidão um rosto, um nome, uma história: a sua! Quando Jesus vê você, ele não o enxerga como massa, mas como ovelha que precisa de um pastor que a oriente e que cuide dela: ele o trata como gente, sabe seu nome e conhece sua história. Jesus não olha para sua religião, seu passado glorioso ou tenebroso. Ele olha para a necessidade da sua alma porque o ama. Para ele não somos massa de manobra, somos gente que ele deseja inserir em seu rebanho e ensinar, cuidar e conduzir pela vida. – WMJ

Jesus é a diferença entre perdidos e achados.

8 de fevereiro

Repartindo as cargas

LEITURA BÍBLICA:
Êxodo 18.13-27

Levem os fardos pesados uns dos outros e, assim, cumpram a lei de Cristo (Gl 6.2).

Certo dia, Jetro foi ao acampamento dos israelitas próximo ao monte Sinai para visitar o seu genro Moisés. Ali ele percebeu que Moisés ficava o dia todo atendendo o povo que vinha consultá-lo pelas mais diversas questões. Mais experiente, aquele homem alertou o genro de que aquilo que fazia não era bom, pois daquele modo tanto Moisés como o povo ficariam esgotados. As questões a resolver eram muitas e assim não sobrava tempo para fazer mais nada.

Analisando a situação, Jetro sugeriu que fossem escolhidos novos líderes – homens capacitados, tementes a Deus, confiáveis e honestos. Eles seriam responsáveis por grupos de israelitas – compostos de mil, cem, cinquenta e dez pessoas – e julgariam as questões mais simples, decidindo-as sozinhos e deixando apenas as questões mais difíceis para Moisés. Jetro disse que deste modo o fardo do genro ficaria mais leve, pois os novos líderes dividiriam sua tarefa (v 22). Dito e feito: o peso da carga que estava sobre Moisés foi repartido com aqueles homens capazes, que por sua vez foram reconhecidos e valorizados.

Ainda hoje existem pessoas que hesitam em dividir responsabilidades, seja na empresa, no campo ou na igreja. Com isto, há muitos líderes cansados, esgotados e com sérios problemas de saúde. Isso acontece porque insistem em fazer tudo sozinhos e não conseguem realizar todas as suas tarefas de modo satisfatório. Se este for o seu caso, faça como Moisés e siga o conselho de Jetro. Se você está sobrecarregado, encontre pessoas de confiança e divida suas tarefas com elas, delegando responsabilidades. Fazendo assim, a sua carga ficará mais leve e os outros líderes terão novas experiências, desenvolvendo suas capacidades e sendo valorizados em seu trabalho. – MM

Liderar é somar pessoas para dividir tarefas, subtrair o cansaço e multiplicar resultados.

9 de fevereiro

O altar

LEITURA BÍBLICA:
Hebreus 10.10-14

*Nós temos um altar
(Hb 13.10).*

Você sabia qual o primeiro altar mencionado na Bíblia? É o que Noé construiu quando saiu da arca, grato a Deus pela passagem segura para um novo mundo após o Dilúvio (Gn 8.20). Pesquisadores acharam na Palestina restos de altares dos cananeus que podem datar de 3000 anos antes de Cristo. A história dá conta de altares de muitos povos em todo o mundo através dos tempos. Quando Deus escolheu Israel como seu povo especial, mandou que construísse um altar para colocá-lo na tenda de adoração a Deus. O Antigo Testamento registra numerosas atividades em torno de altares, tanto de povos adorando deuses falsos quanto de Israel oferecendo sacrifícios ao verdadeiro Deus, o Criador dos céus e da terra. O texto de hoje diz que o altar recebia os sacrifícios queimados como expiação dos pecados. Nesse ato, Deus queria que o seu povo sempre visse uma imagem do futuro sacrifício da vida do Messias prometido. Deus não ensinou que adorassem o altar, mas que, para além das ofertas, enxergassem pela fé o Redentor prometido.

Quando Jesus nasceu, viveu aqui e morreu na cruz, pagou de uma vez por todas nossos pecados pelo sacrifício do seu corpo. Por isso seus apóstolos não levantavam altares para os cultos, pois a adoração era ao Filho de Deus que morreu, ressuscitou e se assentou à direita do Pai no céu. Nem os altares dos judeus satisfaziam a Deus – muito menos aqueles dos deuses pagãos. No entanto, os cultos perante os altares sempre continuaram, na suposição de que tais obras religiosas produziriam méritos. Deus, porém, quer ser adorado "em espírito e em verdade" (Jo 4.24). Para dar firmeza aos cristãos de origem hebraica, o livro de Hebreus reafirma que até hoje o altar do cristão é o próprio Cristo, o Redentor. Podemos declarar com alegria nosso texto em destaque: "Nós *temos* um altar." – TL

Dê graças a Deus agora, olhando para Cristo, o autor e consumador da nossa fé (Hb 12.2)!

Alerta

LEITURA BÍBLICA:
Romanos 1.18-32

Tema a Deus e obedeça aos seus mandamentos, porque isso é o essencial para o homem. Pois Deus trará a julgamento tudo o que foi feito, inclusive tudo o que está escondido, seja bom, seja mau (Ec 12.13,14).

M uitos estão ansiosos para que chegue logo o carnaval, pois assim poderão se divertir, "pintar e bordar", ou seja, fazer tudo o que têm desejo de fazer. O importante para essas pessoas é se esbaldar sem pensar nas consequências para si mesmas ou para os outros – família, amigos, etc. Alguns acham que por se esconderem atrás de alguma máscara podem fazer o que quiserem, que ninguém descobrirá. Doce engano – a AIDS, a gravidez indesejada e outras consequências estão bem presentes. Talvez na hora da farra ninguém pense nisso. Mas, e depois? O que se fará com o desespero, a depressão, a realidade quando não há mais volta?

O mundo todo está em decadência moral, que começou com o pecado de Adão e Eva e se espalha cada vez mais. É só ligar a TV ou ler os jornais ou a internet para observar a decomposição generalizada das normas de convívio. Por isso vemos tantas desgraças pelo mundo afora, famílias sendo destruídas e doenças proliferando e destruindo a vida das pessoas.

Peço que você pense bem antes de partir para a diversão. Pense bem nas consequências de seus atos e, principalmente, lembre-se: Deus vê tudo! As pessoas podem até enganar umas às outras, mas a Deus não enganam, e cada uma vai ter de dar conta de seus atos diante dele. Deus é justo e para ele não existe diferença entre as pessoas, portanto ninguém pode desafiar seus padrões e achar que sairá ileso. Leve Deus a sério. Respeite-o. Obedeça à sua Palavra e colha os resultados positivos disto. Evite os pecados para não colher seus resultados. Evite estragar o resto de sua vida com atos impensados na hora da diversão. – HK

A Deus você não engana!
Viva com temor a ele.

11 de fevereiro

Só isso?

LEITURA BÍBLICA:
2 Crônicas 27.1-9

Deus não é injusto; ele não se esquecerá do trabalho de vocês e do amor que demonstraram por ele, pois ajudaram os santos e continuam a ajudá-los (Hb 6.10).

Você já vivenciou alguma situação, algum trabalho ou tarefa que você tenha feito e passou despercebido? Como isso é terrível. Você dá um duro danado e ninguém valoriza, e às vezes nem sequer ouvimos um simples "obrigado".

Confesso que na primeira olhada que dei na leitura bíblica de hoje, me veio à mente: só isso? Dezesseis anos de reinado e tantas contribuições positivas, mas o cronista só usou nove versos para falar sobre Jotão, um bom rei? Parece injusto; afinal, outros reis inferiores tiveram bem mais linhas dedicadas a eles.

Entretanto, deixando esse pensamento humano de lado, li novamente o texto e fiquei extasiado, em especial com os versos 2 e 6, que enfocam o caráter e a grandeza espiritual daquele rei. Então procurei fazer um paralelo com nossa vida. Há situações ou momentos dos quais, embora tenhamos feito muitas coisas boas, a maioria não será lembrada ou levada em consideração. Todavia, ao invés de ficarmos revoltados ou desanimados, devemos continuar a fazer o que deve ser feito. Mesmo que os detalhes das nossas ações não apareçam, é preciso cultivar uma vida de valor. Devemos dirigir nossos passos em conformidade com a vontade do Senhor. E quando conseguirmos esse padrão, como será sublime saber que alguém poderá resumir a nossa história com aquela gloriosa frase: "Fulano fez o que era reto aos olhos do Senhor".

Mas, se porventura as pessoas não souberem dar o devido valor aos seus feitos, não se preocupe. Melhor ainda será ouvir as palavras de Jesus: "Venham benditos de meu Pai! Recebam como herança o Reino que lhes foi preparado desde a criação do mundo" (Mt 25.34). Por isso não procure a honra dos homens, mas faça o seu melhor, servindo ao Senhor. Pois ele, somente ele, é justo o suficiente para lembrar-se e recompensá-lo ao seu tempo. – RPM

Os bons frutos crescem em silêncio.

12 de fevereiro

Surpresa

LEITURA BÍBLICA:
Gênesis 18.9-15

Eu sou o Senhor, o Deus de toda a humanidade. Há alguma coisa difícil demais para mim? (Jr 32.27).

Será que milagres acontecem ainda hoje?

Certa manhã, disse ao meu marido que iria ao mercado comprar margarina. Era apenas o que podíamos comprar, mesmo que outras coisas estivessem faltando. Estávamos tristes com aquela situação, mas ainda assim gratos por ter o que comer todo o dia. Antes do almoço, abri a porta de nosso apartamento e encontrei uma caixa bem na frente da nossa porta. O que era aquilo? Quem poderia ter deixado aquela caixa ali? Abrimos e, para nossa surpresa, retiramos da caixa leite, ovos, batatinha e... um pote de margarina. Mas não era qualquer margarina: era justamente a marca que eu iria comprar! Ninguém sabia disso – só Deus, que enviou *exatamente* o que ele sabia que estava faltando. Mal conseguimos almoçar, pois comemos chorando, agradecidos a Deus e surpresos com sua fidelidade. Aquele milagre não foi o único. Temos sentido o agir de Deus a cada dia, enviando nosso sustento através de pessoas até mesmo desconhecidas. Nunca soubemos quem deixou aquela caixa em nossa porta, mas isso não importa, pois sabemos que foi Deus quem a enviou. Ele ainda faz milagres, como fez com o povo de Israel e seus servos em tantos momentos. A Bíblia contém muitos destes relatos, especialmente quando Jesus esteve na terra e o poder de Deus esteve muito evidente. Ainda hoje, cada vida resgatada e transformada por Deus é um milagre.

O texto de hoje também fala de um milagre. Ele mostra o anúncio do nascimento de um bebê a um casal de idosos. Imagine-se no lugar de Abraão e Sara, quase centenários, recebendo a notícia. Sara riu, duvidando que fosse possível. Como ela, muitas vezes esquecemos que nosso Deus tem todo o poder para fazer coisas impossíveis. Para ele, *nada* é impossível (Mc 10.27). Por isso podemos confiar a ele nossos problemas impossíveis e até mesmo esperar milagres. Ele o fará, de acordo com sua vontade e seus propósitos. – VWR

Não existem acasos para quem serve ao Deus do impossível.

13 de fevereiro

Andar com Deus

LEITURA BÍBLICA:
Gênesis 5.18-24

Enoque andou com Deus; e já não foi encontrado, pois Deus o havia arrebatado (Gn 5.24).

Lendo o texto de hoje, recordo uma pregação do saudoso pastor David Gomes, quando ainda era seminarista e visitou a nossa igreja, lá no interior do estado do Rio Grande do Sul. Ele disse que podemos imaginar que certo dia Enoque saiu de sua casa para visitar familiares seus. Encontrou diversos e a todos levou uma palavra de encorajamento a viverem sempre os princípios de Deus. Ao entardecer, Enoque se preparava para o retorno quando Deus lhe falou:

– Enoque, hoje você está mais perto da minha casa do que da sua. Venha comigo! Ele concordou e foi arrebatado por Deus, para viver com ele sem experimentar a morte (Hb 11.5). Lembro que na ocasião fiquei um tanto preocupado com os familiares de Enoque. Pensei na sua esposa. Como ela teria recebido a notícia do arrebatamento do marido? Será que ela também não andava com Deus? Se sim, poderia ter ido com ele. E Matusalém, seu filho primogênito, não andou também com Deus? De acordo com os registros bíblicos, sua vida foi a que teve a duração mais longa, 969 anos (Gn 5.27). Teria sido esta a recompensa pela obediência do pai? A Bíblia nos dá a certeza de que pelo menos um dos descendentes de Enoque seguiu o exemplo do bisavô: Noé, homem justo, íntegro e que *andava com Deus* (Gn 6.9). Em toda a História, as pessoas que vivem para agradar a Deus são sempre a minoria. Jesus confirma esta triste realidade, ao mencionar que o acesso para a perdição é largo e espaçoso e muitos andam por ele; já o caminho para o céu, diz Jesus, é estreito e poucos o encontram (Mt 7.13-14). Enoque andou com Deus, ou seja, viveu sempre de acordo com a vontade do Senhor e o tinha como amigo, um companheiro na caminhada. E você, anda em companhia de quem? Lembre-se: Jesus não é apenas um bom caminho, mas o *único* que conduz ao Pai. É por este caminho que você tem andado? – HM

Andar com Deus é ter uma vida dedicada a cumprir sua vontade.

14 de fevereiro

Missões

LEITURA BÍBLICA:
Mateus 28.16-20

[Vocês] serão minhas testemunhas em Jerusalém, em toda a Judeia e Samaria, e até os confins da terra (At 1.8b).

Um senhor se orgulhava em dizer que não acreditava em Deus. Certa ocasião viajou para as ilhas Fiji, um arquipélago no sul do Oceano Pacífico, para alguns dias de férias. Ficou muito surpreso quando viu os nativos da ilha indo para a igreja com Bíblias em suas mãos. Disse-lhes então que Deus não existia, a Bíblia não era um livro bom e que tinham uma religião falsa. Um professor local, homem simples, ouviu o que o visitante estava dizendo e respondeu: "Você tem mesmo é muita sorte! Nós deixamos de adorar os ídolos e de sermos canibais quando entendemos que Jesus é nosso salvador. Aprendemos a ler a Bíblia e a nossa vida mudou completamente. Se ainda fôssemos como antes, agora mesmo o mataríamos, cozinharíamos todo o seu corpo e toda essa gordura numa água fervendo, e nos deliciaríamos comendo-o inteirinho, dançando ao redor da fogueira".

Esta história demonstra o que o Evangelho faz na vida das pessoas. Jesus muda completamente o modo de viver daqueles que creem nele e aceitam sua Palavra. É, portanto, vital que o Evangelho seja anunciado em todo o mundo. Milhares de pessoas têm sido mudadas porque a mensagem da salvação chegou até elas. Certo missionário disse que o Espírito de Cristo é o espírito de missões, e quanto mais nos aproximamos de Cristo, mais nos tornamos missionários. Foi exatamente essa responsabilidade que Jesus passou aos seus discípulos após a sua ressurreição: deveriam fazer discípulos de todas as nações, batizá-los e ensiná-los a obedecer aos ensinos de Cristo. Depois, Jesus fez uma grande promessa que é válida também para o cristão missionário de nossos dias: "Eu estarei sempre com vocês, até o fim dos tempos" (v 20b). E você, conhece Jesus e tem anunciado o Evangelho com palavras e com sua vida? – JG

Jesus transforma vidas!
Experimente isso e passe o recado adiante!

15 de fevereiro

Amor
em ação

LEITURA BÍBLICA:
Lucas 10.25-37

A fé, por si só, se não for acompanhada de obras, está morta (Tg 2.17).

Questionado por um conhecedor da lei de Deus, Jesus contou a parábola do "bom samaritano", que acabamos de ler. Nela, aprendemos que ser religioso, líder de igreja ou participante de qualquer grupo que diz servir a Deus não quer dizer muita coisa. Na parábola, todos os seguidores da lei de Deus falharam, mas um samaritano, que não se encaixava nessa categoria, foi o bom moço da história. Os cristãos costumam dizer que amam seus irmãos e valorizam a convivência com eles, que compartilham suas necessidades e dores e que cada um é muito importante em sua vida. Mas será que efetivamente damos ouvidos à Palavra de Deus nesta questão? Você busca conhecer as necessidades de seus irmãos? E quando fica sabendo que algo vai mal com um deles, como procede?

Por exemplo, talvez você conheça alguém desempregado. Isto deveria nos desafiar a orar e *agir* para que possa ser contratado o quanto antes. Quem sabe Deus quer usá-lo para descobrir uma vaga para tal pessoa?

Será que em seu trabalho não estão precisando exatamente de alguém com aquelas qualificações? Parafraseando a parábola de Jesus, o "sacerdote" (pastor ou o líder da igreja) viu que um irmão precisava de emprego, mas achou melhor não dar atenção a isso; afinal, o problema não era com ele. O "levita"(músico ou zelador) também achou melhor não se envolver com o caso, por segurança. Finalmente, um "samaritano" (uma pessoa sem Deus) soube da situação daquele desempregado e ajudou de forma prática. Será que deixaremos a história se repetir em nosso tempo? Às vezes, ao lermos as páginas da Bíblia, achamos que nunca faríamos o que aquela gente fez, mas será mesmo? Este é um entre muitos exemplos de possíveis atitudes em relação às necessidades de nossos irmãos. Lembre-se: Amor aos irmãos sem demonstração prática é ilusão! – MAS

Demonstre sua fé por meio de suas ações!

16 de fevereiro

Deses-perados

LEITURA BÍBLICA:
1 Tessalonicenses 4.13-18

Se os mortos não ressuscitam, "comamos e bebamos, porque amanhã morreremos" (1Co 15.32b).

Uma antiga propaganda televisiva me chamou a atenção para a forma como muitos agem diante do desespero causado pela consciência da brevidade da vida. Ela apresentava um rapaz levando um copo de cerveja a um "coronel". Recebeu a ordem de entrega e, debaixo de um sol escaldante, sob forte tentação de saciar a própria sede com aquela bebida aparentemente geladinha, foi cumpri-la. Chegado ao destino, ao receber a saudação do "coronel" que, por rara cortesia ou pura formalidade, lhe disse: "Senta aí filho, descanse e tome alguma coisa", passou a tomar a cerveja que havia levado. Um dos capangas do "coronel", num instante, já encostava sua arma engatilhada na cabeça do moço que, com cara de desespero, bebia ainda mais rápido, como se dissesse: já que vou morrer mesmo, quero aproveitar ao máximo esta bebida. A propaganda até era engraçada, não se pode negar, mas mostrava o desespero dos que não aguardam nada da eternidade e pensam em aproveitar tudo ao máximo porque estão prestes a morrer! Percebo que carnaval é semelhante a isto. É uma verdadeira festa de desesperados, um grito de socorro. Pessoas fazem de tudo sem se importar com nada, por pensarem que a vida é muito breve. Por esta festa o povo continua dizendo: "Comamos e bebamos, porque amanhã morreremos"! E isto até de forma lógica, pois se percebem que o tempo é curto e se não esperam nada para depois da morte, nada mais lhes resta do que "aproveitar" o pouco que possuem, como Paulo destacou no texto base desta meditação. Assim, festas dos desesperados, como o carnaval, continuarão a existir enquanto seus adeptos não encontrarem a solução para a aparente brevidade da vida. Solução que está na fé em Jesus. Portanto, aproveite este carnaval e responda aos apelos dos desesperados que estão próximos a você apresentando-lhes Jesus, a esperança de vida eterna. – ARG

Jesus é a solução para o desespero causado pela evidente brevidade da vida na Terra.

Surpreendidos pelo mal

LEITURA BÍBLICA:
Ezequiel 3.16-21

Irmãos, se alguém for surpreendido em algum pecado, vocês, que são espirituais, deverão restaurá-lo com mansidão (Gl 6.1).

No versículo em destaque, o apóstolo Paulo escreve no condicional. Com isso ele admite que pode acontecer de cristãos serem surpreendidos pelo pecado, vítimas do poder maligno que busca afastar-nos de Deus. O apóstolo Pedro também afirma que o diabo anda ao redor do cristão, tentando levá-lo à queda. E quando tal acontece, o que deve ser feito?

Há aqueles que têm uma receita fria pronta. Propõem logo excluir o indivíduo da igreja, eliminando-o do convívio fraterno. Justificam isso dizendo que desta forma seria mantida a pureza da comunidade. Já outros permanecem totalmente indiferentes. Há também aqueles que se mostram tristes, mas deixam tudo por isso mesmo. Em Mateus 18, Jesus nos deixou uma receita semelhante à que Deus deu ao profeta Ezequiel. Em síntese, Jesus diz: Vá conversar com o faltoso com o propósito de restaurar quem se deixou levar para o mal, talvez por má companhia, como se lê em 1 Coríntios 15.33. Em Gálatas 6 encontramos o conselho reproduzido no versículo citado no início. Pergunto: quem deve restaurar o irmão caído? Os que são espirituais. Quem são estes? Espiritual há de ser aquele que está ciente do perdão dos seus próprios pecados e que cultiva uma vida em comunhão com Deus, orientada pelo Espírito Santo. Nesta cresce o fruto do Espírito: alegria, paz, paciência, amabilidade, bondade, fidelidade, mansidão e domínio próprio. O cristão espiritual, à semelhança do bom samaritano que tratou de ajudar quem foi derrubado (Lc 10.30-35), presta auxilio ao que está caído. Onde você se encaixa neste quadro? – HM

Deus não quer resolver a impureza eliminando o impuro, mas restaurando sua pureza.

18 de fevereiro

Religião?
Evangelho!

LEITURA BÍBLICA:
Atos 17.16-30

Trago boas novas de grande alegria ... para todo o povo: hoje, na cidade de Davi, lhes nasceu o Salvador, que é Cristo, o Senhor (Lc 2.10-11).

A palavra religião sugere a ideia de "religar": é o homem tentando religar-se a Deus. Já evangelho ("boas novas") é a notícia de Deus buscando o homem. Evangelho é Jesus convidando: "Venham a mim, todos os que estão cansados e sobrecarregados, e eu lhes darei descanso" (Mt 11.28).

Religião é esforço humano; evangelho é empenho de Deus: "Deus tanto amou o mundo que deu o seu Filho Unigênito, para que todo o que nele crer não pereça, mas tenha a vida eterna" (Jo 3.16). Deus deixou o céu em busca de nós, tornando-se homem, o que religião nenhuma ensina. O evangelho diz que " [Jesus] não considerou que ser igual a Deus era algo a que devia apegar-se; mas esvaziou-se a si mesmo, vindo a ser servo, tornando-se semelhante aos homens ... e foi obediente até a morte!" (Fp 2.6-8)

Jesus não se oferece como alternativa, mas é exclusivo, afirmando: "Eu sou o caminho, a verdade e a vida. Ninguém vem ao Pai, a não ser por mim" (Jo 14.6).

Pedro, um dos seus discípulos, confirma isso em At 4.12: "Não há salvação em nenhum outro, pois abaixo do céu não há nenhum outro nome dado aos homens pelo qual devamos ser salvos."

Infelizmente, porém, o homem quer criar seu próprio meio de chegar a Deus, inventando religiões. Todavia, o plano de Deus para nós inicia-se com o apelo ao arrependimento e a promessa de vida nova, chamada de "novo nascimento": "Ninguém pode ver o Reino de Deus se não nascer de novo", diz Jesus (Jo 3.3).

Quando o carcereiro de Filipos indagou a Paulo o que fazer para ser salvo, este não o aconselhou a seguir uma religião, mas disse-lhe: "Creia no Senhor Jesus e serão salvos, você e os de sua casa" (At 16.31). Isto é evangelho – boa nova para você. – HM

**Na religião, o homem procura um salvador;
no evangelho, Deus revela o salvador.**

19 de fevereiro

Que berreiro!

LEITURA BÍBLICA:
Hebreus 12.4-12

Em alta voz clamo ao Senhor; elevo a minha voz ao Senhor, suplicando misericórdia (Sl 142.1).

Será que não daria para berrar um pouco menos? Se você ou eu abríssemos tamanho berreiro por causa de uma simples picadinha, mandariam que calássemos a boca – e com razão! Onde já se viu? Mas bebê é bebê: ele não sabe fazer outra coisa; além disso, sentiu-se agredido (talvez mais pelo susto que pela dor), partindo para a defesa de que dispõe – e funciona: recebe consolo e carinho da mesma mão que acabou de espetá-lo. Algum dia ele entenderá o benefício que aquela vacina foi para sua vida, mas então não se lembrará mais nem da picada nem do berreiro que abriu.

Percebeu alguma semelhança entre a vacinação do bebê e o texto que acabou de ler? Pois é, mas eu gostaria de pensar mais um pouco no berreiro. Temos a tendência de nos achar na obrigação de ser heróis quando lemos esse texto de Hebreus. Somos adultos que sabem das coisas, não somos? Deveríamos entender que Deus busca o nosso bem com os sofrimentos que nos afligem e dar graças a ele. A Bíblia não diz que devemos dar graças a Deus em tudo (Ef 5.20)? Então! Ensaie um sorriso e... finja ser mais forte do que é de verdade, para a glória de Deus. Ou não seria antes para sua própria glória, para que todos admirem seu caráter? Para Deus, nós, os grandes adultos, não passamos de bebês sem entendimento, a quem ele oferece o seu carinho mesmo quando gritamos como o salmista no versículo em destaque. Veja o que Deus diz sobre isso: "Assim como uma mãe consola seu filho, também eu os consolarei" (Is 66.13a). Portanto, grite à vontade diante de Deus. Ele compreende, e você experimentará isto: "Acalmei e tranquilizei a minha alma. Sou como uma criança recém-amamentada por sua mãe" (Sl 131.2b). Depois disso, lembre-se: "Os nossos sofrimentos leves e momentâneos estão produzindo para nós uma glória eterna que pesa mais do que todos eles" (2Co 4.17). – RK

Fale, grite, sussurre, chore, lamente – ou cante, seja o que for, mas dirija-se a Deus!

Felizes?

LEITURA BÍBLICA:
Lucas 6.20-26

Mesmo que venham a sofrer porque praticam a justiça, vocês serão felizes (1Pe 3.14).

O que é a verdadeira felicidade? É ter tudo o que queremos, uma vida tranquila financeiramente e a apreciação de muitas pessoas? No texto de hoje, Jesus afirma que felizes são os que *agora* são pobres, têm fome, choram ou são odiados, e os compara aos profetas. A palavra "agora" lembra que os problemas estão restritos a esta era, pois no céu eles não existirão (Ap 21.3-4). Quem agora sofre é feliz – apesar dos problemas! Já os que *parecem* felizes – aqueles que têm riqueza, fartura e aclamação geral mas não conhecem a Deus – na verdade não o são e agem como os falsos profetas, que dizem servir a Deus e só trazem prejuízos ao Evangelho. A vida aparentemente mais fácil e feliz das pessoas que pensam ter tudo – mas não têm Deus – leva ao perigo da autossuficiência. Hoje nada lhes falta, mas na eternidade serão indigentes; sua alegria é superficial ou maldosa; recebem a aprovação de todos, mas tiveram de sacrificar princípios para isso. Enfim, são pessoas que parecem bem-sucedidas em tudo, mas na realidade vivem distantes da verdadeira felicidade, só encontrada em Deus. Com qual destes grupos você se identifica?

Se você está cansado das lutas que enfrenta por ser cristão, lembre-se de que Jesus disse que *isto* é felicidade.

Sendo rico ou pobre, viva com contentamento, pois depender de Deus é melhor que depender de si mesmo. Quem depende de Deus para tudo sabe que não tem nada por suas próprias forças, mas vive do que Deus dá. Mesmo quando é difícil, felicidade é estar onde Deus quer que estejamos.

Mas, se sua vida é vazia e sua felicidade é aparente e passageira, a mensagem de hoje é um alerta. Bens, *status*, posição social, nada disso vai fazer diferença na eternidade se você não tiver uma experiência real com Deus. Não deixe para amanhã – hoje mesmo mude de atitude e busque o único relacionamento que traz a verdadeira felicidade. – VWR

"Em Cristo, somos capazes de ser pobres e dependentes; ricos e generosos" – Hans Bürki

21 de fevereiro

Big Brother

LEITURA BÍBLICA:
Salmo 139.1-12

*Sonda-me, ó Deus, e
conhece o meu coração
(Sl 139.23).*

Antes do famoso programa de TV colocar um grupo de anônimos em exposição total, o livro "1984" de Orwell inventou a teletela, instrumento da ficção de um mundo controlado por um regime totalitário que monitorava tudo e todos. Talvez influenciado por essa leitura, confesso que a ideia de ter a vida exposta não me é lá muito simpática; não gostaria de alguém tendo acesso a tudo que faço, nem muito menos ao que penso.

Começo a ler este salmo: Deus sabe de tudo... "de longe percebes os meus pensamentos..." Pergunto como o salmista: "Para onde poderia fugir da tua presença?" Sinto-me vigiado...

Mas à medida que leio, a desconfortável sensação inicial é substituída pela reconfortante lembrança de quem ele é: sabe e sempre soube tudo sobre mim, e ainda assim me ama. Não importa o que, quando ou onde. Mesmo quando sou desobediente, penso o que não devo, ele me cerca por todos os lados, põe sua mão sobre mim. Compreendo então: a questão não é *se* alguém me vê, mas *quem*. O seu caráter amoroso, sua misericórdia (não me tratando como eu mereceria), sua graça (me dando aquilo que não mereço), sua bondade infinita.

Então, o fato de Deus saber até mesmo o que tento esconder de mim mesmo é maravilhoso, porque não preciso fingir. Posso abrir o coração, falar com total liberdade, pois nada que lhe contar, mesmo meus sentimentos mais sórdidos, o escandalizarão: ele já sabia!

Há coisas a meu respeito que já sei que preciso corrigir, mas muitas vezes nem ao menos consigo compreender meu próprio coração. Preciso de ajuda e posso pedir como o salmista: que me sonde na profundidade de meu caráter e intenções, que exponha minhas entranhas à luz da sua sabedoria e traga à minha consciência o que precisa ser corrigido. E então me guie pelo seu caminho que é bom, agradável e perfeito. – MHJ

O Deus onisciente e todo-poderoso é também o Pai amoroso.

22 de fevereiro

Adoração verdadeira

LEITURA BÍBLICA:
Isaías 1.4;11-17

Ele mostrou a você, ó homem, o que é bom e o que o Senhor exige: pratique a justiça, ame a fidelidade e ande humildemente com o seu Deus (Mq 6.8).

Nossa adoração a Deus tem de ser verdadeira. Os profetas do Antigo Testamento denunciaram a adoração falsa enfatizando que os sacrifícios exigidos pela lei precisavam ser acompanhados de fé. No texto de hoje, vemos que aquela adoração superficial não tinha nenhum valor para Deus, que questiona por que o povo oferecia tantos sacrifícios se Deus não os aceitava. Ele não tem nenhum prazer no ritual vazio e sem sentido. No Novo Testamento, lemos que Jesus observou o povo trazendo ofertas ao Templo, mas a vida daquelas pessoas não demonstrava a fé que deve acompanhar o culto.

Com a vinda de Jesus, o Messias de Deus, o sistema de adoração que até então vigorava, baseado em rituais e sacrifícios, não era mais adequado e necessário. A morte e ressurreição de Cristo inauguraram uma nova aliança, ou seja, um novo relacionamento com Deus em que o adorador busca uma intimidade diária com seu Senhor e também uma nova adoração – em espírito e verdade (Jo 4.23-24). É preciso apresentar-se a Deus com fé e adorá-lo com todo o nosso ser, envolvendo o nosso espírito com o Espírito de Deus. Para isso é preciso um relacionamento diário, e não somente de fim de semana. Esta adoração também não precisa acontecer em um lugar sagrado, pois Deus é espírito e não está restrito a um local.

Adoração verdadeira não é realizar rituais, ter objetos sagrados ou seguir uma religião, mas entregar toda a vida a Deus e reconhecer a cada dia nossa dependência dele. Quem adora desta forma naturalmente vai se envolver com sua comunidade, ajudando os necessitados, buscando a justiça e glorificando a Deus através de suas ações. Quando adoramos verdadeiramente, agradamos a Deus e praticamos o bem. – JG

A adoração verdadeira nos aproxima de Deus e das outras pessoas.

23 de fevereiro

Crescendo

LEITURA BÍBLICA:
1 Samuel 18.5-16

Cresçam na graça e no conhecimento de nosso Senhor e Salvador Jesus Cristo (2Pe 3.18a).

Um adolescente parou de crescer. Apesar da idade, ainda parecia uma criança e seus pais se preocupavam muito. Levaram o filho a uma clínica, onde o médico receitou um tratamento para que o corpo voltasse a se desenvolver. Que alegria foi quando, depois de meses, todos viram que o rapazinho realmente crescia! Da mesma forma, grande satisfação tem o Senhor Jesus quando o cristão mostra crescimento espiritual.

No texto de hoje, lemos sobre mais uma etapa no desenvolvimento do jovem Davi. Revelando bom senso, sabedoria e muita coragem, foi aclamado pelo povo e pelas autoridades. Mas o rei Saul ficou aborrecido. Temendo perder o reino para Davi, invejou-o a ponto de tentar matar o jovem herói.

Depois disso, Davi entrou em seu "vale de lágrimas". Em vez de liderar as tropas israelitas nas guerras, tinha de fugir da ira do rei. Refugiava-se onde encontrasse abrigo, até em cavernas e com pessoas desconhecidas. Porém, o soberano Deus permitiu que tudo cooperasse para o seu crescimento espiritual, como lemos nos relatos que seguem e nos salmos. Depois de vários anos bem difíceis, Saul morreu e Davi recebeu o reino, sendo homem maduro e experimentado para governar. Continuou a vencer os inimigos, confiando em Deus para dar as vitórias a seu povo. Crescia na graça de reconhecer a ajuda de Deus e a conhecê-lo melhor por meio das experiências que tinha com o Senhor.

Quando você passa por dificuldades e problemas, talvez seja tentado a duvidar da bondade de Deus por não entender a razão de sofrer uma doença, perder o seu emprego ou enfrentar problemas na família. A única solução é colocar tudo nas mãos de Deus, que "age em todas as coisas para o bem daqueles que o amam" (Rm 8.28a). Entregue tudo a ele e então você o conhecerá melhor! – TL

**Com Deus no controle da vida,
as dificuldades ajudam a crescer espiritualmente.**

24 de fevereiro

Orações

LEITURA BÍBLICA:
Mateus 7.7-11

Dediquem-se à oração, estejam alerta e sejam agradecidos (Cl 4.2).

M uitas pessoas oraram a Deus, não obtiveram a resposta que esperavam e por isso desanimaram – sua fé enfraqueceu ou foi até mesmo abandonada. Você já imaginou se Deus atendesse a todos os pedidos num único dia ou mês? Considerando que boa parte dos mais de seis bilhões de habitantes do mundo fizessem seus pedidos, imagine a confusão!

O Senhor ouve todas as orações e se agrada quando conversamos com ele, expondo nossos problemas, pois isso torna nosso relacionamento com Deus mais íntimo. Porém, quanto à resposta, Deus é o único que sabe se merecemos ou não ter um pedido atendido e se isso será realmente bom para nós. Por exemplo, orei por uma causa e o Senhor só foi me atender depois de nove anos – ele sabe o que é o melhor.

Costumamos pedir coisas para nosso próprio benefício, porém deveríamos agradecer mais pelo que Deus faz por nós e orar pelos *outros* – também por nossos inimigos, como Jesus ensinou (Mt 5.44). Não existe "oração forte" – podemos dizer que o forte da oração não é que ela pode eliminar as irregularidades ao nosso redor, mas mudar primeiro quem ora. Quando somos transformados por Deus, nossas prioridades mudam e também nossas orações, que deixam de ser tão egoístas. Passamos a orar mais pelos outros e por nossos governantes; deixamos de pedir bens materiais para rogar a Deus que nos dê sabedoria e paz. Nossa oração, então, passa a agradar a Deus, assim como Salomão quando pediu discernimento para governar e distinguir o bem e o mal (1Rs 3.9-14). Deus é tão misericordioso que às vezes dá coisas a seus filhos sem que eles tenham pedido – e tantas vezes nem agradecemos!

Confie no Senhor, exponha a ele seus problemas e necessidades e espere. Deus sempre nos ouve, nós é que muitas vezes não queremos ouvi-lo, só desejamos que nosso pedido seja atendido. Creia que ele, como bom pai, nos dará o que for melhor para nós e adequado à nossa situação – ETS

Oração é relacionamento, não cobrança.

25 de fevereiro

Amor?

LEITURA BÍBLICA:
Romanos 12.9-16

Amem sinceramente uns aos outros e de todo o coração (1Pe 1.22b).

No texto que acabamos de ler, Paulo ensina que o bom relacionamento entre as pessoas se baseia no amor: preferir dar honra aos outros, praticar a hospitalidade, partilhar alegrias e tristezas, não ser orgulhoso, dar a quem precisa, considerar a opinião dos outros. Estas orientações são necessárias porque o ser humano desenvolve maus sentimentos, como o orgulho, o egoísmo, a inveja. Pensemos neste último.

A inveja, um dos sentimentos mais primitivos do homem, tem suas raízes na arrogância e no orgulho. Quem inveja não apenas deseja arrebatar aquilo que o outro é e possui: também anseia que ele fracasse, seja humilhado e envergonhado. Quem desenvolve este sentimento é capaz de dissimulá-lo tanto que pode conquistar a amizade do invejado, passando até por seu melhor amigo. Na igreja, a inveja costuma manipular pessoas que anseiam por destaque e poder ou que se julgam as mais importantes da comunidade e exigem que suas opiniões sejam acatadas sem discussões. Pessoas invejosas causam o rompimento da comunhão entre os irmãos, impedindo assim a prática do amor fraternal.

Sentimentos como a inveja impedem que amemos sinceramente as outras pessoas – um princípio bíblico, como mostra nosso versículo em destaque. Porém, os maus sentimentos definham, secam e não vão avante no coração de quem ama ardentemente os outros. A inveja, por exemplo, afasta-se daqueles que não valorizam a aparência pessoal e sim a vida de submissão a Jesus; que rejeitam comparações; que encaram as vitórias dos outros como a sua própria; que demonstram amor seja qual for a circunstância. O amor é o mais perfeito antídoto contra o veneno dos maus sentimentos.

Deus nos ajude a manter nossa natureza, mente e olhos dominados pelo fruto do Espírito, que é *"amor, alegria, paz, paciência, amabilidade, bondade, fidelidade, mansidão e domínio próprio"* (Gl 5.22-23a)! – MLN

O amor é o alimento dos bons relacionamentos.

26 de fevereiro

Provação

LEITURA BÍBLICA:
Tiago 1.1-4

Como vocês sabem, nós consideramos felizes aqueles que mostraram perseverança (Tg 5.11a).

Provação é uma situação aflitiva ou penosa. É estranho o que Tiago nos diz no texto lido hoje. Ele nos pede que nos alegremos nas provações, não porque pretenda que gostemos delas, mas porque Deus tem um bom propósito ao nos provar. Deus sabe o que está acontecendo, e tem uma saída para nós. Ele está no controle de tudo, e a alegria com a provação proposta por Tiago guarda-nos inclusive de contaminar nosso ambiente de trabalho e familiar com desânimo que dificultaria ainda mais vencer essa situação. Nas provações temos de esperar o grande amor de Deus agir em nossa vida, e o sofrimento fortalece a nossa alma. É nas provações da vida que percebemos a misericórdia de Deus agindo e, se perseverarmos crendo, no final seremos vitoriosos. Tiago nos lembra disso para que, se no meio da luta sentirmos que estamos perdendo as forças, tenhamos presente que o Senhor permite essas situações como teste de nossa fé. Essas lutas nos desafiam à perseverança que produz em nós maturidade e integridade espiritual. As provações facilmente nos causam pânico e desespero, mas Deus as dá para o nosso próprio bem, para crescermos tanto na vida espiritual como na cotidiana. Para que possamos ser perfeitos e íntegros, temos de aprender a ser perseverantes e a suportá-las firmes com dignidade, prudência e sabedoria. Deus só prova a quem ele ama – esta é a razão da alegria mesmo dentro de situações penosas. Alegrar-se não significa sentir prazer com os problemas, mas a satisfação de saber que o amor de Deus está por trás de tudo. Se na vida não tivermos problemas, provações e lutas, nunca experimentaremos a graça e o deleite do resultado da vitória. – ETS

**Quem vence a prova é aprovado
– e vive mais tranquilo e seguro.**

Primeiro amor

LEITURA BÍBLICA:
Apocalipse 2.1-7

Contra você, porém, tenho isto: você abandonou o seu primeiro amor (Ap 2.4).

Os cristãos de Éfeso eram pessoas tremendamente abençoadas. Foram salvos por Cristo e libertos da escravidão do pecado; moravam em uma cidade de situação econômica, política e social de destaque e, além disso, receberam uma carta com a mensagem de Deus. Ele também pode abençoar a *sua* vida, pois a conhece muito bem. É por ele que você tem sido auxiliado para ser forte e resistir quando vier o dia da calamidade; ter paciência nas provações e não desanimar na oração. Mas tome cuidado, porque ainda existe um perigo a ser vencido: o de não amar mais a Jesus como no início da caminhada de fé – o alerta da carta aos efésios. Para namorar, um casal é capaz de enfrentar a chuva, o frio e até um horário inadequado, mas algumas pessoas já não querem enfrentar situações difíceis para seguir a Jesus, pois seu amor já não é mais o mesmo. Se este é seu caso, lembre-se das coisas importantes que você deixou de fazer, arrependa-se e volte a praticá-las. Se não fizer isso, poderá perder algo muito valioso, talvez até a alegria da salvação. Coragem! Mude de atitude e busque o prêmio que ele prometeu para você: a vida e a felicidade verdadeiras.

Uma pessoa sonhava em ganhar na loteria. Um dia ganhou o prêmio acumulado, mas não soube administrá-lo e agora está sonhando em ganhar de novo. Enquanto isso, milhões de pessoas gostariam de ter ganhado aquele prêmio em seu lugar. Talvez você já tenha recebido algumas coisas que muitas pessoas sonham ter: paz, perdão, amor, amigos de verdade, uma família amada e a vida eterna. Então, lembre-se das bênçãos que já recebeu e escolha amar Jesus em qualquer situação, assim como ele nos ama. – DW

**Vida cristã não faz sentido
se não houver amor!**

28 de fevereiro

Por inteiro

LEITURA BÍBLICA:
Salmo 139.15-18

Eu te louvo porque me fizeste de modo especial e admirável (Sl 139.14a).

O desenvolvimento da genética trouxe a possibilidade da inseminação artificial e até mesmo da clonagem – parece que os homens estão no controle quando o assunto é reprodução. Por outro lado, quantos bebês nascem sem planejamento prévio, "por acaso"? Onde está Deus nisso tudo? Deus já sabe da gravidez antes mesmo que os pais recebam a notícia. Conforme o texto de hoje, ele acompanhou nosso desenvolvimento desde que éramos um pequeno embrião. Enquanto nossos pais estavam curiosos para saber nosso sexo, imaginavam como seríamos e escolhiam nosso nome, Deus já tinha as respostas. Nunca fomos um "acaso" ou um "acidente" para Deus, pois ele decidiu nos criar e nos fez de um modo tão especial que só merece nossa gratidão. Mesmo antes que tivéssemos um só dia de vida, ele já tinha determinado quantos seriam. Não é maravilhoso? Deus nos conhece por inteiro. Não há como esconder algo ou fugir de sua presença. Parece ruim? Vejo nisso seu cuidado especial. Mesmo que meus pais não tivessem planejado meu nascimento, Deus planejou. É assim com cada ser humano. Não é incrível que Deus, sendo tão poderoso, se importe com cada um individualmente?

Tudo isso só pode nos levar a adorá-lo ainda mais, por sua grandiosidade e amor tão intenso. Ele não nos colocou aqui para sofrer, mas para ter vida – e isso depende de nossa resposta a Jesus. Agradeça a Deus por tê-lo feito de modo tão maravilhoso e também por tudo o que você é e tem – resultados da ação divina em sua vida. Lembre-se de que o Senhor conhece cada parte de seu corpo e também cada um de seus sonhos e necessidades, e vai supri-los de acordo com sua vontade.

Pensando que Deus nos conhece assim tão completamente, não dá ainda mais vontade de ter um relacionamento íntimo com ele? Então, invista sua vida nisso! – VWR

Deus nos conhece e nos ama por inteiro.
Nada melhor que conhecê-lo e amá-lo também.

1º de março

Busca

LEITURA BÍBLICA:
Salmo 24.1-6

São assim aqueles que o buscam (Sl 24.6).

Ninguém consegue buscar algo para si com as mãos ocupadas: terá primeiro de desfazer-se de alguma coisa. Pode tentar levar objetos debaixo dos braços, em cima da cabeça ou numa mochila nas costas, mas provavelmente se sobrecarregará, além de talvez perder ou danificar parte do que leva. É preciso reconhecer nossos limites, caso contrário não só nos cansaremos como ainda atrapalharemos a vida dos outros.

O texto lido hoje fala de alguém que busca um objetivo elevado (o "monte do Senhor", "seu Santo Lugar") e aponta algumas condições para isso – justamente livrar-se dos empecilhos ("ter as mãos limpas" – v 4 – veja também Hebreus 12.1). Há necessidade de preparo antes de avançar.

Muitas pessoas buscam ganhos, também na vida espiritual, sem antes investir na espiritualidade e na clara instrução de Jesus para buscarmos "em primeiro lugar o reino de Deus e a sua justiça" (Mt 6.33) a fim de recebermos depois também tudo o mais pela misericórdia do Senhor. Inverter isso seria como requerer do banco os juros de suas supostas aplicações quando você nunca investiu nada ali. Temos de investir primeiro no reino de Deus, deixando o Altíssimo governar nossa vida, o que se faz seguindo seus mandamentos e colocando-se na posição de servo e não de mandante que dê ordens a Deus. Chama-se isto de santificar (ou seja, dedicar a Deus) toda a nossa vida prática, como estudar e aprender uma profissão, trabalhar, respeitar as leis, praticar esportes para nosso bem estar físico e mental, namorar, noivar e casar-se constituindo família com pessoa comprometida com Deus, visitar amigos, parentes e enfermos. Nesse ambiente de santidade tudo de que necessitamos nos será acrescentado e estaremos a caminho da presença de Deus de mãos limpas e sem cargas inúteis e prejudiciais. – ETS

**Deus tem presentes para você
– limpe as mãos para poder recebê-los.**

2 de março

O novo capitão

LEITURA BÍBLICA:
Efésios 4.17-24

Todos os que são guiados pelo Espírito de Deus são filhos de Deus (Rm 8.14).

Havia um velho navio a vapor, pesado e aparentemente impróprio para continuar navegando. Toda vez que chegava às docas, de forma desajeitada, derrubava algo. Porém, certo dia, quando se aproximava e queriam ver que tipo de estrago faria, ele deslizou suavemente sobre as águas, sem que nada de anormal fosse visto. Alguém gritou: "O que houve com o velho navio? Um dos membros da tripulação, respondeu: "É o mesmo velho navio de sempre, mas temos um novo capitão!"

Assim também é a vida dos cristãos. Muitos de nós vivíamos uma vida que, aparentemente, não dava mais para continuar, assim como aquele velho navio. Os fracassos e quedas eram frequentes, os prejuízos grandes, tanto para nós mesmos, quanto para os outros. Parecia que o melhor era desistir de continuar a viver. Assim é a vida de muitas pessoas sem Cristo. Enquanto a pessoa tenta governar a sua vida, por mais que se esforce e tenha boas intenções, os deslizes são inevitáveis. Por quê? Porque como humanos somos fracos, falhos e incapazes de dirigir até mesmo nossa própria vida. Por isso é preciso entregar a direção da vida a Jesus Cristo, que é um excelente piloto e nos leva ao porto celestial, com total segurança. Ele é capaz de nos transformar, de nos ajudar a vencer nossas fraquezas, vícios e pecados. Com ele podemos viver uma nova vida – uma vida que seja uma bênção para todos ao nosso redor. Como cristãos, toda vez que cometemos algum deslize é porque tentamos dirigir nossa vida nós mesmos em vez de deixar Cristo no comando.

Você sem tido frequentes quedas e fracassos na vida espiritual? Pare de tentar dirigir a sua vida por conta própria. Deixe Jesus, o grande capitão, ser o piloto da sua vida. Com ele você terá vitória sobre o pecado e garantia de chegar ao céu em segurança. – HS

**Jesus não apenas conhece o caminho para a vida:
ele é o próprio caminho.**

3 de março

Ainda assim!

LEITURA BÍBLICA:
Habacuque 3.17-19

Ainda assim eu exultarei no SENHOR e me alegrarei (Hc 3.18).

O ministério do profeta Habacuque se deu pouco antes da primeira invasão de Judá por Nabucodonosor em 606-605 a.C. Ele foi chamado por Deus para anunciar a intenção divina de punir Judá com a deportação para a Babilônia.

A profecia de Habacuque mostra um homem confiante em Deus, mas perplexo diante dos acontecimentos, especialmente com a iminente calamidade predita pelo Senhor.

A confiança do profeta Habacuque em Deus era tal que, mesmo diante da desolação e mesmo que faltassem mantimentos e gado, ele disse o que está no versículo em destaque nesta mensagem.

Essa atitude do profeta é bem diferente de muito do que se ouve dos cristãos nos dias atuais. Como razão para a alegria relatam-se bênçãos, um novo emprego, aumento de salário ou algum ganho. No entanto, dificilmente ouvimos alguém alegrando-se em Deus quando está no meio de desolação e escassez. Parece que hoje o povo de Deus não está habituado a se alegrar e dar graças em toda e qualquer situação. Mesmo assim, a Bíblia diz "Deem graças em todas as circunstâncias, pois esta é a vontade de Deus para vocês em Cristo Jesus" (1Ts 5.18).

Observe ainda a atitude de Jó: quando ele perdeu todos os seus bens, todos os seus filhos e a própria saúde, ele adorou a Deus e não lhe atribuiu culpa nenhuma. Precisamos todos aprender a dar graças, a nos alegrar no Senhor não só quando as coisas vão bem e tudo está às mil maravilhas.

Para isso é preciso também treinar o hábito de sempre confiar em Deus mesmo diante de adversidades, por piores que sejam. Foi assim que os cristãos dos primeiros séculos enfrentaram as perseguições e morriam no Coliseu em Roma. Vamos cultivar a alegria no Senhor ainda que tudo não vá tão bem como gostaríamos. – MM

A alegria no Senhor nasce da confiança nele, não daquilo que enxergamos.

4 de março

Coragem

LEITURA BÍBLICA:
Daniel 3

Nenhum outro deus é capaz de livrar alguém dessa maneira (Dn 3.29b).

Até que ponto vai sua confiança em Deus? Você faria qualquer coisa que ele lhe pedisse? Enfrentaria até mesmo a morte por amor ao Senhor? Sadraque, Mesaque e Abede-Nego, os amigos de Daniel, tiveram sua fé testada. Israelitas, estavam na Babilônia como cativos, tendo de servir ao rei Nabucodonosor. Quando o rei impôs a adoração a uma estátua de ouro que tinha construído, eles poderiam ter cedido e corrompido sua fé, mas permaneceram fiéis ao Senhor. Furioso, o rei mandou jogá-los na fornalha ardente (tão quente que matou os homens que os jogaram ali). Deus os livrou e o rei teve de reconhecer o poder divino (v 29b).

O mais interessante nesta história foi a extraordinária resposta dos três amigos (v 17-18), em que deixam clara sua confiança no Deus vivo, mas reconhecendo ao mesmo tempo que Deus não precisaria agir de acordo com o que eles imaginavam, e que nem por isso deixaria de ser o seu Deus. Sua confiança não era essencialmente de que Deus os livraria, mas de que faria aquilo que fosse o melhor, pouco importando o papel deles nisso tudo. O resultado foi sua absoluta fidelidade a Deus, e por isso são exemplos para nós hoje. Devemos, como eles, permanecer fiéis ao Senhor, mesmo que ele não faça o que queremos.

Deus permite que coisas ruins aconteçam, mas garante que estará conosco (o rei viu quatro homens na fornalha, passeando, ilesos!). Se estivermos conscientes disto, e de que tudo tem seu propósito no plano de Deus, não ficaremos desesperados quando estivermos passando por dificuldades. Podemos "perder o chão", chorar, desanimar... mas quando buscamos a Deus, ele derrama tamanha paz sobre nossas vidas que todo sofrimento perde a capacidade de nos ferir. Confie sempre no Senhor, pois há muito tempo ele tem dado provas de sua fidelidade a quem o teme e serve. – VWR

Deus está conosco – por isso podemos enfrentar qualquer problema!

5 de março

Estão

enganados!

LEITURA BÍBLICA:
Marcos 12.18-27

Vocês estão enganados,
pois não conhecem as
Escrituras nem o poder de
Deus! (Mc 12.24)

Foi a pessoas muito devotas que Jesus dirigiu o alerta do versículo em destaque. Ele falava com saduceus, partido religioso composto, em sua maioria, por sacerdotes e suas famílias. Não é incrível? Jesus disse a religiosos respeitados pelo povo que eles estavam enganados porque não conheciam as Escrituras e o poder divino, ainda que eles mesmos se achassem verdadeiros servos de Deus.

É interessante observar, ainda, que eles estavam testando Jesus. Aproximaram-se dele com uma questão que achavam ser insolúvel de acordo com as Escrituras. Como Jesus pregava a respeito da ressurreição dos mortos e eles não acreditavam que ela fosse possível, procuravam colocar Jesus em xeque utilizando parte das Escrituras para mostrar a incoerência dessa doutrina. Sim, eles usavam textos bíblicos para refutar o ensino de Cristo. Que grande e grave erro cometiam!

Jesus, mestre que é, não se abalou diante do teste. Pelo contrário, utilizando as mesmas Escrituras e citando o mesmo Moisés que mencionaram (v 19), ensinou-lhes uma grande lição. Mostrou-lhes que estavam enganados, pois ainda que citassem parte das Escrituras para comprovar seus argumentos, não conheciam a Palavra de Deus.

Ah, como isto é atual! Muitos continuam enganados por não conhecerem as Escrituras e o poder de Deus nelas revelado. Diante da avalanche de ensinos contraditórios disseminados em nossa época, só há uma maneira de não se enganar assim: observar com muita atenção aquilo que as Escrituras dizem – no todo, não em partes. A leitura e o estudo criterioso da Palavra é o que pode nos tirar do engano e conduzir para a verdadeira luz. Fiquemos atentos, para que não se aplique também a nós a dura afirmação de Jesus dirigida àqueles religiosos: "Vocês estão muito enganados!". – ARG

A Palavra de Deus não engana...
quem a conhece bem.

6 de março

Bem casados

LEITURA BÍBLICA:
Mateus 19.1-6

O que Deus uniu,
ninguém separe
(Mt 19.6b).

V ivemos uma época de desintegração de casamentos e lares, e há casais que tentam preservar sua união só por uma questão honra e por causa dos filhos, apesar dos seus conflitos. A propósito, alguma vez você já questionou o seu casamento? Já chegou a duvidar do amor entre você e seu cônjuge? E o romantismo? Talvez na maioria dos casamentos arruinados a razão seja que o romantismo era sua única e muito frágil razão de ser. Mesmo assim, embora ele não sustente, vale a pena cultivá-lo porque dá sabor ao relacionamento.

A leitura de hoje lembra que Deus criou o casamento como compromisso de um homem e uma mulher para a vida toda, e esta é a condição básica para que seja feliz. Talvez os seguintes lembretes ajudem se isto parecer muito difícil: *1.* Apesar das tentações e crises e de a grama no pasto do vizinho parecer mais verde, Deus é o avalista dessa união e, tal como ele não muda, não há razão para abandoná-la. Entregue as crises aos cuidados de Deus. *2.* Amem-se! Amor no casamento, porém, não é só bom desempenho na cama. A Bíblia explica bem o que é o verdadeiro amor e como atua. Confira em 1 Coríntios 13.4-8. Veja quanta riqueza! Deixar o casamento porque "o amor acabou" não convence, mas ele precisa de trato e então nunca acabará. O simples fato de duas pessoas estarem casadas é motivo suficiente para cultivarem o genuíno amor. *3.* Respeitem-se, valorizem as opiniões um do outro (você nem sempre precisa ter razão); perdoem-se mutuamente, identificando também as suas próprias falhas e pedindo perdão. *4.* Pequenos gestos podem manter o romantismo: um beijinho quando o casal se encontra, uma caixa de bombons de vez em quando, e principalmente tempo para ouvir seu cônjuge e os filhos. Você ficará surpreso com tudo o que eles têm a dizer a seu respeito. Depois procure mudar sua atitude e o trato com cada membro da família. – MM

**Um bom casamento é como uma casa
cujo alicerce é Deus, seu amor é a estrutura
e que tem algum romantismo como decoração.**

7 de março

Creia em Jesus!

LEITURA BÍBLICA:
1 João 1.1-4

Creiam também em mim (Jo 14.1c).

"No princípio Deus criou os céus e a terra" (Gn 1.1) – assim começa a Bíblia e a história da vida tal como a conhecemos. Séculos depois desse primeiro escrito sagrado, um pescador escreveu: "No princípio era aquele que é a Palavra. Ele estava com Deus, e era Deus. Ele estava com Deus no princípio" (Jo 1.1-2). João usa o termo "Palavra" para identificar Jesus como aquele que é desde sempre, estava com Deus na criação e que ele mesmo, Jesus, é Deus. No início de sua primeira carta, texto que você acabou de ler, João diz que este, que era desde antes que tudo fosse, pôde ser visto, ouvido e tocado.

Você pode imaginar que toda a transcendência, grandeza e eternidade infinita de Deus num dado momento histórico se fez presente na minúscula forma humana em Cristo e pôde ser contemplado com os olhos, tocado com as mãos, ouvido como se ouve a voz de um amigo? Jesus riu, chorou, andou, sentiu fome, sede, frio, cansaço, angústia, tentação, enfim, todas as coisas que qualquer ser humano sente. Ele passou por tudo isso para manifestar a nós a grandeza e o amor do Pai e conceder, com sua morte, a vida em sua plenitude.

João nos convida a ter um relacionamento (comunhão) com Deus. Ele desfrutou disso e escreve para que seus leitores tenham essa mesma alegria, mesmo sem nunca terem visto nem tocado Jesus, mas podendo experimentar, pela fé, a presença de Cristo em suas vidas.

O convite foi enviado do céu e endereçado a você também. Deus quer ter um relacionamento profundo com você! O que João e os demais escritores sagrados escreveram na Bíblia foi para se tornar parte de nós, para que experimentássemos a alegria de um relacionamento íntimo com o Deus Eterno por meio da vida de Jesus revelada em sua Palavra. Muitos o viram, muitos o tocaram, mas certamente são ainda mais felizes os que creram sem nunca ter visto (Jo 20.29). Você quer crer? – WMJ

Creia em Jesus e sinta a alegria de ter comunhão com Deus.

8 de março

Lídia

LEITURA BÍBLICA:
Atos 16.11-15

O Senhor abriu o seu coração para atender à mensagem de Paulo (At 16.14).

Parabéns, mulher, no seu dia! Conforme o relato de Gênesis, você foi criada porque não é bom que o homem fique só e para que tenha em você sua cooperadora. Deus a fez idônea e capaz de muitas realizações. Depois de tantos anos e conquistas, a mulher continua importante nos projetos de Deus.

Por isso nos lembramos de Lídia, sobre quem a Bíblia diz: "O Senhor lhe abriu o coração". Pense nos valores daquela mulher, um exemplo para nós. Paulo fazia uma viagem missionária e estava indo para o norte da Ásia. Quando chegou ao litoral do mar Egeu, teve uma visão e foi desafiado a passar à Macedônia, ao norte da Grécia. Sua viagem agora estava tomando uma direção jamais pensada antes. Foi assim que o evangelho chegou à Europa. Paulo nem sabia para que estava indo, mas obedecia, pois foi o Senhor que falara na visão que tivera em Trôade (At 16.9).

Na cidade de Filipos, o primeiro fruto do seu trabalho foi uma mulher, Lídia. Quando Paulo começou a pregar o Evangelho ali, lançando o fundamento da Igreja na região, a primeira pedra daquela construção foi Lídia – a primeira pessoa no continente europeu cuja conversão a Cristo nos é relatada. Ela era vendedora de púrpura, corante vermelho largamente usado pelos antigos para tingir tecidos para vestuário de reis. A igreja de Filipos começou no lar e no coração de Lídia. Sabemos pouco sobre ela, mas o que conhecemos são qualidades que a recomendam como exemplo para nós: era comerciante temente a Deus, uma mulher de oração e hospitaleira. Tornou-se também imediatamente uma cristã ativa. Estes traços ainda são encontrados hoje entre muitas mulheres, graças a Deus. Hoje nos alegramos com elas e sabemos que, sobre os ombros fortes das mulheres, muitas responsabilidades no reino de Deus são desempenhadas com maestria. – EOL

**Mulher, você é cooperadora
nos projetos de Deus?**

9 de março

Liber-
dade

LEITURA BÍBLICA:
João 8.31-36

Conhecerão a verdade,
e a verdade os libertará
(Jo 8.32).

Há pessoas que buscam uma liberdade sem fronteiras e até mesmo sem Deus. Elas acreditam que um cristão autêntico é aquele que não pode fazer quase nada – mas na verdade a única "perda" na vida cristã é a da "liberdade" de praticar o que é mau ou errado. O apóstolo Paulo afirmou que "Tudo me é permitido, mas nem tudo convém. Tudo me é permitido, mas eu não deixarei que nada me domine" (1Co 6.12). Logo se vê que não existe liberdade sem disciplina. O apóstolo Pedro alertou: "Vivam como pessoas livres, mas não usem a liberdade como desculpa para fazer o mal" (1Pe 2.16a).

Deus estabeleceu leis que governam o mundo. São as chamadas "leis da natureza", como a da gravidade. Em sua carta aos gálatas, o apóstolo Paulo mencionou uma outra lei: "O que o homem semear, isso também colherá" (Gl 6.7). Ele não se refere aqui a uma semente de trigo, arroz ou feijão. Ele fala da conduta da pessoa. Quem em sua vida semear a semente da corrupção, da imoralidade, da sensualidade, enfim, da incredulidade, há de colher o fruto da devassidão, da violência, da morte.

Outra lei diz que somos o que pensamos (Pv 23.7 – ARA). Jesus, que bem sabia o que há no coração do ser humano, descreve com todas as letras: "Do interior do coração dos homens vêm os maus pensamentos, as imoralidades sexuais, os roubos, os homicídios, os adultérios, as cobiças, as maldades, o engano, a devassidão, a inveja, a calúnia, a arrogância e a insensatez. Todos esses males vêm de dentro e tornam o homem 'impuro'" (Mc 7.21-23). Veja, pois, o quanto é necessário termos novos pensamentos.

O ser humano, por mais que insista em se manter livre, precisa confessar que necessita de ajuda para que possa ser realmente livre. O homem precisa submeter-se à lei da graça, conhecer a verdade do evangelho e esta o libertará da escravidão ao pecado. Você já tem esta liberdade? – HM

Só é livre quem tem o poder de dizer não ao erro.

10 de março

Com Deus

LEITURA BÍBLICA:
Salmo 127

Busquem em primeiro lugar o Reino de Deus e a sua justiça (Mt 6.33a).

H á quem pense que já tarde na vida o rei Salomão escreveu o salmo que lemos hoje. Ele aprendeu uma lição fundamental: é inútil levantar uma casa sem a certeza da presença do Senhor. Para que um lar seja edificado com êxito é preciso fazê-lo segundo as verdades da Bíblia e com muita oração para encaminhar filhos e netos na direção certa. É preciso dar o exemplo de fidelidade a Deus ao longo de anos para esperar que as bases bíblicas façam parte da nova geração.

Nada é seguro fora do propósito e da direção de Deus. Isto não dispensa planejamento da nossa parte para garantir o bom andamento de um projeto. Mas, por mais que se pense, ninguém tem sabedoria perfeita para prever tudo. Deus é o Senhor das incertezas e imprevistos. Trabalhar até sacrificar suas forças em prol de um alvo empolgante pode acabar em um inútil "correr atrás do vento" (Ec 1.14). Triste é quando, depois de uma vida de atividades, a pessoa tem de dizer que foi tudo em vão.

Nossa vida tem de estar relacionada a Deus. O ex-presidente dos Estados Unidos Franklin Roosevelt contava com a esposa, Anna Eleanor, hábil oradora, para dar palestras a favor dos seus programas políticos. Conta-se que ela explicava um novo plano corajoso para restaurar a economia abalada pela Depressão dos anos 1930 perante uma grande plateia num dos maiores auditórios de Nova York. Depois da palestra, ela permitiu que a audiência fizesse perguntas para tirar suas dúvidas. Alguns se levantaram, inclusive um jovem. Quando chegou sua vez, a Sra. Roosevelt lhe perguntou: "E agora, o que você quer saber?" Sem hesitar, ele perguntou: "Eu queria saber onde Deus figura em tudo que nos disse?" Tomada de surpresa, ela esperou um momento. Sem saber o que responder, despediu a plateia, que se espalhou pela cidade com a mensagem de buscar a Deus sobre todas as coisas. – TL

**Sem Deus, os melhores projetos
não se sustentam.**

11 de março

Buscar
a Deus

LEITURA BÍBLICA:
Salmo 43.1-5

Busquem o Senhor enquanto é possível achá-lo; clamem por ele enquanto está perto (Is 55.6).

Os autores dos salmos frequentemente expressaram muito bem por meio deles os seus sentimentos em relação a Deus. Quando nos colocamos diante dele e abrimos o nosso coração, despojando-nos de toda a nossa resistência, permitindo que ele se revele a nós, podemos experimentar momentos de maravilhosa e indescritível comunhão.

O coração bate forte, os poros se dilatam e a vontade de viver explode, respiramos mais livres, a vida adquire novo sabor e um som de música alcança os pensamentos; sentimos uma paz que confirma a presença de Deus.

Às vezes nossa atenção é desviada para festas, farras, conversas sem sentido, tolices, enfim, inúmeras atrações que o mundo de hoje nos oferece e que entorpecem nossa alma: verdadeiras drogas disfarçadas.

Mas como é bom estar na presença de Deus e poder saber que ele é o Senhor que conhece todas as nossas ansiedades e tem o antídoto certo para sarar as feridas da alma.

Poderíamos ser como Davi, que se humilhava diante de Deus, reconhecia que era pecador e conhecia a grandeza do poder de Deus e sua pequenez diante dele.

Nesses momentos é que nos sentimos realmente vivos!

Que bom ter liberdade de ir a uma igreja, de cantar, orar, sorrir e ter comunhão, e principalmente nos momentos de dificuldade saber que não estamos sós. Que além de Deus a nos proteger, podemos contar com irmãos que partilham nossa vida e nos acompanham em oração.

Agradeço a Deus pelo seu socorro bem presente, pelo silêncio, pela fala e pela Palavra.

Convido você que lê esta mensagem hoje a compartilhar essa experiência e encontrar uma nova razão para sua vida.

Não perca tempo, Jesus está batendo à sua porta. Deixe-o entrar e descubra que nunca mais você estará sozinho. – APS

A verdadeira comunhão com Deus alegra a vida.

12 de março

Juventude

LEITURA BÍBLICA:
Salmo 25.1-7

Ninguém o despreze pelo fato de você ser jovem, mas seja um exemplo para os fiéis (1Tm 4.12).

Quantos idosos pensam: Ah, se eu pudesse voltar a ser jovem! Eles comparam as lutas dos seus últimos anos com a sua juventude, quando podiam vencer facilmente. Hoje tudo lhes parece mais difícil. Porém, esquecem que na juventude também lidavam com dificuldades. Sentiam tensões, abalos, fortes tentações e a falta de experiência na vida. Timóteo, um jovem servo de Deus, foi advertido por Paulo a fugir dos desejos malignos da juventude. Davi escreveu o nosso texto em meio às lutas da vida. Em um aperto, orou fervorosamente e pediu que Deus não se lembrasse de algo que cometeu na juventude (v 7). Queria que o passado da sua vida não impedisse a bênção divina no presente e no futuro.

A verdade é que um acontecimento na juventude pode ter um efeito posterior. Temos visto os resultados das drogas em pessoas que as venceram pela graça de Deus. Não podem evitar os efeitos físicos e mentais provenientes daqueles venenos. Embora a alma seja salva, o corpo não escapa das consequências dos vícios e erros, ainda que já vencidos e superados. Há quem diga que até os abalos emocionais do passado complicam hoje a sua vida emocional e espiritual.

A Bíblia indica o caminho certo para o jovem: "Lembre-se do seu Criador nos dias da sua juventude, antes que venham os dias difíceis" (Ec 12.1). "Como pode o jovem manter pura a sua conduta? Vivendo de acordo com a tua palavra" (Sl 119.9). Procure o caminho da prudência (Tt 2.6) como Timóteo que, segundo Paulo, serviu com ele "no trabalho do evangelho como um filho ao lado de seu pai" (Fp 2.22). É isto que respalda o versículo em destaque, ou seja, que uma pessoa pode ser encarregada de responsabilidades ainda que seja jovem. Este é o modelo da Bíblia para o jovem planejar uma vida que valha a pena. – TL

**Jovem ou idoso, lembre-se:
temos toda a eternidade pela frente!**

13 de março

Santuário de Deus

LEITURA BÍBLICA:
Gênesis 28.10-22

Vocês não sabem que são santuário de Deus e que o Espírito de Deus habita em vocês?
(1Co 3.16)

A vida de Jacó foi emocionante. Desde a compra da bênção de seu irmão Esaú até o momento de sua morte, seus dias foram repletos de dramas. A história de hoje aconteceu quando ele fugia para uma terra distante, onde vivia seu tio. Cansado da viagem, descansou e teve um sonho. Jacó sentiu que Deus estava presente naquele lugar. Usou uma pedra para levantar um memorial e disse "Temível é este lugar! Não é outro senão a casa de Deus; esta é a porta dos céus" (v 17).

Deus conhecia muito bem a vida de Jacó e tinha um propósito para ela. Fez a ele a mesma promessa que tinha anunciado ao seu avô e ao seu pai. Sua resposta ao encontro com Deus foi estabelecer ali um santuário para lembrar o que havia acontecido. O lugar, suntuoso ou simples, não importa. Deus encontra as pessoas num sonho, numa doença, no meio de um negócio ou mesmo quando há uma grande vitória. Deus certamente se apresenta quando o cristão deseja a sua presença e, como falou a Jacó, também fala a quem ele quiser e a quem o busca sinceramente.

O Senhor apresentou-se a Jacó dizendo: "Eu sou o Senhor, o Deus de seu pai Abraão e o Deus de Isaque" (v 12). Jesus anunciava a mesma mensagem – várias vezes usou o mesmo termo "Eu Sou" para dizer ao mundo que ele era o próprio Deus. Quando Jesus está presente em uma vida, ele a torna um santuário para o seu louvor. Deus fez uma grande promessa a Jacó naquela noite: ele herdaria aquela terra, as famílias do mundo seriam abençoadas e Deus estaria com ele e cuidaria dele. Quando fazemos de nossa vida um santuário de Deus, passamos a viver pela fé nas suas promessas. Ele prometeu estar conosco, proteger-nos e dar-nos um lugar maravilhoso onde viveremos eternamente – o céu. – JG

Responda ao encontro com Deus tornando-se um santuário onde ele passe a habitar.

14 de março

Grande amor

LEITURA BÍBLICA:
1 João 4.9

Deus demonstra seu amor por nós: Cristo morreu em nosso favor quando ainda éramos pecadores (Rm 5.8).

Qual o melhor tema para uma novela ou uma música fazer sucesso? Um amor impossível! Ou, pelo menos, um amor que requeira muito esforço. Recentemente assisti a um filme belíssimo que falava do profundo amor de um jovem por sua amada, que o moveu a enfrentar distâncias, perigos e toda sorte de desventuras para estar com ela. Jamais conseguiu, porém. É tocante assistir a uma cena em que alguém morre por amor. Um antigo hino diz: "Amor, que por amor morreste, ah, quanta dor não padeceste. Minha alma vieste resgatar e meu amor ganhar!" O amor de Deus por nós é mais intenso e sublime que o mais romântico dos amores pode ser. Por mais difícil que seja a conquista ou perda de um amor, ela dura uma vida. Mas o amor de Deus por nós dura toda a história humana. O eixo das Escrituras é o insistente amor de Deus pela humanidade que ora não crê, ora o rejeita, ora o ama, depois o trai e constantemente dele se esquece. Deus não ama por carência, nem apenas sob algumas condições, como nós. Ele ama por caráter. Ama porque ama! Ama porque é amor! Não há mérito do amado, mas o jorrar de amor daquele que nos criou, enquanto em nós existe a insana recusa em render-se àquilo que nos falta: o amor de Deus! Deus não busca gente perfeita para amar, sem pecados ou erros vergonhosos. Deus nos busca como somos. Deus busca você! Ele não tem ilusões românticas a nosso respeito. Sabe quem somos e nos ama como somos e apesar do que somos. Seu amor nos constrange e nos perdoa. Deu-nos Jesus para termos vida nele. Jesus não veio apenas nos ensinar a viver. Ele veio para se tornar vida em nós! Nossa vida pode ser ótima, mas não é suficiente em si. Há mais em Cristo. E é quando nos rendemos ao amor de Deus que essa vida se manifesta plenamente. E isso não é fim de filme. É só o começo de tudo o que ele tem para nós, por amor! – WMJ

**Vida sem amor não passa de existência.
Com o amor de Deus, é gloriosa!**

15 de março

Famílias

LEITURA BÍBLICA:
Salmo 128.1-4

Como é feliz quem teme o Senhor, quem anda em seus caminhos! (Sl 128.1)

Hoje há muitas famílias desestruturadas, desintegradas e infelizes. São pais separados, filhos rebeldes, desentendimentos entre pais e filhos, e por aí vai. Na área financeira, nem se fala, pois a crise é constante. Os problemas nas famílias podem causar envolvimento com drogas, violência, prostituição e imoralidade. Ninguém deseja essas coisas para seus familiares, mas é o que está acontecendo em muitos lares.

Contudo, quando lemos a Bíblia, percebemos que as pessoas não precisam ter uma família infeliz, nem desintegrada. Basta não seguir as influências de pessoas sem Deus, ter satisfação na Palavra e seguir as suas orientações. Conforme o salmista, "Como é feliz aquele que não segue o conselho dos ímpios, não imita a conduta dos pecadores, nem se assenta na roda dos zombadores! Ao contrário, sua satisfação está na lei do Senhor, e nessa lei medita dia e noite. É como árvore plantada à beira de águas correntes: Dá fruto no tempo certo e suas folhas não murcham. Tudo o que ele faz prospera! (Sl 1.1-3) São orientações simples que, obedecidas, funcionam na nossa vida. Portanto, deixe de seguir o conselho das pessoas que não conhecem a Deus, nem imite a conduta dos que não possuem bons princípios. Pelo contrário, medite na lei do Senhor, isto é, assimile o que diz a Palavra de Deus e pratique-a.

O texto de hoje diz que quem obedece a Deus será feliz e contará com a bênção do Senhor, não somente ele, mas também a sua família. Tal pessoa terá sucesso e muitos filhos (isso era a maior bênção que um israelita poderia esperar). Não é maravilhoso? Tudo isso pode ser uma realidade na sua vida e na sua família. Para que isso aconteça, é preciso temer ao Senhor, ou seja, ter um profundo respeito por Deus e ao que ele diz, e viver buscando agradá-lo. – MM

**A obediência a Deus
é fonte de paz e felicidade na família.**

16 de março

Fortalezas

LEITURA BÍBLICA:
2 Coríntios 10.3-6

Levamos cativo todo pensamento, para torná-lo obediente a Cristo (2 Co 10.5b).

Uma fortaleza é um lugar com defesas que resistem a influências exteriores. Para vencer fortalezas, não bastam armas simples. Por isso, as primeiras civilizações já usavam a prática de fortificar suas cidades. A cidade de Jericó, por exemplo, considerada a mais antiga do mundo, possuía muros com cerca de cinco metros de largura, que dificilmente seriam atravessados pelo inimigo. Nas guerras, a estratégia nem sempre era derrubar os muros de uma cidade fortificada, mas infiltrar-se e dominá-la. Os versículos de hoje falam em fortalezas que só podem ser destruídas por armas espirituais. Aqui, fortaleza é uma área na qual somos mantidos escravizados por causa da nossa forma de pensar. Paulo adverte os coríntios a destruir essas fortalezas, que se manifestam em pensamentos impróprios, cheios de dúvidas e pretensões. Eles precisavam libertar-se das amarras que se estabeleciam em suas mentes, pois seu pensamento devia ser obediente a Cristo. E, para vencer essas cidades fortificadas, não podiam lutar seguindo padrões humanos, mas usando armas espirituais. Como os coríntios, todos temos cidades fortificadas em nossa mente. Preconceito, autopiedade, ansiedade, inveja, mente confusa, cheia de dúvidas, viciada em reclamação, falta de autocontrole, excesso de culpa. Todas essas situações são exemplos de fortalezas na mente. Porém, pela obediência a Cristo esses muros podem ir abaixo, como foram os de Jericó (Js 5). E obedecer é lançar mão das armas espirituais que temos para vencer o inimigo. Que armas são essas? A leitura da Bíblia e sua prática, oração, jejum. Como usar essas armas? Se, por exemplo, a sua cidade fortificada lhe diz que deve voltar às práticas passadas, você a ataca respondendo que é nova criatura em Cristo e as coisas antigas já passaram, pois surgiram coisas novas (2Co 5.17). Se for ansiedade, ataque-a com Filipenses 4.6. – EB

**A Palavra é nossa arma
contra as fortalezas da mente.**

17 de março

Na
caverna

LEITURA BÍBLICA:
1 Samuel 22.1-5; 24.1-3, 22

Eu me refugiarei à sombra das tuas asas, até que passe o perigo (Salmo 57.1b).

Depois de ser ungido como o próximo rei de Israel, Davi precisou fugir do rei Saul, que não aceitava ter um sucessor antes de morrer. Por diversas vezes Saul tentou matar Davi, que só tinha como alternativa fugir. No texto de hoje encontramos Davi na caverna de Adulão, a fortaleza onde se escondia. Nesse lugar, diversos homens se reuniram a ele: gente em dificuldades, endividados e descontentes, e Davi tornou-se seu líder. Mais adiante, no capítulo 24, Saul e Davi encontram-se novamente. Davi tem a oportunidade de matar Saul e tornar-se rei, mas não o faz. Poupa-lhe a vida e volta para sua fortaleza (24.22). Sobre essa situação, ele escreve o Salmo 57, pedindo misericórdia a Deus. Imaginar um rei fugindo, em vez de sentado em seu trono, nos faz pensar. Será que muitas vezes não estamos na mesma situação? Num lugar de desconforto e dificuldades, escuro, úmido, frio e solitário? Davi sabia exatamente qual era seu lugar, mas não podia ocupá-lo. Então, naquela caverna, liderando um grupo de oprimidos como ele, era preparado para ser rei. Ali, ele colocava-se em seu lugar de homem dependente de Deus. Pode-se imaginar que não gostasse de estar ali, mas Davi chamava sua caverna de lugar seguro, onde podia se refugiar em Deus. Não estava sozinho, pois o Senhor estava com ele, moldando seu caráter e tornando-o um rei segundo seu coração. E assim é conosco. Muitas vezes sabemos muito bem qual é o propósito da nossa vida, mas não podemos ocupar esse lugar. Em vez de estar lá, estamos numa caverna, ou num deserto, fugindo do que deveríamos enfrentar. Mas a verdade é que ainda não chegou nosso tempo, ou melhor, o tempo determinado por Deus para assumirmos nossa posição – e dessa caverna só estaremos preparados para sair quando pudermos repetir as palavras de Davi: "Meu coração está firme, ó Deus, meu coração está firme" (Sl 57.7). – EB

Nossa caverna é o lugar onde Deus nos prepara para assumirmos o propósito que ele tem para nós.

18 de março

O que é bom

LEITURA BÍBLICA:
Eclesiastes 6.1-12

A religião que Deus, o nosso Pai, aceita como pura e imaculada é esta: cuidar dos órfãos e das viúvas em suas dificuldades e não se deixar corromper pelo mundo (Tg 1.27).

O que é o bem? Como saber realmente o que é bom para a alma, a vida da gente? O que satisfaz? Esta é a pergunta do autor do texto que lemos hoje, e ele está bastante desanimado com o vazio que encontra em sua própria vida – e também não enxerga nada para além da morte. Trabalho, prestígio e riquezas são o que determina a vida de muitas pessoas. E a pergunta é: o que há de bem nisso tudo? A avaliação do autor do nosso texto é bastante pessimista a respeito.

De minha parte, encontrei há algum tempo um bem precioso. Ao receber Jesus Cristo em meu coração, minha vida passou a ter sentido. Após mais um tempo, crescendo na fé, aprendi muito com os temas do livro de Eclesiastes sobre a brevidade da vida, sobre o que fazer durante a vida e, por meio do texto de hoje, sobre o bem na vida.

Orando, lendo a Bíblia, comecei a me interessar pelo trabalho de voluntariado. Passei a separar um tempo da minha vida, deixando a rotina do dia-a-dia de lado, para empreender ações em prol de outras pessoas, ajudando-as com meu tempo e com boa vontade, dando um pouco das habilidades que Deus me deu, investindo amor naquelas vidas. Às vezes tinha tanto trabalho meu que pensava em não ir ajudar os outros. No entanto, quando me dava por conta, já tinha ido e Deus abençoava ainda mais o que eu fazia! Não era nada feito para receber aplausos, mas um impulso de servir a Deus, contribuindo também com a sociedade. E que bem indescritível me fez! Em toda parte há pessoas clamando por algum tipo de ajuda e é claro que não posso ajudar todo mundo, mas posso fazer a minha parte.

Que tal você experimentar também fazer esse bem à sua alma, investindo no bem dos outros? Para isso, deixe Deus dominar com seu amor a sua vida. – VS

É bom receber o bem. Melhor é ser o bem para os outros!

O lago

LEITURA BÍBLICA:
Zacarias 13.1-2

[Jesus disse:] Quem crer em mim, como diz a Escritura, do seu interior fluirão rios de água viva (Jo 7.38).

Imagine uma fonte jorrando água limpa, que logo abaixo se espalha para formar um lago. Vamos agora comparar a água dessa fonte com a vida que Deus nos deu. O lago que ela forma seria toda a vida que levamos aqui, do nascimento à morte, com tudo o que ela contém. Certamente você também já ouviu a respeito do que acontece quando os rios arrastam pedras e areia para dentro de um lago – ou quando atiramos lixo nele. Ele vai ficando mais raso e a tendência será secá-lo e desviar a água para outro rumo. Se agora imaginarmos algo assim ocorrendo com o lago da nossa vida, poderíamos dizer que as pedras são todas as coisas que nos machucam e impedem de prosseguir, como adversidades, conflitos, decepções, danos, perdas...

A areia seria tudo aquilo que nos cega. Se uma única partícula de areia que penetra no olho já é suficiente para atrapalhar nossa visão; imagine deixarmos toda uma enxurrada de falsidades, como idolatria, fanatismo e superstições nos soterrar.

E há também o lixo, que geralmente nós mesmo atiramos ali, como procedimentos ilícitos, desejo de fama (faço qualquer coisa para tê-la), inimizades, fofocas, julgamentos apressados, imoralidade, roubos, vícios, inveja, desânimo, ambição em prejuízo do próximo, preguiça, falta de cuidado com a saúde mental, física e espiritual...

Passo a passo, a vida vai perdendo profundidade e se perde por aí.

Quais são suas pedras? Quais são suas areias e o seu lixo que estão secando o seu lago? Que tal pedir a Deus que faça uma dragagem nesse lago para deixá-lo limpo e profundo, e abrir espaço para a água viva, límpida e abundante do Espírito Santo, conforme Jesus promete no versículo em destaque acima? E que tal começar agora mesmo? – ETS

Jesus oferece despoluição da vida e suprimento de água limpa espiritual. Não perca a oportunidade.

20 de março

Acaso

LEITURA BÍBLICA:
Eclesiastes 9.11-16

Cheguei à conclusão de que os justos e os sábios, e aquilo que eles fazem, estão nas mãos de Deus. O que os espera, seja amor ou ódio, ninguém sabe (Ec 9.1).

Você já parou para pensar como nem sempre as coisas vão bem para as pessoas boas? E como algumas pessoas que vivem fazendo o que é mau são bem sucedidas? Nosso texto fala um pouco sobre isso. Nem sempre os mais velozes, fortes e prudentes são os vitoriosos. A Bíblia afirma que o sol nasce sobre justos e injustos. A chuva realmente não cai apenas na plantação dos fiéis a Deus, e as tempestades não vêm apenas para o barco pirata. O livro de Eclesiastes repete várias vezes a expressão "debaixo do sol". Quando essas palavras aparecem, o escritor se refere aos acontecimentos e à vida neste mundo – uma forma de mostrar a diferença entre esta vida e a vida no céu. No céu os filhos de Deus verão o fim de suas dores e limitações. Deus afirma em Apocalipse que ele enxugará dos olhos toda lágrima. Mas enquanto vivemos aqui neste mundo, alegria e tristeza se alternam.

O versículo 11 do nosso texto diz que "Tudo depende do tempo e do acaso". A palavra acaso aqui quer dizer que Deus ordena os acontecimentos de maneira inesperada para nós e até parecem desordenados conforme a nossa maneira de pensar. Ninguém sabe o que acontecerá amanhã.

Isso não significa que tanto faz ser uma pessoa boa ou má. É claro que devemos ser prudentes, estudiosos e trabalhadores, e buscar fazer o bem. Mas não podemos pensar que com isso só acontecerão coisas boas em nossa vida. Da mesma forma podemos ter uma alimentação saudável e ainda assim contrair uma doença grave. Posso ser um ótimo trabalhador e perder o emprego, ser um bom cristão e passar por aflições.

Mesmo não entendendo por que passamos por algumas dificuldades, podemos saber que todas as coisas cooperam para o bem daqueles que amam a Deus (Rm 8.28). Não conhecemos o propósito de tudo, mas podemos confiar em Deus, o autor da nossa vida. – HSG

As dores são temporárias, a alegria será eterna.

21 de março

Perfume

LEITURA BÍBLICA:
Marcos 14.3-9

Ofereçam[-se] em
sacrifício vivo, santo
e agradável a Deus
(Rm 12.1b).

O texto de hoje narra um fato que parece um incidente na vida de Jesus. Imagine a reação dos que estavam com ele quando uma mulher chega, quebra um frasco e derrama perfume na cabeça de Jesus. Na verdade, eles não pensaram tanto na ação dela quanto no valor do perfume – e julgaram tal ato um desperdício. Aquele perfume era mesmo muito caro – quase um ano de salário de um trabalhador braçal. Para que jogar fora algo tão precioso? Foi isso mesmo que pensaram, argumentando que o dinheiro poderia ter sido dado aos pobres. O que mais impressiona no texto é como Jesus viu aquilo. Ele não pensou no valor, nos pobres ou mesmo em outro uso para o perfume. Jesus entendeu a intenção daquela mulher, que possuía um perfume caro e decidiu que o daria a seu Senhor. Foi um ato de adoração e amor, não um desperdício.

E havia mais. Nem mesmo ela sabia, mas o perfume derramado serviu para preparar o corpo de Cristo para seu sepultamento, que ocorreria em breve. Ela se antecipou às outras mulheres, que mais tarde tentaram embalsamar o corpo (Mc 16.1), mas não puderam, pois Cristo já havia ressuscitado. José de Arimateia e Nicodemos também levaram grande quantidade de caras especiarias para este fim (Jo 19.38-40). Como a mulher, não puseram limites na demonstração de amor ao Mestre.

Aquela mulher só soube da importância de seu ato quando Jesus a explicou. Ela mesma não esperava tamanha repercussão. Ela só queria honrá-lo, e o fez com o que tinha de mais precioso. E hoje, o que podemos oferecer a Jesus? Ele não espera que entreguemos nossos bens, dinheiro, diplomas ou coisas assim. Ele quer o que temos de mais precioso para *ele*: nossa vida. Adoraremos realmente a Cristo se "derramarmos" tudo o que somos e permitirmos que ele tome o controle da nossa vida. Você já fez isso? Está disposto a entregar tudo por amor a Cristo? – VWR

Dê a Jesus seu bem mais precioso – sua vida!

22 de março

Prova

LEITURA BÍBLICA:
Juízes 3.1-6

Feliz é o homem que persevera na provação, porque depois de aprovado receberá a coroa da vida, que Deus prometeu aos que o amam (Tg 1.12).

N a época do texto de hoje, muitos israelitas não tinham visto como Deus livrara o seu povo. Aqueles que não haviam presenciado como Deus dera a vitória nas guerras precisavam ser treinados na fé e também nas batalhas, para adquirir experiência. Deus deixou os povos vizinhos prová-los para ver se obedeceriam aos seus mandamentos. Mas eles falharam: acabaram adorando outros deuses.

Desde o jardim do Éden Deus prova o ser humano. A fidelidade a Deus só é autêntica depois de passar pela prova da adversidade, que tem um valor educativo. Enquanto temos somente uma opção, um caminho a seguir, não podemos demonstrar nossa capacidade de escolha e decisão. Deus usa nossa vida para nos ensinar: às vezes somos guiados por caminhos difíceis; em outras, podemos escolher o que fazer e para onde ir. Ele espera que escolhamos o caminho certo. Para isso recebemos tarefas difíceis. Podemos sofrer por um determinado tempo. Somos tentados. A demora em Deus nos atender quando estamos com pressa vai testando a nossa paciência e a coragem.

Ao propor dependência de uma coisa tida por fraca, ao reduzir as nossas forças e pedir o último pedaço de pão, Deus mostra que da fraqueza tira força. Quando oramos por chuva e ele manda uma pequena nuvem ou pedimos socorro e ele envia uma criança, quer nos mostrar que ele usa com poder até mesmo pequenas coisas. Ao ficar em silêncio quando oramos ou parado quando afundamos, quer nos ensinar a esperar pelo melhor. Mas isso somente espera quem já conhece Deus, andou com ele em muitas batalhas e venceu muitas guerras usando como arma a "espada do Espírito" (veja em Efésios 6.17 que arma é essa).

Deus deixa as dificuldades em nossa vida para nos provar e ensinar. Na dos israelitas, foram os vizinhos; na de Paulo, foi um espinho na carne. E na sua? – DW

É nas provas da vida que aprendemos a depender de Deus.

23 de março

Humildade
e segurança

LEITURA BÍBLICA:
Provérbios 3.21-26

Não tenha medo, Daniel. Desde o primeiro dia em que você decidiu buscar entendimento e humilhar-se diante do seu Deus, suas palavras foram ouvidas, e eu vim em resposta a elas (Dn 10.12).

Você já viu um passarinho dormindo num galho ou num fio da rede elétrica sem cair? Não é estranho que ele consegue dormir, desligado do mundo, sem se desequilibrar? Como ele consegue isso? O segredo está nos tendões dos pés do passarinho. Eles são construídos de forma que, quando o joelho está dobrado, o pezinho segura firmemente qualquer coisa a que estiver agarrado. Os dedos dos pés só soltarão o galho ou fio quando ele desdobrar o joelho ao se levantar. O joelho dobrado é o que dá ao passarinho a força para segurar qualquer coisa. Deus é incrível mesmo! Quando criou os seres vivos, ele pensou em cada detalhe, para que tudo funcionasse perfeitamente.

O mesmo acontece com o cristão, para sua segurança espiritual. Podemos encontrar firmeza em qualquer situação, por maior que seja a ameaça externa. O cristão não corre nenhum perigo de cair, se estiver com seus joelhos dobrados diante do Senhor, em oração. Uma oração que provém de um coração humilde demonstra que o cristão não confia em si mesmo, mas sim na providência do Senhor. Ele pode descansar, sabendo que Deus toma conta dele e proporciona total segurança. Assim como o passarinho, o cristão terá todas as condições de se equilibrar nos problemas e ameaças da vida. Pode descansar e dormir tranquilamente (v 24), sabendo que não corre nenhum risco, porque o Senhor será a sua segurança e o impedirá de cair em armadilhas (v 26).

Por isso, não ouse andar sozinho na vida espiritual. Humilhe-se constantemente na presença do Senhor, e verá que grande paz e segurança inundarão todo o seu ser. – HS

**A humildade diante do Senhor
é a garantia de segurança na vida do cristão.**

24 de março

Nosso herói!

LEITURA BÍBLICA:
Hebreus 4.14-16

Jesus [é o] autor e consumador da nossa fé. Ele ... suportou a cruz, desprezando a vergonha, e assentou--se à direita do trono de Deus (Hb 12.2).

Muitas pessoas gostam de heróis: colecionam fotos, figuras, relatos e qualquer coisa que se relaciona a eles. Mas o que é um herói? Segundo um dicionário, herói pode ser um grande homem que foi divinizado; que fez ações extraordinárias, principalmente na guerra; o principal personagem de uma obra literária ou cinematográfica; o protagonista de um acontecimento. Será que Jesus se enquadra nas descrições acima, para ser considerado herói? Sem medo de errar, podemos dizer que Jesus é maior que todos os que já viveram na Terra em todos os tempos. Ele não somente é um homem divinizado, mas é o Deus que se fez homem. Não fez algo extraordinário, apenas: fez o que ninguém no mundo poderia ter feito para nos salvar. Não foi brilhante numa batalha entre homens, mas venceu a maior guerra que já se travou neste mundo ao morrer na cruz por nós, derrotando o inimigo das nossas almas. Ele não é o principal personagem de um livro qualquer – é o centro da mensagem da Bíblia, de valor eterno, e cujo autor é o próprio Deus. Por fim, Jesus não é o protagonista de um acontecimento qualquer: sua vinda ao mundo dividiu a história em antes dele e depois dele. Ele não foi o centro das atenções apenas nos dias em que viveu na Terra, mas até hoje, quase dois mil anos depois de sua morte e ressurreição, ele é a razão de viver de todos os seus discípulos.

Por tudo isso e por muito mais, podemos dizer que Jesus Cristo é o máximo, o supremo, o Rei dos reis, Senhor dos senhores. Ele é o nosso maior herói! Por tudo que é, fez e faz, Cristo tem todas as condições para ocupar o trono do nosso coração. Então, faça dele o Senhor da sua vida e o Salvador da sua alma! – HS

Jesus supera qualquer outro herói!

25 de março

Desculpe!

LEITURA BÍBLICA:
Provérbios 26.23-28

Você prefere o mal ao bem, a falsidade, em lugar da verdade (Sl 52.3).

Depois que inventaram a desculpa, ninguém mais tem culpa ou pelo menos pensa que pode justificar-se dizendo simplesmente "Desculpe-me". O assassino diz que matou por amor, o ladrão roubou por necessidade, a mulher se prostituiu para comprar comida para seu filho, casais se separaram porque o amor acabou, funcionários trabalharam relaxadamente porque são mal remunerados, vendedores cobram caro porque afinal todo mundo faz assim.

Embora pedir desculpa e pedir perdão pareça a mesma coisa, é algo bem diferente. Pedir desculpa é uma alegação atenuante ou justificativa de culpa. É isentar-se da culpa, apontar outro culpado e outro motivo para seu erro, é quase dizer o mesmo que não foi minha culpa. Já pedir perdão é declarar-se culpado. Admitir o erro. Confessar o pecado em atitude de arrependimento. Quem pede perdão demonstra que deseja mudar. Quem pede desculpa não se responsabiliza por seus atos, não admite seu erro e logo vai errar novamente. É claro que também existe a dificuldade de perdoar por parte de quem ouvem alguém admitir o erro. Prefere-se ouvir uma desculpa à verdade. Se você chega atrasado a uma reunião e diz: "Desculpem, o trânsito estava congestionado", todos vão sorrir e desculpar. Mas se você disser: "Perdoem-me, não dei a importância necessária a esta reunião e saí atrasado de casa", com certeza virão críticas. É preciso ser sincero. No lugar de nos acostumarmos em disfarçar nossas intenções com desculpas, com sorrisos falsos ou conversa lisonjeira, devemos tratar nosso coração limpando o ódio, a inveja e a preguiça que tanto nos faz ser individualistas. Como servos de Deus, devemos tratar as pessoas com responsabilidade e, se errarmos, precisamos pedir perdão e tentar corrigir nossa falta. Ter uma vida de sinceridade com nosso próximo é um grande passo para quem quer ser correto diante de Deus. – HSG

**É melhor ser ferido por dizer a verdade
do que amado pela falsidade.**

26 de março

Vingança

LEITURA BÍBLICA:
Romanos 12.17-21

Tenham cuidado para que ninguém retribua o mal com o mal, mas sejam sempre bondosos uns para com os outros e para com todos (1Ts 5.15).

De vez em quando somos confrontados com situações em que sentimos o desejo de vingança. O próprio Jesus reconheceu o fato de que, na caminhada da vida, encontramos pessoas que se tornam nossos inimigos – aqueles que não simpatizam conosco. E então, como tratá-los? Jesus ensinou que devemos amá-los e orar por eles (Mt 5.44) e Paulo instrui-nos a nunca buscar a vingança, mas a fazer todo o possível para viver bem com todos. A verdade é que quando trabalhamos para promover a paz, o desejo de vingança desaparece e se torna oportunidade e motivo para fortalecermos a nossa fé, animarmos nosso amor e fazermos o bem.

Quando há uma guerra ou um desastre em algum lugar do mundo, ouvimos falar da Cruz Vermelha. É uma organização mundial que está sempre presente para ajudar aqueles que são feridos nos combates e facilitar a distribuição de agasalhos e alimentos aos necessitados, entre outras coisas. A fundadora da Cruz Vermelha Americana foi uma senhora chamada Clara Barton. Conta-se que certa vez uma amiga quis lembrá-la de algo muito triste que haviam feito a ela anos atrás, mas Clara fez como se não se lembrasse. "Mas você não se lembra o que lhe fizeram?", perguntou a amiga. "Não, respondeu ela, "lembro-me muito claramente de que esqueci".

Vivemos dias difíceis: desejo de vingança, aflições, tribulações, tristezas causadas por outras pessoas, momentos de ira. Talvez você esteja passando por essas e outras situações em sua vida. A Bíblia ensina que nunca devemos procurar vingar-nos ou retribuir com o mal, mas a deixar tudo nas mãos de Deus. Tudo pode ser transformado em vasilhas imaginárias, cheias não de mal, mas de coisas boas dadas por Deus. Entregue seus maus sentimentos a Deus e, assim, você estará vencendo o mal pelo bem e viverá em paz com todos. – JG

O amor de Deus vence os maus sentimentos em nossa vida.

27 de março

Salmo 136

LEITURA BÍBLICA:
Salmo 136

Provem e vejam como o Senhor é bom (Salmo 34.8a).

"Deus é bom!", comentou um negociante quando teve êxito depois de muita demora. Julgou Deus por seu sucesso pessoal – não sei se teria culpado o Senhor se o negócio desse errado. Na verdade, Deus é bom. Porém, vendo os desastres, guerras e mudanças climáticas que já levaram milhares de pessoas à morte, muitos duvidam da bondade de Deus. Ignoram que os males em nada diminuem a bondade de Deus, pois são resultado da queda do homem – quando o ser humano pecou, toda a natureza passou a sofrer as consequências disso. Deus permanece eternamente bom; se não o fosse, deixaria de ser Deus. As pessoas da Trindade – Pai, Filho e Espírito Santo – possuem a mesma bondade eterna. A Bíblia apresenta o "Deus *bondoso*" (Ne 9.17), o "*bom* Espírito" (Ne 9.20) e Jesus, o *bom* pastor que deu sua vida por nós para que pertencêssemos ao seu rebanho eternamente.

Deus criou o primeiro casal sem pecado, mas eles escolheram ceder à tentação de Satanás e pecaram. Sendo pecadores, geraram pecadores; por sinal, seu primeiro filho tornou-se assassino. Todos nós, como descendentes de Adão e Eva, não podemos dizer que somos bons no sentido absoluto. Todos se comportam aceitavelmente na maioria das vezes, mas quando erram, mostram sua natureza pecaminosa. Por isso Deus considera todos como pecadores (Rm 3.23).

Se você já aceitou Jesus como seu Salvador, foi porque, na sua bondade, Deus o levou ao arrependimento (Rm 2.4), o Espírito o convenceu do pecado, conduziu-o ao amor de Deus em Cristo, o Salvador, e mudou a direção de sua vida para os caminhos da justiça. Diariamente, Deus o convida a meditar na sua Palavra, que expõe a sua bondade e misericórdia. Perante o Pai no céu, Jesus intercede por você e por mim, para que possamos sempre desfrutar a comunhão com ele. Louve a Deus, que é tão bom! – TL

Prove diariamente como Deus é bom!

O meu corpo e o meu coração poderão fraquejar, mas Deus é a força do meu coração e a minha herança para sempre (Sl 73.26).

"Nunca diga nunca" – ah, se Pedro soubesse disso! É pelo fato de ter negado a Jesus que Pedro é mais lembrado. Gostamos de acusar o discípulo por essa falha e dizer que não faríamos o mesmo em seu lugar. Será que não?

Pouco antes, Jesus tinha alertado os discípulos de que todos o abandonariam, mas Pedro negou-se a aceitar: "Eu não! Nunca!" João, contando a mesma história, diz que Pedro prometeu dar a própria vida por Cristo – aquele mesmo que pouco depois negaria conhecer. Ficamos sempre com a impressão de que Pedro tinha a mania de falar sem pensar. Se bem que, ao menos, ele sempre demonstrou iniciativa – por exemplo, foi o primeiro a afirmar que Jesus era o Messias e Filho de Deus (Mt 16.16).

Quantas vezes agimos como aquele discípulo impulsivo? Somos rápidos em fazer promessas e declarar nossa fidelidade a Cristo, mas na hora de andar sobre as águas com ele, sentimos as ondas, o vento, a água fria... e ficamos com medo (veja Mt 14.30-31). Até esquecemos que estávamos indo até Cristo! Não é assim? Prometemos fidelidade eterna a Deus, mas aí vêm os sofrimentos, tentações, problemas e já esquecemos tudo. Muitos negam Jesus, literalmente. Como Pedro, também fracassamos em nossa fé. Não conseguimos cumprir o que prometemos a Deus, e então percebemos que nossa fé é deficiente, somos fracos e incapazes. Ainda bem que Deus nos conhece e está pronto a perdoar, a ensinar e a transformar nossa vida para que fiquemos mais parecidos com seu Filho.

Para Deus, nossos fracassos não anulam a escolha que ele fez. Pedro foi perdoado, restaurado (Jo 21.15-19) e tornou-se o principal apóstolo entre os judeus. Então, se você falhar e sentir-se indigno do amor de Deus, lembre-se de que sempre pode prostrar-se diante dele e pedir seu perdão. Nossos erros e fracassos podem servir para nos aproximar de Deus, não para nos afastar dele. – VWR

Apesar de nós, a fidelidade de Deus nunca falha.

29 de março

O nome!

LEITURA BÍBLICA:
Gênesis 24.1-7

*Guia-me nas veredas
da justiça por amor do
seu nome (Sl 23.3).*

Vez por outra aparece num jornal um aviso com a frase: "A bem da verdade..." e segue uma declaração do que a pessoa diz ser a verdade. O motivo é proteger o seu nome. Todos nós zelamos pela honra do nosso nome. Firmas publicam a sua marca registrada e a defendem. O Comitê dos Jogos Olímpicos de Inverno de 2010 em Vancouver, Canadá, publicou que seria proibido registrar qualquer firma no nome "Olympic".

Seria informativo você ler Gênesis 24 todo, pois é uma história interessante da busca de uma esposa para Isaque, filho do patriarca Abraão, e de como Isaque recebeu de bom grado a jovem trazida de uma terra distante. Esse episódio mostra o zelo do patriarca Abraão pela aliança feita com Deus anos atrás. Para assegurar a continuidade da família escolhida para levar à frente a promessa do Redentor prometido (Gn 3.15) e para que a humanidade pudesse continuar a invocar o nome Deus vivo, mandou buscar uma jovem que não fosse de um povo estranho. Isaque seria o detentor da promessa de que um dia viria nascer da sua linhagem o Salvador do mundo segundo a aliança feita entre Deus e Abraão. Com cuidado, Abraão deveria ensinar Isaque a zelar por aquela promessa. Quando ele nascesse, teria o nome divinamente escolhido, Jesus, que significa "Deus salva", "...porque salvará o seu povo dos seus pecados" (Mt 1.21).

A Bíblia nos instrui a respeitar o nome de Deus. Não deve ser usado levianamente nem em exclamações quaisquer. Devemos, sim, venerar o santo nome do Pai, do Filho e do Espírito Santo. O versículo em destaque indica que Deus nos conduz por uma vida de justiça "por amor do seu nome" – para que este seja honrado. Capacita-nos a levar uma vida santa, não para a nossa honra, mas por amor do seu nome e para sua glória. Este é verdadeiro sentido da nossa vida. Como seus seguidores, andemos na vontade de Deus por amor do seu nome! – TL

**Quanto mais o nome de Deus brilhar entre nós,
mais luminosa será nossa vida.**

30 de março

De graça

LEITURA BÍBLICA:
Isaías 55.1-5

[Os pecadores são] justificados gratuitamente por sua graça, por meio da redenção que há em Cristo Jesus (Rm 3.24).

"Você está sem dinheiro? Desempregado? Não possui conta em banco? Não tem cartão de crédito? Sem problemas. Venha comprar na minha loja. Não exigimos comprovante de renda nem consultamos o SPC sobre sua situação no comércio. Separamos o melhor para você, artigo de exportação. Na verdade, não existe ninguém no mundo que tenha dinheiro suficiente para comprá-lo. Toda riqueza não daria para pagar a primeira prestação. Mas quero que você venha buscá-lo". Já imaginou receber um convite como este? Quem seria louco de não conferir uma maravilha desse tamanho?

Pois é exatamente este convite que Deus faz a você no texto de Isaías. Ele soa estranho ou até inacreditável porque foge totalmente dos padrões deste mundo, onde nada é de graça – nem injeção na testa. O objetivo de Deus não é falar sobre dinheiro ou compras, mas ele compara esta compra sem dinheiro com a vida que concede por meio da sua misericórdia. É um convite para quem tem sede de vida e fome de sentido para ela. Ele continua a ecoar pelos lugares frios e escuros, convidando: venham! Atravessa desertos e vales, e chega às cavernas. Se você anda por um desses lugares, ouça atentamente a voz de Deus que nos ama e por isso convida: venha! Venha receber aquilo que dinheiro nenhum no mundo pode comprar: a alegria que apenas em Deus se obtém e mudança de vida para melhor. Seu dia a dia será mais iluminado, você terá vida plena e não precisará pagar por isso. Abandone o que machuca e deixe o Espírito guiar sua vida, que certamente terá mais qualidade. Mesmo que você esteja sofrendo demais, não tente negociar com Deus. Vá até ele e aceite sua graça, que não tem preço, mas que ele oferece gratuitamente. – DW

"O evangelho de Deus é um convite, gratuito, na verdade o maior convite que qualquer pessoa jamais poderia receber" – John Stott.

31 de março

Contudo

LEITURA BÍBLICA:
1 Coríntios 1.4-9

Ponham em ação a salvação de vocês com temor e tremor, pois é Deus quem efetua em vocês tanto o querer quanto o realizar, de acordo com a boa vontade dele (Fp 2.12b-13).

O apóstolo Paulo poderia ter iniciado esta sua carta aos coríntios com aquela conhecida frase: "Tenho uma boa e uma má notícia para vocês..." – e então passar primeiro a notícia boa, que é esta que você acaba de ler na Bíblia: uma coleção de dádivas e promessas de Deus capaz de deixar qualquer um empolgado: tudo isso para mim? Entretanto, quase no final do trecho, ele já insinua algo diferente, embora ainda na forma de uma promessa: "vocês serão irrepreensíveis...": serão – agora ainda não são. A partir do v 10, então, termina a "boa notícia" e começa uma série de reprimendas que ocupa bem mais espaço do que este início maravilhoso. Como somos complicados, não? Precisamos de muito mais espaço em nossa vida para o que não presta do que para o bem!

Será que Paulo quis "dourar a pílula" com uma introdução simpática para que não parassem de ler? Embora essas palavras iniciais sejam animadoras, como simples esperteza seriam uma miséria. Felizmente representam muito mais: Contudo (parece ele antecipar aí) ou "com tudo" de desagradável que tenho a dizer a vocês, o texto que lemos é o essencial e prevalece. Não que os erros e desvios dos coríntios (só deles?) possam então ser deixados de lado – afinal, é agora que ele passa a tratar deles – mas fica claro desde já que em Cristo temos tudo à mão para não precisar conviver com nossas falhas e sim poder superá-las. Graças a isso as reprimendas não precisam desanimar nem revoltar, mas oferecem ajuda. É este também o clima do versículo em destaque: temor e tremor diante da nossa imperfeição, mas ao mesmo tempo o consolo de que sempre podemos contar com a correção pela bondosa mão de Deus. Assim, se hoje você errar, saiba que a graça de Deus é maior. Com ela, vença o erro e seja santo, como os coríntios, com tudo o que eram. – RK

**Entre as promessas e as correções de Deus,
fique com ambas – e seja santo.**

1º de abril

Enganadores

LEITURA BÍBLICA:
Mateus 24.1-14

Aparecerão falsos cristos e falsos profetas que realizarão grandes sinais e maravilhas para, se possível, enganar até os eleitos (Mt 24.24).

Certamente você já ouviu a frase "Que mundo é este?!" Sim, desde que o pecado passou a fazer parte da vida humana, coisas terríveis passaram a acontecer. É só observar as residências e empresas: trancas, ferrolhos, cercas elétricas, sofisticadíssimos sistemas de alarmes que utilizam até mesmo transmissão via satélite. Além disso, empresas de vigilância se multiplicam nas cidades e no campo. Tudo indica uma tremenda insegurança. Do ponto de vista religioso, também há fenômenos estranhos. Há uma multiplicação de comunidades e igrejas com nomes os mais estranhos, todas oferecendo, principalmente, curas miraculosas e soluções mirabolantes para problemas sentimentais e financeiros. Seria o cumprimento da profecia registrada no versículo em destaque?

O charlatanismo religioso existe há muito tempo, mas em nossos dias cresce extraordinariamente. Isso acontece porque as pessoas estão cada vez mais superficiais e suscetíveis aos enganos. Satanás sabe que tem pouco tempo e por isso manifesta toda a sua fúria (Ap 12.12), fazendo crescer a maldade e multiplicando os enganadores. Toda essa enganação vai culminar com o surgimento do anticristo: "A vinda desse perverso é segundo a ação de Satanás, com todo o poder, com sinais e com maravilhas enganadoras. Ele fará uso de todas as formas de engano da injustiça para os que estão perecendo, porquanto rejeitaram o amor à verdade que os poderia salvar. Por essa razão Deus lhes envia um poder sedutor, a fim de que creiam na mentira e sejam condenados todos os que não creram na verdade, mas tiveram prazer na injustiça" (2Ts 2.9-12).

Portanto, fique alerta para que estes enganadores não o levem para longe da verdade, que é Cristo. Somente ele leva ao Pai e concede a vida eterna. – HM

**Não se deixe enganar
– siga a verdade, que é Cristo.**

2 de abril

Crucificado

LEITURA BÍBLICA:
Filipenses 2.5-11

Lançaram sorte pelas
minhas vestes (Sl 22.18).

Quem assistiu ao filme "Paixão de Cristo", assustou-se com a violência contra o Filho de Deus. Mas a Paixão tem detalhes que não foram apresentados no filme. Detalhes que expõem o propósito, a vontade, a justiça e, sobretudo, o amor de Deus.

O detalhe mais notável é que em nenhum momento Jesus implorou por misericórdia. Ele não perdeu o equilíbrio, a lucidez, o controle de si mesmo e da situação. A sua serenidade expunha a sua divindade e, nela mostrava que tinha todas as coisas sob o seu controle, inclusive o próprio sofrimento.

A túnica, seu bem mais valioso, lembra a vestimenta do sumo-sacerdote judeu, que também era sem costura, como a de Jesus. O detalhe da túnica nos mostra que Jesus não era somente o Cordeiro de Deus sacrificado na Páscoa, mas também o sacerdote que conduziu o sacrifício.

Nas poucas palavras ditas por Jesus, uma delas foi "Deus meu, Deus meu, por que me desamparaste?". Esse clamor é o primeiro verso do Salmo 22. Ele clamou por causa do abandono total, do horror, da condenação do pecado do mundo que caía sobre ele. Ao final do sofrimento, Jesus suplicou: "Tenho sede", mas lhe deram vinagre e, após tomá-lo declarou: "Está consumado!" Inclinando a cabeça, rendeu o espírito (Jo 19.28-30).

Não havia mais nada a ser feito, mas ao inclinar a cabeça, dar o último suspiro e entregar-se à morte disse: "Está consumado", que significa: "Feito", o que lembra as últimas palavras do Salmo 22, que diz: "ele agiu poderosamente".

A atitude de Jesus só pode ser explicada à luz da Palavra de Deus. Ele entregou a si mesmo à morte unicamente por amor, por mim e por você. Diante de tamanha prova de amor, será que alguém consegue ficar indiferente? Se alguém pensa em "pagar" o sacrifício de Jesus, esqueça! A única coisa a fazer é render-se ao seu amor. – MLN

A melhor forma de reconhecer o amor de Deus
é entregando-se a ele.

3 de abril

Observador

LEITURA BÍBLICA:
Lucas 23.26-43

O povo ficou observando e as autoridades o ridicularizavam (Lc 23.35).

A crucificação de Jesus, ocorrida em Jerusalém há quase 20 séculos, dividiu a humanidade em dois grupos bem definidos: o daqueles que creem na validade de sua morte pelos nossos pecados e o dos que negam o mérito desse seu sacrifício.

Essa divisão já existiu antes entre os dois malfeitores executados, um à sua direita e o outro à sua esquerda. Um creu: "Lembra-te de mim quando entrares no teu reino", o outro duvidou: "Você não é o Cristo? Salve-se a si mesmo e a nós".

O cenário da crucificação inclui diversos outros personagens: mulheres que lamentaram sua morte, soldados que sortearam suas vestes, escribas, fariseus e autoridades que o ridicularizavam, não o reconhecendo como o Messias, discípulos que, amedrontados, permaneceram distantes, com temor dos romanos ou dos próprios judeus. Faziam parte do povo, ou seja, da grande massa humana de homens e mulheres que observava a execução de Cristo.

Em todos os tempos e em todas as gerações essa mesma história se repete. Cada vez que Jesus Cristo é anunciado como o Redentor existem os que o aceitam e o recebem. Assim, também – e é muito mais numeroso – o grupo dos que somente "observam". Não tomam qualquer decisão, mas reconhecem-no como homem de virtudes. Muitos conhecem seus ensinos, são testemunhas do poder do evangelho na transformação de vidas, mas negam-se a perfilar entre os verdadeiros cristãos.

A situação do observador, frequentemente, é o passo inicial para uma efetiva decisão ao lado de Jesus Cristo. E isso se dá pela ação contínua do Espírito Santo que trabalha no coração humano, provocando uma revolução interior cujo desfecho é o da chamada regeneração ou "novo nascimento". Deixe de ser um mero espectador, se este é o seu caso. Há lugar para você no meio do povo de Deus, daqueles que com fé e diligência trabalham para a honra e o louvor de Cristo e para a ampliação de seu reino. – CT

**O discípulo se compromete com Cristo
para a tarefa de propagar a fé.**

4 de abril

Revogável

LEITURA BÍBLICA:
Marcos 16.1-20

*Então todos o
abandonaram e fugiram
(Mc 14.50).*

Acompanhei aquele irmão desde o início da sua doença até sua morte. Oramos juntos muitas vezes em casa ou no hospital. Alguns dias depois de sua morte fui visitar seus pais. Encontrei-os derramando lágrimas e exclamando: "Isto não pode ter acontecido! Pastor, por favor, diga-nos que isto não é verdade!" Existe alguma coisa sobre a natureza da morte que nos fere duramente. Há uma palavra que não gostamos de usar para descrevê-la: ela é irrevogável, não se pode mudar. Aprendemos o seu significado muito cedo na vida. Quando uma criança quebra um brinquedo preferido que não pode ser consertado, quando um adolescente sofre um acidente de carro e não há nenhum poder que possa fazer o relógio do tempo voltar atrás, quando um pai chora junto ao túmulo de um filho e sabe que nada pode trazê-lo de volta. Nem as lágrimas nem a medicina poderão devolver uma pessoa querida uma vez que tenha morrido. Esta é a terrível lição da irrevogabilidade.

Durante vários dias os discípulos de Jesus permaneceram desorientados atrás de portas fechadas tentando convencer a si mesmos que aquilo não era verdade. Jesus não teria realmente partido para sempre! Mas a morte era irrevogável! As suas mais profundas esperanças não podiam superar o fato de que ele estava morto. Mas de repente suas mágoas foram interrompidas pelo testemunho de algumas mulheres que diziam ter visto Jesus. Seria verdade? Nos dias seguintes, aqueles discípulos deixaram suas mágoas e começaram a ver o significado da cruz sob uma nova luz. Jesus estava vivo! Ele ressuscitara! "Não está aqui!" Dois mil anos depois, o significado não mudou. A Páscoa contém uma promessa inspiradora de revogabilidade. Nem mesmo a morte é final para o cristão, cuja fé está firmada em Jesus. O que Deus fez uma vez num túmulo em Jerusalém, ele ainda pode repetir para os que já partiram crendo na esperança da ressurreição. – JG

Contra toda resistência, o irrevogável será revogado.

5 de abril

Por que chora?

LEITURA BÍBLICA:
João 20.1-18

Eles lhe perguntaram: "Mulher, por que você está chorando?" "Levaram embora o meu Senhor", respondeu ela, "e não sei onde o puseram" (Jo 20.13).

Maria Madalena tinha muitas razões para chorar naquela manhã de domingo. Jesus havia sido crucificado na sexta-feira pela manhã e morrera à tarde já próximo ao início do sábado judaico. Não houve tempo para velar seu corpo. Tudo foi feito às pressas. Jesus foi simplesmente envolto em lençóis e sepultado por José de Arimateia e Nicodemos, enquanto os apóstolos, distantes de tudo, certamente lamentavam.

Fico imaginando o quanto ela chorou. A esperança de uma vida que vale a pena ser vivida tinha desvanecido. Ela, recentemente ainda atormentada, havia pouco encontrara a razão de viver. Mas agora tudo parecia perdido. Para completar a tragédia, ela imaginou que tivessem roubado o corpo de Jesus. Assim, ao responder à pergunta dos anjos e do próprio Jesus: "Mulher, por que você está chorando?", ela poderia ter respondido: Choro por não ter razão para viver, pela perda das esperanças, porque estou perdida! Sim, sem Jesus, o melhor que Maria poderia fazer era chorar.

Mas Jesus não estava morto! Então, não havia razão para choro. Inclusive porque, com a ressurreição, a morte dele passou de tragédia a vitória. Talvez, se a mesma pergunta nos fosse feita hoje, pudéssemos responder entre lágrimas: Choro por estar doente; por minha vida familiar desastrosa; por não ter razão para viver... Mas depois da ressurreição de Jesus, a verdade é que podemos até chorar momentaneamente, porém não há razão para permanecer chorando. Jesus não está no túmulo, não, mas ao nosso lado para o que der e vier. Ele vive, e nós com ele vivemos e viveremos, tanto em meio às lutas do dia-a-dia quanto na paz da eternidade.

Então, por que você chora? Não há motivo real para isso, pois Jesus, ainda que tenha estado morto, agora vive e sempre viverá! – ARG

A ressurreição de Jesus é a garantia de que nossas lágrimas serão enxugadas!

6 de abril

O + feliz

LEITURA BÍBLICA:
1 Coríntios 15.21-28

Da mesma forma como em Adão todos morrem, em Cristo todos serão vivificados (1Co 15.22).

Alguns acontecimentos marcam a nossa história de forma positiva, tais como nossa formatura, nosso casamento, o primeiro emprego, o nascimento de um filho. Também existem marcas trazidas por acontecimentos ruins, como a morte de um familiar, a perda do emprego, o diagnóstico de uma doença. Existe, na Bíblia, o relato de dois acontecimentos que resumem a nossa História. O primeiro foi a queda do homem. Adão pecou e toda a raça humana foi contaminada pelo pecado e a morte. O segundo acontecimento é a morte e ressurreição de Jesus, pela qual somos salvos, perdoados e resgatados de nosso pecado.

O mais feliz de todos os homens não é o que tem comida com fartura, muito dinheiro para gastar com roupas, carros ou joias, ou o que tem saúde perfeita. Os acontecimentos positivos não podem trazer uma alegria consistente, pois quem tem saúde hoje, amanhã pode estar doente, quem compra muito hoje, amanhã pode perder todos os seus bens. O mais feliz é aquele que crê que Cristo morreu na cruz e ressuscitou para nos salvar.

A ressurreição de Jesus é uma marca mais do que consistente. Ela é o centro da história do cristianismo. A Bíblia diz que em Cristo somos vivificados, temos perdão para os nossos pecados e salvação. A ressurreição de Jesus também é base para crermos que também iremos ressuscitar e teremos vida eterna.

Se não crermos assim, seremos os mais infelizes, pois a vida será apenas o que se vive hoje. Viveremos de forma egoísta, carregados de culpa, achando que a única coisa que temos são os anos que viveremos nesta terra.

Se você quer ser o mais feliz, deve crer na ressurreição de Jesus e viver conforme os ensinos da Bíblia. Quem crer que Jesus ressuscitou pode perder muitas coisas, mas sabe que sua esperança não se limita a esta vida. – HSG

Crer na ressurreição de Cristo é fonte de felicidade.

7 de abril

Tempo certo

LEITURA BÍBLICA:
Êxodo 12.31-42

Agora é o tempo favorável, agora é o dia da salvação! (2 Co 6.2b)

Visitando uma igreja na América Central, um amigo encontrou um casal cristão que sentiu o chamado de Deus para um trabalho especial. Eles ficaram comovidos quando viram algumas crianças com câncer recebendo alta de uma clínica após o tratamento, mas que não tinham um lugar para ficar durante a sua recuperação. O casal adquiriu uma casa humilde para socorrer aquelas crianças e Deus supriu suas necessidades. Crendo que era o tempo no plano de Deus para este trabalho, chamaram a casa de *"Kairós"*, palavra grega que significa um tempo certo, oportunidade. Na Bíblia a palavra é usada em relação ao tempo marcado por Deus para algum propósito. Conhecemos muito bem o tempo cronológico (em grego, cronos), mas talvez ignoremos o tempo de Deus.

A leitura de hoje indica que chegara o tempo em que Moisés e o povo de Israel deveriam sair do Egito. A libertação foi o desfecho dos eventos que culminaram na morte de todos os primogênitos egípcios. Foi o tempo escolhido por Deus para começar a cumprir as promessas de ocupação de Canaã por seu povo escolhido, local que serviria de berço para o nascimento do Messias.

Podemos comparar a libertação espetacular do Egito com o livramento dos pecadores do domínio de Satanás pelo poder de Cristo. Assim como Israel foi salvo do Egito no tempo de Deus, hoje – *agora* – é o tempo favorável para o pecador se refugiar em Cristo, o Salvador, como diz o versículo em destaque.

Se você ainda não pertence a Deus, hoje é o tempo de mudar de vida, aceitar o sacrifício de Cristo e passar a viver sob sua direção. Se você já é cristão, é preciso ficar atento para discernir o tempo de Deus – assim como Paulo, que foi impedido de ir a certa região e seguiu para a Europa, abrindo um novo horizonte para a divulgação do Evangelho de Cristo (At 16). – TL

**Não espere mais:
o tempo certo para viver com Deus é hoje!**

8 de abril

Obediência pela fé

LEITURA BÍBLICA:
Gênesis 12.1-6

Partiu Abrão como lhe ordenara o Senhor (Gn 12.4a).

A história de Abrão ou Abraão é fascinante. Seu relacionamento com Deus era íntimo e marcado pela obediência.

A ordem de Deus a Abrão para que saísse da sua terra parece simples, mas, para cumpri-la, ele teve de separar-se também dos seus pais e de seus parentes. Além disso, havia um problema: ele não sabia para onde ir. O autor da carta aos Hebreus diz que "pela fé Abraão, quando chamado, obedeceu e dirigiu-se a um lugar que mais tarde receberia como herança, embora não soubesse para onde estava indo" (Hb 11.8). Agora raciocine: Deus fala com você e manda que saia da sua terra. Você contrata um caminhão de mudança, coloca nele todos os seus pertences e chega a hora de partir. Aí o motorista pergunta: "Para onde vamos?" e você responde: "Não sei, só sei que tenho de sair daqui!" O motorista diria que você está louco. Mas foi mais ou menos assim que aconteceu com Abrão. Mesmo assim, ele obedeceu a Deus e se tornou conhecido como o pai da fé.

Oswald Chambers diz no seu livro "Tudo para Ele": "A fé nunca sabe para onde está sendo levada, mas ama e conhece aquele que a conduz. É uma vida de *fé*, não de intelecto e razão, uma vida de conhecer aquele que nos faz *partir*. A base da fé é o conhecimento de uma pessoa, e um dos maiores enganos é achar que Deus certamente nos levará ao sucesso. A última etapa da vida de fé é a aquisição do caráter".

Saiba que Deus sempre tem um propósito na vida de quem ele chama, embora não revele esse propósito de imediato. Contudo, quando obedecemos ao chamado, Deus vai moldando o caráter e a imagem de seu Filho em nós até que os propósitos dele se cumpram em nossas vidas (Rm 8.29) – e assim nossa vida realmente valerá a pena. – MM

**A obediência a Deus pela fé transforma-nos
na imagem de seu Filho Jesus.**

9 de abril

Escolha dar

LEITURA BÍBLICA:
Tiago 2.14-18

Assim como o corpo sem espírito está morto, também a fé sem obras está morta (Tg 2.26).

O que faz as pessoas doarem coisas às outras? Já usei blusas e casacos dados por amigas que não os queriam mais. Também já dei para amigas outras blusas e casacos que eu não queria mais – não que estivessem velhos, apenas estava cansada de usá-los ou estavam fora de moda. Outras vezes, fiz assim com outros objetos que tinha em casa: pratos, enfeites, aparelhos eletrônicos, livros...

Um poeta disse que o ruim da caridade era o sentimento de dever cumprido. É verdade, relutamos em dar. É complicado pensar *para quem* doar, pois algumas pessoas desmerecem nossa doação dizendo que não podem buscar, perguntando se é algo aproveitável ou até mesmo afirmando: "Não recebemos esse tipo de doação" (passei por isso esta semana!). Por que doar?

Muitas coisas poderiam ser vendidas, mas dar parece mais apropriado – talvez porque venha acompanhado da ideia de repartir, um mandamento cristão. Além disso, há pessoas que precisam de ajuda, como as vítimas de tragédias – por exemplo, as enchentes em Santa Catarina em 2008. Quando alguém me pede uma moeda nos sinais de trânsito ou nas esquinas, eu dou. Estaria mentindo se dissesse que não tenho. Poderia apenas negar, mas a Palavra de Deus é sábia quando nos diz para dar a todo o que pede (Lc 6.30). Não me importo com o contexto nem com o que será feito de minha doação, apenas dou. Por isso, apesar da dificuldade de doar, do sentimento de pena ou de dever cumprido e dos julgamentos, enquanto puder, darei. Darei roupas que não uso mais, o fogão que herdei da minha mãe, os livros que já li, a comida que sobra, o amor que constrange. Tudo pode ser doado.

Por que doar? Porque assim demonstramos nossa fé, conforme o texto de hoje. Quem crê em Deus preocupa-se com as pessoas que ele ama e reparte com elas o que recebeu do Pai. Escolha dar e mostre aos outros a sua fé! – AP

"Quanto lhe for possível, não deixe de fazer o bem a quem dele precisa" (Pv 3.27).

Íntegro

LEITURA BÍBLICA:
Salmo 15.1-5

Reparou em meu servo Jó? Não há ninguém na terra como ele, irrepreensível, íntegro, homem que teme a Deus e evita o mal (Jó 1.8).

Estava no supermercado e já havia feito as compras, mas como estava sozinha e com tempo disponível, resolvi passar no setor de bazar para ver as novidades. Encontrei uma linda caneca de chá, com coador e tampa, completa. Como diz meu marido, não consigo ver só com os olhos, preciso "ver com as mãos": peguei, observei e quando ia colocar de volta na prateleira a tampa caiu no chão e quebrou em vários pedaços. Olhei para todos os lados e, por incrível que pareça, estava sozinha no corredor e aparentemente ninguém havia me visto. Coloquei os pedaços de volta na caixa e saí dali depressa como se nada tivesse acontecido. Mas meu coração batia rapidamente e o Espírito Santo logo falou comigo. Mesmo que ninguém tenha visto o que aconteceu, Deus viu e eu não estava agindo corretamente. Voltei, peguei a caneca com todos os caquinhos dentro e passei no caixa. Hoje ela está no meu armário da cozinha e minha consciência está tranquila.

Você pode pensar que isso é uma coisa tão pequena, mas a Bíblia diz: "Quem é fiel no pouco, também é fiel no muito, e quem é desonesto no pouco, também é desonesto no muito" (Lc 16.10). Nossa razão é rápida para levantar argumentos que justifiquem nossos atos – "ninguém viu", "todo mundo faz assim" – mas a Palavra de Deus é clara e deve ser nossa única fonte de fé e prática. O salmo que lemos hoje descreve uma pessoa íntegra: pratica o que é justo, fala a verdade, não difama, não calunia, mantém sua palavra mesmo quando sai prejudicada, não empresta dinheiro visando lucro nem aceita suborno.

Uma pessoa íntegra é aquela que não tem nada a esconder ou temer. Sua vida é transparente – não porque nunca errou, mas por sempre reconhecer seus erros e, quando possível, corrigi-los.

Seja íntegro nas pequenas e grandes coisas e, como conclui o salmo, você não será abalado. – CTK

Sem integridade a vide se desintegra, se desmancha.

11 de abril

Fim glorioso

LEITURA BÍBLICA:
Apocalipse 4.1-11

Está escrito: "Por mim mesmo jurei, diz o Senhor, diante de mim todo joelho se dobrará e toda língua confessará que sou Deus" (Rm 14.11).

Quando estão lendo um livro, algumas pessoas não resistem à tentação de dar uma olhadinha no último capítulo para saber como será o final da história; então, mais tranquilas, continuam sua leitura para saber como tudo aconteceu até chegar àquele final. Já imaginou se pudéssemos dar uma espiadinha no final da história da humanidade?

Isso pode ser feito lendo a Bíblia, que conta a história do mundo desde sua criação (Gênesis) até a consumação (Apocalipse). Os capítulos 4 e 5 do último livro da Bíblia começam a contar como será o final da história. Neles, João descreve a visão que teve da magnífica glória de Deus, adorado como rei do céu e da terra, rodeado de anjos, exaltado com cânticos e recebendo toda a adoração por seus feitos. Olhar com confiança para estas páginas da Bíblia nos faz continuar vivendo cada capítulo de nossa vida de forma melhor, pois tudo o que acontece vai nos levar até esse final feliz. Quando sofremos, podemos lembrar que Jesus foi rejeitado pelos homens e sofreu muitas dores, mas a tudo isso venceu e nos ajuda a também vencermos. Quando somos perseguidos e humilhados não precisamos lançar mão de vingança ou das nossas forças para vencer, podemos ter segurança que Deus está conosco e nos dará a vitória. Na hora da tentação, o conhecimento de quem Deus é nos ajuda a vigiar mais e a pedir que o Senhor nos fortaleça para enfrentar os desafios.

Olhar para a consumação da história e ver anjos e homens glorificando ao Deus vitorioso nos leva a dizer como eles: "Tu, Senhor e Deus nosso, és digno de receber a glória, a honra e o poder" (Ap 4.11a). Então, glorifique a Deus hoje confessando que Jesus é o Filho de Deus e Senhor de sua vida. Se você escolher viver com Deus agora, também viverá com ele no céu quando a história acabar. – HSG

O final da história é a motivação para viver com Cristo hoje.

12 de abril

Esperança

LEITURA BÍBLICA:
Lamentações 3.19-26

Cristo Jesus, a nossa esperança (1Tm 1.1b).

Quando ocorre uma crise financeira, muitos perdem a esperança. Como vivemos em um mundo globalizado, se um país está com problemas, muitos outros são afetados. Foi o que aconteceu em 2008: uma crise mundial, a pior desde a grande recessão de 1929. Ela resultou em governos preocupados com suas economias em declínio; falência de bancos e outras empresas; demissões em massa; aumento da pobreza. Numa situação assim, muitos já nem sabem o que é esperança – aliás, ela nem existe para aqueles que confiaram somente em suas finanças – como uma senhora que disse, com lágrimas nos olhos: "Todo meu futuro morreu com a perda de minhas economias".

A esperança verdadeira está baseada nas Sagradas Escrituras, que não são mera filosofia humana. Em meio a uma grande crise mundial, o cristão é convocado a estar preparado para explicar a razão de sua esperança (1Pe 3.15). Ele sabe que terá um futuro brilhante, sejam quais forem as circunstâncias, pois está ligado à história da salvação, exposta na Bíblia e resumida em João 3.16. O fim desta história será quando Cristo voltar para que estejamos com ele para sempre. Essa é a esperança real e concreta que cada cristão deve ter em seu viver diário. Estamos neste mundo e fazemos parte de sua história, mas não pertencemos somente a ela. Olhamos para o futuro, onde a nossa esperança está firmada. Certamente Jesus virá um dia, não importa quando. Enquanto estamos aqui, somos chamados a viver com Cristo, confiar nele e aplicar os seus ensinos. A entrega de vida a Deus é o início de uma caminhada abençoada com Jesus em termos de obediência, submissão e dedicação total. Nossa esperança é real e concreta, por isso o pessimismo não nos abate. Estamos com Jesus aqui e agora, e estaremos para sempre com ele. – JG

Nossa esperança está em Cristo!

13 de abril

Intimidade com Deus

LEITURA BÍBLICA:
Êxodo 33.7-11

O Senhor falava com Moisés face a face como quem fala com seu amigo (Êx 33.11).

No texto bíblico de hoje observamos a íntima comunhão que Moisés tinha com Deus. Outras pessoas também desenvolveram uma grande amizade com Deus, como George Muller, conhecido como "o apóstolo da fé" e por sua intimidade com o Senhor. Depois de sua conversão, ele teve grandes experiências que aprofundaram seu relacionamento com Deus. Muller entregou seu coração a Deus de forma absoluta, abandonando o amor ao dinheiro, aos prazeres, à posição social e a qualquer coisa que não agradasse a Deus. Encontrou no Senhor seu tudo e permaneceu dedicado a ele por toda a vida, ocupando-se somente com as coisas relacionadas a Deus. Declarou que era um homem feliz, que amava a Palavra de Deus e buscava não fazer aquilo que soubesse ser contrário à vontade de Deus.

Em sua vida, Muller teve várias experiências com Deus, que frequentemente respondia positivamente às suas orações. Em simples e fervorosa fé, sem comunicar seus desejos e necessidades às pessoas, ele orou pela construção de um orfanato, que se tornou realidade e foi mantido pelas respostas de Deus às suas orações. Em suas escolas cristãs, milhares de pessoas foram instruídas; pregou o evangelho de nosso Senhor Jesus Cristo a mais de três milhões de pessoas em vários países; distribuiu Bíblias, Novos Testamentos e folhetos em muitas nações – fez tudo isso sem pedir recursos às pessoas, somente a Deus.

O segredo das realizações e da vida de George Muller era a sua intimidade com Deus, desenvolvida com fé e oração. Assim como Moisés, esse homem também falava "face a face" com Deus e teve muitas orações atendidas. E quanto a você? Qual o grau de intimidade que você tem tido com o seu Deus? – MM

Quem tem intimidade com Deus tem vida completa.

14 de abril

Amor

LEITURA BÍBLICA:
1 João 4.7-12

Foi assim que Deus manifestou o seu amor...: enviou o seu Filho Unigênito... (1Jo 4.9).

O amor é bom e importante; quem discordaria? O problema é com a palavra "amor", que tem recebido ênfase em nossa cultura como sentimento afetivo. Aliás, o próprio dicionário define amor com essa ênfase. Nada contra o romance ou o afeto, mas quando se quer entender o amor segundo as Escrituras, é necessário compreender bem em que sentido a palavra foi usada.

Gosto de dizer que amor segundo a Bíblia não é sentimento, mas ação; amor que se restringe ao afeto não é amor. Meu exemplo preferido para este assunto é o amor da mãe que, em uma fria noite de inverno, não fica encolhida sob os cobertores sentindo o quanto ama seu filho, mas levanta-se e vai amamentá-lo.

Quando o Senhor nos ordenou amar uns aos outros, não tinha em mente dizer "gostem uns dos outros", mas ia muito além; tanto que ele próprio não ficou confortável em sua glória sentindo afeto por nós, mas seu amor o fez mover-se em nossa direção a ponto de dar-se.

"Amemos uns aos outros, pois o amor procede de Deus", diz o verso 7. Sim, o amor verdadeiro tem sua origem no Criador do Universo. Aliás, aprendemos nas Escrituras que amor é fruto do Espírito – produzido pelo próprio Deus em quem a ele se submete. Sem o seu poder, tudo que poderei produzir é essa coisinha sentimentalóide que não resiste à primeira prova.

O amor de Deus depende de quem ele é e não do objeto do amor. Assim, não sou amado porque mereço, mas simplesmente porque ele é Deus, e Deus é assim.

Gostar eu gosto de quem me agrada ou "merece"; mas quando me submeto ao Criador e me rendo à ação do Espírito Santo, posso ser capacitado a amar com o seu amor, ativamente, e não apenas com meus sentimentos e palavras, mas colocando em ação o cuidado que vem do Eterno. – MHJ

**Deus derrama seu amor com abundância em nós
para que ele transborde para o próximo.**

15 de abril

Bens?

LEITURA BÍBLICA:
Lucas 17.20-37

Quem tentar conservar a sua vida a perderá, e quem perder a sua vida a preservará (Lc 17.33).

Há uma música que diz: "Eu acordo pra trabalhar, eu durmo pra trabalhar, eu corro pra trabalhar..." Em geral, a vida de quem trabalha ou estuda gira em torno disso, para que se tenha conforto e bens sejam adquiridos, mas há os que nunca estão contentes com o que têm e trabalham ainda mais para poder comprar seus "sonhos de consumo". No texto de hoje, Jesus descreve o que acontecerá quando ele voltar para o julgamento final, e neste dia não deveremos pensar no que ficará para trás – ou seja, nossa vida terrena. Então, para que acumular tantos bens se nada disso importará quando Jesus voltar ou quando deixarmos esta vida? De que vai adiantar tanto sacrifício e renúncia – do tempo com a família, por exemplo – se não tivermos um relacionamento com Deus? Nada poderá nos ajudar, a não ser nossa resposta positiva a Cristo e à salvação conquistada por ele na cruz.

Examine sua vida para ver onde está seu coração – se em Deus ou no acúmulo de bens para seu próprio conforto. Quem teme a Deus trabalha e busca seu aprimoramento, mas a diferença está em suas prioridades – há tempo para a família e para um relacionamento íntimo com o Pai, por meio de oração, estudo da Palavra e convívio com os irmãos.

O texto diz que quando Jesus voltar as pessoas estarão vivendo normalmente, como antes do dilúvio que destruiu tudo. Se sua vida precisa ser transformada e suas prioridades reorganizadas não deixe para depois, pois não há como saber exatamente quando Jesus voltará. Sua aparente demora é a oportunidade dada por Deus para que nos voltemos a ele e pratiquemos o que diz sua Palavra antes da consumação da História.

Nosso relacionamento com Deus e nossa resposta ao sacrifício de Jesus vão determinar o que acontecerá conosco quando Cristo voltar. Entregue sua vida a Cristo, priorize seu relacionamento com Deus, contente-se com o que tem e não acumule bens supérfluos. – VWR

Ponha Deus no início e ele cuidará do fim.

16 de abril

Doenças

LEITURA BÍBLICA:
Atos 3.1-16

[As palavras da sabedoria] são vida para quem as encontra e saúde para todo o seu ser (Pv 4.22).

Ninguém está isento de pegar qualquer doença, física ou emocional. Nem os profissionais de saúde, que sabem como preveni-las, estão imunes. Aliás, Jesus nunca disse que não ficaríamos doentes ou não teríamos problemas – pelo contrário, avisou que teríamos aflições neste mundo (Jo 16.33). Também não prometeu curar a todos – isso vai depender do propósito que Deus tem com a enfermidade.

É certo que ninguém gosta de ficar doente, mas há algumas doenças que são provocadas por nós mesmos – vícios como beber e fumar, ou então a falta de prevenção ou da busca de tratamento médico, por teimosia ou medo. Precisamos cuidar de nossa saúde e também estar preparados para quando a doença chegar, vivendo com alegria, tendo bons relacionamentos, agindo com otimismo e confiando em Deus sempre. Quando ficamos doentes, temos de ser obedientes e seguir todas as orientações médicas, orando para que Deus oriente e dê sabedoria aos profissionais que cuidam de nós.

Uma doença pode nos obrigar a deixar a vida agitada, parar um pouco e refletir sobre a nossa vida – e também nos aproximar de Deus e das pessoas que amamos. Digamos que ela tem um lado bom: descobrimos quem são nossos verdadeiros amigos, aprendemos a ser mais humildes e pacientes com as pessoas que sofrem e a doença até pode ser motivo para que nossa família fique mais unida.

No texto de hoje vimos que um aleijado foi curado por Pedro e João, certo? Não, e Pedro fez questão de deixar claro que a cura tinha sido efetuada por Jesus Cristo – pelo poder de seu nome. Não devemos cobrar de Deus a cura – não duvide que ele *possa* fazer isso, a questão é se ele *quer* nos curar. Se nossa vida está nas mãos de Deus, ele tem todo o direito de decidir o que irá fazer dela. Porém, se você for curado, não esqueça de fazer como Pedro e dar toda a glória a Cristo. – ETS

**Na saúde ou na doença,
nosso conforto está em Deus.**

17 de abril

Decisões!

LEITURA BÍBLICA:
Daniel 1.1-9

Daniel... decidiu não se tornar impuro com a comida e com o vinho do rei (Dn 1.8a).

Todos os dias tomamos decisões, umas menos importantes, outras mais e algumas importantíssimas – desde tomar um refrigerante ou um café, passando por pintar a casa ou viajar nas férias, até aquelas cruciais como permanecer ou não no emprego, mudar-se para outra cidade ou não, continuar solteiro ou casar-se, e por aí vai. Daniel, de quem lemos hoje, decidiu arriscar um conflito com o rei da Babilônia por causa de uma dessas questões importantíssimas; aliás, a mais importante de todas: preservar sua comunhão com Deus.

Na Bíblia encontramos ainda outros exemplos de pessoas que tomaram decisões em torno disso, às vezes afetando não só suas vidas, como até o curso da história da humanidade. Abraão decidiu obedecer a Deus (Gn 12.4) e tonou-se o "pai da fé" e fundador de uma nação. Rute decidiu seguir a sua sogra Noemi (Rt 1.16) e integrar-se no povo de Deus, vindo a ser uma das ancestrais do Senhor Jesus Cristo. O cobrador de impostos Zaqueu, ao encontrar-se com o Senhor Jesus Cristo, mudou de vida, trocou a ganância pela generosidade e restituiu amplamente o que havia obtido desonestamente (Lc 19.8). O carcereiro na cidade de Filipos quis saber o que fazer para ser salvo (At 16.30), ou seja, recuperar a comunhão com Deus tão valiosa para Daniel e os outros que citamos. Naquela mesma noite aceitou com sua família a oferta da reconciliação com Deus por meio de Jesus Cristo, experimentando grande alegria.

Diante de tudo isso, dentre todas as suas outras decisões, será que você já tomou esta última, de receber Jesus Cristo na sua vida como seu Salvador e Senhor? A quem fizer isso, o Senhor Jesus Cristo diz: "Quem ouve a minha palavra e crê naquele que me enviou, tem a vida eterna e não será condenado, mas já passou da morte da vida" (Jo 5.24). Depois, pode enriquecer sua nova vida com decisões como as de Daniel, Abraão, Rute e Zaqueu. – MM

De todas as decisões, nenhuma é mais importante que ganhar a vida eterna e cultivá-la.

Fruto

LEITURA BÍBLICA:
Gálatas 5.16-26

Se vivemos pelo Espírito, andemos também pelo Espírito (Gl 5.25).

O homem vivia originalmente em condições que hoje parecem até irreais: desconhecia qualquer outra forma de viver senão em relacionamento total com o seu Criador e não tinha noção do que era ser qualquer outra coisa senão aquilo para o que fora criado: um ser segundo a imagem de Deus. Parece ter-se sentido tolhido em suas possibilidades e, "esperto", escolheu dar-lhe as costas. Pensou continuar vivendo (continuava respirando), mas na verdade estava morto, sofrendo uma deterioração da imagem divina original. Os versos 19 a 21 do texto de hoje trazem uma lista que aparece praticamente com as mesmas palavras nos jornais diários – Paulo a chama de obras da carne, o que o homem longe de Deus é. Varia o grau, disfarça-se um pouco, mas a essência é a mesma.

Quando se fala de salvação, é comum restringir o pensamento ao que acontecerá com a alma após a morte. Mas ela começa aqui e agora, resgatando o homem de si mesmo. Quando, pela fé, a vida de alguém é unida à de Jesus, aquele que estava morto em seu isolamento da fonte de vida é vivificado pelo Espírito de Deus. Isto é descrito nas Escrituras como tornar-se morada do Espírito Santo. Inicia-se então um processo maravilhoso de restauração da imagem divina – um caminhar progressivo que leva o salvo a manifestar cada vez mais o caráter de Jesus de Nazaré, em quem se manifestou toda a beleza divina. A lista: amor, alegria, paz, paciência, amabilidade, bondade, fidelidade, mansidão e domínio próprio, chamada de fruto do Espírito, no fundo é apenas um conjunto de palavras que tentam descrever em linguagem humana um pouquinho do caráter do Deus Eterno.

Quem já se rendeu a Jesus Cristo tem o desafio de submeter-se continuamente ao Espírito Santo, para ser gradualmente transformado, tendo como alvo revelar plenamente o caráter do Mestre. – MHJ

O primeiro beneficiado pelo fruto do Espírito é aquele que o manifesta.

19 de abril

Vida digna

LEITURA BÍBLICA:
Filipenses 1.27-30

Que vocês vivam de maneira digna de Deus (1Ts 2.12b).

Há várias coisas cuja solução não está ao nosso alcance, como a poluição, os congestionamentos no trânsito, a violência, o medo. Não podemos resolver todos os problemas, mas alguns sim. Por exemplo, um relacionamento amoroso oculto, desleal ou com sexo sem casamento. A "nova moralidade" estimula mais liberdade nos relacionamentos, mas neles não se pode desfrutar do apoio mútuo, do descanso, da solidariedade, do companheirismo e nem uma intimidade melhor, mais alegre e segura. O lado danoso da nova moralidade, que pouco se comenta, é que ela apresenta efeitos colaterais, como a perda da afetividade e do valor do próprio corpo e o egoísmo, pois só o prazer pessoal interessa. Os danos irreparáveis virão com o tempo, a idade e a limitação física. Se você já conhece o evangelho de Jesus Cristo e quer viver em obediência a ele, mas está envolvido em um relacionamento desse tipo, por favor, não peça oração para solucionar o problema. É você, e não Deus, quem precisa assumir responsavelmente o relacionamento ou pôr um ponto final no caso. Outros exemplos de atitudes que desagradam a Deus e podemos resolver: o desrespeito às leis, o não pagamento de impostos, a falta de ética no trabalho ou nos relacionamentos interpessoais, a desonestidade, o hábito de mentir ou furtar. Segundo a Bíblia, devemos ser "um exemplo para os fiéis na palavra, no procedimento, no amor, na fé e na pureza" (1Tm 4.12). Em tudo podemos mostrar, com um comportamento e atitudes dignas do evangelho, que somos seguidores de Cristo. Se há algo em sua vida que desagrada a Deus e a torna indigna do evangelho, coloque um ponto final na situação! Vai doer, você vai precisar de ajuda, mas saiba que terá todo apoio da fidelidade divina que cerca, envolve e sustenta quem decidiu viver com qualidade e glorificar a Jesus. Comece uma nova vida com Deus, com você mesmo e com os outros. – MLN

Após um ponto final é possível iniciar um novo assunto, uma nova realidade e até uma nova vida.

20 de abril

Boas mãos

LEITURA BÍBLICA:
Jeremias 17.5-8

Bendito é o homem cuja confiança está no Senhor, cuja confiança nele está (Jr 17.7).

Um senhor estava parado num cruzamento em Berlim, esperando para atravessar a rua. O tráfego era intenso e não havia semáforos ou um guarda de trânsito para auxiliar. Ele e outros pedestres aguardavam o momento em que surgisse uma oportunidade de atravessar rapidamente. Ao lado daquele senhor estava uma menina pequena. Ele percebeu que ela observava cada um que estava parado ali. Quando finalmente surgiu a oportunidade de atravessar a rua e todos começaram a caminhar, ela estendeu sua mãozinha àquele senhor e disse: "Tio, por favor, me leva para o outro lado". Isso foi muito significativo para ele. Com quanta firmeza segurou aquela mãozinha! Depois disse: "Já me foram confiadas muitas tarefas de grande responsabilidade, porém raramente a confiança me alegrou tanto como a daquela menina na travessia da rua em Berlim".

Nas diversas encruzilhadas de nossa vida, há alguém que espera que coloquemos em suas boas mãos a nossa: o Senhor Jesus Cristo. Ele quer conduzir a nossa vida com segurança nas mais diversas decisões e travessias. Se com fé colocarmos a nossa mão na sua, não estaremos mais sozinhos. Diante de alguma decisão não precisamos recorrer ao horóscopo ou à superstição. Quando passamos por dificuldades e lutas, não precisamos buscar orientação em outras religiões ou nos livros de autoajuda. Podemos recorrer a Jesus, cujas mãos nos sustentam. Se os nossos caminhos se tornam confusos e complicados por causa da desobediência ao Senhor, ele está ali, perto de nós, esperando que lhe entreguemos tudo. Ele nos perdoa, dá um novo começo e encontra caminhos onde tudo parece ter chegado ao fim. Quem confia no Senhor sabe que quando chegar a hora da travessia desta vida para a eternidade estará seguro nas boas mãos de Jesus. – LSCH

Se as boas mãos de Cristo guiarem sua vida, o caminho será seguro.

21 de abril

Existe depois?

LEITURA BÍBLICA:
Lucas 13.22-30

Aqueles cujos nomes não foram encontrados no livro da vida, foram lançados no lago de fogo (Ap 20.15).

Certo dia eu estava andando por uma estrada do interior. Meu filho de pouco mais de quatro anos de idade estava comigo. Como toda criança, ele também fazia perguntas intrigantes, tais como: "Papai, por que as vacas comem grama? Por que as árvores são verdes? Por que o céu é azul?" E, na sequência, a pergunta decisiva: "Papai, o que vem depois do inferno?"

Confesso que fiquei muito surpreso com essa pergunta. Nunca eu havia pensado sobre isso. Nunca precisei responder a essa questão, nem como pastor, nem como professor de teologia. Mas sempre existe a primeira vez. No texto de hoje, Jesus foi questionado se os salvos seriam poucos. A resposta dele foi: "Esforcem-se para entrar pela porta estreita, porque eu lhes digo que muitos tentarão entrar, mas não conseguirão". Quando fala em esforço, ele quer mostrar a seriedade da entrada no Reino de Deus, e que as pessoas devem investir todas as suas forças para garantir a entrada. Outro fato na resposta de Jesus é que ele não se importa tanto com os atrasados, mas com os que ele não reconhece. Estes até tem desculpas: "Comemos e bebemos contigo, e ensinaste em nossas ruas.". O dono da casa, porém, não aceita as desculpas, não reconhece vantagens, ainda que sejam religiosas e morais, mas considera-os como desconhecidos. Portanto, bons pensamentos e boas atitudes ainda não são suficientes para ser conhecido de Deus. Por serem desconhecidos, ficarão do lado de fora. Pelo que Jesus disse, ali não será muito bom. Haveria choro e ranger de dentes, ou seja, desespero eterno, longe de Deus. Este é o destino final daqueles que não se tornaram conhecidos de Deus. Não existe mais nada depois do inferno, a não ser permanecer nele. – VS

**Venha buscar de graça com Jesus
sua credencial para entrar no Reino de Deus.**

22 de abril

Provas

LEITURA BÍBLICA:
Números 13.25-33

*Felizes os que não
viram e creram
(Jo 20.29b).*

Você talvez se lembre de alguém bem preocupado com a saúde de seu filhinho dizendo: "Se meu filho for curado, acreditarei em Jesus!" A condição colocada por muita gente é ver para crer: ter algo visível como prova do poder de Deus. O Senhor pode curar, mas o caminho certo é crer nele, mesmo se faltar uma prova visível. Resta perguntar: as provas evidentes bastariam para produzir a fé em Deus?

Você leu sobre o retorno dos doze espias incumbidos de fazer um levantamento da terra de Canaã e seus habitantes. Eles apresentaram uma amostra dos frutos da terra como prova da sua fertilidade para produzir abundantemente para Israel se o povo avançasse para conquistá-la. Porém, havia um "mas" – os habitantes da terra e seus "gigantes" aparentemente invencíveis – e o resultado foi o voto de dez contra dois. As provas visíveis murcharam diante da falta de fé no Senhor entre a maioria dos espias. Convenceram o povo de que este seria incapaz de vencer o desafio, e tudo acabou em choro desesperado. Diante de um possível motim, Deus falou por meio de Moisés, sentenciando aquela geração a vagar por quarenta anos no deserto até que todos morressem.

Mas não havia provas do poder de Deus? Bastava pensar na sua maravilhosa libertação da escravidão mediante a travessia do Mar Vermelho (Ex 14), lembrar a glória de Deus no Monte Sinai (Ex 19) e considerar a derrota dos amalequitas pelo exército de Josué enquanto Moisés estava com as mãos levantadas (Ex 17). Esqueceram a promessa de que aquela terra seria dada aos descendentes de Abraão (Gn 15.18). Aderiram aos derrotistas e pagaram caro – todos, exceto Josué e Calebe.

A fé não é gerada pelo que se pode ver. Tomé exigiu ver as provas da ressurreição de Jesus e creu quando viu as mãos e o lado do Mestre perfurados. No entanto, foi repreendido por duvidar e precisar de provas visíveis (veja o versículo em destaque). Não coloquemos condições para crer! – TL

Quem crê não precisa de provas.

23 de abril

Adormeço

LEITURA BÍBLICA:
Salmo 4

Em paz me deito e logo adormeço, pois só tu, Senhor, me fazes viver em segurança (Sl 4.8).

É fato conhecido não ser possível ficar sem dormir por vários dias sem afetar a saúde. É durante o sono que o organismo se recupera do desgaste resultante das nossas atividades. Por isso nos sentimos tão mal humorados e fracos fisicamente depois de uma noite de insônia. Uma noite de sono é algo muito agradável. Como é bom deitar e logo pegar no sono. Acordar só no outro dia e nem ver a noite passar. A qualidade de nosso sono está relacionada em grande parte com o que fazemos quando estamos acordados. No versículo chave de nossa mensagem o salmista diz que conseguia adormecer logo porque se deitava em paz. Para dormir em paz é preciso já deitar-se em paz. Muitas ações e acontecimentos durante o dia geram angústia e fazem as pessoas perderem o sono de noite. O rei Dario, por exemplo, não conseguiu dormir depois de atirar Daniel na cova dos leões (Dn 6.18). Naquela noite nada comeu e nem aceitou músicas ou qualquer diversão.

Para dormir em paz é preciso andar em caminhos de paz, caminhos que agradam a Deus, e ter olhos abertos para a sabedoria, vivendo em santidade, ou seja, em comunhão com Deus. Fazendo assim, você "seguirá o seu caminho em segurança, e não tropeçará; quando se deitar, não terá medo, e o seu sono será tranquilo" (Pv 3.23-24).

Antes de dormir precisamos refletir sobre nossas ações e sobre o que aconteceu durante o dia. Devemos consultar o coração e sossegar, colocando tudo diante de Deus, pedindo perdão pelas nossas faltas e proteção contra os nossos inimigos.

Quando colocamos diante de Deus os nossos temores somos capazes de dormir mesmo sabendo que estamos em um acampamento de guerra com inimigos ao redor. Podemos assim descansar, pois sabemos que durante o sono o Senhor estará nos protegendo. – HSG

Viva em paz e durma em paz.

24 de abril

União

LEITURA BÍBLICA:
Eclesiastes 4.8-12

É melhor ter companhia do que estar sozinho (Ec 4.9a).

O s problemas vividos pelas famílias causam desânimo em muitas pessoas, que chegam a pensar que seria melhor viver sozinhas. Acreditam que isso traria liberdade, preservaria sua individualidade, sua casa estaria sempre arrumada e teriam mais dinheiro para gastar. Esta forma de pensar é um engano, pois melhor é serem dois do que um, ter um lar e poder compartilhar com outros, do que viver só, de forma egoísta. Nosso texto bíblico conta a história de um homem sem ninguém, que trabalhava muito e ganhava bastante dinheiro mas era infeliz, pois não tinha com quem dividir seu ganho e sua vida. Faltava-lhe uma família! Não podemos esquecer que a nossa família é um grande presente de Deus e nossa alegria neste mundo. Compartilhando nossa vida com outras pessoas, descobrimos que a felicidade não vem do egoísmo, da realização pessoal, do consumismo e nem da fuga da realidade por meio do uso de drogas e da frequência a festas. Ela vem do temor a Deus e do companheirismo com outras pessoas, encontrado na família. Podemos então dizer que a família representa:

1. Proteção. Se um cair, o outro pode ajudá-lo a se levantar. Nas conversas em família surgem bons conselhos e o auxílio mútuo está presente.

2. Companhia. Quando dois dormem juntos, se mantêm mais aquecidos. Unidos, os familiares podem dividir as alegrias e tristezas, além de ter a presença e o carinho de quem amam.

3. Força. A família é nossa fortaleza. Nela, encontramos força contra a impureza e as incertezas. Dois são mais fortes do que um quando as lutas vierem, os filhos adoecerem ou o desemprego bater à porta.

Por fim, o texto fala de um cordão de três dobras que não arrebenta facilmente, com o qual gostaria de comparar a família. As três dobras podem representar o casal, os filhos e Deus. Sendo Deus o fio principal, a família está segura, pois um lar em que o Senhor ocupa o lugar central não será destruído. – HSG

A união traz vantagens – também nas dificuldades da vida.

25 de abril

Cobiça

LEITURA BÍBLICA:
1 Reis 21.1-19

A palavra do SENHOR
veio ao tesbita Elias:
"Vá encontrar-se
com Acabe, o rei de
Israel, que reina em
Samaria..."
(1 Rs 21.17-18).

É muito difícil ler a narrativa deste texto sem ficar revoltado. Nabote ousou recusar-se a vender sua propriedade ao rei Acabe, aparentemente não por um capricho, mas por questão de princípios. Já o rei agiu como um meninozinho mimado, e por meio de sua maldosa esposa acusou injustamente e assassinou o homem para apropriar-se de seus bens. Esta é uma expressão muito clara daquilo que a Bíblia chama de cobiça – desejar algo que pertence a outro a ponto de querer tomá-lo à força (neste caso consumando a vontade). Acabe tinha o palácio, riquezas, autoridade, mas, como a todo cobiçoso, aquilo não lhe bastava.

Não tenho prazer na desgraça de ninguém, mas me agrada ver neste texto a ação divina imediata, mandando o profeta Elias dizer a Acabe a sentença por sua maldade.

A cada dia me enojo vendo (ou lendo sobre) poderosos que abusam dos indefesos – e se isto acontece no caso do governante mau, inclui também o empregador injusto, os que espancam crianças ou abusam delas e os que abandonam ou destratam idosos, para citar alguns. Mas Deus tudo sabe.

Agora, tendo falado dos injustos, uma análise honesta de minha própria consciência me mostrará que eu mesmo não sou assim tão inocente. Posso não ser um Acabe, mas sei que também sou réu de juízo, pois minha pretensa justiça é apenas isto: pretensão. É só pela misericórdia de Deus que um Elias não vem a mim dizer das consequências de minhas ações e omissões. Esta é a mensagem das Escrituras: que de muitas formas tenho ofendido meu Criador e a sentença que paira sobre mim é terrível; mas também que essa mesma sentença já foi executada sobre Jesus Cristo, e que por meio dele tenho perdão e reconciliação com o Eterno Deus. – MHJ

Sejam quais forem as minhas transgressões,
o sangue de Jesus é suficiente para me perdoar.

26 de abril

Justiça

LEITURA BÍBLICA:
Obadias 1-21

O dia do Senhor está próximo para todas as nações. Como você fez, assim lhe será feito. A maldade que você praticou recairá sobre você (Ob 15).

Muitos fatos, como injustiças e brigas, nos entristecem. Quantas vezes sofremos maldades até de pessoas chegadas, e perguntamos: onde está a justiça de Deus? Obadias leva a pensar no agir de Deus diante de injustiças e maldades cometidas por mal-intencionados. O povo de Edom, descendente de Esaú; vizinho de Judá, agiu maldosamente contra seu irmão Judá quando este sofreu a invasão dos babilônios. Nesse episódio, ao invés de ajudarem Judá, uniram-se com os inimigos. Imagino que naquele momento Judá sofreu, perguntando-se por que o Senhor permitia que seus irmãos agissem de tal forma. Esse fato repete-se na vida de muitos. Obadias, porém, mostra que Deus manifesta justiça ainda que nossos inimigos pareçam seguros nos seus "ninhos". Olhando a história, percebe-se que o Senhor manifesta sua justiça no seu tempo e não no nosso. Edom achava-se seguro nas suas próprias forças, morava em uma região cercada por montes e pensava que estes o protegeriam e que ali ninguém atacaria. No seu orgulho "elevou-se tão alto como as águias" e esqueceu-se do Senhor: que ele não esquece os seus e que não há montes que ele não possa derrubar para beneficiá-los. O povo de Edom foi derrotado quando a justiça do Senhor se manifestou; sua maldade caiu "sobre eles", conforme diz o versículo em destaque. A justiça de Deus veio com grandeza, como alívio para Judá, mas não para Edom. Estejamos cientes que Deus faz justiça, mas atentos para qual tipo de justiça nos será feita: em nossa defesa ou como julgamento? Que nossos atos possam ser em prol do bem do nosso irmão e em conformidade com os planos do Senhor. – MZK

Sim, Deus é fiel e faz justiça em seu tempo e a seu modo!

27 de abril

Perdoe sempre!

LEITURA BÍBLICA:
Ezequiel 18.21-23

Se [vocês] perdoarem as ofensas uns dos outros, o Pai Celestial também lhes perdoará. Mas se não perdoarem uns aos outros, o Pai Celestial não lhes perdoará as ofensas (Mt 6.14-15).

O texto de hoje mostra que Deus perdoa e muda a história de quem deixa seus pecados e passa a praticar os princípios bíblicos – da morte eterna, passa a ter vida eterna com Deus. O versículo em destaque lembra, contudo, que receberemos o perdão de Deus se perdoamos os outros. Perdoar, então, é um ato de amor e obediência a Deus, por isso deve ser praticado sempre, com qualquer pessoa e em qualquer situação. Quando não perdoamos, o outro fica ainda mais magoado e nós podemos até mesmo desenvolver doenças por guardar rancor, além de viver mal-humorados e sozinhos. Evitar a pessoa também não resolve o problema. Por que não perdoar logo e recomeçar o relacionamento, assim como Deus faz conosco? Agora, se é o outro que precisa lhe pedir perdão, mas se trata de uma pessoa fria e mau caráter, inverta os papéis e perdoe antes de qualquer pedido. Não é fácil agir assim quando fomos ofendidos, mas os cristãos precisam ser luz no mundo e dar exemplo – fazendo isso, quem nos ofendeu ficará envergonhado (leia Rm 12.20). Já imaginou uma pessoa só lhe fazendo o mal e você retribuindo com amor? Isso pode causar um impacto na vida dela – e na sua também.

Para perdoar quem nos fez mal ou até mesmo quem não nos perdoa, precisamos derrubar o "muro do orgulho" que existe dentro de nós. Isso só vai acontecer com a ajuda do Senhor, que nos dá força nas situações mais difíceis. Quando você perdoa ou pede perdão, obedece a Deus. Se o outro não aceita ou concede o perdão, o problema é entre ele e Deus – você já fez sua parte. Então, perdoe sempre, e perdoe logo – não permita que mágoas e maus sentimentos prejudiquem seu relacionamento com Deus e com os outros. – ETS

"Perdoar é libertar um prisioneiro – e descobrir que o prisioneiro era você!" (citação anônima)

28 de abril

Colheitas

LEITURA BÍBLICA:
2 Samuel 22.1-4;18-25

O que o homem semear, isso também colherá (Gl 6.7b).

Nossa vida e a de Davi são muito parecidas. Ao observar o cântico que lemos hoje, pode-se ter a impressão de que Davi só teve gloriosas vitórias, resultados de sua fidelidade constante a Deus. No entanto, as "colheitas", o resultado de suas ações, nem sempre foram assim, como outros relatos indicam. Seu adultério com Bate-Seba (2Sm 11) desencadeou uma série de problemas: o assassinato do marido dela; a morte do bebê que os amantes tiveram; um dos filhos de Davi estuprou sua meia-irmã e depois foi morto pelo irmão dela; seu filho Absalão conspirou contra o seu pai e até tomou o trono dele, para depois morrer tragicamente. Davi, porém, arrependeu-se de seus erros e o Senhor foi misericordioso com ele, permitindo que reinasse até sua morte. Mas as consequências daquilo que ele semeou em sua vida não deixaram de acontecer porque Davi foi perdoado.

O cântico de Davi é prova da graça e misericórdia do Senhor, que perdoou e restaurou seu servo, dando-lhe a honra de fazer parte da genealogia de Cristo. O rei Davi é um dos principais antepassados de Jesus – o Messias aguardado por Israel para sua salvação e também para reinar no trono de Davi, tanto que foi chamado "Filho de Davi".

As grandes vitórias de Davi não cancelaram os resultados do seu desleixo. O apóstolo Paulo deixou claro que ninguém deve esperar colher algo diferente do que foi plantado (veja o versículo em destaque). Não há como evitar os efeitos maléficos de nossas más atitudes, mas ao mesmo tempo podemos louvar a Deus pelas vitórias e também por sua infinita disposição em perdoar. Lembre-se que, assim como Deus escolheu um pecador dependente da graça divina para reinar sobre seu povo e ser antepassado de Cristo, hoje escolhe pecadores restaurados para glorificá-lo e transmitir a mensagem da salvação em Jesus – nós! O que você está semeando? – TL

Que tipo de colheita você espera com o que está semeando hoje?

29 de abril

Vingança

LEITURA BÍBLICA:
Levítico 19.15-18

Amados, nunca procurem vingar-se, mas deixem com Deus a ira, pois está escrito: "Minha é a vingança; eu retribuirei", diz o Senhor (Rm 12.19).

Vingar-se é castigar alguém por uma ofensa recebida, uma tendência humana que já criou muitos problemas e até mesmo resultou em crimes. Na caminhada de nossa existência encontramos pessoas que, por qualquer motivo, tornam-se nossos inimigos – como se diz na linguagem popular, "não vão com a nossa cara" e por essa razão nos ofendem com palavras e atitudes, causando-nos tristeza e amargura.

O que fazer numa situação dessas? Alimentar pensamentos de vingança é a resposta consequente do mal que nos fizeram. A Bíblia, porém, tem a orientação adequada e única que deve ser seguida nestes casos. No texto de hoje, lemos que não devemos procurar vingança, pois ela pertence ao Senhor (Dt 32.35). Paulo repetiu aos cristãos de Roma esse ensino encontrado no Antigo Testamento (veja o versículo em destaque) e, em outra ocasião, escreveu que não devemos pagar com mal o mal que recebemos, mas ser sempre bondosos com todos (1Ts 5.15). No Sermão do Monte, Jesus ensinou que devemos *amar* os nossos inimigos (Mt 5.44). Humanamente é uma impossibilidade, mas se torna possível quando nos relacionamos dia a dia com o Senhor Jesus.

Uma senhora estava muito amargurada pelo que havia acontecido entre ela e sua sobrinha. "Ela não perde por esperar – vai saber quem eu sou", disse expressando profundo desejo de vingança. Antes de orar com aquela irmã, aconselhei que ela comprasse um presentinho e a mais linda rosa que encontrasse no mercado e levasse àquela que lhe havia feito tão mal. Afinal de contas, é esse o ensino que encontramos na Bíblia. Passaram-se alguns meses e nos encontramos novamente. Muito feliz, ela contou que seguiu meu conselho e o gesto fez com que as duas se abraçassem e perdoassem uma à outra. Quando o bem prevalece, há reconciliação e as ofensas são deixadas de lado. – JG

Em vez de vingança, busque fazer o bem.

Um exemplo

LEITURA BÍBLICA:
Jeremias 35.1-19

Dá-me entendimento, para que eu guarde a tua lei e a ela obedeça de todo o coração (Sl 119.34).

A união de obediência e fidelidade é próspera e abençoada. O exemplo dos recabitas, grupo sobre o qual lemos hoje, merece consideração e é digno de ser seguido. Havia uma ordem a ser cumprida.

Os profetas enviados por Deus haviam anunciado ao povo de Israel que cada um deveria converter-se de sua má conduta, corrigir suas ações e deixar de seguir outros deuses (v 15). Mas o povo não obedeceu às palavras dos mensageiros do Senhor. Havia, porém, um grupo que obedecia às leis: os recabitas, uma comunidade religiosa que tinha um modo simples de viver e evitava o luxo e a perversidade. Deus honrou essa decisão. A obediência e fidelidade daquele grupo redundou em bênção: Deus prometeu que nunca faltaria a Jonadabe um descendente que servisse a Deus (v 19).

Precisamos aprender a ser fiéis e obedientes como os recabitas. Em cada momento de nossa vida temos oportunidades diante de nós para obedecer a Deus e proclamar seu nome; ou podemos usá-las para a desobediência e infidelidade, que atraem o mal e geram muito sofrimento desnecessário.

As instruções para o dia-a-dia já foram dadas: sabemos o que podemos e devemos fazer. Leis existem para que sejam cumpridas; elas nos ajudam a manter a ordem na sociedade. O que aconteceria se não tivéssemos leis a cumprir e cada indivíduo resolvesse fazer o que bem entendesse? Certamente o mundo estaria muito pior do que está.

É necessário que cada um cumpra sua parte e obedeça às leis. Para os cristãos, tanto as leis humanas como as divinas são grandes oportunidades de mostrar que obedecemos a Deus, somos fiéis a ele e o adoramos constantemente. Além disso, seremos mais felizes e abençoados, assim como foram os recabitas. – VS

Quer a bênção de Deus?
Obedeça a ele!

1º de maio

Formiga

LEITURA BÍBLICA:
Provérbios 6.6-11

Trabalhe, fazendo algo de útil com as mãos, para que tenha o que repartir com quem estiver em necessidade (Ef 4.28b).

Você já ouviu a fábula da cigarra e da formiga? Ela fala sobre uma formiga que trabalhou durante todo o verão, enquanto a cigarra cantava e, quando o inverno chegou, a cigarra foi pedir alimento à formiga. Lembrei disso ao ler o texto de hoje – uma interessante exortação ao preguiçoso para que observe e siga o exemplo daquele pequeno inseto.

A formiga trabalha na época da fartura, armazenando os alimentos para que sejam consumidos quando o frio chegar. Ela nos ensina uma lição prática de economia: não gastar tudo o que temos quando não há problemas financeiros, pois poderão vir tempos de dificuldades. Então, quem guardou terá mantimento nos "invernos" da vida.

Isso contradiz o que o mundo ensina: "Aproveite tudo hoje, não se estresse com o amanhã, pois ele pode nem chegar". Hoje, o conforto disponível nos leva mais à preguiça que ao trabalho árduo. Mas a Bíblia nos alerta de que precisamos, sim, pensar no futuro e não apenas "curtir" o presente sem nenhuma responsabilidade. É preciso buscar o sustento de forma lícita – e isso muitas vezes envolve trabalho duro, intenso e constante. Na Palavra de Deus não há incentivo à preguiça, muito menos quando se pensa no serviço cristão. O exemplo da formiga, porém, não é um incentivo à avareza e sim um alerta para que não sejamos esbanjadores. O modo como administramos nosso dinheiro e nossos bens é uma forma de testemunho diante dos outros, além de evitar problemas como dívidas e conflitos familiares.

Observando o exemplo da cigarra e da formiga, qual deles você quer seguir? Deixe a preguiça de lado e trabalhe com alegria. Disponha-se a ajudar alguém ou algum ministério na igreja, invista na leitura diária da Palavra e na oração e, sempre que possível, participe de grupos cristãos onde você possa aprender mais sobre Deus e crescer em seu relacionamento com ele. – VWR

Siga o exemplo de dedicação e responsabilidade da formiga.

2 de maio

Isolados

LEITURA BÍBLICA:
Marcos 1.40-45

Não amemos de palavra nem de boca, mas em ação e em verdade (1Jo 3.18).

Já pensou se você tivesse de ficar o tempo todo em casa, sem poder sair para não correr o risco de entrar em contato com as pessoas? Enquanto escrevo, estou nesta situação, porque eu e meu marido pegamos uma virose e estamos isolados. Não é nada agradável, mas temos de fazer isso para não contaminar ninguém.

Essa situação me fez pensar em como se sentem as pessoas que têm de se manter *sempre* isoladas – muitas não por vontade própria. Na época bíblica, os leprosos tinham de morar em um lugar separado e ainda avisar se alguém se aproximasse. Seus contemporâneos os desprezavam, pois eram considerados impuros. Mas houve alguém que se aproximava deles sem qualquer medo: Jesus.

Não apenas dos leprosos, mas de todos os desprezados de sua época: pessoas com algum tipo de deficiência ou doença, publicanos (cobradores de impostos), prostitutas, ladrões, pessoas dominadas por espíritos maus, gentios (gente de outros povos)... Ele não desprezou ninguém! No texto de hoje, vemos que ele sentiu compaixão daquele leproso e o livrou de sua doença – e também do desprezo social a que estava sujeito.

Hoje há pessoas tão rejeitadas quanto aquelas com que Jesus conviveu. Pense em como são tratados os contaminados com o vírus da AIDS, os pobres, bêbados, mendigos, gente com algum tipo de deficiência... Está na hora de deixar nossos medos e preconceitos de lado e olhar para essas pessoas como Jesus olharia. Devemos lembrar que Deus as ama e que elas precisam experimentar esse amor para conhecê-lo.

Mas, além da mensagem de salvação pelo sacrifício de Cristo na cruz, precisamos levar a elas nosso amor, respeito, valorização. Sejamos cristãos – "pequenos cristos", o significado original da palavra – onde estivermos, para que todas as pessoas, sem restrições, vejam o reflexo da luz de Cristo em nossas vidas. Que tal começar hoje? – VWR

Faça diferença e mostre a *todas* as pessoas o que é ser cristão.

3 de maio

Fidelidade

LEITURA BÍBLICA:
Êxodo 20.14,17

O homem que comete adultério não tem juízo, todo aquele que assim procede a si mesmo se destrói (Pv 6.32).

Diante do altar, uma mulher vestida de branco e seu companheiro juram que amarão um ao outro por toda a vida, estarão juntos em todas as situações e serão fiéis ao seu compromisso. É um momento inesquecível para os noivos e seus convidados. Mas até quando dura esta disposição de amar para sempre? Até a primeira briga ou dificuldade?

O texto de hoje faz parte dos Dez Mandamentos e é bem conhecido, até por aqueles que desprezam a Deus. Para estes, a traição tornou-se comum, esperada (como consequência natural do desgaste do relacionamento amoroso) e até mesmo justificada. Por exemplo, uma esposa já não atrai mais o marido e por isso ele acha que tem todo o direito de procurar outra mulher mais bela, ou uma esposa que busca em outro homem o carinho e a atenção que não recebe do marido. Não é isso que mostram os filmes e novelas? Quantos relacionamentos e famílias já foram destruídos por causa da infidelidade? Analisando a questão, vemos que a cobiça e o adultério são resultados do egoísmo, pois quem trai só pensa em satisfazer seus próprios desejos.

Porém, quem deseja agradar a Deus não pode deixar que seus desejos egoístas o levem a transgredir os mandamentos divinos. Jesus ainda acrescentou que também é adultério olhar para uma pessoa e desejá-la (Mt 5.28). Quando um cônjuge trai o outro – na prática ou em pensamento, não é apenas aquela pessoa que ele magoa e desrespeita. Ele é infiel ao próprio Deus, que ordenou a fidelidade no casamento.

Demonstre sua fidelidade a Deus sendo fiel ao seu cônjuge. Ame-o, fuja de qualquer tentação, procure suprir suas necessidades e alerte se as suas não estiverem sendo supridas. Se você ainda é solteiro, ore a Deus por seu futuro cônjuge e treine desde já sua fidelidade, evitando que a mente crie fantasias ou registre imagens impróprias. – VWR

Fidelidade a Deus resulta em fidelidade ao cônjuge.

4 de maio

Descanso

LEITURA BÍBLICA:
Êxodo 33.12-17

*Descanse no Senhor
e aguarde por ele com
paciência (Sl 37.7).*

Por mais dificuldades que já tenhamos superado, o futuro ainda pode parecer assustador. Há desafios que requerem conhecimentos, coragem e sabe-se lá o que mais. Na leitura de hoje vemos um homem de Deus preocupado com o futuro – e com razão. No passado enfrentara crises tremendas, como a luta com o faraó, quando observou os castigos divinos sobre o Egito e a libertação milagrosa de Israel na passagem pelo Mar Vermelho (Êx 5-14). Mas agora os milhares de israelitas no deserto esperam direção. E Moisés, seu líder, fica indeciso. Pela frente, a marcha para atacar os inimigos em Canaã, seu destino, parece mais desafiadora do que tudo o que viu no passado. Esperava que Deus lhe indicasse um assistente, mas ninguém apareceu. Sem auxílio divino, Moisés sente-se incapaz de prosseguir para a terra prometida de Canaã, onde os pagãos ainda estavam enraizados. Moisés até lembra Deus de que Israel é seu povo – como se ele não soubesse! No entanto, em amor Deus identifica-se com Moisés para ir com ele e lhe dar descanso. Deus irá adiante, junto com Moisés, e estará também na retaguarda – tudo de que Israel e seu líder precisarão.

Encarar uma impossibilidade e ainda sentir paz parece humanamente impossível – e é! Só Deus é capaz disso. Você tem-se perguntado a razão de tantas dificuldades? Julgaria melhor ter uma vida tranquila, com pleno êxito a cada passo? Mas Deus tem outro alvo: um relacionamento mais íntimo com você, seu filho. Por isso o cerca de tal maneira que você tenha de buscá-lo em oração com mais intimidade. Ele sabe a hora melhor para você dar cada passo. Em qualquer situação quer dar-lhe tranquilidade no seu íntimo para avançar com a certeza que tudo está nas mãos do Todo-Poderoso. Isto é descansar no Senhor. Entregue-se a ele totalmente para desfrutar da paz, aguardando por ele com paciência, mesmo se tiver razão para preocupações. – TL

**Quanto mais escuro o ambiente,
mais brilho tem o amor de Deus.**

5 de maio

Eu Sou

LEITURA BÍBLICA:
Êxodo 3.1-15

*Eu Sou o que Sou.
É isto que você dirá
aos israelitas: Eu Sou
me enviou a vocês
(Êx 3.14).*

A pesar de ter então só catorze anos, lembro-me bem quando meu pai contou o choque que teve com a pergunta "O que ele era do senhor?" quando foi cuidar do sepultamento de meu avô. Como assim "era"? Sim – vovô passara de "é" para "era". Somos finitos e mesmo aquilo que somos temporariamente não depende apenas de nós. Não podemos simplesmente ser porque somos, nem podemos garantir que continuaremos sendo enquanto quisermos.

No texto de hoje, lemos a autoapresentação daquele que chamamos Deus. Ela envolve imensa profundidade: "Eu Sou o que Sou" diz claramente que é ele o único ser autoexistente, que independe de qualquer outro ser ou coisa. Ele é o Absoluto, e tudo mais – quer seja físico ou espiritual – é relativo. É nele que existimos e nos movemos (At 17.28).

Isto tem tudo a ver comigo, com o jeito como vivo.

Ao compreender que o Deus da Bíblia não é apenas mais um deus, nem mesmo o maior deles, mas é ninguém menos que o ser absoluto e soberano sobre o Universo e toda realidade espiritual, sinto-me esmagado em minha insuficiência para sequer dirigir-lhe a palavra. Mas quando lembro que ele se importou conosco a ponto de fazer seu Filho Jesus reduzir-se à condição de homem e pagar em si mesmo o preço para que não apenas pudéssemos falar com Deus, mas chamá-lo Pai, e libertar-nos da escravidão do pecado, como fizera no passado libertando seu povo da escravidão no Egito, entendo o sentido da palavra "graça" e meus joelhos se dobram em gratidão.

Deixo então de percebê-lo como um Papai Noel que preciso agradar para ganhar bênçãos, ou um deus manipulável a quem posso manobrar com superstições e práticas religiosas. Sujeitar-me a ele e a seus propósitos torna-se desejável, pois sei que só quer meu bem. E as bênçãos? Ah, essas são bem-vindas, mas usufruídas em um contexto de dependência, gratidão e segurança não mais como prioridade. – MHJ

A grandeza de Deus nos conduz à submissão e gratidão.

Crenças

LEITURA BÍBLICA:
Deuteronômio 18.9-14

Creia no Senhor Jesus Cristo, e serão salvos, você e os de sua casa (At 16.31).

No texto de hoje, Deus ordenou ao povo de Israel que não imitasse as crenças e práticas religiosas de seus vizinhos quando conquistasse Canaã. Hoje também temos de tomar cuidado para não copiar as várias crenças que muitos ao nosso redor têm, defendem e praticam. Por exemplo, a crença na existência de duendes, gnomos, bruxas e fantasmas; na validade da consulta ao horóscopo, ao tarô, a búzios; no poder de passes, benzimentos, amuletos ou qualquer invenção de homens para ganhar dinheiro e manipular a mente de outros. Ainda mais cuidado temos de ter com as falsas doutrinas. São aquelas que não estão registradas na Bíblia ou são claramente opostas a ela, como a crença na reencarnação – conforme a Palavra de Deus, "o homem está destinado a morrer uma só vez e depois disso enfrentar o juízo" (Hb 9.27). O que Deus não deixou registrado em sua Palavra deve ser rejeitado como falsa crença, crendice, superstição. Com certeza, estas práticas não agradam ao Senhor e por isso não podem fazer parte da vida do cristão.

O homem foi criado à imagem e semelhança de Deus, mas devido ao pecado afastou-se do Criador e passou a crer em toda espécie de fábulas, doutrinas de demônios (1Tm 4.1), crenças, superstições místicas, mediunidade, poderes mágicos, horóscopos, bruxarias, curandeirismo e outras práticas e filosofias religiosas. São armadilhas para afastar as pessoas da fé genuína em Jesus.

A fé não é adquirida por meio da tradição ou cultura ou então de práticas, ritos ou costumes. Ela é um presente de Deus (Ef 2.8). Para mantê-la viva, é preciso ter um relacionamento constante com o Senhor Jesus, que a renova continuamente. Muitas pessoas se orgulham da grande fé que têm, mas se perguntarmos em que têm fé, veremos que ela está depositada em coisas vãs e sem poder nenhum. A fé não precisa ser "grande", mas estar depositada em Cristo! – HS

**Firme sua fé em Cristo,
e descarte qualquer outra crença.**

7 de maio

Rendição

LEITURA BÍBLICA:
Gênesis 32.22-31

Vi a Deus face a face, e todavia, minha vida foi poupada (Gn 32.30).

Jacó era um dos dois filhos de Isaque. Ele enganou seu irmão Esaú e também seu velho pai. Por causa disso foi jurado de morte, de modo que teve de fugir para a terra de seus ancestrais, Harã. Chegando lá afeiçoou-se a Raquel, pela qual trabalhou sete anos para o futuro sogro. Foi enganado e teve de trabalhar mais sete anos para poder casar-se com sua amada. O salário dele foi modificado dez vezes, e sempre em situação de conflito com o seu sogro Labão.

Não aguentando mais a situação depois de cerca de 20 anos ali, resolveu voltar para a terra de Canaã, mas lá estaria o seu irmão, que queria matá-lo.

Ao aproximar-se de Canaã, com medo no coração, manda várias comitivas levar presentes para tentar aplacar a ira de seu irmão. Depois fez seus familiares passarem pelo ribeiro de Jaboque, ficando ele só.

Foi a hora crucial, quando teve de lutar com o próprio Deus e o peso da sua consciência. Essa luta durou até o amanhecer, quando foi tocado por Deus na articulação da coxa. Ali teve de reconhecer o seu caráter, confessando que o seu nome era Jacó, que significa suplantador, enganador.

Quando ele reconheceu o seu pecado, a Palavra de Deus diz assim: "Seu nome não será mais Jacó, mas sim Israel, porque você lutou com Deus e com homens e venceu" (Gn 32.28).

Quando Deus tocou em Jacó, sua vida foi mudada e o reencontro com seu irmão Esaú foi pacífico e sem espírito de vingança por parte deste.

E quanto a você? Como tem procedido diante de Deus e das pessoas? Se você precisa também da bênção de Deus e de reconciliação com as pessoas, reconheça sua condição e confesse os seus pecados a Deus. Isto é essencial se de fato você deseja ter a sua vida transformada. – MM

**Só a graça de Deus remove pecados;
por isso, é preciso apresentá-los a ele.**

8 de maio

Dúvidas

LEITURA BÍBLICA:
1 Samuel 23.1-5

O próprio Senhor da paz lhes dê a paz em todo o tempo e de todas as formas (2Ts 3.16a).

Se você tem dúvidas, some-se a nós! Duvidamos de vez em quando – das pessoas, das situações da vida, das notícias e de muito mais. As dúvidas surgem de várias fontes, inclusive de Satanás – no Jardim do Éden ele inspirou uma dúvida em Eva quanto à ordem de Deus (Gn 3.1-5). É normal ter momentos de dúvida. Elas podem alertar-nos para algo errado. No texto de hoje você leu que Davi duvidou. Algum tempo antes ele avançara contra o gigante Golias, bem firme na confiança de que Deus o mandara. Mas agora, questionado por seus soldados se era aconselhável atacar os inimigos, Davi hesita, sentindo uma pequena dúvida. Para ter a plena certeza da direção de Deus, busca-o de novo, e o Senhor lhe assegura que deve avançar contra os inimigos no poder de Deus. Neste caso a dúvida serviu de alerta e para dar plena paz e certeza, tão necessárias para se lograr êxito.

Buscar a Deus outra vez não significa falta de fé. Aliás, indica que sentir a paz de Deus é mais precioso do que logo dar um passo. Um jovem cristão orava pedindo que Deus o dirigisse quanto a seu casamento. Quando encontrou a possível esposa, continuou a orar para ter plena certeza. Ambos se casaram com seus corações tranquilos por terem buscado, a sós e também juntos, a direção do Senhor. Com esta certeza puderam contornar os problemas da vida mais tarde. Chamados para servir na obra de Deus, fizeram seu trabalho com alegria. Porém, depois de alguns anos, a esposa adoeceu cronicamente. Ela lamentou, dizendo ao marido que a sua condição parecia dificultar o seu serviço para Deus. Ele respondeu: "Olhe, querida, Deus nos deu tanto o privilégio de servi-lo quanto a sua falta de saúde, então passaremos tudo isso juntos". Assim, conforme o versículo acima, até hoje estão tranquilos "em todo o tempo", pela paz que o Senhor lhes dá. – TL

**Em caso de dúvida,
pergunte ao Senhor antes de decidir!**

9 de maio

Mãe

LEITURA BÍBLICA:
2 Timóteo 1.1-7

O temor do Senhor é o princípio do conhecimento, mas os insensatos desprezam a sabedoria e a disciplina (Pv 1.7).

A través da história da Igreja muitas mães deram sua contribuição ensinando aos seus filhos o caminho do Senhor. Podemos hoje ler biografias de homens que, influenciados pelos ensinos recebidos de suas mães, tornaram-se grandes líderes na Igreja cristã. Agostinho converteu-se com as orações persistentes de sua mãe, Mônica. João Wesley transformou a Inglaterra porque desde pequeno sua mãe, uma mulher piedosa, levava seus 19 filhos à Igreja. Hudson Taylor, o grande missionário que dedicou toda a sua vida pregando aos chineses, foi dedicado a Deus por sua mãe quando nasceu. Assim como estes, muitos outros seguiram o caminho da fé cristã como resultado da fidelidade de uma mãe dedicada ao Senhor.

Homens de grande influência na vida pública receberam na infância o ensino da fé cristã. Consta que o grande presidente americano Lincoln tenha afirmado: "Tudo o que sou e espero ser devo a minha mãe". As mães cristãs devem ensinar seus filhos que o temor do Senhor é o princípio da sabedoria. Uma mãe cristã escreveu: "A mãe é e deve ser, quer ela saiba disso ou não, o maior e mais profundo professor dos seus filhos. Todas as outras influências vêm e desaparecem, mas a influência da mãe permanece para sempre." (Season of Motherhood, pág. 208).

A mãe cristã transmite sua espiritualidade no dia-a-dia de sua vida. Seus filhos serão certamente influenciados por ela. Como é importante que as mães se esforcem para dar o exemplo, a fim de que seus filhos também se dediquem ao Senhor como resultado de sua fé. Não há maior honra para uma mãe do que ver seus filhos servindo a Deus. Como a mãe do livro de Provérbios (cp 31), peça ao Senhor que a ajude a servi-lo muito melhor do que tem feito até agora. Seus filhos serão os primeiros a notar a sua dedicação. – JG

**Mãe cristã:
um dos maiores benefícios da humanidade.**

10 de maio

Para onde vamos?

LEITURA BÍBLICA:
Lucas 21.20-28

Os homens desmaiarão de terror, apreensivos com o que estará sobrevindo ao mundo (Lc 21.26).

A cabo de ler um livro intitulado "O estranho agente". Quem seria ele? É aquele que Jesus identifica como o "pai da mentira". A Bíblia fala dele como o enganador que se transforma em anjo de luz, sempre com o propósito de seduzir ao erro.

O autor tenta mostrar com que maestria esse *estranho agente* procura se introduzir com slogans ou temas muito inocentes e sempre apelando para a tolerância, a concórdia e a união. O *estranho agente* sabe manter-se escondido e consegue coisas impressionantes. Num curto espaço de tempo consegue reunir adeptos aos milhares. Divulgam-se coisas miraculosas e conquistas financeiras como se fosse esta a mensagem do evangelho. Sempre que ouço essas promessas mirabolantes sou levado a pensar em Asafe que, ao observar a prosperidade dos ímpios, confessa que "os meus pés quase tropeçaram" (Sl 73.2). Seria essa movimentação toda um sinal de nova vida espiritual ou enganação? Bem pode ser que o *estranho agente* tenha também em tudo isso a sua influência. Contudo, certamente também o Espírito Santo está atento, dinamizando o testemunho dos servos fiéis seguidores do Senhor Jesus Cristo.

A maldade, a injustiça e a violência mostram-se insaciáveis e incontroláveis ao redor do mundo. Qual há de ser o futuro da humanidade? Sobre os que desprezam o Senhor, a Bíblia afirma: "Esconderam-se em cavernas e entre as rochas das montanhas ... e gritavam...: 'Caiam sobre nós e escondam-nos da face daquele que está assentado no trono'" (Ap 6.16-17). Já para os que confiam no Senhor aplica-se, entre outras, esta promessa: "Tenham ânimo! Eu venci o mundo" (Jo 16.33). Eles também têm esta ordem do Senhor: "Quando começarem a acontecer estas coisas, levantem-se e ergam a cabeça, porque estará próxima a redenção de vocês" (Lc 21.28). – HM

O meu futuro é a pessoa do Senhor Jesus Cristo.

11 de maio

Fideli-dade

LEITURA BÍBLICA:
Josué 14.6-15

Hebrom pertence aos descendentes de Calebe, filho do quenezeu Jefoné, pois ele foi inteiramente fiel ao Senhor, o Deus de Israel (Js 14.14).

Não sei se você já leu as histórias em quadrinhos de Asterix e Obelix. Quem conhece sabe que é sempre uma opção para boas risadas. Além desses dois heróis, também surgem nelas outros personagens, dentre os quais me chama a atenção o Veteranix, nome ligado à sua muita idade. O Veteranix, mesmo idoso, depois de tomar uma poção revigoradora está pronto para lutar. Isto me lembra Calebe, que aos oitenta e cinco anos pede o privilégio de tomar posse, com luta, de uma poderosa cidade que Deus lhe havia prometido.

Fico pensando: De onde vinha tanta disposição? Será que Calebe, como Veteranix, também tomava um energético para enfrentar os desafios? Mas percebo que não é nada disso. Na verdade não há outra fonte de energia para Calebe senão a que vem de Deus. A Bíblia mostra que Calebe foi vitorioso porque confiou inteiramente no Senhor (v 8,9,14). São reveladoras as suas palavras, em conjunto com Josué, ao levarem a Moisés o relatório do que haviam espionado em Canaã. Enquanto outros dez diziam que não era possível invadir o país, Calebe, com Josué, dizia: "Se o Senhor se agradar de nós, ele nos fará entrar nessa terra, onde manam leite e mel, e a dará a nós. Somente não sejam rebeldes contra o Senhor" (Nm 14.8-9a). Calebe se mostrou fiel no vigor de sua idade madura e assim permaneceu ao longo da vida. Sua fidelidade lhe trouxe honra, boas promessas, vitalidade e grandes vitórias. Os que não confiaram ficaram para trás, mas Calebe chegou lá e herdou a cidade de Hebrom.

Olhando para o exemplo de Calebe, também podemos dizer: Vale a pena ser inteiramente fiel ao Senhor, em toda e qualquer situação, desde a juventude até a velhice! Deus não se esquece de suas promessas, nem despreza aqueles que nele confiam, e os recompensará na hora certa. – ARG

Pode até demorar, mas a recompensa virá para aquele que é inteiramente fiel ao Senhor.

12 de maio

Deixando saudades

LEITURA BÍBLICA:
Atos 9.36-42

Jeorão tinha trinta e dois anos de idade quando começou a reinar, e reinou oito anos em Jerusalém. Morreu sem que ninguém o lamentasse (2Cr 21.20b).

Quando eu era criança, tinha muito medo de cemitério. Não sei exatamente o que sentia, mas não gostava nem um pouco da ideia de saber que um dia lá seria o meu endereço final. A partir dos 22 anos de idade consegui vencer esse meu trauma. Recentemente, numa visita turística a uma cidade catarinense, entrei no cemitério da cidade, por simples curiosidade. Pude então relembrar duas grandes lições. A primeira foi ao observar vários túmulos de crianças e jovens. Isso me fez pensar no fato de que tenho de estar preparado para me encontrar com Deus a qualquer momento. A segunda lição veio quando estava lendo os epitáfios (aquelas palavras de homenagem que as famílias escrevem a respeito do falecido). Então pensei: O que tenho feito na vida? Será que meus feitos serão lembrados com saudade? Será que tenho procurado ser relevante por onde passo ou sou mais um na multidão?

No texto de hoje, lemos que Dorcas deixou um exemplo magnífico com sua vida, tanto que muitos se entristeceram com sua morte. Em contrapartida, o versículo em destaque menciona um tal de Jeorão, rei de Judá. Ele foi tão ruim como governante e como pessoa que o autor sagrado registra seu triste epitáfio: "Ninguém chorou sua morte". É lastimável ter a vida resumida numa frase como essa. O pior é que ainda hoje há pessoas que ao sair de um emprego ou concluir um curso ouvem de seus colegas: "Já vai tarde!". Mas, graças a Deus, podemos aprender com os erros dos outros. Assim, nosso grande desafio é não ficar lamentando o quão terrível foi nosso passado, mas mudar nossas atitudes atuais para que tanto nosso presente quanto nosso futuro sejam vividos de forma a refletir a presença do Espírito Santo em nossa vida. – RPM

Sua vida deixará saudades?

13 de maio

Palavra
certa

LEITURA BÍBLICA:
Malaquias 3.13-18

A palavra proferida no tempo certo é como frutas de ouro incrustadas numa escultura de prata (Pv 25.11).

Antes de entregar minha vida a Cristo, fui até mal-educado com cristãos que tentaram se aproximar de minha família. Expulsei um deles três vezes de minha casa, mas foi na casa dele que Deus falou claramente comigo. Minha esposa já era cristã e um dia fui com ela a uma reunião de oração. Observei tudo o que acontecia e quando tive oportunidade de falar algo, perguntei a todos: "Por que Deus só ajuda as pessoas más e poderosas, e não os honestos e trabalhadores como eu?" Todos ficaram espantados com minha revolta. Após o silêncio constrangedor para todos, um dos presentes abriu a Bíblia e leu as palavras do texto de hoje. Quando ele começou a ler não me senti humilhado, mas meu rosto ficou vermelho porque o que ele disse me deixou abalado. Senti-me um inútil e percebi minha profunda necessidade de Deus. Em casa, reli o texto na Bíblia de minha esposa e cada palavra ficou em minha mente por um bom tempo. Aquela era a resposta que eu precisava! Deus agiu em minha vida, e um dia percebi que estava pedindo misericórdia a Deus para aquelas pessoas que antes eu odiava – os maus e poderosos.

Deus usou aquela situação para falar comigo e orientou aquele homem a proferir as palavras certas para o momento. Mesmo que eu tenha demonstrado tanta ingratidão, o Senhor respondeu mostrando seu amor e o quanto ele se importa com nossos questionamentos. Deus usa diversas formas e situações para falar com as pessoas – e fala com elas mesmo que não estejam interessadas nele ou buscando conhecê-lo. Por isso, preste atenção quando estiver lendo um texto da Palavra de Deus ou quando uma pessoa que segue Jesus quiser conversar com você - Deus pode falar diretamente ao seu coração. Ouça e aceite seu convite para uma mudança de vida! – ETS

Deus usa as palavras certas no momento certo.

14 de maio

Pecar???

LEITURA BÍBLICA:
Gênesis 4.1-16

Estejam vigilantes, mantenham-se firmes na fé, sejam homens de coragem, sejam fortes (1Co 16.13).

Pecar ou não pecar, eis a questão. No nosso texto, Caim foi avisado e alertado por Deus de que o pecado estava à porta e que caberia a ele a escolha de pecar ou não pecar. Pelo fato de Deus ter aceitado o sacrifício de Abel e não o dele, Caim enfureceu-se e se transtornou. Deus lhe disse que deveria dominar o pecado – esse impulso de opor-se a Deus – mas sabemos que ele não deu atenção a esse alerta. Quais foram as consequências? O pecado voltou-se contra o próprio Caim, que se tornou assassino e foi amaldiçoado. Perdeu sua paz com Deus, consigo mesmo e com as outras pessoas, pois passou a ser fugitivo e errante pela terra. Ficou afastado de Deus e com medo de ser morto.

O que podemos nós aprender deste relato? 1) Que o pecado também nos rodeia, que estamos sujeitos a afrontar Deus a todo e qualquer momento. 2) Que deveríamos dominar o pecado e não ser dominados por ele. A Bíblia nos incentiva a fugir do diabo, da impureza, das paixões da mocidade, ou seja, daquilo que Deus condena por ser maligno. Deus espera que, como cristãos, não nos "amoldemos ao padrão deste mundo, mas que sejamos transformados pela renovação da nossa mente" (Rm 12.1,2); em outras palavras: que mudemos nosso modo de pensar. 3) Que precisamos estar atentos para não pecar, mas fortalecer-nos espiritualmente. 4) Lembrar que pecado é, antes de tudo, afastamento de Deus e que isso tem consequências maléficas: "As suas maldades separaram vocês do seu Deus; os seus pecados esconderam de vocês o rosto dele, e por isso ele não os ouvirá" (Is 59.2). Pecamos em pensamentos, ações e palavras. O que fazer para não pecar? Assumir a vitória já conquistada por Jesus Cristo e então manter-nos vigilantes, firmes na fé, tendo coragem e sendo fortes para enfrentar as tentações e vencê-las. O que fazer quando pecamos? Arrepender-nos, confessar o pecado a Deus e receber o seu perdão. – HK

Deus sempre nos conduz em vitória por meio de Jesus Cristo! Assuma isto para a sua vida.

15 de maio

Esforço
e sucesso

LEITURA BÍBLICA:
Josué 1.1-9

O Senhor, o seu Deus, estará com você por onde você andar (Js 1.9d).

Josué sucedeu Moisés na liderança do povo de Israel e recebeu de Deus uma missão descomunal: conduzir os israelitas na conquista de Canaã, terra prometida por Deus a seu povo. A tarefa de Josué veio acompanhada de promessas, como a posse da terra e a presença constante do Senhor junto com ele. Mas, para que aquele empreendimento fosse bem-sucedido, Deus requereu de Josué o cumprimento de uma série de condições: ele deveria ser forte e corajoso para conduzir o povo e também obedecer à lei que fora dada por intermédio de Moisés. Era preciso falar dessa lei, meditar nela dia e noite, e mais: cumprir fielmente todos os seus mandamentos. Somente assim ele poderia experimentar a prosperidade e o sucesso em sua missão.

Josué seguiu as orientações de Deus durante sua vida e conseguiu liderar com êxito o povo na conquista da Terra Prometida, fato este registrado no livro que leva o seu nome. Antes de morrer, lembrou aos israelitas que deveriam esforçar-se para cumprir toda a lei e adorar somente o Senhor (Js 23.6).

Aqueles princípios que Deus deu a Josué são válidos também para nós hoje. Para obter sucesso nos empreendimentos determinados por Deus é preciso obedecer à Palavra de Deus e praticá-la, ou seja, fazer o que ela diz. O Senhor Jesus Cristo falou sobre a importância disso quando contou a história das casas construídas na rocha ou sobre terra (veja Lc 6.46-49).

Se você deseja ter sucesso em algum empreendimento, peça a direção de Deus, estude a sua Palavra e busque cumprir fielmente o que nela está escrito. Faça sua parte e, de acordo com a vontade do Senhor, você será abençoado: "Tudo o que fizerem, façam de todo o coração, como para o Senhor, e não para os homens, sabendo que receberão do Senhor a recompensa da herança" (Cl 3.23-24a). – MM

Sucesso mesmo tem quem faz o que Deus manda, mesmo se for diferente do que imagina.

16 de maio

Jesus

LEITURA BÍBLICA:
Marcos 4.35-41

Quem é este que até o vento e o mar lhe obedecem? (Mc 4.41).

Jesus descansa enquanto uma terrível tempestade ameaça a embarcação; despertado pelos discípulos assustados, repreende o vento e o mar, e o temporal se aquieta. Impressionante!

Quando criança, aprendi um cântico que resume o que muita gente entende desta leitura: "Com Cristo no barco tudo vai muito bem... e passa o temporal".

Cresci e não tenho a menor dúvida de que Cristo está "no meu barco". Mas mesmo assim enfrentei tempestades terríveis, e nem sempre o temporal cessou quando eu quis – e não faltou orar. Em verdade esta expectativa não resiste a uma análise mais séria, como testemunham os milhares de mártires e suas mortes trágicas, ocorridas não só apesar, mas também *por causa* de terem "Cristo no barco".

A ênfase do ensino neste texto não é Jesus ter solucionado a circunstância "tempestade", mas a pergunta: quem é este com tal poder? Não é à toa que os discípulos ficaram apavorados, não mais pelo vento e o mar, mas por estarem diante daquele com poder absoluto sobre a criação – o próprio Criador, pois é assim que este sinal identificou Jesus de Nazaré.

Se a ênfase é a solução do problema imediato, acalmada a tempestade tudo volta ao que era. Mas se compreendo que aquele que está comigo não é outro senão o Criador do Universo, deixo de precisar de alguém "de plantão" removendo cada pedra do caminho, pois sei que ao meu lado está aquele que não só me torna a colocar em pé quando caio e ameniza o sofrimento, mas que me dá um sentido maior para a caminhada – viver para quem é tudo em todos, que um dia enxugará toda lágrima e inaugurará novos céus e nova terra, onde seu poder e justiça prevalecerão para sempre.

Então, os problemas circunstanciais incomodam ainda, é verdade, mas não têm, nem terão, poder para me tirar das mãos de Jesus. – MHJ

**Jesus comigo:
o que mais eu preciso?**

17 de maio

Dá para entender?

LEITURA BÍBLICA:
Atos 8.26-34

O deus desta era cegou o entendimento dos descrentes, para que não vejam a luz do evangelho da glória de Cristo (2Co 4.4).

Há pessoas que dizem não entender a Bíblia e por isso não se dão ao trabalho de sua leitura. O apóstolo Paulo, ao escrever à igreja em Corinto, diz: "Nada lhes escrevemos que vocês não sejam capazes de ler ou entender" (2Co 1.13).

Certa ocasião participei de um trabalho de divulgação do evangelho de João realizado numa praça. No final se fez um apelo aos interessados para que estudassem o evangelho. Notei um grupo de jovens e cada um recebeu um exemplar do evangelho. Fiquei observando. Repentinamente um dos moços disse que não entendia nada. Rasgou o evangelho e jogou ao vento. Uma das folhas veio parar na minha frente. Ajuntei e era exatamente a folha do 3º capítulo com o famoso versículo 16. Fui até o grupo e me ofereci para ajudá-los. Pedi a um deles que fizesse a leitura daquele verso. Ele leu: "Deus tanto amou o mundo que deu o seu Filho Unigênito para que todo o que nele crer não pereça, mas tenha a vida eterna." Terminada a leitura, perguntei: – Deu para entender? Em lugar de responder sim ou não, o moço fez outra pergunta: Quem foi que escreveu isso?

Expliquei que foi o apóstolo João, que também havia escrito umas cartas. Na primeira, ele começa assim: "O que era desde o princípio, o que ouvimos, o que vimos com os nossos olhos, o que contemplamos e as nossas mãos apalparam, isto proclamamos." O moço me interrompeu dizendo:

— O papel aceita tudo.

Veja, o problema não reside na dificuldade da leitura da Bíblia, e sim no fato de o leitor rejeitar o que lê e, com isso, acabar rejeitando o amor de Deus. E quando uma pessoa recusa o amor e o perdão que Deus oferece por meio de Cristo, já não resta meio nenhum de reconciliar-se com Deus (Hb 10.26-27). Que perda! – HM

Sabedoria é atender às mensagens de Deus.

18 de maio

Preparados

LEITURA BÍBLICA:
Deuteronômio 1.1-8

*Corram de tal modo que
alcancem o prêmio
(1Co 9.24b).*

Conheço alguém que vive horas de tensão antes de apresentar ideias novas perante os diretores da empresa em que trabalha. Por ser jovem, foi escolhido para desafiar a "velha guarda" a considerar novas direções. Ele vive na ânsia de se preparar adequadamente para encarar a plateia de pessoas com muito mais anos de experiência, mas sente confiança e coragem quando pesquisa a fundo seus assuntos. Você leu hoje que Moisés desafiou o povo de Israel a avançar, da mesma forma como Deus ordenara anos atrás, quando acamparam bastante tempo junto ao Monte Horebe (Sinai) para receber a lei de Deus e chegara a hora de partir para o alvo, a terra de Canaã. Agora, passados os quarenta anos de andanças pelo deserto, onde toda a geração desobediente morreu, a nova geração estava preparada suficientemente para empreender a invasão da terra prometida. Se demorassem mais nos confortos do acampamento, poderiam perder a coragem de avançar ao desconhecido. Faltava só Moisés repetir a Lei do Senhor, assunto de Deuteronômio, para que soubessem servir ao Senhor na terra prometida a eles, terra a ser reservada para o nascimento do Messias, o Salvador. Ele também relembrou o desafio a Josué, seu sucessor: "Não tenham medo deles. O Senhor, o seu Deus, é quem lutará por vocês" (3.22). Tome para você esta promessa diante de qualquer problema ou dificuldade, esperando no mesmo Deus. Quando andamos em comunhão com o Senhor, estamos preparados para qualquer coisa, inclusive nossa morte e a volta de Cristo. Certa vez, quando uma criancinha não entendia a morte de seu pai, sua mãe disse:

— Deus o quis e o chamou para estar com ele. Um dia chamará nós todos.

— Mas, mamãe, se não sabemos quando será, não devemos fazer as malas? "Fazer as malas" espiritualmente é aceitar nossos desafios e correr para alcançar nossa recompensa eterna, recebida do próprio Deus! – TL

**Estar preparado é viver em santidade,
buscando a cada dia cumprir a vontade de Deus.**

19 de maio

União e óleo

LEITURA BÍBLICA:
Salmo 133

É como o óleo precioso sobre a cabeça, que desce sobre a barba, a barba de Arão, e que desce à orla das suas vestes (Sl 133.2).

Este salmo exalta a união e orienta a vida prática do povo de Deus. Num período em que se veem tantas lutas, a união é um ponto a considerar. No inicio dele há uma exclamação: "Oh!" exaltando a beleza de viver em união com os irmãos, e a exclamação é complementada pelos termos "bom e agradável", que dão qualidade à união. O autor deste salmo talvez tenha vivido num período de desunião e assim, quando vê a nação unida, percebe quão especial isto é. Enquanto alguns têm prazer em conflitos, precisamos ter um coração que se alegra com a união e enfatizar sua importância como boa e prazerosa.

A experiência de quem vive em união com os seus é incomparável, é como "óleo precioso" perfumado (Ex 30.22-30) usado pelo sumo sacerdote, sentido por todos que dele se aproximam. Quando os cristãos convivem, exalam – ou deveriam exalar – uma "suave fragrância", um ambiente agradável. As diferenças de opinião não podem levar à desunião do povo; a união deve ser mais forte e perceptível, tal como o óleo na barba de Arão, que espalhava fragrância. O óleo mostra como era completa a unção; escorria da cabeça pela barba e mais além. Assim deve ser a união do povo de Deus: total. Interessante que o objeto usado para falar de união fosse algo especial usado na consagração do sacerdote, o que mostra que os irmãos viverem em união é tão precioso quanto uma consagração ao serviço santo.

O óleo é envolvente, penetra com suavidade. Quando o amor correr livre entre o povo de Deus, como o óleo na barba de Arão, haverá mais união e suavidade nos convívios. Além do mais, como o óleo alivia irritações, o povo unido também o faz, tornando-se para o próximo como óleo calmante nos momentos de dor. – MZK

**Viver em união só consegue quem tem vida consagrada.
Vale a pena o empenho.**

20 de maio

Na frente

LEITURA BÍBLICA:
Deuteronômio 31.1-8

O próprio Senhor irá à sua frente e estará com você; ele nunca o deixará, nunca o abandonará. Não tenha medo! Não desanime!
(Dt 31.8)

O filme Cruzada, dirigido por Ridley Scott, apresenta algumas cenas muito interessantes. Por exemplo, mostra Jerusalém cercada pelo poderoso exército de Saladino e, dentro da cidade, apenas servos, camponeses, velhos, mulheres e crianças – um grupo impotente frente ao inimigo. Mas lá também estava um jovem inteligente e corajoso que preparou a defesa e, com discursos inflamados, convenceu a todos da possibilidade de resistir. Ele não ficou só nas belas palavras: assim que a brecha no muro permitiu a aproximação do invasor ele foi o primeiro a se lançar à batalha, adiante dos demais. Isto gerou ânimo e forças no povo, que resistiu ao inimigo causando grandes baixas em suas fileiras, o que proporcionou ocasião para um acordo favorável com os atacantes. Talvez alguém diga que isso só acontece em filmes. Não, também ocorre na vida real! O que o filme mostra é que as pessoas adquirem coragem e força quando alguém forte e corajoso vai adiante delas. E o que a Bíblia mostra no texto que lemos hoje? Que o próprio Deus vai adiante de seu povo. Naquela ocasião Moisés já estava velho e a conquista de Canaã ainda iria começar. Josué assume a posição de liderança, mas o próprio Deus é quem se coloca junto de seu povo, prometendo ir adiante dele nas batalhas.

Esta verdade a respeito da presença de Deus com seu povo não se limita à passagem lida hoje – ela se espalha pela Bíblia. Também não se aplica apenas a confrontos bélicos, mas às situações da vida do povo de Deus. Quem sabe a sua dificuldade seja uma doença grave, um sério problema familiar, um relacionamento ou novos desafios. Não sei qual é, mas tenho certeza de que Deus está presente com os seus filhos. Então, siga adiante com disposição, coragem e a certeza de que Deus está com você e de que ele nunca o abandonará. Não desanime! – ARG

O herói que vai adiante do povo de Deus
é o próprio Deus!

21 de maio

Amigo de verdade

LEITURA BÍBLICA:
Provérbios 17.17

[Jesus disse:] Eu os tenho chamado amigos (Jo 15.15b).

Quantos amigos de verdade você tem? Para quantas pessoas você pode dizer tudo o que sente e pensa, sem medo de ser julgado ou ridicularizado? E quantos são os que dizem toda a verdade a seu respeito, por mais dolorosa que seja, simplesmente por amarem você e desejarem vê-lo bem? Estes são nossos amigos verdadeiros – e eles não são muitos. Não são os que estão conosco enquanto temos o que lhes oferecer; amigos são aqueles que estão ao nosso lado simplesmente porque gostam de nós. E ponto!

Leia novamente o versículo em destaque. É impressionante pensar que Jesus chama seus seguidores de amigos e não de servos. Jesus fez um *upgrade* em nossa relação com ele. E mais: por amizade e amor ele entregou sua própria vida (Jo 15.13). Você teria a coragem de morrer por algum amigo seu? Como você consideraria um amigo que tivesse essa coragem? Pois bem, Jesus teve! Ele é o melhor amigo que alguém pode ter! A amizade é uma das relações mais frutíferas e indispensáveis ao ser humano. Quem não tem amigos é uma pessoa incompleta, pois não encontra no outro o espelho de que necessita para se enxergar melhor e, assim, crescer! Amigos têm prazer em conviver, partilhar, realizar projetos, dar risadas, relembrar o passado, projetar o futuro. É assim a sua relação com Deus? Tão prazerosa e bonita quanto – se não mais ainda – uma amizade verdadeira entre seres humanos pode ser? Jesus quer ser amigo de todos – e para ser seu amigo é preciso obedecer a ele (Jo 15.14). Enquanto esteve aqui, ele foi amigo de "pecadores" – como prostitutas e coletores de impostos, desprezados pelos religiosos de sua época. Isso mostra que Jesus usa critérios bem diferentes dos nossos na hora de escolher seus amigos.

Seja você também amigo de Jesus e um bom amigo de quem quer que seja, para que mais pessoas conheçam seu Amigo de Verdade. – WMJ

Ter amigos é importante, mas ser amigo de Cristo é vital.

22 de maio

Firmeza

LEITURA BÍBLICA:
Êxodo 32.1-10

Apegue-se firmemente à mensagem fiel (Tt 1.9a).

Nossa leitura apresenta um cenário no Monte Sinai: no alto, Moisés a sós com Deus; ao pé do monte, seu irmão Arão com o povo de Israel. Moisés, temente a Deus, recebe a mensagem do Senhor; Arão, temendo o povo, cede aos caprichos da multidão. O povo quer festejar, mas não sem alguma religião! Então Arão dirige um culto a um deus moldado por ele – a imagem de um animal, como os povos vizinhos tinham. Mas, agradando ao povo, compromete a segurança de todos, pois ficaram sujeitos ao juízo de Deus (v 10).

Como foi que o porta-voz de Moisés cometeu tamanho erro? Ele acompanhou o irmão perante o faraó e viu os dez sinais inéditos com os quais Deus convenceu a nação a deixar o povo de Israel partir para o deserto, onde viveu a experiência de ser guardado pelo Senhor. Se Arão tivesse mantido sua posição firme em face da oposição, o povo não teria obedecido? Se Arão tão somente permanecesse firme na palavra do Senhor: "Não terás outros deuses além de mim" (20.3), tudo poderia ter sido diferente com o poder de Deus ao seu lado. Não teríamos aquela mancha negra na história de Israel.

O versículo em destaque faz parte das qualidades que Paulo desejava para os dirigentes das igrejas na ilha de Creta: deveriam apegar-se à mensagem bíblica que aprenderam para encorajar os irmãos e refutar os erros. Se você é cristão, precisa zelar pela sua firmeza na Escritura Sagrada sem vacilar. Um descuido pode comprometer o seu testemunho. Não há lugar para um pequeno desvio "conveniente" seguido por uma ligeira "reconciliação". É preciso apegar-se diariamente a alguma porção da Bíblia para a sua firmeza espiritual, o melhor caminho para uma vida abençoada e digna do nome de Cristo. Ele permanece fiel, sempre ao seu lado para ensinar, guiar e confortar. Aos que permanecerem firmes na fé, ele promete a vida eterna em sua presença. – TL

Fé firme – vida diária firme.

23 de maio

Vento

LEITURA BÍBLICA:
Atos 2.1-12

O vento sopra onde quer. Você o escuta, mas não pode dizer de onde vem e nem para onde vai. Assim acontece com todos os nascidos do Espírito (Jo 3.8).

"Sempre que me acontece alguma coisa importante, está ventando", dizia Ana Terra, personagem-chave do romance "O Tempo e o Vento", de Érico Veríssimo.

Conta-se de um agricultor que sempre se queixava da má distribuição do sol e da chuva. Finalmente, Deus lhe teria permitido governar o tempo durante um ano – e ele cuidou bem do sol, da chuva, do calor, do frio... só que sua colheita toda deu em nada porque esqueceu o vento, necessário para polinizar a plantação. Para velejar, o sucesso ou o fracasso dependem, entre outros fatores, da força e da direção do vento. Gosto do vento: especialmente quando aqui em São Paulo a poluição torna o ar parado e pesado, a limpeza que o vento faz é um alívio.

Sim, o vento faz muita coisa – só que sempre do jeito dele. Embora se possa prever quando e como ele ocorrerá, o que Jesus disse a Nicodemos no versículo acima continua valendo – e a conversa deles não foi sobre o tempo. Jesus fez aí um jogo de palavras. Falou em "pneuma" (vento, em grego), que também significa "espírito". Daí o final do versículo. Esse "vento" de Deus quer realizar em nós muito do que o vento físico faz em torno: soprar as impurezas, renovar o ânimo, promover frutos e impelir nossa vida para frente. Ao contrário do vento físico, porém, o Espírito de Deus nunca será um furacão destruidor. Sobre isso há um exemplo interessante em 1 Reis 19.11-13 – confira.

No dia de Pentecoste, o Espírito de Deus também veio como um vento que arejou, limpou, revitalizou e impeliu todos os que se expuseram a ele, e se você hoje o perceber soprando em sua consciência, não se esconda. Esse vento pode levantar um bocado de poeira na sua vida, mas será para levá-la para longe e limpar a área. Aí você poderá tomar aquela frase da Ana Terra e virá-la ao contrário, como aparece no rodapé desta mensagem. – RK

Sempre que o vento do Espírito Santo sopra em nós, acontece algo importante – e muito bom.

24 de maio

Passagem e bagagem

LEITURA BÍBLICA:
Mateus 6.19-21

Acumulem para vocês tesouros nos céus, onde a traça e a ferrugem não destroem, e onde os ladrões não arrombam nem furtam (Mt 6.20).

No texto de hoje Jesus fala a respeito de acumular riquezas. Ele não diz que juntar dinheiro é errado, mas fala do perigo de investi-lo em *lugar* errado. Jesus disse que não devemos acumular tesouros na terra, mas no céu. Na terra os tesouros não estão seguros – aqui há traças, ferrugem e ladrões. É como se Jesus nos orientasse em qual banco abrir nossa poupança porque nem todos são seguros. Ele diz que há um lugar bastante vulnerável e perigoso para investirmos nossas economias – aqui na terra. Já o céu é plenamente seguro para fazer nossa "poupança". Ela poderá ser "sacada" quando estivermos vivendo eternamente com Deus – é a recompensa que receberemos do Senhor no céu. Nosso investimento no céu é como uma bagagem que arrumamos aqui na terra, durante toda a nossa vida, para levarmos conosco quando partirmos de viagem para o céu ao deixarmos a vida neste mundo. O que há nessa mala? É preciso lembrar que somente pessoas podem entrar no céu e nada mais, portanto devemos investir em *pessoas* – falando sobre Jesus e convidando-as a fazer parte do povo de Deus, auxiliando em suas necessidades, praticando os princípios bíblicos e, principalmente, amando-as sem restrições. A mala não terá coisas materiais, portanto.

Mas de que adianta arrumarmos nossa mala se não adquirirmos antes a nossa passagem para o céu? A bagagem é aquilo que fazemos para glorificar a Deus e em obediência a ele; a passagem é nossa fé depositada em Jesus, por meio de quem ganhamos a vida eterna. Sem passagem e bagagem, ninguém chega ao céu. Entregue sua vida a Cristo e garanta sua passagem; depois, ajude outros a adquirir a passagem deles – e assim arrume sua bagagem. – HS

**Sem garantir a passagem para o céu,
nada adianta arrumar a bagagem!**

25 de maio

Todos passaram

LEITURA BÍBLICA:
Êxodo 14.10-29

Todos os nossos antepassados estiveram sob a nuvem e todos passaram pelo mar (1Co 10.1b).

Assim que o povo de Israel saiu do Egito, rumo à terra prometida por Deus, deparou-se com situações em que precisou aquietar-se e ter fé. Tomaram a decisão certa, de obedecer ao Senhor, mas os problemas se multiplicaram. Na nossa caminhada cristã não é diferente. Logo que dizemos "sim" ao Senhor, pode surgir um turbilhão de problemas, tornando a vida mais complicada que antes. Talvez o maior desafio dos israelitas tenha sido a travessia do Mar Vermelho, como já acompanhamos na leitura de hoje. Entre o mar e os inimigos egípcios, apavoraram-se e disseram a Moisés que preferiam a escravidão do Egito àquela situação. No entanto, Deus tinha algo diferente para eles. Dessa vez, não seriam livrados do enorme mar à sua frente, mas teriam de atravessá-lo. Eles queriam ser livres, mas somente atravessando o mar é que sua libertação viria. Nem sempre podemos fugir das coisas, esperando que desapareçam. Para sermos livres do problema, temos que passar por ele. Devemos crer que Deus nos dará forças para prosseguir e passar pelas partes difíceis, saindo livres do outro lado, pois ao fazer isso aproximamo-nos de Deus e adquirimos experiência e maturidade espiritual. A reação mais comum diante de um mar gigantesco é o medo. Se tememos, a solução é enfrentar as coisas mesmo com medo, pois Deus está sempre conosco. Paulo diz que todos os hebreus precisaram atravessar o mar (1Co 10.1) e o autor do livro de Hebreus nos aconselha a continuar até o fim (Hb 6.11). Ou seja, não importa o que custe, ou quão difícil seja, temos de prosseguir até o final com Deus ou gastaremos a vida toda andando em círculos. Não podemos ter a opção de voltar atrás. Nosso compromisso com Deus deve ir além da dor, ou jamais estaremos face a face com Ele. – EB

Para chegar ao fim é preciso passar pelo meio!

Redentor

LEITURA BÍBLICA:
Jeremias 10.1-7

Esse é o propósito do Senhor dos Exércitos; quem pode impedi-lo? Sua mão está estendida; quem pode fazê-la recuar? (Is 14.27)

A estátua do Cristo Redentor no Rio de Janeiro ganhou o direito de pertencer às sete novas maravilhas do mundo. Sua escolha deveu-se principalmente aos milhões de votos dados pela internet, onde até mesmo houve o aval do Presidente da República. Por que será? Só por ser uma obra de arte brasileira ou por algo mais? Esse algo mais indicaria uma grande superficialidade de avaliação. Será que alguém pensará que, por termos uma estátua do Cristo Redentor, seremos um país justo, temente a Deus, íntegro, praticante de boas ações? Creio que não. O profeta já nos alertava de como Deus se sentia por adorarmos imagens ou por apenas fazê-las. Em Jeremias 19.5, ele avisa: "Construíram nos montes os altares dedicados a Baal, para queimarem seus filhos como holocaustos oferecidos a Baal, coisa que não ordenei, da qual nunca falei nem jamais me veio à mente." Nunca Deus ordenou a adoração de qualquer tipo de ídolo ou sacrifício. Deus fez a terra pelo seu poder. Estabeleceu o mundo por sua sabedoria e com sua inteligência estabeleceu os céus, mas nós queremos fazer por nós mesmos algo maravilhoso. Sim, sabemos que Deus deu inteligência ao homem para idealizar, criar, construir e realizar, mas para ter como objetivo glorificar o nome do Criador, não para criar objetos de adoração. Pertencemos a uma terra que jaz no maligno, mas que ainda é nosso lar. Não somos daqui, mas convivemos com toda espécie de problema. Do mais banal jogar papel na rua ao mais brutal assassinato de crianças. Quem dera um dia pudéssemos humilhar-nos para que Deus sarasse nossa terra. Estamos longe disso! Resta, no entanto, uma certeza: é só uma passagem. Uma leve peregrinação que durará os anos que o Senhor nos aprouver dar. A eternidade nos aguarda com a doce presença de Jesus para sempre, este sim com seus braços reais estendidos. – AP

O Deus vivo está sempre de mãos estendidas.

Privat

Name, Vorname des Versicherten
Licařlaô ROCHA

Fabia Tais   05eb.06.74
Odenwaldstr. 55
69226 Nussloch

Datum: 13.09.10

Rp. (Bitte Leerräume durchstreichen)
1x GenTeal™ HA Augentropfen 10 ml

BSNR:530437700
LANR:768587605
Dres. med.
H.Thederan/E.Schmitt
Fachärzte für
Augenheilkunde
Bergheimer Str. 5
69115 Heidelberg
Tel: 06221/184455

Apotheken-Nummer/IK

Bezugsdatum   Gesamt-Brutto

Arzneimittel-/Hilfsmittel-/Heilmittel-Nr. Faktor   Taxe

Unterschrift des Arztes

1. Bitte beachten Sie: Dieses Rezept können Sie nicht zur Erstattung bei Ihrer gesetzlichen Krankenkasse einreichen.
2. Allerdings können Sie diese Arzneimittelausgaben unter Berücksichtigung Ihrer persönlichen Belastungsgrenze bei Ihrer Steuererklärung geltend machen.

27 de maio

Cargas alheias

LEITURA BÍBLICA:
1 Pedro 3.8-12

Bem-aventurados os misericordiosos, pois obterão misericórdia (Mt 5.7).

Parentes ou amigos com problemas: o que fazer? Ter misericórdia significa ser solidário, "levar no coração a miséria do outro". Jesus nos deu o exemplo dessa atitude e bendiz aqueles que procedem assim. Quem acompanhar problemas de saúde, prisão, drogas, decepções, desemprego, relacionamentos, falecimentos, etc. dos seus próximos também sofre com eles. O misericordioso assume parte dessa carga do outro por meio de boas palavras e atos de caridade. O que não podemos permitir é que tais sofrimentos nos dominem, caso contrário até perderemos a capacidade de ajudar. Há pessoas que transformam sua própria vida num inferno ao identificar-se com a vida dos outros, chegando a culpar-se pelas desgraças deles. É preciso, sim, amar as pessoas como a nós mesmos – esta é a boa ordem de vida estabelecida por Deus, mas não podemos deixar todos os infortúnios dos outros abalar nossa própria existência. Nessas horas tristes e perturbadoras temos de orar e pedir a Deus que ele venha nos socorrer, e então entregar nossas dores e fraquezas nas mãos dele. Este peso Jesus carregou por nós, e é nas mãos dele que temos de largá-lo. Não se considere inútil por causa das suas limitações – sua misericórdia, oferecendo compaixão e amor, é o que lhe compete. A verdadeira solução dos problemas, principalmente aqueles da intimidade da pessoa, como tristeza, ansiedade, culpa, desânimo e similares, é a graça de Deus que oferece, não o nosso esforço. Apoio e sustento aos idosos, enfermos e desorientados é muito importante, mas só suportará as cargas dos outros quem está com os seus próprios pés firmes no chão. No mais, valem estas recomendações da Palavra de Deus: "Levem os fardos pesados uns dos outros e, assim, cumpram a lei de Cristo" (Gl 6.2), mas também "que a paz de Cristo seja o juiz em seu coração" (Cl 3.15). – ETS

Podemos ajudar a levar as cargas dos outros se deixarmos as nossas nas mãos do Senhor.

28 de maio

Sacrifício

LEITURA BÍBLICA:
Malaquias 1.6-14

Quando alguém trouxer um animal do gado ou do rebanho de ovelhas como oferta de comunhão para o Senhor, em cumprimento de voto, ou como oferta voluntária, para ser aceitável o animal terá que ser sem defeito e sem mácula (Lv 22.21).

Deus apresentou a Moisés de forma maravilhosa as leis que deveriam reger a vida do povo de Israel. Ao lermos o livro de Levítico, vemos as regras – muito rígidas – que tinham de ser observadas e seguidas para reconciliar o povo com Deus. O recurso que Deus estabeleceu para perdoar os pecados do povo era o sacrifício de um animal com o derramamento de seu sangue, conforme se pode ler nos capítulos 4 e 5 de Levítico. Dá-se ali muita importância à qualidade do animal a ser ofertado. Destaca-se sempre a pureza, a perfeição. Tinha de ser um animal sem defeito, sem mancha. Tudo isso apontava em direção ao plano máximo de Deus para resgatar a humanidade da culpa de rebelar-se contra ele: o envio do seu Filho Jesus Cristo para que, por meio da sua morte na cruz, seu sangue derramado oferecesse um sacrifício perfeito e definitivo.

Curiosamente, muitos autores de livros e produtores de filmes fazem questão de imputar a Jesus uma vida promíscua. Procuram fazer dele um personagem igual a qualquer outro homem. Como todo ser humano é pecador, transformam-no com isso em alguém imperfeito, impuro, escapando assim de serem confrontados com sua própria impureza. Mas se fosse assim, o seu sangue derramado no terrível sacrifício na cruz seria ineficaz.

Deus quer purificar-nos para vivermos em paz com ele. Para isso deu ao povo de Israel aquela lição das ofertas de animais puros e depois nos ofereceu seu próprio Filho. Resta saber se queremos mesmo ser purificados aceitando essa oferta ou se preferimos continuar a agir como o povo censurado no texto da leitura de hoje, ou ainda como aqueles que hoje procuram desqualificar Jesus. – NE

Deus tem muito a nos cobrar – mas ele mesmo paga a conta de quem reconhece sua dívida.

Use seus dons!

LEITURA BÍBLICA:
1 Timóteo 4.12-16

Não negligencie o dom que lhe foi dado por mensagem profética (1Tm 4.14).

Em sua segunda viagem missionária, o apóstolo Paulo passou pela cidade de Listra e lá encontrou um jovem cristão chamado Timóteo, bem conceituado na localidade. Muitos falavam bem dele, não só onde ele morava, mas também na cidade vizinha de Icônio (At 16.1-2). Por causa disso o veterano Paulo convidou-o para fazer parte da sua equipe missionária. Tal era o relacionamento do apóstolo com esse jovem discípulo e pregador que ele o considerava como "verdadeiro filho na fé" (1Tm 1.2). Timóteo era dedicado a Deus e tinha grandes potenciais. Fora consagrado ao serviço cristão pelos líderes da igreja, e Paulo, como um pai espiritual, deixa a ele as recomendações que constam na leitura indicada para hoje .

Passados anos, e o velho apóstolo, já cansado de suas lutas e sofrimentos, lembra-se do jovem discípulo e escreve: "Combati o bom combate, terminei a corrida, guardei a fé. Agora me está reservada a coroa da justiça, que o Senhor, justo Juiz, me dará naquele dia; e não somente a mim, mas também a todos os que amam a sua vinda" (2Tm 4.7-8). Depois diz a Timóteo: "Procure vir logo ao meu encontro, pois Demas, amando este mundo, abandonou-me e foi para Tessalônica. Crescente foi para Galácia, e Tito, para a Dalmácia. Só Lucas está comigo. Traga Marcos com você, porque ele me é útil para o ministério" (2Tm 4.9-11).

Aquele jovem, fiel ao seu pai na fé, embora outros o tivessem abandonado, cumpre o pedido de Paulo e vai ter com ele. Havia recebido um dom de Deus e fez bom uso dele.

E você? Será que Deus não tem algum dom ou ministério específico para sua vida? E você tem procurado atender ao chamado de Deus ou está fugindo dos seus propósitos? – MM

**Dons de Deus negligenciados se perdem;
aplicados, crescem e dão frutos.**

30 de maio

Resposta

LEITURA BÍBLICA:
Deuteronômio 6.1, 20-25

Contaremos à próxima geração os louváveis feitos do Senhor, o seu poder e as maravilhas que fez (Sl 78.4b).

As crianças observam tudo e fazem perguntas – querem saber o porquê de tudo. É preciso paciência e muita criatividade para explicar como a vida funciona. O texto de hoje é uma orientação aos israelitas que tinham presenciado grandes milagres e sinais de Deus quando este os tirou do Egito e os conduziu à terra prometida. Aquelas pessoas tinham experimentado Deus de uma forma impressionante (Dt 11.7), visto seu poder e amor. Mas no futuro, seus filhos, que não tinham presenciado aquelas maravilhas, fariam perguntas: Por que temos de fazer sacrifícios? Qual o motivo da Páscoa? O que é a Lei de Moisés? Por que temos um estilo de vida diferente dos outros povos? Os pais deveriam, então, contar tudo o que o Senhor fizera por eles e o motivo de servirem a Deus. Se sua resposta fosse convincente, é provável que a nova geração também optasse pelo estilo de vida dos pais.

Este texto mostra que é importante lembrar o que Deus fez. Quando tudo vai bem, nossa tendência é esquecer Deus, deixar a fé de lado e atribuir tudo a "coincidências". Mas, quando lembramos constantemente do que Deus é e faz, nossa vida vai ser motivo de perguntas. Para respondê-las, é preciso ter conceitos bem definidos e uma fé firme, além de atitudes que comprovem nossas palavras.

O que você dirá a seus filhos quando questionarem seu modo de vida? Eles, que o conhecem bem e observam suas atitudes diariamente, seguiriam a Deus devido a seu exemplo? Pense nisso e peça a ajuda de Deus para viver conforme a vontade dele. Estude a Bíblia, ore com seus filhos e leve-os à igreja – não por hábito, mas explicando os motivos de seu comportamento. Leve-os a buscar a Deus por tudo o que ele fez em sua vida e por tudo que você faz em resposta ao grande amor de Deus. – VWR

Um bom exercício: lembrar hoje o que Deus fez ontem para conhecê-lo ainda melhor amanhã.

31 de maio

Dormindo no porão

LEITURA BÍBLICA:
Jonas 1.1-17

Jonas, que tinha descido ao porão e se deitara, dormia profundamente (Jn 1.5c).

D os profetas da Bíblia, um dos mais conhecidos é Jonas. Deus lhe dera a incumbência de ir a Nínive, alertar o povo daquela cidade dos seus pecados e chamá-lo ao arrependimento. Caso não mudassem de vida, Deus destruiria toda a cidade e seu povo.

Jonas não tolerava os ninivitas e suas práticas pagãs; queria mesmo é que morressem, pois eram um povo muito cruel e maldoso. Seria "bem feito para eles". Por isso, resolveu desobedecer a Deus, embarcando num navio que ia para a direção oposta a Nínive.

No meio do caminho Deus mandou uma tempestade sobre o mar e o navio correu sérios riscos de afundamento. Tudo por causa da desobediência do profeta. Enquanto Jonas dormia no porão, o navio o levava para bem longe de onde Deus o havia mandado. Jonas pensou que conseguiria fugir de Deus. Porém, Deus determinou que Jonas teria de ir a Nínive, nem que fosse arrastado, querendo ou não.

A tempestade parecia capaz de quebrar o navio ao meio. Os tripulantes descobriram que a culpa era de Jonas e perguntaram o que ele havia feito a Deus. Percebendo seu erro, Jonas pediu para ser lançado ao mar bravio. A tempestade cessou. Surgiu o grande peixe e engoliu Jonas, que foi vomitado em terra firme e seguiu dali para Nínive (Jn 2.10).

Quantas vezes nós pensamos poder fugir de Deus dormindo "no porão"? Achamos, ou fazemos de conta, que Deus não vai nos alcançar lá. Pensamos poder enganar a Deus, tomando a direção contrária à sua vontade e indo descansar onde pensamos que ele não nos verá. Mas Deus nos trará de volta. Queiramos ou não, ele nos fará cumprir a sua vontade, cedo ou tarde. Ele, como um pai amoroso, nos disciplina até que o obedeçamos. Você tem fugido da vontade de Deus? – HS

Não há lugar no mundo onde Deus não possa nos buscar.

1º de junho

Falso!

LEITURA BÍBLICA:
2 Pedro 2.1-3;17-22

Tomem cuidado com aqueles que causam divisões e colocam obstáculos ao ensino que vocês têm recebido. Afastem-se deles (Rm 16.17).

Para quem estuda a Bíblia há muito tempo, às vezes parece que sua leitura diária não fará mais diferença em sua vida. Afinal, o que Deus ainda pode revelar? Não está tudo ali, naquele livro tão conhecido?

Não! Se pensarmos assim, passamos a correr um grande risco: sermos enganados por falsos ensinos propagados por falsos mestres (assunto do texto de hoje). Segundo Pedro, estes são motivados pela cobiça, espalham histórias inventadas e heresias destruidoras (interpretações incorretas, abandono de doutrinas ou acréscimos por conta própria), chegando a negar a Cristo. São perigosos, pois fazem com que muitos abandonem o caminho correto, como eles fizeram. Serão punidos por todo mal que causaram, mas até isso acontecer podem destruir muitas vidas e igrejas. Como podemos proteger-nos deles? Para combater heresias o melhor é estudar a Bïblia profundamente. Quem conhece Deus e aquilo que ele revelou ao homem, dificilmente será enganado por falsos ensinos. Tome cuidado, também, com líderes e pregadores que não falam em Jesus, o centro da fé cristã. Se o sacrifício de Cristo não é enfatizado, desconfie. Além do risco de sermos enganados, precisamos ficar atentos para que também não nos tornemos falsos mestres. Dificilmente alguém cai de repente – são várias brechas que são abertas aos poucos: deixar a Bíblia de lado, não orar, não ter amigos cristãos fiéis... Assim, podemos passar a propagar mentiras sobre a fé e a Bíblia por desconhecimento e falta de comunhão com Deus. Se você não quer ser enganado nem correr o risco de enganar outros, é preciso decidir ser um cristão autêntico: honrar Jesus como Senhor de sua vida, ter um relacionamento estável e próximo com Deus, ler e estudar diariamente a Palavra e também ficar alerta para qualquer heresia que for propagada. – VWR

Para reconhecer o falso
é preciso conhecer o verdadeiro.

2 de junho

Legado

LEITURA BÍBLICA:
1 Crônicas 28.1-10

Você, meu filho Salomão, reconheça o Deus de seu pai, e sirva-o de todo o coração e espontaneamente (1Cr 28.9a).

Klaus Bonhoeffer, jurista e irmão do mártir alemão Dietrich Bonhoeffer, fez parte do grupo que planejou um atentado contra Hitler e por isso ele foi executado pelos nazistas em abril de 1945. Na Páscoa daquele ano, pouco antes de sua execução, ele escreveu para os seus filhos: "Este tempo de terror, destruição e morte que vocês vivem coloca diante de nós a efemeridade de todas as coisas visíveis. Pois toda a glória das pessoas é como a flor. Mas é aqui que se inicia a sabedoria e a piedade que se estende por toda a eternidade. Esta é a bênção deste tempo. Não confiem meramente nos sentimentos piedosos, mas aprofundem e firmem-nos. Não permaneçam na penumbra, mas busquem a luz. Cavem profundamente na Bíblia e apoderem-se dela. Então a sua vida será feliz e abençoada". Estas palavras são um testamento de alguém que deixou a vida como fiel testemunha de Jesus Cristo.

A leitura bíblica de hoje registra as palavras de despedida de Davi. Seu reinado de quarenta anos está chegando ao fim. É hora de entregar o trono para o seu filho Salomão conforme o Senhor havia ordenado. Davi apresenta seu filho, o novo rei, aos representantes do povo de Israel reunidos em Jerusalém. Nas suas palavras de despedida ele não enumera tudo o que realizou, apenas lembra ao povo que obedeça a todos os mandamentos do Senhor (v 8a). Dirigindo-se ao filho, instrui: "Reconheça o Deus de seu pai". Com isso ele quer dizer: Filho, sem o Senhor não há benção. Sem o Senhor todo o seu empenho será em vão. Dê-lhe o primeiro lugar em sua vida. Mais ainda: "Sirva-o de todo o coração e espontaneamente". Este foi o segredo do seu reinado.

Feliz o pai que deixa este legado para um filho, que chega ao final de sua vida e pode dizer aos seus descendentes: Não esqueçam de Jesus. Ele foi a razão do meu viver! – LSCH

Que legado *você* vai deixar?

3 de junho

Ser feliz

LEITURA BÍBLICA:
Salmo 1.3

Como é feliz aquele que não segue o conselho dos ímpios, não imita a conduta dos pecadores, nem se assenta na roda dos zombadores! (Sl 1.1)

Todos querem ser felizes, mas será que nossa ideia de felicidade é a mesma de Deus? Por exemplo, buscando a felicidade muitas pessoas abrem mão de seus princípios – cristãos, inclusive. Isso contraria o que lemos no versículo em destaque. Você já reparou nas bem-aventuranças que encontramos na Bíblia? Bem-aventurado quer dizer feliz, abençoado, privilegiado. Lendo Mateus 5.3-12 e Lucas 6.20-23 vemos que Jesus se refere bastante à vida futura, no céu, o que é diferente do que nós pensamos, pois queremos a felicidade aqui e nos preocupamos só com a vida neste mundo. O próprio Senhor Jesus foi exemplo de todas as bem-aventuranças que ensinou – e seus seguidores precisam imitá-lo também nisso. Se Jesus disse que aquelas atitudes e características trazem felicidade, você vai duvidar dele?

Porém, apenas cumpri-las não trará a *verdadeira* felicidade, pois esta só é encontrada em Deus e no convívio com ele. Este relacionamento de amor nos dá a vida eterna com o Senhor; a reconciliação e paz com Deus, que só vem por meio de Jesus Cristo (Rm 5.1); esperança e certeza de que Deus cumprirá suas promessas. Também temos a garantia da presença de Cristo (Mt 28.20) e passamos a receber muitas bênçãos, além da recompensa que nos espera no céu.

Podemos dizer que felicidade tem a ver com alegria, beleza e sucesso, e isso será resultado de nossa vida com Deus. A alegria do Senhor é a nossa força (Ne 8.10), ela transparece no rosto e nos torna mais bonitos (Pv 15.13) e, por fim, quem segue a Palavra de Deus experimenta o verdadeiro sucesso, como lemos no texto de hoje.

Você pode escolher ser feliz em Deus ou continuar buscando a felicidade passageira e vazia que o mundo oferece. Quer ser feliz de verdade? Então viva em intimidade com Deus e aplique todas as bem-aventuranças da Bíblia em sua vida! – HK

A verdadeira felicidade só se encontra em Deus!

4 de junho

A sama-
ritana

LEITURA BÍBLICA:
João 4.1-26

Muitos samaritanos daquela cidade creram nele por causa do seguinte testemunho dado pela mulher: "Ele disse tudo o que tenho feito" (Jo 4.39).

Jesus saiu de Jerusalém e foi para a Galileia, do sul para o norte do país. Resolveu tomar o caminho mais curto, passando pela Samaria, o que normalmente os judeus evitavam porque tinham conflitos com o povo de lá. Cansado, ele para junto a um antigo poço, conhecido como Poço de Jacó. Uma mulher samaritana vem à procura de água e se depara com esse estranho chamado Jesus. Sem conhecê-la, Jesus lhe faz um pedido: "Dê-me um pouco de água". A mulher levou um susto. Um homem falando com ela em publico! E ainda mais, um judeu.

Naquele dia Jesus quebrou a barreira de comunicação entre os dois povos e elevou a posição da mulher a um lugar de destaque. Mais tarde todo um grupo de mulheres cuja vida tinha sido transformada por seus ensinos e milagres o seguia. Na sua conversa com Jesus, a samaritana falou da sua condição infeliz. Sua vida conjugal não andava nada bem. Ela fica chocada ao descobrir que Jesus sabe que ela se casara cinco vezes e que o homem com quem vive agora não é seu marido. Entretanto, Jesus expôs a situação dela dessa forma porque queria restaurar sua vida, oferecendo-lhe o perdão de Deus e fazendo dela uma nova criatura.

Jesus nos conhece. Alguém já disse que "ninguém vê a si mesmo até que se veja na presença de Cristo". Era exatamente isso que Jesus queria que a mulher fizesse, para que percebesse que era uma infeliz em sua situação de pecado – e ela muda completamente quando se encontra com Jesus. Este é o caminho de recuperação da vida. Jesus não discutiu com a samaritana, mas ofereceu-lhe a solução para seus problemas por meio de sua exposição e o perdão de Deus – tal como oferece também a você e a mim. – JG

**Jesus Cristo é a fonte que sacia
a sede do nosso espírito.**

5 de junho

Deus ouve?

LEITURA BÍBLICA:
1 Samuel 28.1-7

Sonda-me, ó Deus, e
conhece o meu coração
(Sl 139.23a).

Você já notou que algumas pessoas clamam a Deus só num aperto? Para muitos, Deus é um tipo de pronto-socorro, chamado somente em emergências. Fora isso, vivem como se ele não existisse.

No texto de hoje, vemos o rei Saul desesperado, buscando o Senhor numa crise. Reinava independente da direção de Deus, era orgulhoso e ciumento, até tentava de todo jeito matar seu sucessor, Davi, o escolhido de Deus. Quando viu o exército filisteu, ficou estarrecido e recorreu a Deus para saber o que fazer. Será que Saul pensou que, por ser o líder do povo escolhido, Deus lhe devia o favor de garantir plena vitória? Mas Deus mostrou-se como se fosse surdo. Nenhum dos recursos para obter a resposta de Deus funcionou. Finalmente, nervoso e apavorado, buscou respostas com uma feiticeira e recebeu a confirmação de que seu reino seria dado a Davi. Saul não pediu a Deus que sondasse seu coração como fez Davi (veja o versículo em destaque). Deus ouve o servo contrito e deseja que as pessoas tenham um relacionamento com ele – algo ignorado por Saul. Pena que ele não viveu como Davi – sensível à vontade do Senhor e com o coração aberto para que fosse sondado por Deus, a fim de não pecar contra ele. Davi passou por muitas provações, inclusive as perseguições de Saul, mas saiu vitorioso no seu desejo de agradar ao Senhor. De maneira alguma queria roubar o trono de Saul, originalmente o escolhido de Deus para reinar sobre Israel. Respeitava o plano de Deus e esperava receber a coroa prometida no momento adequado. Certamente nunca pensou que Saul iria suicidar-se para desocupar o trono em desgraça. Se você pensa que Deus não responde às suas preces, anime-se, pois ele *sempre* ouve a oração de quem busca seguir sua vontade, embora nem sempre compreendamos seus caminhos. "Deus cuidará de ti", como diz um antigo hino evangélico. Confie nele e será feliz! – TL

**Deus ouve nossa vida inteira e responde ao que somos
(W. Bingham Hunter).**

6 de junho

Planos

LEITURA BÍBLICA:
Ester 1.1-12

*O coração do rei
é como um rio
controlado pelo
Senhor; ele o dirige
para onde quer
(Pv 21.1).*

O rei Xerxes era imensamente rico e poderoso. No texto de hoje, ele aparentemente quis deixar isto muito claro e assim promoveu um grandioso banquete, cheio de ostentação. Entre outras coisas quis também ostentar o que considerava ser sua propriedade, a rainha Vasti, que se recusou a comparecer conforme a ordem real, desencadeando uma crise institucional que culminou com sua deposição, com subsequente substituição por Ester, uma judia. Esta viria a ser usada por Deus em um grande livramento para Israel.

Xerxes se achava muito poderoso. De fato, governava um território gigantesco e tinha riquezas suficientes para esbanjar em um banquete de sete dias para toda a cidade com assentos e taças de ouro puro. Mas é curioso que a decisão de um rei tão poderoso serviu a um propósito maior. Ele achava estar fazendo o que lhe convinha, mas suas ações resultaram na preservação de um povo do qual ele mal tomava conhecimento, e cujo Deus nem cogitava obedecer. Mas Israel era o povo que Deus preparava para a vinda do Messias. Pessoalmente não sou daqueles que creem que Deus tenha um plano inexorável para cada um de nós, um destino para cada criatura, embora creia que ele eventualmente chama e capacita pessoas para fins específicos, como muitas vezes narrado nas Escrituras. A Bíblia ensina também que mesmo aqueles que não se importam com ele, que não levam sua vontade em consideração, acabam muitas vezes involuntariamente contribuindo para seu propósito maior. Xerxes é um exemplo disso – outro foi Nabucodonosor da Babilônia (Jr 278.6).

E que propósito é este? O grande plano de Deus para a raça humana é a redenção em Cristo Jesus. Por trás de todos os acontecimentos, sua mão dirigia a história para preparar o cenário da vinda do Cordeiro de Deus, e a existência de Israel era parte importante do seu plano. – MHJ

**Deus nos deixa fazer o que quisermos,
mas todos acabam servindo aos seus propósitos.**

7 de junho

Dinheiro

LEITURA BÍBLICA:
Eclesiastes 5.10-15

Conservem-se livres do amor ao dinheiro e contentem-se com o que vocês têm, porque Deus mesmo disse: "Nunca o deixarei, nunca o abandonarei" (Hb 13.5).

Moderação é uma palavra que deve fazer parte de nossa vida. Podemos defini-la como qualidade que consiste em evitar exageros. Devemos comer com moderação, trabalhar com moderação, falar com moderação, fazer tudo com moderação. Num mundo desequilibrado em seus princípios, é preciso agir com discernimento para não partir para excessos, principalmente quando se trata de gastar dinheiro. O endividamento tem atingido muitas famílias por não cuidarem direito de seus negócios.

Um dos sinais do amor ao dinheiro é a falta de contentamento com o que já se possui. O consumismo tem seduzido as pessoas que amam o dinheiro, criando a necessidade de gastar sempre um pouco mais do que se recebe. Viver com moderação é buscar o equilíbrio entre o que se ganha e o que se gasta. A moderação também implica economizar para tempos difíceis – guardar um pouco sempre para poder ter o suficiente no futuro. Por outro lado, tudo que acumulamos neste mundo, seja pouco ou muito, vai ficar aqui mesmo, e quanto mais o homem possui, mais dificuldades vai enfrentar. Muitas vezes tem mais infelicidade aquele que acumulou fortunas, do que o simples trabalhador que tem pouco dinheiro, mas um sono tranquilo. Quem tem muito vive com o risco de perder muito em negócios mal feitos ou problemas inesperados. Quem tem pouco não tem muito o que perder e ainda tem a chance de crescer. Mas a maior busca e expectativa do homem deve ser a de acumular tesouros no céu (Mt 6.19-20). Em lugar de sonhar com coisas que perdem o valor a cada dia, deveríamos trabalhar para aquilo que é eterno. Mais do que nos preocupar com finanças, necessitamos do alimento espiritual. Ceder ao consumismo é beber de uma água que sempre faz a sede voltar. Melhor que isso é a "água viva" que Jesus oferece, que satisfaz definitivamente (Jo 4.14). – HSG

Possuir dinheiro é bom e útil, ser possuído por ele é trágico.

8 de junho

Soberano

LEITURA BÍBLICA:
2 Samuel 7.18-22

*Ele é o bendito e único
Soberano, o Rei dos
reis e Senhor dos
senhores (1Tm 6.15).*

Um dia li que certo povo tinha o seguinte ditado: "Há três coisas a temer: o furacão, o terremoto – e papai quando volta do trabalho!" Era temido bem mais pelo seu comportamento que respeitado como chefe de família – um déspota que aterrorizava seus "súditos" com seus caprichos. Fica claro no texto lido que Deus age de maneira bem diferente, apesar de ser o único verdadeiro soberano. Ele mesmo, o Deus que o rei Davi adorava, revelou-lhe sua soberania. O próprio Davi também era um soberano, investido do poder máximo no seu reino. Reconhecia, porém, que sua autoridade se limitava ao trono de Israel. Como criatura que era, o único soberano pleno era o seu Criador. Sabia que Deus tinha um objetivo com ele como precursor de "Cristo, o Filho de Davi". Além disso, seu povo seria uma espécie de "berço" para o nascimento do Messias, o Salvador da humanidade perdida. Quando seu filho Salomão foi escolhido para levantar o templo em Jerusalém, seu coração transbordou numa oração fervorosa ao seu soberano celestial: "Quão grande és tu, ó soberano Senhor!". Todavia, esse grande soberano é também amor, e tudo deve ser visto por este prisma, embora nem sempre entendamos as razões do que ele faz. Às vezes não queremos aceitar os planos de Deus quando contrariam nossa vontade. Um dia eu meditava sobre a soberania de Deus, mas pouco depois caí e fraturei o cotovelo direito. Perguntei-me então: Como pode *isto* mostrar que Deus é soberano? Foi impossível encontrar qualquer razão para o ocorrido, e mais uma vez consolei-me com o fato de Deus realmente ser supremo e não precisar explicar suas razões. Um dia tudo será esclarecido e Deus receberá a glória. Paulo escreveu o versículo em destaque diante de muitas situações insatisfatórias que enfrentava nas igrejas, mas sabendo que nenhuma delas escapava à vista do Deus altíssimo. Permanecerá eternamente o único Soberano! – TL

**O que me importa o mundo
quando sei que Deus é soberano e amor?**

Não desista!

LEITURA BÍBLICA:
Romanos 7.21-25

Graças a Deus, que sempre nos conduz vitoriosamente em Cristo (2Co 2.14).

Como vai a sua vida? O que pode parecer uma dessas frases corriqueiras que nem pedem resposta é, na verdade, essencial; afinal, é comum as pessoas terem a vida cheia de problemas, dificuldades e derrotas. Para muitos, o resultado é o desânimo, a ponto já nem tentarem reagir contra coisa alguma. São os que dizem: "Deixe como está para ver como fica".

Mas pense bem: se você estivesse frente a frente com um leão faminto, qual seria a sua reação? Será que você também diria "Deixe como está para ver como fica"? No mínimo, sairia correndo! Pois bem, então saiba o que diz a Bíblia acerca do principal causador das nossas misérias, o diabo, o nosso adversário. Observe: "Estejam alertas e vigiem. O diabo, o inimigo de vocês, anda ao redor como leão, rugindo e procurando a quem possa devorar" (1Pe 5.8).

Muitas vezes esta é a razão por que somos derrotados nos nossos bons propósitos: porque não reagimos diante das tentações e dos ataques do diabo. Há também aqueles que se desesperam e chegam a suicidar-se. Na nossa leitura de hoje, o apóstolo Paulo até parecia ir nessa direção, mas lembrou-se a tempo de que temos um salvador: Jesus.

A propósito, o Senhor Jesus Cristo, quando foi tentado pelo diabo, contra-atacava usando as Escrituras Sagradas e saiu vitorioso. Sabe por quê? Porque a Palavra de Deus é uma arma poderosa, a "espada do Espírito", conforme lemos em Ef 6.17: "Usem o capacete da salvação e a espada do Espírito, que é a Palavra de Deus". Portanto, se você estiver enfrentando tentações, problemas e dificuldades, não deixe como está para ver como fica. Adote a receita proposta em Tg 4.7: "Submetam-se a Deus. Resistam ao diabo, e ele fugirá de vocês".

Reaja diante das tentações e dos problemas de sua vida com confiança em Jesus Cristo, e com certeza você também obterá a vitória por intermédio dele. – MM

Fortaleçam-se no Senhor e no seu forte poder (Ef 6.10).

Maldade

LEITURA BÍBLICA:
Gênesis 6.5-7

O pecado é uma
vergonha para
qualquer povo
(Pv 14.34b).

A maldade humana parece não ter limites: guerras, terrorismo, violência, destruição da natureza ou de vidas por motivos fúteis. Para onde estamos caminhando? Parece que uma grande tragédia está prestes a ocorrer na Terra. Qual a raiz do problema? Seria simplesmente a má distribuição da riqueza? Ou a falta de educação adequada? Em 2007 foi preso em nosso país um dos maiores traficantes de drogas do mundo, acusado de centenas de assassinatos. Ele vivia em condomínios luxuosos, submeteu-se a diversas cirurgias da face e usava vários documentos de identidade. Será que o problema do tráfico ficará solucionado com a prisão de um ou outro criminoso? Claro que não! Ele vai continuar enquanto houver pessoas dispostas a distribuir e outras a comprar drogas. De onde vem tanto potencial para a destruição? Romanos 3.10-18 responde: "Não há nenhum justo, nem um sequer; não há ninguém que entenda, ninguém que busque a Deus. Todos se desviaram, tornando-se juntamente inúteis; não há ninguém que faça o bem, não há nem um sequer. Suas gargantas são um túmulo aberto; com suas línguas enganam. Veneno de serpentes está em seus lábios. Suas bocas estão cheias de maldição e amargura. Seus pés são ágeis para derramar sangue; ruína e desgraça marcam os seus caminhos e não conhecem o caminho da paz. Aos seus olhos é inútil temer a Deus". Aí está a raiz do mal. A perversidade humana tem sua origem no pecado. Na época do dilúvio ela aumentou tanto que Deus decidiu destruir quase toda a humanidade – sobrou apenas a família de Noé.

O ser humano se mostra inimigo de Deus e transforma sua vida numa tragédia. O que é necessário para mudar esta história? "Que o ímpio abandone o seu caminho, e o homem mau, os seus pensamentos. Volte-se ele para o Senhor, que terá misericórdia dele; volte-se para o nosso Deus, pois ele dá de bom grado o seu perdão" (Is 55.7). Foi para isso que Deus enviou o seu Filho Jesus. – HM

O amor de Deus é o antídoto para a maldade humana.

11 de junho

Renovação

LEITURA BÍBLICA:
Josué 8.30-35

O Senhor é o meu pastor ...
restaura-me o vigor
(Sl 23.1,3).

Segundo relatos de prisioneiros de guerra, um dos piores castigos aplicados pelo inimigo é a privação de sono. Ficar acordado por longos períodos parecia pior que os espancamentos. Para o nosso alento, Deus nos dá as noites de descanso. Durante o dia, servem para nos renovar também um cafezinho, o recreio, a sesta, além de feriados e férias, dependendo da situação. Na vida espiritual, o cristão também precisa de ocasiões de renovação para se reanimar na caminhada com Deus, como os cultos aos domingos e outras ocasiões especiais.

Hoje lemos que, depois das duas primeiras vitórias sobre os inimigos, Josué reuniu o povo para a renovação do seu pacto com Deus. Levantou duas colunas e nelas escreveu o resumo da lei, que era como a constituição da nova nação. Todos ouviram a leitura da Palavra de Deus escrita por Moisés e entregue a Josué.

O povo todo precisava reunir-se depois das batalhas para pensar em Deus e encarar as incertezas do futuro com orientação espiritual. A conquista da terra não era apenas para derrotar os inimigos e possuir suas terras, mas para instalar a adoração a Deus em lugar do culto aos deuses pagãos. Tudo tinha em vista um povo especial instalado na terra escolhida por Deus para servir de "berço" para a vinda do Messias, o Salvador do mundo.

Hoje, você que é cristão tem um pacto em Cristo que precisa ser renovado constantemente. Na verdade, quando nele depositou sua fé, recebeu a vida eterna. Mas ao aceitá-lo entrou numa relação íntima com ele para viver para ele. Portanto, precisa separar tempo, como leu no texto, dando atenção à sua palavra e à oração a fim de saber como viver neste mundo. Jesus espera que, como Israel, você ganhe para ele "território" que antes pertencia ao inimigo. O Bom Pastor do versículo-chave quer restaurá-lo diariamente, mas precisa de cooperação. Para viver para a sua glória é preciso parar para deixá-lo agir em você. – TL

Pare diante de Deus para que ele ande com você.

Exemplos

LEITURA BÍBLICA:
Hebreus 11.7-12; 23-29

O Senhor se agrada dos que o temem, dos que colocam sua esperança no seu amor leal (Sl 147.11).

O texto de hoje faz parte da "galeria dos heróis da fé" e destaca três importantes personagens bíblicos. O que suas vidas podem nos ensinar?

Noé vivia em uma sociedade corrupta, mas andava com Deus (Gn 6.9) e foi escolhido para formar uma nova humanidade. Ele construiu a arca conforme a orientação de Deus – talvez suportando a zombaria dos outros – e sobreviveu ao dilúvio.

Como Noé, Abraão demonstrou coragem e fé ao obedecer ao Senhor, partindo de sua terra sem saber para onde ia. Mesmo sem ter filhos, acreditou na promessa de Deus de que seria pai de uma grande nação e, quando já tinha 100 anos, nasceu Isaque. Foi escolhido para ser o pai do povo de Israel e de todos os que creem em Deus. Mesmo quando Deus lhe pediu seu amado filho, foi fiel – e Deus salvou o menino. Foi chamado de "amigo de Deus" (Is 41.8). Moisés também foi escolhido por Deus: sua tarefa era liderar os israelitas para que deixassem a escravidão no Egito e fossem para a Terra Prometida. Ele presenciou muitos milagres e recebeu, registrou e proclamou a Lei de Deus. Destacou-se por sua comunhão com Deus e como servo do Senhor (Js 1.1).

O que esses três homens têm em comum? Eles foram escolhidos por Deus para uma tarefa especial, foram fiéis e obedientes e tinham um relacionamento de amizade com Deus. São exemplos para nós, pois suas vidas agradaram a Deus. Como eles, também nós podemos ter intimidade com o Senhor, buscando-o a cada dia e deixando que ele dirija nossas vidas; nosso amor a Deus e desejo de servi-lo vão resultar em obediência, prática dos princípios bíblicos e adoração exclusiva a ele; também somos escolhidos para uma missão – proclamar que Cristo veio ao mundo e morreu por todos, trazendo a esperança de vida eterna aos que creem nele. Sejamos fiéis e obedientes como estes homens, imitando seu bom exemplo e agradando a Deus com nossa vida. – VWR

Deus, o Senhor de tudo, nos oferece sua amizade em troca de obediência. Haveria proposta melhor?

13 de junho

Procuração

LEITURA BÍBLICA:
Colossenses 3.9-17

Tudo o que fizerem, seja em palavra ou em ação, façam-no em nome do Senhor Jesus... (Cl 3.17).

Só há um Deus. Ele é quem decide o que é bom ou mau. Mas quisemos viver do nosso jeito e nos rebelamos; sem nos dar conta, tornamo-nos seus inimigos. Aparentemente vivos, estávamos mortos – era só uma questão de tempo. Todos nós, sem exceção. Impossível obter o favor divino guardando os mandamentos; ninguém conseguiu, senão Jesus, que os cumpriu integralmente e com sua morte na cruz concedeu vida divina a todo o que nele crê. Assim, por meio da fé, sem méritos pessoais, vencemos a morte e ganhamos vida. Mas crer em Cristo não é dar continuidade à mesma vida de antes, e sim renascer com características da natureza de Jesus de Nazaré. Ele é o padrão da nova vida. Um recém-nascido dá sinais de vida, e no texto de hoje Paulo escreve sobre atitudes e comportamentos que sinalizam a nova vida do nascido de novo. Há todo um guarda-roupa de hábitos e atitudes a reformar, velhas vestes a serem despidas para nos revestirmos do novo. Para isso muita gente tenta impor aos outros listas detalhadas de prescrições do tipo "pode/não pode", ditar um "figurino" cristão... não funciona! São atitudes exteriores que não garantem coisa alguma.

Cabe a cada novo nascido fazer as boas escolhas – a responsabilidade é de cada um! Um fio de ouro deve conduzir tudo o que faço ou deixo de fazer, sem depender de instruções sobre exterioridades: ter um coração que vive em nome de Jesus.

Longe de baixar o padrão de exigência para o viver cristão, isto significa ter consciência plena e séria de representá-lo neste mundo, entender que se trata de algo como ter uma procuração dele para agir em seu nome (viver a vida dele) – e responsavelmente escolher cada pensamento, palavra ou ação. Isto resultará em que a beleza de Cristo seja vista em nossa vida. Estude as Escrituras para aprender como ele age, e ore pedindo-lhe sabedoria. – MHJ

**Se o seu coração for reto diante de Jesus,
suas atitudes externas também serão.**

14 de junho

Aproveite bem

LEITURA BÍBLICA:
Mateus 25.14-30

...aproveitando ao máximo cada oportunidade, porque os dias são maus (Ef 5.16).

Na parábola dos talentos observamos um homem que, ausentando-se do país, deixou com alguns de seus servos certo valor em dinheiro. A um deixou cinco talentos, a outro dois, e a outro um. Dois deles aproveitaram o que tinham recebido para investir, vindo a dobrar o valor recebido, ao contrário do que recebera só um talento. Quando aquele homem voltou, os servos foram chamados para prestar contas. Os que tinham dobrado os talentos receberam elogios e maiores responsabilidades. Entretanto, o que havia enterrado o talento do seu patrão foi expulso da presença deste. A nós, esta parábola diz o seguinte:

1. Todos temos talentos ou dons, que são as oportunidades que Deus nos dá para realizar alguma coisa para expandir o seu reino aqui na Terra. 2. O fato de cada um receber diferentes quantidades de talentos indica que nem todos têm oportunidades iguais em número e em quantidade. 3. O dever de cada cristão é aplicar esses dons, fazendo uso dessas oportunidades e não mantê-los apenas em segurança, como fez o servo que recebera um talento. 4. Haverá um dia quando o nosso Senhor pedirá contas das oportunidades que deu a cada um de nós. Cumpre, portanto, aplicar bem os recursos que recebemos. 5. A falta do servo que recebera um talento foi negligenciar sua oportunidade, talvez por achar que não valesse a pena, mas Deus dá a cada um a medida certa e se não a aproveitarmos, o prejuízo será de todos. 6. O servo fiel receberá maiores bênçãos, que são responsabilidades maiores para servir, enquanto o infiel perde até o pouco que não soube usar.

Por isso, seja qual for a oportunidade que você tiver em sua vida, aproveite-a e faça com que se desenvolva de modo que faça crescer o reino de Deus. – MM

O valor do seu talento será do tamanho do uso que fizer dele.

15 de junho

Doce e salgado

LEITURA BÍBLICA:
Tiago 3.9-12

Há palavras que ferem como espada, mas a língua dos sábios traz a cura (Pv 12.18).

O hábito de misturar alimentos doces e salgados não é estranho para muitos descendentes de imigrantes alemães que vivem na região em que moro – é comum o churrasco gaúcho ser acompanhado de pedaços de bolo. Há também quem goste de juntar ao almoço pedaços de frutas, como pêssego e abacaxi. Misturar doces e salgados é interessante, e aparentemente não causa nenhum problema a quem deles se alimenta. Porém, o texto de hoje fala de uma mistura perigosa: uma língua que abençoa e também amaldiçoa. Tiago lembra que não existe fonte que jorre água doce e salgada ao mesmo tempo, só um tipo de água pode sair dela. Assim também deveria ser conosco. Não está certo sermos fonte de palavras doces, que glorificam a Deus, e ao mesmo tempo de palavras amargas, que amaldiçoam os outros.

Como é possível que uma mesma boca louve a Deus e minta? Cante os mais belos hinos e insulte alguém? Isso só prejudica nosso testemunho diante dos outros. Imagine alguém que está quase decidindo crer em Cristo e ser cristão. Um dia, essa pessoa assiste a um jogo de futebol entre cristãos em que ocorrem brigas e insultos. Depois vê essas mesmas pessoas "louvando" na igreja. Se ela achar que ser cristão é agir como aqueles que vivem sem Deus – ou pior, ser hipócrita – dificilmente o evangelho fará sentido para ela.

Que da nossa boca brotem apenas palavras que edificam, e não insultos, ofensas, calúnias. O alerta de Paulo é claro: "Nenhuma palavra torpe saia da boca de vocês, mas apenas a que for útil para edificar os outros, conforme a necessidade, para que conceda graça aos que a ouvem" (Ef 4.29). Reflita: como está sua "fonte"? Misturando palavras doces e salgadas? Ou você tem glorificado a Deus com seu falar? Decida ter apenas um tipo de "água" em sua fonte – a boa! – VWR

Um pouco de limpeza no meio da sujeira se perde; um pouco de sujeira contamina tudo.

16 de junho

Curas

LEITURA BÍBLICA:
Mateus 9.1-8

*Como são grandes as
tuas obras, Senhor,
como são profundos os
teus propósitos!
(Sl 92.5)*

Quando a saúde não vai bem, desejamos ser curados. Se a medicina não resolve, muitas pessoas passam a crer em qualquer coisa que possa amenizar a dor. Recentemente vi um convite para um "show de milagres" que prometia curas. Diante dessas coisas, o cristão precisa lembrar que a Bíblia é a sua única regra de fé. Não é o que pensamos, nem os anúncios da televisão ou o que os chamados profetas pregam, mas sim a mensagem que aprendemos sobre a atuação de Deus, registrada na Bíblia, que deve nortear nossas ações. Se uma pessoa foi curada por Deus, é porque ele tem um propósito com isso.

O Senhor não marca dia, hora ou local para realizar uma cura. No texto de hoje, vemos que Jesus curou o paralítico sem marcar uma consulta. Quando menos esperamos somos alvo de seu toque milagroso. Quando era jovem, fiquei terrivelmente doente e fiz um longo tratamento no hospital. O médico pensava que eu não me curaria e disse-me que deveria ficar satisfeito em estar quase bom. Mas Deus tinha outro propósito para a minha vida e, numa manhã ensolarada de verão, senti o seu toque. Ele me curou completamente, no seu tempo e segundo o seu propósito. Desde então tenho servido ao Senhor, para sua honra e glória.

Mas nem todos são curados. Deus disse a Paulo: "Minha graça é suficiente para você" (2Co 12.9a). Tive o privilégio de conhecer Joni Eareckson Tada numa reunião. Ela contou como Deus a usa assim como ela é, tetraplégica. Todos que estavam ali ficaram emocionados em ver o que Deus pode fazer com uma pessoa mesmo que não tenha sido curada. Também soube de um soldado recém-chegado da guerra no Iraque que respondeu a um repórter, olhando para o lugar onde estavam os seus braços: "Estou curioso para saber o que Deus tem para mim sem os braços". – JG

**Não importa tanto se Deus cura ou não
– importa o seu propósito.**

17 de junho

Povo de Deus

LEITURA BÍBLICA:
1 Pedro 2.9-10

Se o Filho os libertar, vocês de fato serão livres (Jo 8.36).

Até pouco tempo atrás, declarar-se cristão, evangélico ou temente a Deus era motivo de piada ou vergonha. No entanto, a liberdade religiosa, o respeito aos direitos humanos e o crescimento do número de evangélicos no país tornaram a declaração de fé em Cristo mais tranquila. Hoje se declaram seguidores de Jesus pessoas de todas as camadas sociais, incluindo destacadas personalidades dos meios artístico, esportivo e empresarial. Em geral, os cristãos deixaram de ser considerados fanáticos, simplórios e incultos.

O preconceito em relação aos cristãos pode ter diminuído, mas as condições básicas para seguir a Cristo não mudaram. Por exemplo, Jesus disse que se alguém quisesse segui-lo deveria estar disposto a renunciar a si mesmo (abrir mão de sua própria vontade e conceitos) e tomar sua cruz diariamente (Lc 9.23). Isso significa que se quisermos seguir Jesus precisamos estar dispostos a assumir um compromisso de vida com ele. Além disso, a vida cristã não será isenta de problemas e dificuldades. Jesus disse que os insultados e perseguidos por sua causa seriam bem-aventurados (Mt 5.11).

Quem segue Jesus passa a pertencer ao povo de Deus. A igreja é o lugar de oferecer o ombro, o colo, um sorriso amigo e um novo significado de família, com novos valores, expectativas e papéis a desempenhar. Fazer parte do povo de Deus dá um novo sentido à vida das pessoas – é o que mais precisam os "órfãos" produzidos por uma sociedade insensível e fria.

Jesus veio para buscar e salvar o que estava perdido (Lc 19.10), libertando as pessoas da escravidão ao pecado (veja o versículo em destaque) e proporcionando um novo relacionamento com Deus. Aproveite a liberdade que temos hoje para anunciar a grandeza de Deus e convidar outros a fazer parte desse povo especial e dedicado ao Senhor. – HS

São grandes o privilégio e a responsabilidade de pertencer ao povo de Deus.

18 de junho

Adore!

LEITURA BÍBLICA:
Amós 5.21-27

Afastem de mim o som das suas canções e a música das suas liras (Am 5.23).

Desde pequeno fui criado em meio à música cristã – não apenas na igreja, mas também ouvindo minha mãe, que tinha uma linda voz, amava muito a Deus e vivia cantando. Com este estímulo, desde cedo me envolvi com música em minha comunidade cristã: cantava em corais, participava de um conjunto masculino e até achavam que tocava razoavelmente bem um instrumento. Em certa ocasião, adolescente cheio de arrogância juvenil, voltei da igreja zombando de um irmão que (para minha prepotência) tocava muito mal. Recebi de minha mãe uma preciosa e inesquecível lição que foi mais ou menos assim: "Filho, vendo seu coração, provavelmente Deus se agradou bem mais da música dele do que da sua". Foi uma "bofetada"! Depois disso, percebi a clara distinção entre música para Deus e adoração a Deus.

Apresentamos ao Senhor e aos homens números musicais e artísticos que se destinam a expressar amor e devoção, além de inspirar os ouvintes. A música é passível de avaliação técnica e estética. Sua qualidade depende de talento, treino e meios materiais. Já a adoração é um ato que começa na alma – um coração rendido ao Senhor que quer se expressar. Ela não depende da qualidade artística, de conhecimento e ensaios, mas da qualidade da vida do adorador.

Enquanto as expressões musicais podem ser avaliadas pelos homens, a adoração só pode ser avaliada pelo próprio Deus. Não estou defendendo que as músicas dedicadas a Deus sejam executadas com negligência, descuido, de qualquer jeito. É altamente desejável que os envolvidos com música na igreja tenham capacitação e usem o melhor de seus esforços para fazê-lo bem. Porém, é absolutamente imprescindível que a vida de quem deseja adorar a Deus seja cheia de devoção e coerente com um coração disposto à obediência. Se não for assim, como no texto que lemos hoje, nossas músicas e nosso culto não agradarão ao Senhor. – MHJ

A arte ajuda a adoração, mas não pode substituí-la.

19 de junho

Prosperidade

LEITURA BÍBLICA:
3 João 1-8

Deus lhe disse: Louco, esta
noite te pedirão a tua alma;
e o que tens preparado, para
quem será? (Lc 12.20 – ARA)

O tempo em que vivemos é conhecido por muitos como pós-moderno. Neste tempo ou na cultura pós-moderna, a ênfase está na aquisição, no consumismo, na prosperidade. Muitos pensam que serão prósperos e satisfarão as necessidades da alma adquirindo e consumindo bens – e infelizmente isso também tcm acontecido em algumas igrejas. Nesta pequena carta que João escreveu a Gaio encontramos uma boa explicação da verdadeira prosperidade, ou seja, aquela que agrada a Deus. Ele não escreveu sobre prosperidade financeira, mas sobre algo que vai mais além: a prosperidade espiritual. João disse: "faço votos por tua prosperidade e saúde, assim como é próspera a tua alma" (v 2 – ARA). Ele elogiou Gaio por andar na verdade, por seu amor e por hospedar servos de Deus. Quem tem a alma alimentada por Deus serve com alegria e trata as pessoas com amor.

E a sua alma, como está? Você pode dizer como o salmista "A minha alma tem sede de Deus, do Deus vivo" (Sl 42.2a)? Você tem prosperado nas coisas de Deus, como na leitura da Bíblia, na oração e na comunhão com os irmãos? Tem prazer em servir a Deus e às pessoas com amor? Está pronto a contribuir com a obra do Senhor?

Podemos relacionar a prosperidade material e física à prosperidade espiritual da seguinte forma: quando nossa alma está bem alimentada por Deus é que temos condições de prosperar com proveito também em outras áreas da vida. Se não for assim, a prosperidade material, física ou familiar pode induzir-nos à idolatria e a outros males. No versículo em destaque, Jesus chama de "louco" um homem que dedicou sua vida a acumular bens e não deu atenção a Deus.

Siga o exemplo de Gaio e busque a prosperidade espiritual, crescendo a cada dia em seu relacionamento com Deus e no conhecimento de sua Palavra. – vs

A verdadeira prosperidade é antes de tudo espiritual.

20 de junho

Heroína de Israel

LEITURA BÍBLICA:
Ester 2.1-23

O rei gostou mais de Ester do que de qualquer outra mulher (Et 2.17a).

O livro de Ester foi escrito entre os séculos V e VI a.C. Ele fala de acontecimentos durante o reinado de Assuero, mais conhecido como Xerxes, o rei da Pérsia. Você poderá conhecer os antecedentes desta história nos registros dos livros de 2 Reis, 2 Crônicas, Esdras e Neemias. Através destas leituras, saberá que aí está a invisível mão de Deus, dirigindo reis e nações.

Deus estava preparando Ester para um papel muito importante na preservação do seu povo. Ela conheceu o sofrimento quando ficou órfã, mas também experimentou o cuidado de Deus quando foi adotada e protegida por seu primo Mardoqueu (v 7). Todos estes acontecimentos serviram para prepará-la ainda mais para a grande tarefa que a aguardava. A palavra-chave do livro de Ester é providência e um só pensamento permeia toda a narrativa: livramento. A explicação está na palavra de Mardoqueu: "Quem sabe se não foi para um momento como este que você chegou à posição de rainha?" (Et 4.14b)

Ester era linda, ganhou um ano de especial tratamento de beleza e conquistou o coração do rei, desde a primeira vez que ele a viu (v 17). Apesar disso, ela não perdeu a sua natural humildade. Deve ter sido muito difícil morar em um harém, mas ela se submeteu às dificuldades porque Mardoqueu assim lhe pedira. Aceitou também as sugestões de Hegai (v 15), o encarregado do harém, que se encantara com a sua simplicidade.

Muitas vezes questionamos a maneira pela qual Deus nos trata. Mas ele está, na realidade, nos capacitando para tarefas específicas e especiais no futuro. É difícil ser um discípulo humilde e um aprendiz nas áreas de nossa vida em que temos mais talento ou mais firmeza, mas é bom lembrar que quanto mais aprendemos, mais eficientes seremos. Assim, também Deus será mais honrado através de toda a nossa vida. – EOL

A pessoa mais notável é aquela cuja vida Deus dirige.

21 de junho

Digno?

LEITURA BÍBLICA:
Lucas 7.1-10

Não por atos de justiça por nós praticados, mas devido à sua misericórdia, ele nos salvou (Tt 3.5a).

Hoje lemos sobre um centurião, comparado atualmente ao capitão do exército. O cargo exigia homens fortes e íntegros, e o testemunho dos líderes religiosos atesta que, além destas qualidades, ele ainda amava o povo judeu e tinha construído a sinagoga. Este homem *merecia* a ajuda de Jesus – era "digno". Aqueles líderes devem ter visto Jesus com pessoas que eles desprezavam e não mereciam sua atenção, como cobradores de impostos e prostitutas. Mas agora o caso era diferente: eles falavam de um homem digno e merecedor da visita do Mestre.

Então, acontece o inusitado. Aquele homem tão bem recomendado manda dizer – nem se atreve a ir pessoalmente – que *não merecia* receber o Senhor em sua casa e não se considerava *digno* para encontrá-lo. Acreditava que Cristo poderia ordenar a cura e, mesmo longe, seu servo seria curado. Os líderes tentaram recomendar aquele homem por suas boas obras, mas ele mesmo não se apoiou nelas e colocou toda a sua esperança no poder de Cristo. Jesus, então, elogiou-o por sua *fé*, e não por suas qualidades.

O centurião, exaltado pelos outros, demonstrou uma humildade surpreendente. Poderia ter usado seus méritos para ter direito ao auxílio divino, mas preferiu confiar nos méritos de seu Senhor. Humilhou-se, e foi elogiado pelo Filho de Deus, que conhece os verdadeiros sentimentos e motivações das pessoas.

Pense agora em sua vida. De quem você recebe elogios e por quê? Pelo que você faz, por quem você é ou por sua submissão ao Senhor? Você é louvado pelos outros e censurado por Deus ou sabe que Deus aprova suas atitudes mesmo quando todos o condenam? Aquele centurião entendeu que ninguém, nem mesmo uma pessoa tão bem recomendada como ele, é digno e merecedor da atenção e amor divinos. Mesmo assim, o Senhor nos busca e salva quando somos humildes e reconhecemos que precisamos dele. – VWR

A fé em Jesus nos torna dignos diante de Deus.

22 de junho

Nome

LEITURA BÍBLICA:
Apocalipse 3.1-6

Em Antioquia, os discípulos foram pela primeira vez chamados cristãos (At 11.26c).

Conta-se que Alexandre o Grande precisou chamar a atenção de um de seus soldados. Ao descobrir que este também se chamava Alexandre, a bronca foi curta e objetiva: "Ou muda de atitude, ou muda de nome!" Obviamente, não queria a menor associação com alguém como esse rapaz, nem mesmo no nome.

O brasileiro gosta de apelidos. Há os inofensivos, como os diminutivos; outros captam alguma característica da pessoa: cor da pele, nacionalidade, personalidade ou, o pior de todos, algum defeito físico. Não há graça nenhuma nestes. Às vezes o apelido é aparentemente positivo, mas há uma boa dose de ironia por trás de sua origem. Porém, o que importa mesmo é nosso nome, pois ele nos define – quer gostemos ou não. Acostumamo-nos com ele e dificilmente queremos mudá-lo. Prezamos para que seja mantido limpo, de boa fama, e defendemo-nos vigorosamente quando ele é atacado. Os discípulos em Antioquia receberam um nome: cristãos. Isso significava que o povo daquela época via Cristo nessas pessoas. Não dá para querer fama melhor! Aquele nome foi sendo transmitido de geração em geração para as pessoas que participam da igreja, mas infelizmente hoje está mais para rótulo do que para nome – e nem sempre correto ou bom.

Cabe refletir: como estou carregando este nome de "cristão"? Estou honrando-o com atitudes semelhantes às de Cristo? Ou estou "jogando o nome na lama" por não me portar nem um pouquinho como Jesus? Na leitura de hoje Deus repreende a igreja de Sardes, pois ela fingia ser uma coisa quando na verdade era o contrário. Ou, como diz um ditado: "Por fora, bela viola; por dentro, pão bolorento". Nosso nome e nosso comportamento ficarão sempre associados um ao outro na memória de quem cruza nosso caminho – para o bem ou para o mal, aproximando ou afastando as pessoas de Deus. Se você é cristão, esta é uma grande responsabilidade. Honre esse nome com sua vida! – DK

Cristão, como está a cotação do seu nome na praça?

23 de junho

Esta geração

LEITURA BÍBLICA:
Lucas 7.31-35

O Soberano, o Senhor, deu-me uma língua instruída, para conhecer a palavra que sustém o exausto. Ele me acorda manhã após manhã, desperta meu ouvido para escutar como alguém que está sendo ensinado (Is 50.4).

Jesus comparou a sua geração com meninos que brincam numa praça. Imagine várias crianças brincando. Algumas resolvem brincar de casamento. Uma criança faz o papel do noivo, outra da noiva, um tocaria flauta e algumas crianças deveriam dançar. Mas as crianças responsáveis por dançar não queriam brincar de casamento. Então, resolvem brincar de funeral. Uma criança representa o morto, algumas cantam músicas de velório e outras choram. Mas os que deveriam chorar negam-se a participar.

A brincadeira se transforma em confusão e gritaria: "Nós lhes tocamos flauta, mas vocês não dançaram, cantamos um lamento, mas vocês não choraram!" Jesus faz esta comparação porque os judeus se mostraram descontentes com João Batista e com ele. João não bebia, jejuava, tinha uma vida reservada, comia gafanhotos e mel – e era acusado de ter demônio. Jesus, por sua vez, comia e bebia vinho e o chamaram de beberrão e amigo dos pecadores. A grande característica da geração dos tempos de Jesus era a contrariedade. O que não acontece de forma diferente hoje.

Cada pessoa quer fazer o que bem entende, cada um quer escolher a brincadeira. Quando alguém faz algo diferente do que a maioria quer, logo é criticado e abandonado. É uma geração que não sabe viver no tempo de Deus. Quer fazer o que sua vontade propõe, não se importando se isso é correto. Jesus termina dizendo que a sabedoria é comprovada por todos os seus discípulos. Ser sábio não é alcançar notoriedade, não é ser aparentemente bom e sim seguir o grande Mestre e submeter-se à sua vontade. Os judeus se consideraram mais sábios que João Batista e Jesus, mas na verdade eram apenas crianças mimadas e arrogantes que contrariavam a vontade e ordem do Pai. – HSG

É necessário discernir o bem para praticá-lo.

24 de junho

Falatório

LEITURA BÍBLICA:
Tiago 4.11-12

Não darás falso testemunho contra o teu próximo (Êx 20.16).

Ao ler o mandamento em destaque, ocorreu-me uma ideia estranha: e dar falso testemunho *a favor* do próximo, pode? Se não pode, por que não? Por exemplo, passar uma informação falsa para tirar um amigo de uma enrascada qualquer – poderia? Acontece que isso só funcionará à custa de alguém outro, que então sairá prejudicado, com o que se volta ao ponto de partida. Falsidade é má por natureza, e não se pode extrair um benefício genuíno da maldade. Portanto, nada feito por aí.

Mas por que então esta ênfase no "próximo"? Não bastaria dizer "Não darás falso testemunho" – ponto final? De certo modo, sim, mas existe ainda um outro oposto: pode-se dar um testemunho *verdadeiro* contra o próximo, e este não é proibido. No caso de um depoimento em juízo, por exemplo, tal testemunho pode ser necessário se aquele meu "próximo" for culpado de algum crime que seja preciso denunciar.

Portanto, se eu souber algo ruim – e verdadeiro – sobre alguém, posso espalhar isso à vontade? Permita-me perguntar: e para quê? O texto de Tiago que você leu hoje é mais amplo: diz simplesmente para não falar mal dos outros.

Uma boa regra prática para o nosso procedimento é: se for falar de alguém outro, fale bem da pessoa; se não souber nada de bom para falar dela, cale-se – ou, se não aguentar ficar calado, fale do clima ou de futebol, mas não para xingar o técnico do time ou o juiz da partida – aí já é falar mal de novo.

É claro que há casos que exigem dizer coisas negativas de outros – como o depoimento verdadeiro contra alguém de que falei acima – mas isto se fará quando for *obrigação* (legal, ética ou funcional, como alerta aos filhos contra más companhias ou uma necessária avaliação negativa de um gerente sobre um subordinado) – e isto nunca será divertido: é doloroso e feito a contragosto. É aquela velha história das três peneiras: É verdade? Faz bem? É preciso? Se não for, não merece ser dito. – RK

**Afaste da sua boca as palavras perversas;
fique longe dos seus lábios a maldade (Pv 4.24).**

25 de junho

Revelações

LEITURA BÍBLICA:
1 Reis 22.1-8

Tratando-se de profetas ...
julguem cuidadosamente
o que foi dito (1Co 14.29).

Em certa comunidade cristã, havia um homem que dizia ter o "dom da revelação" – ou seja, ele receberia mensagens diretamente de Deus – e suas "profecias" estavam se cumprindo. Ele tinha um amigo que o idolatrava, pois gostava de suas "revelações" e sempre o procurava se tinha alguma dúvida. Um dia foram pescar juntos e o "profeta" afirmou que recebera uma revelação, mas não sabia se devia contá-la.

– Você me deixou curioso, disse o outro. Será que vamos pegar um peixe de 20 kg?

– Não, o que estou sentindo é que o Senhor vai nos levar ainda hoje.

– Sai de perto, Satanás!

Muitas pessoas só querem ouvir o que é agradável – como o rei Acabe, sobre o qual lemos hoje. Consultou 400 profetas que traziam uma mensagem favorável, mas Micaías é que teve a verdadeira revelação do Senhor – a que se cumpriu. Muitos querem apenas saber de bênçãos e vitórias, então procuram aqueles que dizem ter "revelações", sem conferir se a mensagem é mesmo de Deus. Ao mesmo tempo, se a Bíblia diz que precisam mudar seu modo de viver, tais pessoas acham que *esta* mensagem não é para elas.

Precisamos ter cuidado com as ditas "revelações divinas". É preciso avaliar o que foi dito para ver se está de acordo com a Bíblia, a revelação escrita de Deus – se não estiver, deve ser rejeitado – e também o propósito da "revelação" – se trará crescimento espiritual, encorajamento e consolação (1Co 14.3). A prova final é o cumprimento do que foi dito, conforme Dt 18.22. Devemos crer que a Bíblia contém *tudo* o que Deus precisava revelar para que compreendêssemos seu plano de salvação e vivêssemos conforme seus princípios. Embora outras pessoas possam nos ajudar, precisamos buscar as respostas com o próprio Deus, por meio de seu Espírito Santo e de sua Palavra. E mais: é preciso aceitar o que Deus disser, seja agradável ou não, como o melhor para nossa vida. – ETS

Busque na Bíblia a revelação da vontade de Deus.

26 de junho

Evangelho

LEITURA BÍBLICA:
Mateus 9.35-38

Ao ver as multidões, teve compaixão delas... (Mt 9.36).

O significado original do título é "boas novas" ou, em português claro, boas notícias. Jesus pregava as boas novas do Reino. Pois bem: é muito fácil ler o texto e simplesmente seguir sem perguntar por que o Reino de Deus era boa notícia para quem ouvia. Um reino se estende até onde a autoridade de seu rei alcança. Não a autoridade legal, escrita no papel, mas a autoridade de fato – onde se pratica sua vontade. A verdade é que Deus é soberano sobre tudo e todos, porém no meio deste imenso Universo há uma raça rebelde tentando viver do seu próprio jeito. Não raro, esses indivíduos mentem a si mesmos, querendo convencer-se de que os errados são os outros, enquanto vivem sob a lei do "eu acho" e deixam de lado a vontade do Criador. Apesar de parecer bom "andar pela própria cabeça", quem age assim e pensa ser livre está em oposição ao Deus que o criou e, portanto, às leis da criação. Deus é a fonte de tudo que é bom e belo – afastar-se dele é desastroso.

Assim, quando Jesus olhou para as multidões, não se importou com roupas rasgadas, barrigas vazias, bolsas sem dinheiro, doenças do corpo e da alma (que são importantes, sem dúvida), mas foi mais fundo e longe: viu as consequências da rebeldia contra Deus e suas graves consequências.

A boa notícia, que nos acostumamos a chamar de evangelho, é que o Reino de Deus chegou. Sua autoridade está manifesta, a começar pela presença de Jesus na terra e continuando por meio de seus seguidores submissos à vontade de Deus, formando o Corpo de Cristo durante sua ausência física.

A humanidade, antes distante da fonte de todo o bem, tem agora em Jesus Cristo o caminho de volta ao relacionamento de amor com a única Divindade. O Reino de Deus chegou! E, mais ainda, um dia estará completo, e então a vontade bondosa do Senhor será a lei praticada por todos. Feliz é aquele que desde já aceita o convite de ingressar nesse Reino! – MHJ

Graças a Deus pelas boas notícias do seu Reino!

27 de junho

(Des) honra

LEITURA BÍBLICA:
Ester 5.9-14

Todo o que se exalta será humilhado e o que se humilha será exaltado. (Lc 14.11).

Poder. Como você define essa palavra? Pode significar a capacidade de realizar algo. Poder tem a ver com possibilidade e com autoridade. Quando se une poder e autoridade, o resultado pode ser ordem e justiça ou caos e totalitarismo, dependendo de quem os exerce. Como você agiria se de repente se tornasse a segunda pessoa mais importante do país?

O texto de hoje fala de Hamã. Ele era o segundo mais importante no reino de Xerxes. Tinha orgulho de sua posição, de sua riqueza, de sua família, do seu poder e do seu acesso ao palácio, mas isso não lhe bastava porque havia um homem que não se prostrava diante dele: Mardoqueu, um judeu A raiva de Hamã por isso o fez elaborar um plano para matar não somente a ele, mas todo o povo dele. Antes disso, porém, Mardoqueu descobrira uma conspiração contra o rei e avisou Ester, sua prima e esposa do rei, que, por sua vez, avisou o rei e impediu o plano do atentado (Et 2.19-23). Mardoqueu não recebeu nenhuma honra por sua informação, mas mais tarde o rei se lembrou de que não o havia recompensado devidamente e decidiu honrá-lo em grande estilo. Por fim, Hamã acabou executado na forca que ele mesmo preparara para Mardoqueu. Você pode ler isso nos capítulos 6 e 7. Esta história mostra como a autoexaltação e o autoritarismo são fúteis. Mostra como Deus age honrando quem realmente merece, ainda que demore. Muitas vezes você pode não ser reconhecido pelo bem que faz, mas isso jamais justifica deixar de praticá-lo ou, pior ainda, odiar alguém simplesmente porque aquela pessoa não o honra. Não existe maior honra do que a que vem de Deus, nem reconhecimento mais importante do que aquele que, ainda que secretamente, Deus nos confere. Hamã foi derrotado por sua própria sede de poder e honra. Mardoqueu permaneceu humilde. O primeiro perdeu a vida, o segundo garantiu vida a muitos. E você, como agiria? – WMJ

Quer ser importante diante de Deus?
Dedique-se a servir ao próximo.

28 de junho

Amargura

LEITURA BÍBLICA:
Hebreus 12.15-17

O Senhor viu a amargura com que todos em Israel, tanto escravos quanto livres, estavam sofrendo; não havia ninguém para socorrê-los (2Rs 14.26).

Uma planta recebe alimento pela raiz que cresce debaixo da terra e vai-se fixando ao solo. A sua saúde depende da sua raiz. A vida de uma pessoa também pode ser abalada se a amargura começar a criar raízes em seu coração. A amargura pode crescer dentro de nós despercebidamente. É um sentimento caracterizado principalmente por recusar de forma cega e doentia a reconciliação. A amargura pode ser alimentada por constantes discussões e pensamentos maus a respeito de uma pessoa. Quando falamos mal de alguém, contaminamos outras pessoas com o mesmo sentimento de discórdia. Nosso texto fala que Esaú sofreu muito por ter vendido o direito de primogenitura ao seu irmão Jacó. Ao ouvir as palavras de seu pai abençoando seu irmão, deu um forte grito e, cheio de amargura, implorou para também ser abençoado. A família é o local preferido da amargura. Por isso é necessário combatê-la intensamente em nosso lar. A Bíblia orienta os maridos a não tratarem sua mulher com amargura. Diz que os filhos tolos podem trazer grande tristeza e amargura ao seu lar. Que os pais não devem irritar seus filhos com provocações, para que não fiquem desanimados e amargurados. Também afirma que morar com uma mulher rixosa é motivo de insatisfação e amargura para o marido.

A libertação da amargura se dá por meio do perdão. É preciso perdoar quem nos ofendeu, como Cristo nos perdoou. É preciso buscar reconciliação e esquecer o que já passou. Livrar-se da amargura, sendo bondoso e compassivo com as pessoas.

Quando estamos amargurados parece que é impossível recobrar a alegria e a paz. Sentimo-nos sozinhos, mas devemos lembrar que o Senhor sabe o que estamos sentindo e nos socorre quando buscamos a sua ajuda na amargura, colocando diante dele as nossas queixas, fixando a raiz do nosso coração em Deus. – HSG

O amor de Deus transforma amargura e indignação em bondade e a compaixão.

29 de junho

O fim

LEITURA BÍBLICA:
Daniel 12.8-13

Ainda não é o fim
(Mt 24.6).

Uma família viajava de carro para visitar seus parentes. Os dois filhos pequenos no banco traseiro perguntavam o tempo todo: "Já vamos chegar?" A resposta sempre era: "Logo mais..." Desde os nossos primeiros dias de vida queremos o fim do que nos incomoda. O tédio e o desconforto das nossas aflições e sofrimentos nos fazem suspirar: "Já chega!" Com os anos, aprendemos que a dor nos alerta, mas também faz crescer o anseio pelo seu término e o alívio final.

Daniel, de quem lemos hoje viveu atarefado durante boa parte da sua longa vida com grandes responsabilidades a serviço de vários reis. Era fiel a Deus e registrou revelações divinas sobre o futuro do povo de Deus e da vinda do seu Redentor. Quando viu algo sobre o final dos tempos, quis saber mais, porém Deus ocultou o restante.

Ao longo dos anos, muitos "profetas" já marcaram a data do fim do mundo ou da volta de Cristo, enganando seus adeptos. Jesus descreveu em traços ligeiros o tempo do fim, mas explicou que "ainda não é o fim", por mais que as condições no mundo parecessem indicar um desfecho próximo". Queria que os seus seguidores permanecessem firmes na fé até chegarem ao alvo, como Daniel ouviu: "Siga o seu caminho até o fim." A Bíblia nos anima a procurar entender os tempos, mas acima de tudo enfatiza que estejamos preparados para a vinda de Cristo. Ensina-nos a viver para a glória de Deus, na esperança de recebermos o nosso prêmio no momento oportuno: "Eis que venho em breve! A minha recompensa está comigo, e eu retribuirei a cada um de acordo com o que fez" (Ap 22.12).

Esta é a grande esperança do cristão – e para que ela se realize, vale aplicar a instrução dada a Daniel: fidelidade ao Senhor é a palavra-chave dessa atitude. – TL

**Deus é fiel e merece nossa fidelidade
como resposta.**

30 de junho

Balanço geral

LEITURA BÍBLICA:
Ageu 1.1-11

Assim diz o Senhor
dos Exércitos:
"Vejam aonde os seus
caminhos os levaram!"
(Ag 1.7)

De tempos em tempos, é saudável parar e fazer uma avaliação de desempenho. As empresas, obrigatoriamente, preparam os seus balanços anuais. Empresários mais dedicados vão além e não dispensam os balancetes mensais ou, até mesmo, semanais. Eles sabem que é importante verificar os resultados de suas ações, para mudá-las quando necessário, caso contrário o indesejado prejuízo pode aparecer e levá-los à falência. Na vida espiritual é semelhante. Periodicamente é bom fazer um "balanço".

O texto de hoje está em um contexto interessante. Como o povo não parava para fazer o "balanço geral", tão necessário, Deus mesmo apresentou um balanço que havia feito da vida deles, e desafiou-os a analisarem os resultados e os caminhos que levaram até aqueles resultados. Eles viviam num corre-corre incessante que dava em quase nada de positivo. Tinham várias preocupações com o bem-estar pessoal, enquanto negligenciavam os assuntos que envolviam Deus. No caso específico deles, tratavam com descaso o templo do Senhor, que estava em ruínas, ao mesmo tempo em que viviam demasiadamente preocupados com o conforto e o embelezamento das próprias casas. O balanço era claro: mostrava que Deus não era prioridade.

Ainda que em situações diferentes, o apelo deste texto continua atual. Também nós, olhando para a nossa condição espiritual, podemos concluir se nossos caminhos, aqui sinônimo de atitudes, têm nos levado a lugares que estão de acordo com o desejo de Deus. Sempre é hora para um bom balanço. Pare e analise! Veja por onde os seus caminhos o têm levado e, se por acaso você percebe que eles não destacam Deus como prioridade, peça perdão e volte atrás. Mude suas atitudes. Ou, no linguajar da Bíblia, trilhe por outros caminhos. Sua situação presente tem boas chances de ser o resultado de ações do passado. – ARG

O balanço do cristão só é positivo quando mostra Deus como prioridade.

1º de julho

Uma luz

LEITURA BÍBLICA:
2 Reis 5.1-14

Brilhe a luz de vocês diante dos homens, para que vejam as suas boas obras e glorifiquem ao Pai de vocês, que está nos céus (Mt 5.16).

E ssa menina israelita me envergonha. Era uma escrava e presenciou a aflição da família de Naamã por causa da doença dele. Ela poderia ter ficado quieta no seu canto – afinal, o homem que a escravizava não merecia a morte? Mas ela, ao invés de agir com amargura e ressentimento, foi uma luz. Ela sabia que Deus estava no controle e que somente ele poderia transformar aquele coração, desde que Naamã o conhecesse. Com quanta convicção esta menina deve ter falado do profeta e do Deus de Israel a ponto de o comandante do exército da Síria lhe dar ouvido! Eu tenho a certeza de que não foram só as palavras da menina que convenceram o general. Ele e sua esposa devem ter observado a vida dela, a forma como ela demonstrava a sua fé num ambiente difícil e estranho. Isso fez dela uma luz. Não só isso. Sua atitude trouxe uma nova luz para a vida de Naamã, que não via mais saída, só enxergava a doença. O testemunho daquela menina o fez reviver. Uma nova luz brilhou no seu caminho.

No versículo em destaque, Jesus diz que devemos brilhar diante dos outros. Sabe por quê? É que também hoje há tantos "Naamãs" na escuridão. Eles estão desanimados. Tateiam pela vida. Seus pecados, seus caminhos sem Deus, seus fracassos e frustrações fazem com que não tenham mais esperança. Estão à procura de luz. Que chance para aqueles que conheceram a luz da vida em Jesus! Seja luz você também, vivendo como um discípulo de Jesus e testemunhando com suas palavras e ações. Assim você conduzirá outros a conhecerem a luz em Jesus. Mais do que isso: outros encontrarão nele a razão para viver. Há algo mais precioso do que isso? – LSCH

Jesus, me ajude a mostrar pl os meus luz e meus pacientes reis pais.

Somente quem vive na luz pode indicá-la a quem está na escuridão.

Valoriza

LEITURA BÍBLICA:
Filemom 8-16

Se alguém está em Cristo é nova criação. As coisas antigas já passaram; eis que surgiram coisas novas! (2Co 5.17)

Quando a vi pela primeira vez, na casa onde estudávamos a Bíblia, ela estava muito triste. Vivia com seus dois filhos pequenos, pois o marido fugira para levar uma vida totalmente dominada por suas paixões. Esforçada, diariamente deixava as crianças com uma amiga e ia ao trabalho. Sua vida era difícil e desanimadora. Muitas vezes trabalhava chorando. Conheceu outro homem que prometeu dar-lhe a felicidade que tanto almejava, mas tiveram mais dois filhos e ele também a deixou. Tal felicidade era uma ilusão!

Naquele dia, quando a jovem senhora contava sua experiência de vida, eu lhe disse: "Você gostaria de conhecer alguém que pode ajudá-la? Venha conhecer Jesus!" Ela ouviu a mensagem de salvação e em pouco tempo a leitura da Bíblia e a oração tornaram-se parte de sua vida. Depois começou a ir à igreja com seus quatro filhos. Passamos a pedir a Deus que trouxesse o seu marido de volta. Numa sexta-feira à noite, após reunião de oração, um homem que eu nunca tinha visto antes bateu à porta do meu gabinete. Ele disse que era o marido daquela senhora, e continuou: "Quero conhecer o Jesus que a minha ex-mulher conhece. Só Jesus pode me ajudar a deixar esta vida de lama na qual estou. E depois de conhecer a Jesus, eu quero voltar para a minha mulher".

Tive o privilégio de ajudar aquela família a encontrar Jesus, que deu um novo significado às suas vidas. Foi assim também com Onésimo, sobre o qual lemos hoje. Era um escravo fugitivo quando conheceu Jesus, e passou a ser útil (o significado de seu nome, que só fez sentido após sua conversão). Paulo, então, recomenda a Filemom, dono de Onésimo, a recebê-lo como irmão, pois sua vida fora transformada.

Se você é cristão, sua tarefa é dizer a todos que, apesar de tribulações, pecados, lutas e desilusões, Jesus valoriza a todos e dá a oportunidade de começar tudo de novo. – JG

Jesus dá um novo significado à vida de quem o segue.

3 de julho

Degene-
ração

LEITURA BÍBLICA:
Romanos 6.1-8

*O salário do pecado é
a morte ... Miserável
homem que eu sou!
Quem me libertará do
corpo sujeito a esta
morte? (Rm 6.23a e 7.24)*

O que se entende mesmo por pecado? A palavra vem do latim *peccatu* e significa faltar, falhar, delinquir; é qualquer pensamento, palavra ou obra contra a lei de Deus. O apóstolo Paulo pensa no pecado também como um poder personalizado. Veja: "O pecado, aproveitando a oportunidade dada pelo mandamento, enganou-me e por meio do mandamento me matou" (Rm 7.11). Ora, se o pecado pode enganar e até matar, trata-se de um poder. O livro de Provérbios diz que o pecado é vergonha para qualquer nação (Pv 14.34). Não é possível separar o pecado de Satanás, que Jesus identifica como mentiroso e pai da mentira (Jo 8.44). O pecado é, pois, um poder degenerativo, que corrompe e mata. O ser humano tem feito descobertas científicas e tecnológicas maravilhosas, mas moralmente vem degradando a si mesmo. É o poder do pecado que faz isso: destrói os relacionamentos a partir da família. Casais e lares desunidos e desmantelados produzem filhos desajustados e sofridos. Não é de se admirar este desajuste moral em que a sociedade hoje se debate nesta sórdida perversão da corrupção, aberrações, abominações, abusos, adulterações de toda ordem imaginável e inimaginável. A ambição, a vaidade, a ganância, a anarquia, a angústia, a arrogância, os assaltos e assassinatos, as atrocidades, a barbárie, a brutalidade, enfim, a violência, imperam e degradam a vida. Tem razão o apóstolo Paulo em fazer esta penetrante indagação: "Quem me libertará deste corpo mortal?" Há uma resposta precisa, segura e absolutamente confiável: "Graças a Deus por Jesus Cristo, nosso Senhor" (Rm 7.25). Por isso posso cantar com toda confiança: "Eu só confio no Senhor para me guiar; eu só confio no Senhor, sigo a cantar. Se o céu chegar a escurecer e o sol toldar, eu só confio no Senhor, que não vai falhar". – HM

O pecado degenera; Cristo regenera.

4 de julho

Prioridades

LEITURA BÍBLICA:
1 Coríntios 9.19-27

Embora seja livre de todos, fiz-me escravo de todos, para ganhar o maior número possível de pessoas (1Co 9.19).

Há poucas semanas estive com irmãos de uma missão localizada na chamada cracolândia, um bairro de São Paulo com alta concentração de tráfico e consumo de drogas. Seu trabalho procura alcançar pessoas terrivelmente degradadas, oferecendo-lhes a oportunidade de uma nova vida. Alguns atuam em tempo integral e outros doam parte de seu tempo, todos em profundo contato com o feio, o sujo, o malcheiroso. Fiquei vivamente impressionado com muito do que vi e ouvi. Não apenas pela miséria física e moral dos ali atendidos, mas ao ver pessoas capazes e batalhadoras que muito bem poderiam estar vivendo com conforto, mas escolheram dedicar sua vida e saúde para cuidar do que é considerado a escória da sociedade. "Eles tem dignidade, mas não sabem, e estamos aqui para avisá-los disso!" ouvi o líder da missão dizer. Ninguém os obriga, assim como ninguém obrigou o apóstolo Paulo. Assim como Paulo, não são movidos pela tentativa de agradar o Criador para conseguir seu favor – pelo contrário! O favor divino é dado gratuitamente, independentemente de nossos méritos, e isto nos iguala a todos, "cheirosos" e os que a sociedade julga indignos. Sua escolha não é barganha, mas uma resposta ao grande amor de Cristo, enxergando valor onde ele enxerga. Sou livre; nada nem ninguém pode me obrigar ao que quer que seja. Posso estabelecer minhas prioridades. Paulo escreve no texto de hoje qual a sua: a salvação de muitos. O pecado tornou-nos todos menos humanos – uns mais desfigurados, outros menos, mas todos igualmente afastados de Deus, a origem de tudo de bom e belo. Salvação é a ação divina de em nós restaurar a imagem de Deus, tornando-nos semelhantes ao homem perfeito: Jesus.

A cada um de seus discípulos (nós) Jesus Cristo dá oportunidade de cooperar com o que está fazendo. Mas qual será nossa prioridade? – MHJ

Em Cristo sou livre para escolher o melhor: servir.

5 de julho

Ele é!

LEITURA BÍBLICA:
João 14.1-7

Respondeu Jesus:
Eu sou o caminho,
a verdade e a vida.
Ninguém vem ao Pai, a
não ser por mim
(Jo 14.6).

E stamos em ano eleitoral. Candidatos desfilam com suas promessas. Mas ninguém se iguala a esta promessa de Cristo:

Eu sou o caminho... Jesus não apenas diz que nos leva a um destino certo, mas se propõe a ser exemplo, modelo de vida. O apóstolo João diz isto assim: "Aquele que afirma que permanece nele, deve andar como ele andou" (1Jo 2.6). Se todas as pessoas andassem no caminho que é Jesus, de quantos presídios necessitaríamos?

... a verdade... Jesus, quando julgado por Pilatos, disse que veio ao mundo a fim de dar testemunho da verdade. Pilatos então fez a clássica pergunta: "Que é a verdade?" (Jo 18.37-38). Não se trata aqui de um assunto para tratados filosóficos, tampouco de uma qualidade pela qual as coisas aparecem tais como são. Jesus não discursou sobre a verdade, simplesmente afirmou que *ele* é a verdade. Conceitos éticos e morais não se transmitem facilmente, só com palavras: a vida deve corresponder à verdade que se pretende ensinar. Em Jesus, ela não é algo abstrato, e sim realidade: conduta, procedimento e ensino se integram e se harmonizam. Quem, além de Jesus, viveu o que ensinou?

... e a vida. Em Provérbios 10.17a temos esta afirmação: "Quem acolhe a disciplina mostra o caminho da vida". A vida é, sem dúvida, o objetivo de cada ser humano. Todos almejamos viver mais e melhor, por isso não nos conformamos com o sofrimento e muito menos com a morte. Mesmo as pessoas que não se importam com Deus buscam o bem-estar, mas quando enfrentam situações adversas dizem: "Isto não é vida!" Realmente, a vida fora do *caminho*, da *verdade* e de *Cristo* jamais é vida. É morte. Mas andar no *caminho*, na *verdade* e na *vida* que temos em Jesus, certamente é vida. E vida eterna. – HM

**"Ninguém que encontre Jesus
continua o mesmo" – Philip Yancey.**

6 de julho

Oração e trabalho

LEITURA BÍBLICA:
Êxodo 17.8-16

Escolheu doze ... para que estivessem com ele, os enviasse a pregar e tivessem autoridade para expulsar demônios (Mc 3.14-15).

Muitas vezes estamos tão concentrados em algo que não conseguimos enxergar, como dizemos, o outro lado da moeda. Os mais ativistas trabalham tanto que se esquecem de orar. Trabalham desde cedo até tarde, usando o ditado: "Deus ajuda quem cedo madruga". Estes esquecem que a ajuda de Deus não é automática, só porque trabalhamos. No outro extremo estão os que ficam horas orando, não fazendo nada mais, como se a oração em si garantisse a vitória. Não sou contra a oração, de forma alguma; apenas chamo a atenção para a necessidade de equilíbrio entre oração e trabalho.

Na leitura bíblica de hoje, Moisés, Arão e Hur oram a Deus pela vitória, enquanto Josué e o exército lutam na batalha contra os amalequitas. Orando e lutando ao mesmo tempo, Israel obteve a vitória.

No versículo em destaque, Jesus escolhe seus apóstolos: 1º) para que estivessem com ele – em comunhão e oração; 2º) para enviá-los a pregar e expulsar demônios, ou seja, para que fizessem a obra de Deus. Portanto, a oração e o trabalho estão juntos. Alguns cristãos mais contemplativos são capazes de passar horas em oração, mas não fazem nada para resolver seus problemas. A estes digo: a parte que lhe cabe é você quem vai ter de fazer – Deus não vai mover uma palha por isso. Por outro lado, também erra quem trabalha como se fosse responsável sozinho por transformar o mundo. É como um barco a remo: se remarmos só de um lado, vamos girar ao redor de nós mesmos, não indo a lugar nenhum, seja qual for o lado em que estejamos remando. Por isso, o que Deus espera de nós é que gastemos um tempo com ele em oração, mas também façamos nosso trabalho. Isso vale para qualquer área da vida. Este é um princípio divino presente na Bíblia, do começo ao fim. – HS

> **Oração e trabalho são para o cristão como as duas asas para o avião.**

Fé certa e fé errada

LEITURA BÍBLICA:
Hebreus 11.1-6

Ninguém é justificado pela prática da Lei, mas mediante a fé em Jesus Cristo (Gl 2.16a).

"É você o homem que tem uma fé poderosa?" perguntou um visitante ao Sr. Quarrier, diretor de um orfanato. "Não, sou um homem que tem uma fé fraca no poderoso Deus".

Há pessoas que desanimam diante de um grande problema porque acham que sua fé é muito pequena para fazer frente àquele momento tão difícil de suas vidas. Elas acham que para vencer a batalha é preciso uma grande fé, mas na verdade uma pequena fé é suficiente, desde que seja depositada num grande Deus. Pensar que uma grande fé é necessária é querer vencer seu problema com suas próprias forças – neste caso a pessoa tem fé em si mesma). Teremos muito mais êxito se confiarmos no poder do grande Deus. A nossa fé, seja ela grande ou pequena, deve ser depositada no Senhor, que é grande, e não em nosso próprio poder, que é pequeno.

Foi com uma fé fraca no Deus forte que o jovem Davi enfrentou e derrotou o gigante Golias. É com esta pequena fé num Deus grande e poderoso que todos nós enfrentaremos nossos problemas, desfrutaremos das bênçãos maravilhosas do Senhor e, acima de tudo, alcançaremos a vida eterna em Cristo Jesus.

Não devemos perguntar se temos uma grande e forte fé, mas sim se o Deus, em quem depositamos nossa fé é grande e forte. Por isso lhe pergunto: Qual é o Deus da sua fé? No Senhor dos senhores? Ou num amuleto, num objeto, numa pirâmide, num ramo de arruda, num copo de água benta, num lenço ungido, ou tantos outros deusinhos que são oferecidos por aí?

O v 6 do nosso texto diz que é impossível agradarmos a Deus sem uma fé firme nele, e no versículo em destaque Paulo afirma que somos justificados mediante a fé em Jesus Cristo e não pela fé naquilo que *nós* fazemos tentando agradar a Deus e merecer a salvação. Que tipo de fé você tem? – HS

O poder está no Deus da fé, e não na própria fé.

8 de julho

Propósito de Deus

LEITURA BÍBLICA:
Jeremias 29.10-15

Sou eu que conheço os planos que tenho para vocês, diz o Senhor (Jr 29.11a).

Quando a empresa em que eu trabalhava se mudou para uma cidade do interior do estado, meus superiores disseram que eu teria de mudar-me para lá. Eu e minha família ficamos contentes, pois trocaríamos a poluição de São Paulo por um ar mais limpo. Mas nem tudo acontece como a gente deseja: minha equipe foi demitida.

Em Isaías lemos: "Os meus pensamentos não são os pensamentos de vocês, nem os seus caminhos são os meus caminhos, declara o Senhor. Assim como os céus são mais altos do que a terra, também os meus caminhos são mais altos do que os seus caminhos, e os meus pensamentos, mais altos do que os seus pensamentos"(Is 55.8-9). Porém, quando a dificuldade chega não lembramos disso e nos revoltamos contra Deus e o resto do mundo. Fizemos tantos planos, por que não deu certo? Fiquei muito amargurado e, para piorar a situação, não consegui arrumar outro emprego logo, apenas fazia alguns "bicos". Depois, comecei a trabalhar perto de nossa casa. Foi nessa época que minha filha ficou doente e faleceu alguns meses depois. O local onde ela tinha de fazer o tratamento era próximo, então meu irmão, que estava desempregado, podia levar minha filha todos os dias para fazer os procedimentos determinados pelos médicos. E se estivéssemos morando naquela cidadezinha? Tudo seria mais difícil!

Não conseguimos entender os planos de Deus hoje, mas após certo tempo compreendemos o que ele queria nos mostrar – como aconteceu com os judeus, exilados na Babilônia por várias décadas. Depois de todo aquele sofrimento, somente agora descobri o que o Senhor queria para minha família. Como diz o texto, quando buscamos o Senhor de todo coração ele permite que o encontremos – mas não foi Deus que se afastou, nós é que nos distanciamos dele! – ETS

**Tudo tem um propósito –
até mesmo as dificuldades.**

Adoração!

LEITURA BÍBLICA:
1 Samuel 13.5-14

Acaso tem o Senhor tanto prazer em holocaustos e em sacrifícios quanto em que se obedeça à sua palavra? A obediência é melhor que o sacrifício, e a submissão é melhor do que a gordura de carneiros (1Sm 15.22).

Há dez anos, quando eu estava estudando sobre o Antigo Testamento, o professor disse algo fascinante: para a cultura hebraica, conhecer a Deus implica obediência. Ou seja, biblicamente, se você crê, obedece – e vice-versa. No entanto, hoje em dia isso não acontece. Tem sido cada vez mais comum encontrarmos pessoas que se dizem espirituais, mas não estão dispostas a obedecer às palavras de Cristo. Em contrapartida também há um outro grupo formado por aqueles que fazem muitas coisas para Deus e acham que por isso não precisam cuidar do lado espiritual. Porém, participar de um culto não significa fica adorar a Deus. Saul foi um exemplo bem negativo a esse respeito. Preocupado com a demora de Samuel e pelo fato de seus poucos homens estarem abandonando o posto de batalha, resolveu ele mesmo oferecer o sacrifício a Deus, para fortalecer sua tropa e obter a vitória. Ao observar o texto bíblico, vemos que tanto o objetivo quanto a forma do culto realizado por Saul estavam impecáveis, mas o Senhor não recebeu sua oferta. Apesar de ser o rei de Israel, Saul deveria ter esperado por Samuel, pois não tinha autorização para cuidar do culto. A celebração foi bonita, mas o adorador não obedeceu a Deus e o seu coração não agradou ao Senhor. Infelizmente, essa atitude continua cada vez mais comum. Não são poucas as pessoas que vão à igreja por hábito, por *status*, para impressionar seu pretendente ou por ordem de seus pais. Às vezes até participam de muitas atividades, mas suas intenções e seu foco estão errados. Seus corações estão longe de Deus. Devemos lembrar que para adorar a Deus é preciso obedecer-lhe, e que de nada adianta um bom culto se este não for reflexo de nossa vida diária. – RPM

Há pessoas que se ocupam tanto com as coisas do Senhor que se esquecem do Senhor das coisas.
(Citação anônima)

Sábios

LEITURA BÍBLICA:
Efésios 5.17-21

Sujeitem-se uns aos outros (Ef 5.21).

Numa sociedade em que cada um busca ganho próprio e onde todo mundo quer mandar, o texto diz que é sábio sujeitar-se aos irmãos. Coisas como estas são percebidas lá no fundo como muito bonitas de dizer, mas não aplicáveis neste mundo egocêntrico e mau. Costuma-se pensar em salvação apenas como ter os pecados perdoados e ir para o céu, mas o que está em jogo é, na verdade, o retorno ao relacionamento com o Deus eterno, rompido na rebelião do Éden, quando rejeitamos o Criador e decidimos seguir em uma atitude do tipo "da-minha-vida-cuido-eu". Acontece que, afastados da fonte da vida, a morte passou a manifestar-se não apenas literalmente, mas também com o progressivo desfigurar da imagem de Deus que então trazíamos. Fomos criados como gente, para ter o caráter que Jesus manifestou, mas o pecado nos desumanizou. Consequentemente construímos um mundo em que podemos achar lindo dar preferência ao próximo, mas para poucos "especiais". Aliás, lá no fundo, tal pessoa é considerada louca, mesmo.

Mas, pela salvação em Cristo, voltamos à submissão ao Eterno e, religados à fonte da vida, somos chamados a crescer na experiência de nos tornar cada vez mais humanos, não conforme o modelo degenerado, mas como era para sermos desde o começo: como Jesus. O objetivo de Deus é formar seu caráter em nós. Ser sábio é o oposto de ser tolo. E é tolice levar vantagem (temporária) ao andar segundo o mundo, quando ser como Cristo é um alvo a ser perseguido não por razões "religiosas", mas porque Deus é bom e nos oferece o melhor – e inclusive dá a "ferramenta", que é o poder do seu Espírito.

Quer ser sábio (de verdade)? Compreenda o que Deus quer e trate de encher-se do Espírito Santo por meio da mútua comunhão com gente que o busca com sinceridade, e aprenda a sujeitar-se a eles – reconhecendo-os como instrumentos de Deus para seu crescimento. – MHJ

**Ó Deus, ensina-nos a compreender
que a tua vontade é o melhor para nós!**

11 de julho

Aparências

LEITURA BÍBLICA:
Marcos 6.1-6

_____

*[Jesus] não pôde fazer ali
nenhum milagre (Mc 6.5a).*

_____

Quando leio o texto de hoje, pergunto-me: se Jesus tivesse nascido em nossos dias, será que não teríamos com ele os mesmos preconceitos que o povo de sua época? O incrível é que conseguimos espantar-nos com a reação de seus conterrâneos, mas não nos surpreendemos quando nossas reações são semelhantes. Podemos até negar, mas damos muita importância à aparência. Quando você vê uma pessoa, faz sua primeira e mais imediata avaliação; depois é que vai ouvir o sujeito e conhecê-lo melhor, buscando a confirmação da rápida análise inicial.

Fizeram isso com Jesus. Afinal, ele era um carpinteiro pobre, filho de gente simples, alguém que cresceu como um garoto normal e talvez tenha sido visto chorando quando bateu o martelo no dedo em vez de no prego ou com espinhas no rosto durante a adolescência – como ele pôde se tornar um profeta cheio de sabedoria do céu sendo alguém assim tão... tão... igual a qualquer um?! Para Deus, o valor de uma pessoa está no que ela é por inteiro e não no que ela tem – muito menos no que aparenta ter, pois as aparências enganam, para o bem ou para o mal. Para nós é o oposto. Aparências nos encantam ou nos afastam. Jesus não tinha nada, logo, não poderia ser nada, muito menos profeta, ainda menos o Messias! O julgamento apressado, somado ao preconceito e à incredulidade impediu-os de serem abençoados por Cristo – muito pouco pôde fazer ali junto daqueles que o viram crescer! Que oportunidade perdida a deles! Jesus não era alguém convencional nem andava preocupado com reputação, aparência ou outras banalidades da superficialidade humana. Ele se preocupava com o coração e a vida das pessoas. Que tal característica possa fazer parte de nós também e, pelo exemplo do Mestre e ação do seu Espírito em nós, possamos também dar valor ao nosso próximo pelo que ele é, e não apenas pelo que aparenta ser – ou ter! – WMJ

**Julgar pelas aparências é mentir para si mesmo
– pouca coisa pode ser mais tola.**

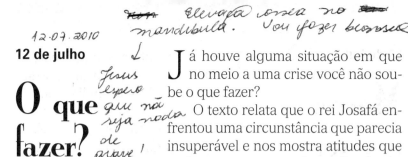

12 de julho

O que fazer?

LEITURA BÍBLICA:
2 Crônicas 20.1-26

Posso todas as coisas naquele que me fortalece (Fp 4.13).

Já houve alguma situação em que no meio a uma crise você não soube o que fazer? O texto relata que o rei Josafá enfrentou uma circunstância que parecia insuperável e nos mostra atitudes que podemos tomar em crises a fim de obter a vitória.

1. Ele se pôs a buscar o Senhor – devemos fazer isto antes de tomar qualquer atitude. As saídas indicadas por Deus sempre serão as melhores.

2. Trouxe à memória o que Deus fez no passado – volte ao passado e relembre um momento da bondade de Deus em sua vida. Isto o ajudará a jamais esquecer de que "Ele é o mesmo, ontem, hoje e eternamente" (Hb 13.8).

3. Falou com Deus sobre a situação – às vezes falamos dos nossos problemas com tantas pessoas, mas não com Deus. Ele gosta de ouvir a nossa voz e responde. Ele prometeu agir quando nos dirigimos a ele e, quando Deus age, chegam a acontecer milagres.

4. Ouviu a voz do Espírito Santo – no momento de crise precisamos parar para ouvir a voz de Deus falando ao nosso coração por meio da circunstância, mas, principalmente, da sua poderosa Palavra.

5. Confiou no Senhor e na sua Palavra – é necessário desenvolvermos nossa visão espiritual, e uma das formas é optando por crer na Bíblia como Palavra de Deus no sentido absoluto e aceitando as palavras proféticas trazidas por homens e mulheres piedosos.

6. Rendeu graças ao Senhor – sem dúvida é fácil louvar quando tudo está bem ou depois da vitória. O louvor é uma arma espiritual poderosa quando usado para exercitar a fé.

Qual é o problema da sua vida? Qual é o "gigante" ameaçador na sua vida? Quando você se encontrar sem saber o que fazer, lembre-se da história desse grande homem que buscou o Senhor. Você tem um Deus maior do qualquer crise ou problema. Confie no Senhor e ele lutará por você. Jamais se esqueça nas crises de que tudo podemos naquele que nos fortalece. – KCB

As crises são oportunidades para Deus agir em nossa vida.

13 de julho

Morrer e viver

LEITURA BÍBLICA:
Romanos 8.12-17

O mundo não pode receber [o Espírito da verdade] porque não o vê nem o conhece. Mas vocês o conhecem, pois ele vive com vocês e estará em vocês (Jo 14.17).

Tentar encontrar sentido para a vida é um esforço constante do ser humano. Nesta busca é muito comum as pessoas seguirem por caminhos complicados, confusos e errados. A desculpa é sempre a mesma: Quero ser feliz e só vou consegui-lo seguindo o que a minha vontade desejar.

Essa forma de pensar não é correta. As palavras de Paulo ensinam que para viver melhor é preciso fazer morrer muitos desejos humanos. Ele ensina que quem tem Jesus em seu coração é liberto do pecado e da morte. Quem vive para a "carne" (ou seja, para si mesmo) e sua vontade vai educar sua mente apenas para satisfazer seus desejos. Parece que vive bem, mas caminha para a morte. Quem vive com Deus tem a mente voltada para o que é de Deus e assim faz morrer os desejos da sua carne.

A verdade é que morrer com Cristo nada mais é do que viver. O que deve morrer em nós é o pecado, o egoísmo. Morrer, negar a si mesmo, sugere uma noção de perda, mas este "morrer" é deixar a morte e o lixo do mundo: morrer é viver.

A vida com Cristo em santidade e em verdade sempre será melhor. O que acontece é que somos iludidos e levados a pensar que viver para o mundo seria melhor. A verdade é que com o esvaziamento do "eu" começamos a viver, aprendendo a diferenciar com sabedoria o que deve ser buscado e eliminado de nossa vida. A mentalidade da carne, dos desejos do pecado, é uma afronta a Deus e uma opção perigosa. A busca de Deus e a vida no Espírito agradam a Deus e nos trazem a paz. "Participamos dos seus sofrimentos para que também participemos da sua glória" (Rm 8.17).

Quer ser feliz? Busque a vontade de Deus para a sua vida. Ele o levará por caminhos seguros e incomparavelmente melhores do que qualquer outro imaginável. – HSG

A vida começa com a morte do "eu".

14 de julho

É dia

LEITURA BÍBLICA:
João 11.1-15

O que as suas mãos tiverem que fazer, que o façam com toda a sua força, pois na sepultura, para onde você vai, não há atividade nem planejamento, não há conhecimento nem sabedoria (Ec 9.10).

Recentemente, um premiado documentário contou a história do francês Philippe Petit, que em 7 de agosto de 1974 praticou crime artístico. Sem autorização, cruzou oito vezes o vão entre as duas torres gêmeas do World Trade Center, em Nova Iorque, equilibrando-se num cabo de aço a mais de 400 metros de altura e sem nenhum equipamento de proteção. O que impressiona é sua determinação de levar em frente um sonho que teve aos 16 anos enquanto folheava uma revista que falava sobre a construção do conjunto de prédios que, quando terminados, seriam os mais altos do mundo. Daquela hora em diante, dedicou sua vida ao preparo para realizar seu sonho.

Não sabemos o que vai acontecer nos próximos anos, dias e nem nas próximas horas. Deus ordena os acontecimentos de maneiras inesperadas para os homens. Portanto, o que é colocado diante de nós precisa ser feito com atenção e dedicação (veja o versículo em destaque). No texto de hoje, Jesus menciona as doze horas de um dia judaico (do nascer ao pôr do sol). Pensando em seu ministério, cada hora de seu dia deveria ser bem utilizada para que pudesse cumprir sua missão. A determinação de Jesus é visível: ele não se importou com o perigo de ser preso ou apedrejado, nem se preocupou com a possibilidade de ter de ir sozinho quando seus discípulos deixaram clara a sua intenção de ficar. Jesus estava movido pela urgência de sua missão naqueles dias – ressuscitar Lázaro, para a glória de Deus.

É dia, e enquanto há luz precisamos cumprir o que Deus quer para nossa vida, gastando cada minuto para promover a glória de Deus – e não nossa própria glória, como fez aquele francês equilibrista. Assim, não vamos correr inutilmente e gastar o nosso suor com vaidades, percebendo tarde demais que já não resta mais tempo. – HSG

Aproveite cada dia para a glória de Deus.

Sede de Deus

LEITURA BÍBLICA:
Eclesiastes 1.12-18

Aquele que vem a mim não terá fome, e quem crê em mim nunca terá sede (Jo 6.35).

O mundo já foi grande; hoje navego por ele a cliques de mouse. O mundo já teve lugares desconhecidos; hoje parecemos entediados com o que há aqui e buscamos os outros planetas, sem mesmo resolver nem metade dos problemas na terra. O mundo é ao mesmo tempo conhecido e incompreensível – e a tecnologia tem-nos ajudado menos a compreendê-lo do que a correr e correr – sempre em busca de mais alguma coisa. Parece que queremos diminuir o mundo para ficarmos maiores que ele...

Um diálogo que me fascina na Bíblia é aquele em que Jesus está próximo a um poço, quando chega uma mulher para tirar água (Jo 4). Jesus percebe nela uma sede não pela água que foi buscar ali, mas de vida. Isso aconteceu quando o mundo era grande e pouco se conhecia dele. Será que, diminuindo o mundo, conhecendo-o melhor, ela poderia matar tal sede? Hoje sabemos que não – e continuamos a tentar. Jesus também sabia e por isso inicia a conversa com a mulher e lhe oferece água viva – para que ela nunca tornasse a ter sede. Jesus falava de uma sede que nem a água do poço nem qualquer dos nossos muitos recursos satisfaz: a mesma que todos temos e que nos faz correr e procurar, mas que só pode ser saciada com a água viva que é o próprio Jesus (Jo 4.14). No fundo, trata-se de fome e sede de conhecer Deus – e não há poço a cavar, não há esforço humano nem conhecimento e tecnologia que saciem essa sede por Deus. Hoje, quando o mundo parece pequeno, é fácil enxergar as pessoas esperando saciar a sede de uma vida sem Deus ao lado de cada fonte e de cada construção ou tecnologia que mostre o nosso progresso. O mundo não mudou de tamanho, a tecnologia encurtou os espaços e melhorou a nossa qualidade de vida, mas ainda assim não pode dar conta da sede eterna que temos de Deus. Só em Jesus podemos saciar a nossa fome e sede de vida eterna. – LM

Não se diminui sede por Deus encolhendo o mundo, mas tomando a água da vida – Jesus.

16 de julho

Prostitutas

LEITURA BÍBLICA:
Lucas 6.37-42

Você, que julga os outros, é indesculpável; pois está condenando a si mesmo naquilo em que julga, visto que você, que julga, pratica as mesmas coisas (Rm 2.1).

Chama-se de prostituta a mulher que tem como profissão a exploração de seu corpo. Para ela não importa afeto, higiene ou qualquer outro requisito, a não ser o valor que se combina para cada "transa". Emocionalmente essas mulheres são dissimuladas, e atrás da aparência fria e alheia há corações que amargam tristes recordações de um passado muito ingrato, embora isto não as isente do pecado pelo qual cada um de nós é responsável diante de Deus.

Em outros casos, por incrível que pareça, podem ser pessoas sem aparentes necessidades e situação financeira estável, mas que têm necessidade da busca incessante de prazer. Para a maioria de nós esse comportamento provavelmente parece muito distante da realidade e até constrangedor. Contudo, se começarmos a observar pequenos detalhes, perceberemos que ele pode ser muito semelhante à forma como agimos tão educadamente e dentro dos padrões da boa fama.

Quantas vezes escondemos a verdadeira motivação dos nossos atos e agradamos as pessoas apenas para alcançar o que queremos?

Quantas vezes somos dissimulados em pequenas situações, omitindoaverdadeparanossairmosbemounãonoscomprometer?

São as mesmas características de quem exerce uma atividade que condenamos e que, afinal, também condizem com o nosso perfil.

Choca perceber a semelhança? Creio que sim, porém não deixa de ser um alerta, primeiro para não julgarmos as pessoas em suas atitudes e comportamentos, que podem, no fundo, ser iguais aos nossos, e em segundo para percebermos o quanto somos passíveis de nos enganar a respeito de nós mesmos e quanto as nossas atitudes podem estar acomodadas e se afastando dos padrões de Deus. – APS

**Quem estiver sem pecado,
jogue a primeira pedra no outro (cf. Jo 8.7).**

17 de julho

Dar graças

LEITURA BÍBLICA:
1 Tessalonicenses 5.16-18

[Dê] graças constantemente a Deus Pai por todas as coisas, em nome de nosso Senhor Jesus Cristo (Ef 5.20).

Uma família estava reunida para o jantar especial do Dia de Ação de Graças e o pai pediu que o filho menor fizesse a oração. Todos curvaram a cabeça e ficaram esperando, mas parecia que o menino não tinha entendido que deveria orar, até que, de repente, ele disse: "Senhor, não gosto do jeito desta comida, mas te dou graças, pois vou ter que comê-la mesmo. Amém". Vale a pena aprender com esse garoto: ainda que não gostemos de algumas coisas que acontecem em nossa vida, devemos agradecer a Deus também por elas. Nossa gratidão não pode ser limitada somente àquilo que nos parece bom ou a situações de tranquilidade.

Pensando no texto bíblico de hoje, lembramos que o conselho vem de Paulo, que enfrentou muitas dificuldades e até foi preso por proclamar a salvação em Jesus – leia em 2 Coríntios 11.23-33 a lista dos sofrimentos pelos quais o apóstolo passou. Contudo, mesmo que as circunstâncias fossem difíceis, ele continuava falando de Jesus às pessoas que encontrava, louvando a Deus e ensinando que devemos sempre dar graças pelo que o Senhor faz e permite em nossa vida. A gratidão torna suportáveis os momentos mais difíceis. Porque Deus está no controle de tudo, devemos agradecer sempre: seja grande ou pequeno, bom ou ruim. Em qualquer situação, podemos levantar as nossas mãos e dar graças a Deus que nos libertou da escravidão ao pecado e nos deu a vida eterna por meio da morte de seu Filho Jesus Cristo. Além disso, ele sabe o que estamos passando. Essa maneira de viver, demonstrando gratidão em todos os momentos, é resultado da atuação do Espírito Santo em nós. Ele nos leva a reconhecer a soberania de Deus e a louvá-lo com ações de graças por meio de palavras expressas com amor ou ações realizadas em favor dos necessitados. Portanto, siga a orientação do Espírito e seja agradecido! – JG

O amor de Deus está sempre presente – bom motivo para agradecer também sempre.

18 de julho

Durma bem

LEITURA BÍBLICA:
Gênesis 41.1-8

Acalmei e tranquilizei a minha alma. Sou como uma criança recém--amamentada por sua mãe; a minha alma é como essa criança (Sl 131.2).

Há gente que considera dormir uma perda de tempo. Eu não! Dormir é muito bom – e necessário para a saúde. Tanto que não conseguir dormir ou então acordar de noite após um pesadelo faz mal. Lembro-me de sonhos que mudaram meu humor para pior ao acordar. Deve ter sido assim com o faraó. Aliás, você já leu o texto bíblico de hoje? Então, enquanto o faraó sonhava e se perturbava por não entender nem conseguir quem entendesse seus sonhos, José, rapaz hebreu que tinha ido parar no Egito devido ao ódio dos seus irmãos por causa dos *seus* sonhos, dormia na prisão acusado de um assédio sexual que não cometera (Gn 39-40). De algum modo Deus deu tanto a José quanto ao faraó sonhos que revelavam o futuro. Para José, seus sonhos lhe custaram o ódio dos irmãos, que quiseram livrar-se dele, mas para todo o Egito a interpretação dos sonhos do faraó por José garantiu a sobrevivência durante sete anos de fome após sete anos de fartura.

Na história de José, os sonhos revelaram o que viria. Em geral, porém, nada significam. Não temos acesso ao futuro. Não nos compete conhecê-lo. Há quem se preocupe demais com o amanhã e procure meios de descobrir o que o futuro reserva. Bobagem! Quando depositamos nossa vida nas mãos de Deus sabemos que o futuro está seguro, seja qual for, pois temos a graça de Deus nos amparando e suprindo nossa vida. Quando antecipamos o futuro deixamos de viver as belezas do presente e nos angustiamos com o que ainda nem chegou. O futuro não existe, o passado também não. Tudo que temos de verdade é o presente. Pode-se planejar o futuro, mas não perca tempo tentando descobri-lo. Ele pertence a Deus. Coloque-se hoje inteiramente nas mãos de Deus e viva intensamente a vida junto dele, deixando o futuro nas suas mãos. E no fim do dia, deite-se e durma bem – e tenha bons sonhos! – WMJ

A paz com Deus é o melhor travesseiro.

19 de julho

Convertendo corações

LEITURA BÍBLICA:
Malaquias 4.1-6

Ele fará com que os corações dos pais se voltem para seus filhos, e os corações dos filhos para seus pais (Ml 4.6a).

Ficamos horrorizados com as frequentes notícias sobre muitos pais e filhos que se odeiam a ponto de abandonar, desprezar e até matar uns aos outros. A Bíblia fala disso há muito tempo e não prestamos atenção: "devido ao aumento da maldade, o amor de muitos esfriará" (Mt 24.12); "muitos ficarão escandalizados, trairão e odiarão uns aos outros" (Mt 24.10); "os inimigos do homem serão os da sua própria família" (Mt 10.36) e "filhos se rebelarão contra seus pais e os matarão" (Mt 10.21b). Nesta confusão, a palavra profética de Malaquias tranquiliza o nosso coração. Eis aqui um outro tempo, um tempo de arrependimento e cura, uma restauração feliz para toda a família: pais e filhos voltarão a se amar. Que maravilhosa promessa!

No texto que lemos, Deus anuncia a obra do precursor do Messias, afirmando que enviaria o profeta Elias (v 5). A referência é a João Batista (Mt 11.14 e 17.10-13), que viria como mensageiro, precursor, aquele que prepararia o caminho para Jesus. A missão de João era fazer com que as pessoas se arrependessem e voltassem a Deus – a conversão para tornar a amar, a cuidar, a sentir, a servir. Arrependimento e conversão a Deus também serão vistos na restauração dos relacionamentos familiares, como na parábola do filho perdido (Lc 15.11-32). Então, se for preciso, deixe Deus derreter o gelo do seu coração e restaurar os seus relacionamentos.

Se você é filho, como está a relação com seus pais? Se você é pai ou mãe, como está o relacionamento com seus filhos? Indiferença, frieza, tanto faz? Falam pouco para não brigar muito? O que é que está faltando? Eu ousaria dizer que é o amor humilde, saber ouvir e buscarem juntos a Deus. Experimente, você vai gostar! – EOL

**Volte-se para Deus:
ele quer restaurar seus relacionamentos!**

20 de julho

Vida boa

LEITURA BÍBLICA:
Marcos 10.17-27

Sem mim vocês não podem fazer coisa alguma (Jo 15.5).

Recentemente, a sociedade secular humanista pagou para afixarem, no metrô de Toronto, Canadá, um cartaz que diz: "Você pode ter uma vida boa sem Deus". Milhares de pessoas usam aquele meio de transporte todos os dias e podem ler tal mensagem. O objetivo principal é incutir em sua mente dúvidas de que Deus exista e a ideia de que se possa ter uma vida boa sem crer nele. Quem tem um bom emprego, ganha um bom salário, pode humanamente viver muito bem. É o resultado do seu trabalho. Inúmeras pessoas esforçam-se anos e anos apenas pensando em adquirir bens materiais, vivem tranquilamente sem nunca se terem preocupado com a vida espiritual, tal como o rico de uma parábola contada por Jesus: vivia regaladamente, recebeu coisas boas, mas não tinha relacionamento com Deus (Lc 16.25). O que os humanistas deixam de compreender é que a raça humana, em última análise, é religiosa. O homem é um ser pensante diferente dos animais e possui dentro de si uma alma. Vida boa não pode ser considerada apenas em termos do que uma pessoa adquiriu ao longo de sua vida. Ela estende-se para além da morte. Quem crê em Deus e em sua revelação Jesus Cristo, terá uma vida boa aqui e na eternidade (Mt 25.34). Quem não crê nele pode ter tudo, muitas coisas maravilhosas, casa farta, mas, segundo o ensino bíblico, não receberá a grande bênção da vida eterna. O ensino de Jesus é muito claro quando diz que essa pessoa viverá para sempre separada dele (Mt 25.41). Prosperidade material não é suficiente para vivermos neste mundo. A verdadeira vida boa só é possível àqueles que por fé creem na existência de Deus, em Jesus Cristo que morreu, foi sepultado e ressuscitou (Rm 6). Você precisa ter um relacionamento diário com aquele que disse "Quem crê em mim, ainda que morra, viverá; e quem vive e crê em mim não morrerá eternamente." (Jo 11.25-26). – JG

**Uma vida boa aqui e na eternidade depende
do seu relacionamento com Deus.**

Jesus fala comigo! Preciso ouvir SUA voz! Só com meus pacientes

Deus fala!

LEITURA BÍBLICA:
1 Samuel 3.1-10

Há muito tempo Deus falou muitas vezes e de várias maneiras ... mas nestes últimos dias falou-nos por meio do Filho (Hb 1.1-2a).

Após seu milagroso nascimento – sua mãe era estéril – Samuel foi dedicado ao Senhor e passou a morar com o sacerdote Eli. Foi ali, no santuário, que Deus falou com ele. Mas demorou para que ele percebesse que era a voz divina que ouvia. O que é preciso para ouvir a voz de Deus?

1. *Conhecer Deus.* Samuel ainda não conhecia o Senhor (v 7) e pensou que a voz fosse de Eli – a quem conhecia. Quem conhece Deus distingue sua voz, mesmo em meio ao barulho da nossa vida cotidiana.

2. *Querer ouvir.* É preciso buscar a Deus e prestar atenção quando ele fala. No v 1, lemos que raramente o Senhor falava naqueles dias. Analisando a família do próprio líder espiritual (2.12-17), podemos concluir que não havia muitos dispostos a ouvir a Deus. Porém, no v 21 lemos que o Senhor continuou aparecendo a Samuel – agora sim, alguém queria ouvir!

3. *Disposição para obedecer.* Samuel foi obediente mesmo quando não concordava com Deus – por exemplo, quando Israel pediu um rei, Samuel protestou, mas foi obediente e ungiu Saul (8.6...). Quando Deus fala, espera que nossa resposta seja a obediência. Porque confiamos nele, sabemos que obedecer é sempre melhor. Deus falou com Samuel, Moisés, Abraão, Josué, e tantos outros personagens da Bíblia. Mas será que ainda fala hoje? Ele o chamou na última noite? Algum anjo veio lhe dar instruções? No versículo em destaque vemos que Deus fala, e muito alto, por meio de Cristo. Deus *gritou* na cruz, anunciando a salvação a todos. Não espere que Deus mande anjos, queime arbustos, use sonhos ou fale diretamente com você. Procure sua voz na Bíblia, onde Deus se revela aos homens, na orientação do Espírito Santo e na obra de Cristo para salvar a humanidade pecadora. Deus fala! Você tem ouvido sua voz? Tem buscado um relacionamento com ele? Tem obedecido ao que ele diz? – VWR

**Deus começa a falar pela Bíblia
e usa nossa obediência para continuar.**

22 de julho

Luta

LEITURA BÍBLICA:
Isaías 49.3-4

O Senhor consola o seu povo e terá compaixão dos seus afligidos (Is 49.13b).

Você já lutou com todas as suas forças para mudar uma situação e se deparou com a triste realidade de que não tem capacidade para fazer nada? Há momentos em nossa vida em que não conseguimos nos mexer nem para a direita nem para a esquerda – permanecemos estagnados e o único movimento possível é erguer a cabeça, olhar para o céu e tentar enxergar o que Deus nos quer ensinar. Aqui somos ensinados de que podemos tudo, de que devemos esforçar-nos para conseguir sucesso e estabilidade; enfim, alcançar um padrão de vida decente diante do mundo que nos cerca. Mas você já percebeu que não é assim para todo mundo? Alguns lutam a vida inteira e não conseguem sequer um teto decente para se abrigar, enquanto outros ganham sem esforço, por herança ou outros meios, bens que poderiam sustentar um país inteiro, entregando-se a desfrutar o luxo. Injustiça? Não creio que Deus seja injusto, mas creio que cada um de nós tem uma vida a ser vivida de acordo com o que Deus planejou para nós. No entanto, viver uma vida de aceitação e obediência não significa ficar de braços cruzados esperando que as coisas aconteçam, mas submeter-nos àquilo que Deus estabelece e de que não conseguimos fugir, tratando de administrar as circunstâncias com sabedoria.

O propósito de Deus para essas situações muitas vezes não é nada óbvio a nossos olhos, mas quem somos nós para querer compreender Deus, que é soberano em tudo?

Apesar de a convivência com o que não podemos mudar ser uma das provas mais difíceis a superar, podemos espelhar-nos em Jesus e imitar seu procedimento. Ele foi obediente a Deus até a morte e ressuscitou para capacitar-nos a realizar a vontade de Deus também na nossa vida. Afinal, ninguém outro pode viver a nossa vida, e é uma luta sem propósito tentar viver a vida de outros. Muitas vezes, aceitar as dificuldades da vida é a atitude que Deus espera de nós para começar a agir. – APS

Quer mudar de vida? Mude-se para junto de Deus e o resto deixará de ser crítico.

23 de julho

Lealdade

LEITURA BÍBLICA:
1 Samuel 19.1-6

Aquele que não está comigo, está contra mim (Mt 12.30).

Vira-lata herói? Sim, pois segundo revista Veja, em Taubaté-SP um vira-lata salvou uma menina de quatro anos do ataque de um pitbull. O cão feroz correu para a menina, mas do lado dela o cachorro de casa pulou e a defendeu. Sofreu mordidas nas patas, mas deu fortes dentadas no rabo do agressor, que fugiu correndo. Foi uma surpresa para todos que conheciam o cachorro manso, que nunca brigou. Sofreu, sendo leal, e tornou-se herói – mas nem sempre a lealdade exige heroísmo.

Você leu sobre a lealdade de Jônatas a seu amigo Davi. O rei Saul, pai de Jônatas, decidiu matar Davi, mas Jônatas empenhou-se em defendê-lo. Intercedeu por ele perante seu pai, que em um momento de humildade prometeu não matar Davi. Mas logo voltou à mesma atitude ciumenta contra o aclamado herói de Israel. Isto só fortificou os laços de lealdade entre os dois amigos. Quantas horas de preocupação e noites mal dormidas Jônatas não sofreu buscando meios para mudar a atitude de seu pai e garantir a segurança de Davi. Atraiu a raiva do pai, que sabia dos laços que uniam os dois. Jônatas vivia resolvido a garantir que Davi fosse rei de Israel; contudo não o alcançou, pois foi morto numa batalha. Mas seu alvo era entregar a nação a Davi, o ungido do Senhor para reinar.

A lealdade é importante: no casamento, no emprego, na profissão, na família, na igreja. O cristão precisa resolver permanecer fiel a Cristo. O caminho do Crucificado não admite hesitação: Ou estamos com ele ou contra. Não se nega que o discípulo possa vacilar, mas é um sinal de fraqueza, como aconteceu com os discípulos de Jesus, que não permaneceram perto dele quando precisava de apoio na hora da crucificação. Pedro chegou até a negar que o conhecesse. Discipulado requer lealdade. Jesus disse: "Se alguém quiser acompanhar-me, negue-se a si mesmo, tome a cruz e siga-me" (Mt 16.24). Viva para ele e você será feliz! – TL

**Não é preciso ser um herói que nunca falha,
mas é preciso permanecer com Jesus.**

24 de julho

O foco

LEITURA BÍBLICA:
Mateus 11:28-30

*Aprendam de mim,
pois sou manso e
humilde de coração
(Mt 11.29).*

Quem curte fotografia sabe bem a importância do foco. Sem correta focalização do objeto principal, ele não sairá nítido e arruinará a foto. Portanto, foco tem a ver com enxergar nitidamente. Com o convite que você acabou de ler, Jesus quer de alguma maneira dirigir nosso foco para o que está diante de nós.

Cansaço, sobrecarga, lutas, dúvidas, confusões, ansiedade e coisas desse tipo desviam nosso foco de Cristo – e da paz que ele nos dá – para os nossos problemas. Por isso ele nos convida a mudar o foco: em vez de focalizar os problemas, focalizar Cristo, andando lado a lado com ele. Em vez de deixar a tristeza ou a ansiedade roubar nossa alegria, tomar seu jugo, deixar com ele nossa sobrecarga e tomar o seu fardo, que é leve.

A mensagem central do convite, todavia, é aprender dele – e aprender demora. Requer paciência, empenho e perseverança. Quanto do que já lhe foi ensinado você realmente aprendeu? Só aprenderemos efetivamente de Jesus se nos acostumarmos a lembrar nos momentos de luta que o seu convite continua em pé. Aprender dele também significa tornar-se mais manso e humilde em comunhão com ele nas circunstâncias da vida .

Em vez de olhar somente os problemas e pesos da existência, olhar firmemente para o autor e consumador da nossa fé, Jesus (Hb 12.2). Pare de andar sozinho cambaleando de tanto peso que carrega nas costas. Aceite o convite. Tome o jugo e o fardo de Jesus e prossiga com ele. Que hoje você aprenda algo mais de Jesus. Que hoje seu olhar possa desviar-se um pouco de tudo o que lhe causa peso e sobrecarga, e repousar sobre Jesus. O fardo que nos cabe é o dele. Por que continuar sofrendo como se não houvesse outra saída, quando o próprio Senhor de todas as coisas nos chama para aliviar nossa carga? Portanto, focalize bem o seu olhar em Jesus e veja a vida de maneira mais nítida, com ele no centro de tudo. – WMJ

**Com o foco em Jesus, as dificuldades ganham
o aspecto que merecem.**

25 de julho

Boas lembranças

LEITURA BÍBLICA:
Gênesis 41.50-52

Lembro-me também do que pode me dar esperança (Lm 3.21).

A memória é um presente de Deus. Nela você tem registrados todos os fatos, situações e informações obtidas ao longo de sua vida. De grande parte delas você nem se lembra, mas estão lá! Parte da memória guarda as lembranças boas e ruins – as boas queremos salvar e ainda fazer uma cópia de segurança delas para jamais perdê-las, já as ruins... por mais que as tentemos apagar, às vezes surgem como se fossem vírus destruidores na tela da nossa memória. Lembranças ruins não faltavam a José: cenas de quando fora vendido por seus irmãos, da caravana que o afastava de sua terra, levando-o para um país estranho, dos anos em que ficou preso injustamente no Egito, da saudade que sentia de sua família. Nada disso pôde ser apagado da sua memória. Mas ele também tinha boas lembranças: a presença constante de Deus, o reconhecimento, sua inteligência, os filhos, os suprimentos para os tempos de escassez, seu importante cargo. José deu nomes aos seus filhos que tinham a ver com os momentos de sua vida: lembravam-no da superação do sofrimento e também de sua vida bem-sucedida no Egito. Ver seus filhos era como ver sua própria história e a ação constante de Deus nela.

Não temos como apagar nossas memórias por um simples ato da vontade, pois elas são marcos de fatos que nos tornaram o que somos hoje. Mas temos como superar a dor que muitas nos trazem. O versículo em destaque traz um ensino sábio de Jeremias: acessar a memória e abrir os arquivos apenas daquelas coisas que podem produzir esperança – elas nos fazem olhar para frente e avançar e também lembram dos marcos da ação de Deus em nossa jornada. Se há dores no seu passado, deixe-as aos cuidados terapêuticos de Deus; não se alimente delas. Ao contrário, contemple e relembre tudo aquilo de bom que ele já realizou e ainda vai realizar em sua vida e em sua história. – WMJ

**Gratidão pelo bem vivido e o mal superado
é ótima para limpar a memória.**

26 de julho

Garantia

LEITURA BÍBLICA:
1 Crônicas 22.6-19

Pais, não irritem seus filhos; antes criem-nos segundo a instrução e o conselho do Senhor (Ef 6.4).

Com certeza, muitas vezes você já ouviu alguém declarar: "Eu garanto!" Por exemplo, uma empresa pode assegurar que trocará um produto se este estiver com defeito. Mas até que ponto o ser humano pode garantir algo? Os pais, de acordo com suas possibilidades, buscam "garantir" o futuro de seus filhos, oferecendo-lhes oportunidades de estudo e crescimento. Mesmo assim, nem sempre as pessoas conseguem alcançar seus alvos. Davi tinha um grande plano: construir um templo para o Senhor. Porém, Deus escolheu seu filho, Salomão, para a tarefa. Mesmo assim, antes de sua morte, Davi providenciou tudo o que era necessário para a realização do projeto e até designou o local da obra – um terreno comprado anteriormente para a realização de um sacrifício.

Podemos ter alvos espirituais, mas o único que pode garantir se serão alcançados é o próprio Deus. Os pais cristãos desejam que seus filhos tenham sua vida transformada por Deus e se consagrem a ele. Para isso, há um preço: devem criá-los segundo a orientação do Senhor, como lemos no versículo em destaque. Também devem ser exemplo de amor, firmeza e fidelidade a Deus, além de ensinar com dedicação os princípios da Palavra. Isso requer muito "jeito", compreensão e renúncia. Devem ensinar aos filhos que peçam a direção de Deus quanto ao seu futuro, e também dar a eles a liberdade de escolher seu próprio caminho. Não há dúvida de que o ensino bíblico é importante, mas é o exemplo dos pais que vai marcar profundamente a vida dos filhos. Depois do funeral de um cristão fiel, seu filho, que vivia sem Deus, comentou emocionado: "Sem dúvida, papai foi um cristão mesmo". Davi, além da garantia de Deus para a execução do projeto, podia ainda descansar por ter dado um bom exemplo ao filho. Como ele, estabeleça alvos e sonhos, mas não esqueça que é Deus que garante se serão concretizados. – TL

Muitos são os planos no coração do homem, mas o que prevalece é o propósito do Senhor (Pv 19.21).

27 de julho

Promessas

LEITURA BÍBLICA:
Juízes 11.12-15; 27-35

Não seja precipitado de lábios nem apressado de coração para fazer promessas diante de Deus (Ec 5.2a).

Hoje lemos sobre um voto (promessa) feito por Jefté ao Senhor, visando obter a vitória em uma batalha. Como ele, Jacó (Gn 28.20-22), Ana (1Sm 1.11) e Paulo (At 18.18) também fizeram votos a Deus. O que isso significa? É prometer fazer algo para Deus em resposta a um favor recebido – ou seja, Deus age em seu benefício e você responde a isso com alguma atitude. Parece ser uma "negociação" com Deus – e é assim mesmo que muitos agem, tentando "comprar" bênçãos. Já ouvi cristãos dizendo que darão isso ou aquilo a Deus se forem bem-sucedidos em algo, mas depois entram em conflito porque não podem cumprir a promessa feita. Não faz sentido prometer algo a Deus se o cumprimento do voto não é possível – melhor não prometer nada, então (Ec 5.5).

No caso de Jefté, o voto era desnecessário e foi precipitado – a Bíblia alerta que não devemos prometer algo sem pensar (Pv 20.25). Temendo que o Senhor não estivesse com ele na guerra contra os amonitas, Jefté fez um voto que se tornou uma tragédia: sua única e querida filha foi morta por causa das palavras impensadas do pai. Hoje, Jefté é mais conhecido por este ato do que pela vitória alcançada.

As bênçãos de Deus não podem ser compradas com promessas. O que Deus quer de cada cristão é o sacrifício que envolve a sua própria vida: "Ofereçam-se em sacrifício vivo, santo e agradável a Deus" (Rm 12.1b). Antes deste versículo, Paulo escreve sobre a misericórdia de Deus (Rm 11.25-32). Infelizmente, Jefté não compreendeu isso – teria sido vitorioso pelo poder do Espírito Santo que estava nele sem precisar matar sua inocente filha. Já o cristão testemunha diariamente o cuidado e amor de Deus por sua vida. Como retribuir? Entregando e consagrando sua vida a Deus. É este tipo de promessa e sacrifício que Deus espera de nós. – JG

Consagre sua vida a Deus!

Jesus ensina-me a praticar os seus ensinamentos. Amém

28 de julho

Funda- mento

LEITURA BÍBLICA:
Mateus 7.24-27

Sejam praticantes da palavra, e não apenas ouvintes, enganando-se a si mesmos (Tg 1.22).

o homem pobre construiu sua casa sobre a rocha

Todo mundo sabe que para se construir uma casa, mais do que um belo acabamento é preciso um terreno firme e um bom alicerce. Gastamos tempo e dinheiro cavando fundo e construindo o tipo de fundação adequado, que receberá a carga das paredes da construção. Quando a casa está pronta, o terreno e o alicerce não estão visíveis, mas são responsáveis pela sustentação da obra. Quando vêm os ventos e tempestades, a casa permanece em pé.

No texto de hoje, a vida do homem é comparada com a construção de uma casa. Se quisermos que ela fique firme, é preciso que seja construída sobre a rocha, que é Cristo. Precisamos cavar bem fundo, mais atentos ao alicerce do que à fachada. Então, quando passarmos pelas tempestades – as dificuldades da vida – não desabaremos. Mas também há outra situação: quem ouve a Palavra e não a pratica é comparado a construtores que edificam suas casas sobre a areia. Estão buscando a facilidade, pois não precisam de esforço para cavar na areia e podem construir perto da praia uma linda casa – que um dia vai desmoronar. Qual destas construções retrata a sua vida?

Um pastor andava pela rua quando cruzou com um homem bêbado, que levantou os braços e o chamou para conversar. O pastor, então, disse que ele precisava de Jesus. O homem alegou não ter religião, mas disse que ser cristão era algo muito sério e ele não ia se esconder atrás da Bíblia. Veja como até uma pessoa que mal pode controlar seus passos e pensamentos sabe que ser seguidor de Jesus não é carregar uma Bíblia, ir à igreja e ter uma certa aparência de santidade. De nada adianta ouvir as palavras de Jesus, conhecer os ensinamentos bíblicos e saber o que se deve fazer se o que foi aprendido não for praticado. Pela graça de Deus, o cristão é um novo homem que busca viver conforme o que aprende na Palavra, o fundamento de sua vida. – HSG

Ser cristão é mais do que falar, é praticar.

29 de julho

Principal

LEITURA BÍBLICA:
Lucas 10.38-42

O Senhor está perto de todos os que o invocam, de todos os que o invocam com sinceridade (Sl 145.18).

Certa vez fui a Belo Horizonte para fazer um curso pago pela empresa em que trabalhava e fiquei hospedado em um hotel "cinco estrelas". À noite, fui jantar no restaurante daquele hotel luxuoso e o garçom colocou em minha mesa uma tigela cheia de canja. Serviu-me uma concha e desejou "Bom apetite!" Como não estava acostumado com todo aquele luxo e nem podia imaginar que aquilo era apenas a entrada do jantar, tomei toda a canja da tigela. Até hoje me lembro como era deliciosa. Logo depois, os garçons voltaram e serviram minha refeição: arroz, carne assada, salada. Não consegui comer nada daquilo – já estava completamente satisfeito com a canja. Fiquei ainda mais sem graça quando os garçons disseram novamente "Bom apetite!"

Isso me faz lembrar a atitude de algumas pessoas que, no culto a Deus, ficam satisfeitas apenas com a primeira parte, o momento de cânticos e hinos. Vibram tanto, gritam "Glória a Deus!", pulam, batem palmas e se emocionam com as canções. Adorar a Deus com músicas não é errado – deveríamos desejar louvar o Senhor por toda a nossa vida (Sl 146.1-2). A questão é que estas pessoas ficam tão fartas com esta parte do culto que quando chega a hora do anúncio da Palavra de Deus não conseguem mais prestar atenção. Uns até saem do templo. Para muitas pessoas, falar com Deus por meio de músicas é importante, mas será problemático se não consideram tão importante ouvir o que Deus tem a dizer por meio da sua Palavra.

No texto de hoje, lemos sobre uma pessoa que escolheu o principal – ficar perto de Jesus. Marta continuou a realizar suas tarefas domésticas, enquanto a irmã escolheu o "alimento principal" – ouvir Jesus. Ela nos ensina a rever nossas prioridades – inclusive quando nos reunimos para cultuar a Deus. Como ela, escolha a boa parte e mantenha o foco em Cristo. – ETS

O mais importante é estar perto de Jesus.

30 de julho

Conselhos

LEITURA BÍBLICA:
Salmo 11

_____

*Guia-me nas veredas da
justiça por amor do seu
nome (Sl 23.3).*

_____

Um jovem cristão sabia que Deus o chamava para servi-lo integralmente. Sabia também que alguns dos seus amigos cristãos não apoiavam tal projeto. Deixar seu bom emprego? Sair e estudar longe de casa? Mas com cada objeção sentia mais alegria na sua decisão. Até hoje, anos depois, não se arrependeu. A leitura acima retrata Davi em dificuldades que seus associados julgavam insuperáveis. Certamente com bons motivos, aconselhavam que ele fugisse para outro lugar. Se a segurança de Davi estava comprometida e em perigo iminente, por que tentar ficar? Mas Davi não hesitou e declarou sua confiança em Deus: "O Senhor está no seu santo templo". Basta confiar nele!

É certo que às vezes precisamos buscar conselhos de pessoas capazes. "Com muitos conselheiros se obtém a vitória" (Pv 24.6). O sábio aceitará a opinião de outros, inclusive dos amigos. Entretanto, quando o Senhor nos impressiona com uma convicção e a confirma, é melhor tomar posição e segui-la. A indicação clara do Senhor deve prevalecer mesmo contra a boa vontade dos amigos.

Bem pode ser que Davi tivesse lembrado aquela experiência quando escreveu o Salmo 23, do qual citamos o versículo em destaque. Em muitos passos da sua vida Davi foi guiado nas "veredas da justiça" — enquanto certamente estava em íntima comunhão com o Senhor. Você pode contar com o mesmo amor divino quando tiver de decidir sobre o próximo passo, pois Jesus, o Bom Pastor, vai adiante das suas ovelhas, e estas o seguem porque conhecem a sua voz (Jo 10.4). Permaneça seguro na Palavra de Deus e em oração diariamente para ter pleno êxito. Cristo o levará tranquilamente por amor do seu nome e, no futuro, um relance sobre a sua vida poderá lhe dar uma vista aprazível do que Deus fez para o seu louvor! – TL

**Conselhos bons são os que coincidem
com a Palavra de Deus.**

31 de julho

Apressar

LEITURA BÍBLICA:
Gênesis 16.1-15

Está escrito que Abraão teve dois filhos ... o filho da escrava nasceu de modo natural, mas o filho da livre nasceu mediante promessa (Gl 4.22-23).

Paciência é uma virtude rara em nosso tempo. Estamos tão acostumados com a rapidez que a tecnologia nos oferece que qualquer demora nos tira do sério: trânsito parado, conexão de internet lenta, filas. Mas não é algo restrito à nossa época. Veja o caso de Sara e Abraão. Deus prometera que Abraão geraria um herdeiro e que sua descendência seria incontável (Gn 15.4-5), mas ele já tinha 86 anos e nada de filhos. Como aparentemente a promessa não incluía Sara, foi dela a ideia "brilhante": permitir que sua serva tivesse um filho com ele. Já que Deus demorava em cumprir sua promessa, o casal resolveu agir por conta própria, sem consultar o Senhor. O tão esperado filho nasceu e trouxe desavença entre Hagar e Sara. Treze anos depois, Deus disse a Abraão que ele teria um filho com Sara, Isaque, e com este Deus faria sua aliança. O nascimento de Isaque foi milagroso, pois os dois já eram idosos. Isaque deu origem ao povo de Israel, enquanto os descendentes de Ismael formaram o povo árabe. É fácil condenar o casal por sua atitude, mas não agimos assim também? Nossa tendência é apressar Deus para que ele cumpra suas promessas em *nosso* tempo, e não no dele. A verdade é que não conseguimos esperar e por isso buscamos resolver tudo da nossa maneira: o jeito mais prático e rápido, mas nem sempre o mais certo. E então vêm as consequências. Até hoje árabes e israelenses vivem em conflito, apesar de serem povos irmãos.

Seja paciente! Ore, espere a resposta de Deus e não aja sem a aprovação dele. Isso não quer dizer ficar de braços cruzados, mas deixar que Deus responda – quantas vezes oramos e logo tomamos nossa decisão, como se a resposta de Deus não importasse! Não seja tão impulsivo: busque em Deus a direção para tomar suas decisões, mesmo que a resposta esteja demorando. – VWR

**Peça a Deus que desenvolva em você
a paciência e aceite a primeira lição: aguardar.**

1º de agosto

Sem saída?

LEITURA BÍBLICA:
Gênesis 43.1-9

Se confessarmos os nossos pecados, ele é fiel e justo para perdoar os nossos pecados e nos purificar de toda injustiça (1Jo 1.9).

Todos nós cometemos erros, especialmente quando somos imaturos e impulsivos. A falta de controle emocional, o ciúme, a raiva, uma situação humilhante ou uma traição podem desencadear reações das quais futuramente nos arrependeremos, quando já for tarde demais para mudar o que causamos. Isso aconteceu na família de Jacó. Seu filho José foi vendido como escravo pelos irmãos, que o odiavam. Eles inventaram que um animal o matara e causaram muito sofrimento a seu pai. Agora eles se veem num beco sem saída: uma autoridade egípcia exige que levem consigo seu irmão mais novo como garantia para a concessão do alimento de que tanto precisavam. Isso traz de volta a Jacó a dor da suposta morte de José e a seus irmãos o peso da culpa pela sua trapaça. Eles não sabiam que o governador era o próprio José, que estava prestes a restaurar toda a família.

É preciso ponderar as nossas ações, palavras e intenções. Ninguém está livre de sentir ódio, mas podemos decidir se vamos deixar o ódio nos dominar ou se nós o dominaremos. Ninguém está livre de errar, mas podemos decidir se vamos assumir nossos erros e encarar as consequências ou se nos tornaremos fugitivos eternos de nossa verdade. Mentir, enganar, trapacear traz um falso lucro muito pequeno diante da imensidão da cobrança que bate à porta da nossa história ou da nossa consciência mais tarde. Não vale a pena. Graças a Deus, quando nos arrependemos temos em Cristo a certeza do perdão, bem como da graça divina para nos ajudar a suportar as consequências que surgirem. Seja lá como for, é sábio aquele que busca no relacionamento com o Espírito Santo o controle para suas ações e a humildade de reconhecer quando erra. Bem maior que a nossa culpa é a graça de Cristo que perdoa e cancela o débito de quem sinceramente se arrepende e confessa seu erro. – WMJ

Confessar as faltas humilha, mas liberta e restaura.

2 de agosto

Reis

LEITURA BÍBLICA:
Deuteronômio 17.14-20

[Cristo é] Rei dos reis e Senhor dos Senhores (Ap 19.16b).

Conta-se que um viajante no Egito teria encontrado os restos de uma estátua na areia: duas pernas de pedra num pedestal e ao lado a cabeça com o rosto quebrado. Mas faltava o corpo! Diante da estátua defeituosa, com surpresa o viajante teria lido a inscrição no pedestal: "Sou Ozymandias, rei dos reis; vejam minhas obras, ó poderosos, e desesperem!" Séculos atrás, aquele rei teve a ousadia de se projetar como o poder máximo do mundo, mas será que aquelas obras admiráveis ainda existem? Outro, mais lembrado ainda hoje, é o francês Napoleão, que promoveu muitas guerras na Europa, perturbando a paz de várias nações e deixando um saldo de incríveis sofrimentos. Em Paris há uma alta coluna sustentando sua estátua. O monumento domina justamente... a Rua da Paz.

No texto bíblico de hoje você leu que Deus previa a possibilidade de futuramente Israel escolher um rei. Para tais líderes, deixou instruções que beneficiariam o povo sob seu comando: deveriam viver conforme a lei do Senhor e governar servindo a Deus, resistindo à tentação de autoengrandecimento. Os princípios são válidos para todos os dirigentes com responsabilidades de governo – são chamados a liderar no temor do Senhor e para o bem da comunidade. Se os reis de Israel tivessem seguido esse padrão, a história daquele povo não teria registrado tantas derrotas, cativeiros e destruição.

Em contraste com todos esses dominadores, a Bíblia apresenta-nos o verdadeiro Rei dos Reis e Senhor dos Senhores – Jesus Cristo. Ele se tornou humano a fim de nos salvar eternamente e é o único que pode conduzir-nos com certeza e tranquilidade – é o verdadeiro Príncipe da Paz (Is 9.6).

A Bíblia nos ensina a respeitar as autoridades, mas o que importa realmente é nos sujeitarmos antes de tudo a Cristo. Se você o admitir como Rei do seu coração, todos que passarem pelas "ruas" da sua vida serão ricamente abençoados, inclusive você! – TL

**O reinado de Cristo é eterno
e plenamente benéfico para quem nele crê.**

3 de agosto

Você crê em Deus?

LEITURA BÍBLICA:
1 Pedro 1.17-2.3

Há um só Deus e um só mediador entre Deus e os homens: o homem Cristo Jesus (1Tm 2.5).

"Tenho fé em Deus!" Quantas vezes já ouvimos alguém usar esta expressão? Mas quem *realmente* crê em Deus? Será que basta ter uma vaga ideia sobre "Deus", talvez recebida dos pais ou de outros? O que é necessário para crer em Deus de verdade?

Para ter fé em Deus, é preciso conhecer e dar crédito ao que a Bíblia ensina, pois o fundamento da fé é a Palavra de Deus, viva e permanente (v 23).

A Bíblia revela que fomos salvos pelo sangue de Cristo quando ele morreu na cruz em nosso lugar (v 19). Ele é o único mediador entre o Pai e os homens, como afirma o versículo em destaque, por isso é preciso rejeitar todos os outros "salvadores" ou intermediários e buscar apenas o Filho de Deus. A fé genuína "vem por ouvir a mensagem (...) mediante a palavra de Cristo" (Rm 10.17). Ele afirmou: "Eu sou o caminho, a verdade e a vida. Ninguém vem ao Pai, a não ser por mim" (Jo 14.6).

Ao crer em Deus e em sua Palavra, você reconhece que é pecador,que está sujeito à justiça de Deus e nada pode fazer para obter salvação, pois ela ocorre somente em Cristo. Se você deseja mudar sua situação perante Deus, deve arrepender-se dos seus pecados e confessá-los a Deus. Depois, convencido de que Cristo é o único salvador, peça humildemente a Deus o perdão de seus pecados e a vida eterna. Se você fizer isso, tenha certeza de que Deus o perdoou e que você tem a vida eterna, pois ele não mente. Com esta confiança, receberá a certeza no coração de que passou "da morte para a vida." Para crescer na fé, adquira um Novo Testamento ou uma Bíblia completa. Leia um trecho todos os dias, se for possível, e peça que Deus guie sua vida por meio de sua Palavra. Assim, você mostrará dia a dia que crê no Deus verdadeiro! – TL

Você crê em Deus?
Então entregue sua vida a ele!

4 de agosto

Como está seu coração?

LEITURA BÍBLICA:
Mateus 15.1-2;11-20

Acima de tudo, guarde o seu coração, pois dele depende toda a sua vida (Pv 4.23).

A Bíblia fala seguidamente a respeito da importância do que uma pessoa realmente é. No nosso texto, Jesus deixa claro: mais importante é o que falamos e não o que comemos, porque aquilo que entra pela boca não contamina uma pessoa, mas o que sai dela, sim. Mas... de onde vêm as palavras? Da mente – termo atual mais próximo de "coração", palavra usada com frequência na Bíblia para se referir ao "centro de comando de uma pessoa": seu verdadeiro caráter e personalidade, o "eu" interior. É ali que os pensamentos surgem, são processados e se transformam em palavras, ações e atitudes. Quando pronunciadas, as palavras são como que despejadas sobre os outros. Da mesma forma, os pensamentos levam a atitudes ou ações que atingem as pessoas ao nosso redor. Por isso, precisamos tomar todo cuidado para que aquilo que falamos e fazemos não afete negativamente aqueles com os quais convivemos.

Esse assunto é tão sério que o versículo em destaque diz que toda a nossa vida depende de nossa mente. Você tem cuidado dela com carinho? Ou tem-se preocupado apenas com seu corpo, seu exterior? O que somos por fora, o que falamos e como reagimos depende de como tratamos o nosso íntimo. Assim, pode ser de boa ajuda orarmos como o salmista: "Sonda-me, ó Deus, e conhece o meu coração; prova-me, e conhece as minhas inquietações. Vê se em minha conduta algo te ofende, e dirige-me pelo caminho eterno" (Sl 139.23-24).

Se o que pensarmos for aprovado por Deus, também nossas palavras, atitudes a ações serão aprovadas por ele e resultarão em fortalecimento espiritual para as pessoas ao nosso redor e glória ao nome do Senhor. Por isso, cuide bem do seu coração, porque – lembre-se! – dele depende toda a sua vida. – HS

Nossas atitudes refletem o que está em nosso coração.

Deus existe!

LEITURA BÍBLICA:
Jó 38.1-11

Naquele dia dirão: "Este é o nosso Deus; nós confiamos nele, e ele nos salvou. Este é o SENHOR, nós confiamos nele; exultemos e alegremo-nos, pois ele nos salvou" (Is 25.9b).

Um barbeiro disse ao seu freguês que não acreditava na existência de Deus por causa da enorme quantidade de maldade existente no mundo. O freguês, diante daquela circunstância, afirmou que também não acreditava na existência de barbeiros, em razão da quantidade enorme de pessoas com cabelos compridos e barba por fazer. O barbeiro retruca dizendo que se eles estavam naquela situação é porque não procuravam o barbeiro. O freguês imediatamente respondeu: exatamente, este é o ponto. Deus existe, mas as pessoas não o procuram.

Encontramos hoje muitas pessoas que até acreditam que Deus exista, mas vivem como se ele não existisse. São como os cabeludos e barbudos que evitam ir ao barbeiro. Até sabem que o barbeiro existe, mas não o procuram porque preferem permanecer na situação em que estão. Deus existe, e em nosso texto base o encontramos falando com Jó sobre seu poder criador. Deus sustenta a terra para que não saia do rumo. Deus dá limites ao mar para que não encha a terra de águas. Deus ordena que um novo dia comece, fazendo o sol nascer. Cuida das chuvas, que produzem alimento para o homem. Os céus manifestam a glória de Deus e demonstram sua existência e poder. Ninguém nem força nenhuma, senão um Deus eterno e poderoso, seria capaz de produzir tudo o que existe. É preciso buscar o Senhor em sua Palavra e confiar nele. Crer que só ele pode salvar-nos da miséria espiritual que existe neste mundo. Só ele pode dar a vida eterna. Muitos vivem sem Deus, sem conhecer sua verdade, sem se importar com seus caminhos. Acreditam na maior mentira: pensar que Deus não existe. Há muita maldade no mundo, mas não porque Deus não exista. É porque muitos preferem refugiar-se em seus maus desejos em vez de buscar Deus e sua vontade. – HSG

Deus existe: quem o buscar, o encontrará e, com ele, a verdadeira vida.

6 de agosto

Fala perfeita

LEITURA BÍBLICA:
Tiago 3.1-12

___

Se alguém não tropeça no seu falar, tal homem é perfeito (Tg 3.2).

___

Você já falou alguma coisa e depois se arrependeu de ter dito o que falou? Pois é, infelizmente, temos muita facilidade para falar muitas coisas, mas temos pouca paciência para ouvir o que os outros falam.

O problema é que muitas pessoas falam demais, assumem compromissos com todo mundo mas não conseguem cumprir o que prometeram. Depois procuram dar um jeitinho ou até mentem para tentar justificar a sua falta de responsabilidade.

Há também os que falam mal dos outros e depois não conseguem sustentar o que disseram. O pior é que tais coisas infelizmente acontecem entre pessoas que se dizem cristãs.

Já no Antigo Testamento o homem mais sábio do mundo disse: "Quando são muitas as palavras, o pecado está presente, mas quem controla a língua é sensato" (Pv 10.19). Concordando com este pensamento, o Senhor Jesus Cristo disse: "Seja o seu 'sim', 'sim', e o seu 'não', 'não'; o que disso passar vem do Maligno" (Mt 5.37).

Tiago, por sua vez, escreveu ainda isto na carta da qual lemos hoje um trecho: "Meus amados irmãos, tenham isto em mente: Sejam todos prontos para ouvir, tardios para falar e tardios para irar-se" (Tg 1.19). Mais adiante, ele diz: "Irmãos, não falem mal uns dos outros. Quem fala contra o seu irmão ou julga o seu irmão, fala contra a Lei e a julga. Quando você julga a Lei, não a está cumprindo, mas está se colocando como juiz. Há apenas um Legislador e Juiz, aquele que pode salvar e destruir. Mas quem é você para julgar o seu próximo?" (Tg 4.11-12).

Portanto, tome cuidado com o que você fala. O primeiro passo para ser perfeito no falar é permitir que Jesus Cristo seja o Senhor e Salvador de sua vida. Depois faça sua a oração expressa em Sl 141.3: "Coloca, SENHOR, uma guarda à minha boca; vigia a porta de meus lábios (Sl 141.3)." – MM

Palavras são como pedras que constroem ou ferem, dependendo de como as manejamos.

7 de agosto

Temer a Deus

LEITURA BÍBLICA:
Provérbios 8.12-14

O temor do Senhor é fonte de vida, e afasta das armadilhas da morte (Pv 14.27).

Temer ao Senhor é ter a consciência da sua presença e desejar obedecê-lo, reverenciando-o como Deus supremo. Se ele está em minha vida, ela não pode ser dominada por vícios, pela agressividade ou por uma linguagem ofensiva, por exemplo. A Bíblia nos ensina que o temor do Senhor é o princípio do conhecimento (Pv 1.7), é resultado da busca constante pela sabedoria (Pv 2.1-5) e consiste em aborrecer o mal, a soberba, a arrogância, o mau caminho e a língua perversa (v. 13, ARA).

Um cristão estava contando a um grupo de pessoas como a sua vida tinha mudado desde que passou a temer ao Senhor. Alguns que o ouviam começaram a zombar dele. Um homem alcoolizado perguntou se ele realmente acreditava na Bíblia e nas histórias sobre Jesus nela relatadas, como o milagre da transformação da água em vinho. Os amigos daquele homem deram boas gargalhadas! O cristão respondeu: "Eu não estava lá quando Jesus transformou a água em vinho, mas eu creio porque o milagre está relatado na Bíblia. O que eu quero dizer a todos vocês hoje é o que eu tenho visto acontecer comigo – os milagres e transformações que Jesus fez em minha vida e em minha família".

Quando alguém teme o Senhor, sua vida é transformada: tudo que desagrada a Deus (o ódio, o mal, as palavras perversas ou desnecessárias, o ciúme, o egoísmo, os vícios, a mentira, etc.) é afastado e abandonado e a pessoa busca obedecer à Palavra de Deus. Agir assim é demonstrar sabedoria: "Todos os que cumprem os seus preceitos revelam bom senso" (Sl 111.10b).

Quem teme a Deus sente a presença constante do Senhor Jesus. Mesmo quando as circunstâncias forem adversas, a consciência da presença de nosso Senhor faz toda a diferença – nem sempre ele afasta o perigo, mas nos ensina como lidar com as situações ruins. – JG

**Como é feliz quem teme o Senhor,
quem anda em seus caminhos! (Sl 128.1)**

8 de agosto

Já posso morrer

LEITURA BÍBLICA:
Gênesis 46.28-34

Israel disse a [seu filho] José: "Agora já posso morrer, pois vi o seu rosto e sei que você ainda está vivo"
(Gn 46.30).

Se você não se lembra bem da história de José ou não a conhece, não deixe de ler Gn 37-50. O drama do menino vendido pelos irmãos, escravizado, preso injustamente e que pela intervenção divina se tornou o homem mais poderoso do Egito é maravilhosa. Mas aqui, com base no que lemos, quero destacar outro e não José. Quero falar de seu pai, Jacó ou Israel.

Ao receber a notícia da possível morte do filho, Jacó não aceitou ser consolado. A família toda se esforçou nisto, mas ninguém conseguiu. Seu amor por José impedia o conforto. Os anos passavam e o pai lamentava a possibilidade de seu filho querido ter sido devorado por alguma fera (Gn 37.31-35).

Pode-se imaginar o sofrimento daquele pai até ouvir, anos depois, que seu filho estava vivo e que era alguém muito importante. O tempo passou, mas o amor do pai não. Isto fica claro no texto desta meditação. Os dois, pai e filho, se reencontraram emocionados. O filho chorou por longo tempo abraçado ao pai, e o pai, por sua vez, fez uma declaração digna de um pai que merece ser respeitado e honrado, que se importa mais com o filho do que consigo mesmo. Jacó disse: "Já posso morrer!". Sim, ele já podia morrer. Seu filho estava bem e, sendo assim, para ele, tudo estava bem.

Jacó não é um caso isolado. Muitos pais vivem para seus filhos. Abrem mão da vida pelo bem-estar deles. Estão bem se seus filhos estiverem bem. Pena que boa parte dos filhos só perceba isso tarde demais, quando já não é possível agradecer-lhes e honrá-los como merecem. Se o seu pai foi assim, que pensava mais em você do que nele mesmo, agradeça a Deus o pai que você teve. Se ele ainda estiver ao seu lado, siga o exemplo de José, que não deixou de respeitar e honrar a Jacó até o fim. – ARG

**Honra aos pais que se importam
mais com os filhos do que com eles mesmos!**

9 de agosto

Inço e tiririca

LEITURA BÍBLICA:
Gênesis 35.1-5

Livremo-nos de tudo o que nos atrapalha e do pecado que nos envolve (Hb 12.1b).

Não é dupla caipira, não. São dois nomes para o terror dos jardineiros: aquelas plantinhas que vivem infestando os canteiros, tomando o lugar das plantas úteis e atrapalhando. É de irritar: arranca-se tudo, e pouco depois lá está aquilo de novo. Parece que não adianta limpar, mas deixar também não pode...

Algum tempo antes do que você leu na Bíblia hoje, Raquel, esposa de Jacó, furtou alguns ídolos ("deuses") do seu pai Labão, e é bem provável que tenha ficado com eles. Pouco depois Jacó teve um encontro muito sério com o Deus vivo (aliás, não foi o primeiro). Não sei se ele entendeu bem que este era realmente o *único* Deus, mas não restou dúvida de que não havia comparação entre ele e aqueles ídolos.

No entanto, agora encontramos na família de Jacó de novo uma porção desses deuses de imitação – e não só os de Raquel, porque Jacó mandou que todo mundo fizesse uma faxina geral e permanecesse só com o Deus verdadeiro, que falara com ele. Isto feito, perceberam uma forte ação de Deus em favor deles.

Mas não ficou assim: ainda séculos depois, a infestação com ídolos se repetia entre os descendentes de Jacó, os israelitas, sempre causando desastres. Basta folhear os livros do Antigo Testamento – exemplos não faltam desse verdadeiro inço espiritual. Deus enviou muitos profetas para arrancar aquele mato – mas a praga sempre voltava.

Bem, e nós com isso? Se você é cristão, na sua vida certamente só crescerá aquele maravilhoso fruto do Espírito descrito em Gl 5.22-23, ou não? E o egoísmo, a ganância, o ciúme, a ansiedade, a preguiça, o orgulho – tudo aquilo que vive brotando e ocupando o espaço de Deus? Que tal arrancá-los? Que tal confessá-los a Deus e livrar-se de tudo que nos atrapalha? Pode ter certeza que a vida só com o Deus vivo será bem melhor do que o seu canteiro cheio de inço e tiririca. – RK

Limpeza é trabalho constante – também na vida espiritual.

10 de agosto

Visão

LEITURA BÍBLICA:
2 Reis 6.8-23

*Eliseu orou: Senhor,
abre os olhos dele para
que veja (2Rs 6.17).*

A visão é uma das maravilhas da criação: um sistema sofisticado, capaz de captar variações na luz refletida, transmitir as informações ao cérebro e, por meio de intrincados mecanismos, identificar e interpretar o que foi percebido. Mas tem suas limitações. Por exemplo, estou rodeado de coisas que não vejo sem ajuda de um microscópio, assim como não percebo certas frequências de luz. Embora a visão seja uma ótima ferramenta para perceber a realidade, só me permite conhecer parte dela. Disto decorre a tendência a só prestar atenção ao visível. Só acredito em micróbios porque os vi ao microscópio, mas das tais frequências de luz, bem, só me lembro do infravermelho porque vejo sua ação no controle remoto da TV. A tendência é avaliar e reagir às coisas que nos rodeiam com base no que vemos.

Há, no entanto, uma imensa realidade não fisicamente visível – a espiritual. Vivemos em uma dimensão física, somos equipados para percebê-la e nela devemos viver (pelo menos por enquanto). Mas é preciso saber que há uma vasta realidade só percebida quando nos é especialmente permitido ver, e que Deus é Senhor sobre tudo, mesmo que eu não o veja.

Mesmo que não consigamos ver, a Palavra de Deus mostra que o mundo espiritual participa da história da humanidade. A leitura bíblica de hoje mostra uma ocasião em que as condições pareciam excessivamente adversas. A percepção do servo de Eliseu era absolutamente pertinente à luz da realidade que podia ver, mas não da realidade completa. Tomé, discípulo de Jesus, só acreditou na ressurreição de Cristo quando o viu, e ouviu do Senhor que felizes são os que não viram e creram (Jo 20.29). Nem sempre poderemos ver além do material, mas podemos crer em Deus e confiar em seu amor, lembrando que ele é Senhor sobre todas as coisas. Então, pela fé posso "ver" o que não é visível aos olhos humanos e descansar em Deus. – MHJ

**Mesmo quando não vejo,
Deus está no controle.**

11 de agosto

Justiça de Deus

LEITURA BÍBLICA:
Isaías 59.1-2

Até agora vocês não pediram nada em meu nome. Peçam e receberão, para que a alegria de vocês seja completa (Jo 16.24).

Deus está presente e sabe todas as coisas, inclusive os nossos pensamentos: "Antes mesmo que a palavra me chegue à língua, tu já a conheces inteiramente" (Sl 139.4). Mas, por que então ele não age para fazer justiça?

Não é Deus que está incapacitado, mas é a nossa atitude rebelde que o impede de agir em nosso favor. Sua interferência em nós e entre nós seria destruidora como a luz diante das trevas! Por sua bondade e amor Deus não age enquanto não estivermos protegidos pela justiça que Jesus Cristo conquistou para nós na cruz. A fé e a bênção de Deus não são um comércio de bens de consumo em que se paga e recebe, como muitas propostas religiosas sugerem em nossos dias. Não podemos dar algo a Deus para então podermos exigir benefícios em troca. A Bíblia chama essa ideia de "outro evangelho" e o condena duramente (Gl 1.8).

A verdade do evangelho é o fato de que não fomos nós que fizemos algo para que Deus nos retribuísse, e sim que ele nos amou primeiro e deu a sua vida como resgate pela nossa, sendo nós ainda pecadores (Rm 5.8). Também não se trata de praticar a oração como se fosse uma fórmula mágica que necessariamente põe Deus em movimento. O controle é e sempre será dele. É bom lembrar que a verdade reside na Palavra de Deus (Jo 17.17), que adverte contra "aqueles que têm a mente corrompida e que são privados da verdade, os quais pensam que a piedade é fonte de lucro" (1Tm 6.5). Se nos ressentimos de injustiça, é pelos méritos de Jesus que podemos aproximar-nos de Deus para que antes de tudo ele remova nossa própria injustiça que nos separa dele e para entendermos quais são os seus bons propósitos conosco. – VK

**Sem submissão a Deus
não há verdadeira justiça.**

12 de agosto

Delicadeza

LEITURA BÍBLICA:
Colossenses 3.5-11

Ao servo do Senhor não convém brigar mas, sim, ser amável (2Tm 2.24a).

Marta caminhava apressada, depois do trabalho, para pegar o ônibus para casa, quando trombou com um estranho. Gentilmente pediu desculpas e continuou seu caminho. Afinal, ela é uma pessoa educada.

Já em casa, em frente ao fogão, preparando o jantar, deu um passo para trás e esbarrou no filho de 4 anos, que se aproximara da mãe silenciosamente, querendo lhe fazer uma surpresa. Ela assustou-se e deu uma bronca no filho, mandando-o brincar. Nem sequer se deu ao trabalho de saber por que estava ali. Ele foi embora com o coração partido.

Mais tarde, na cama, esperando o sono chegar, Marta ouviu a voz de Deus lhe falando ao coração: Com um estranho, que nem conhecia, você foi tão delicada e com seu filho, que você ama, foi tão rude e nem se importou em saber o que ele queria.

Não conseguindo pegar no sono e de consciência pesada, Marta levantou-se, disposta a acordar o filho e pedir-lhe perdão pelo ocorrido. Chegando ao seu quarto, viu num canto no chão um buquê de flores e logo se deu conta do que havia ocorrido antes na cozinha. Ajuntou as flores e por um momento fica olhando para elas enquanto se coloca no lugar do filho. Com delicadeza pega a sua mão, beija-lhe a face e o chama pelo nome. Assim que ele acorda, Marta lhe pede perdão pela forma fria e rude com que o tratou na cozinha, reafirmando seu amor por ele.

O menino dá um abraço na mãe e diz que também a ama e que estava tudo bem. Diz que colheu flores amarelas, porque eram da cor preferida da mãe.

Quantas vezes agimos como Marta! Tratamos bem os estranhos só para não passar vergonha, mas somos rudes com as pessoas de casa. Por que fazemos isso? Porque deixamos o velho homem se manifestar e ainda não nos revestimos do novo homem, ainda não abandonamos a velha maneira de viver, da qual Deus não se agrada. Você também age assim? Ser amável com os outros faz parte do fruto do Espírito. – HS

A amabilidade torna saboroso o amor.

13 de agosto

Inútil!

LEITURA BÍBLICA:
Jeremias 7.9-15

Aproximem-se de Deus, e ele se aproximará de vocês!
(Tg 4.8).

O autor do Salmo 127 declara que se alguém não tiver o Senhor por dono de um projeto, não adianta trabalhar na obra. Não será bem sucedido, e ninguém quer isso! Entretanto, milhares de pessoas seguem atividades inúteis, como venerar um certo lugar e seguir uma rotina de ritos religiosos. No trecho lido hoje, Jeremias prega contra o seu povo, que leva uma vida deplorável, tentando encobrir tudo com a adoração habitual no templo de Deus. Pensam que, por sua lealdade ao templo, o Senhor os aprovará. Diante disso, como o porta-voz do Senhor, Jeremias denuncia o povo que se mostra religioso sem, contudo, mudar suas práticas pecaminosas. Declara que, por essa mesma razão, Deus abandonou Siló, sua primeira habitação em Israel. Da mesma maneira, o templo em Jerusalém não os poderia defender contra a vinda do castigo, o cativeiro. Sua gritante hipocrisia nacional era confiar na lealdade tradicional ao templo sem se importar em deixar os seus pecados e demonstrar seu amor a Deus.

Hoje podemos cair no mesmo erro. Podemos ler a Bíblia, ouvir programas evangélicos no rádio e assistir aos cultos na igreja de modo costumeiro, sem aplicar as verdades bíblicas à nossa vida cotidiana. Os conflitos domésticos não mudam, nem as relações com os vizinhos e outros. Exigimos a honestidade de outras pessoas sem dar o exemplo. Se não cultivarmos uma relação íntima com Cristo, viveremos de consciência pesada porque perdemos as oportunidades de testemunhar da nossa fé. Com paciência Deus espera que confessemos nossos pecados e faltas, pedindo perdão e a graça de nos aproximar dele de coração. Seguir o versículo acima evita um "templo" de uma vida religiosa rotineira, de atividades repetidas e inúteis. Para agradar a Deus, que tanto nos ama e quer o nosso bem, aproximemo-nos dele com amor e sinceridade! – TL

**Deus quer que nós mesmos
sejamos o seu templo.**

14 de agosto

Sabedoria

LEITURA BÍBLICA:
Provérbios 8.1-3, 22-36

*Tudo me é permitido,
mas nem tudo convém.
Tudo me é permitido,
mas eu não deixarei que
nada me domine
(1Co 6.12).*

Dentro da mente dos homens uma grande guerra é travada entre o bem e o mal. O apóstolo Paulo referiu-se a ela quando escreveu sua carta aos Efésios, em que fala das ciladas de Satanás (6.11), ou seja, do seu esquema para atacar todos aqueles que lhe derem oportunidade. É um projeto para atrair todos que não são sábios e não estão fortalecidos pela comunhão com o Senhor Jesus. Por isso o apóstolo instrui todos os cristãos a ficarem firmes contra as ciladas de Satanás, porque ele ataca a mente de todos, sem exceção. A luta do cristão na guerra que se trava em sua mente é feroz. A sua grande vantagem é que ele não está sozinho. Suas armas não são humanas. Sua guerra não é no Afeganistão ou no Iraque. Ela é espiritual. "Não é contra seres humanos ... mas contra ... as forças espirituais do mal nas regiões celestes" (Ef 6.12). É em nossa mente que essa luta é travada.

Estamos rodeados de tentações as mais diversas. Elas atacam todos os cristãos. Nossa mente está sempre ativa pensando em dinheiro, poder, fama, aparência, sexo, bebida, jogatina, etc. Os pensamentos podem arrastar-nos por esses caminhos. Como pensamos, assim somos, e como cristãos precisamos muito da sabedoria de Deus. Se quisermos ganhar a vitória contra o esquema de Satanás, temos de receber em nós a sabedoria de Deus. A guerra espiritual nunca termina. Lutaremos sem parar até o fim, mas ganharemos sempre se vivermos sabiamente como cristãos, vendo a vida do ponto de vista de Deus. E a sabedoria de que estamos falando é o próprio Jesus Cristo dominando cada dia a vida do cristão. Quando ouvimos e praticamos suas instruções, tornamo-nos sábios (v 33). A vitória será certa para todos os cristãos que se apossarem diariamente desse ensino da Palavra de Deus. – JG

**A batalha da mente será ganha com Jesus Cristo,
a sabedoria de Deus.**

15 de agosto

Efatá

LEITURA BÍBLICA:
Marcos 7.31-37

Então voltou os olhos para o céu e, com um profundo suspiro, disse-lhe: "Efatá!", que significa "abra-se!" (Mc 7.34).

"Habla que se escuche!" respondia cada vez mais agressiva a mulher pobre ao filho que insistia em pedir mais comida na frente das visitas, até o rapaz, irritado, exclamar "No quiero nada más!" e a mãe replicar: "Así se habla, que se escuche!"

Há muitos fisicamente surdos no mundo, mas seguramente o número de surdos voluntários é muito maior. E entre os cristãos, infelizmente, a surdez voluntária também não é rara. Já me vi diante de situações nas quais queria que Deus falasse comigo por alguma visão, um sonho, mas nada! Enquanto orava e me frustrava esperando ouvir a voz de Deus, irmãos me aconselhavam, as Escrituras me ensinavam. Ele falava comigo, mas meus ouvidos estavam fechados por minha ansiedade e teimosia.

Não tenho dúvidas de que nosso Deus pode falar conosco por sonhos, visões ou mesmo audivelmente, mas seguramente isto não é o dia a dia. Por outro lado, já perdi a conta de quantas vezes ele me falou pela leitura da Bíblia, por um sermão, uma conversa com um amigo cristão, ouvindo um hino, um fato corriqueiro, um conselho de minha esposa, e até lembro muito bem de quando me chamou à atenção por meio de uma pessoa que nem ao menos teme a Deus. Ele com certeza fala – mas resta saber se estou disposto a ouvir.

Há um lindo cântico que diz "No silêncio tu estás". Normalmente, porém, meu coração tem de tudo, menos silêncio; é tamanho o turbilhão que nem sequer um trem seria ouvido. Minha própria vontade e ansiedade fazem tanto barulho que não me aquieto para ouvir, inclusive porque ao orar falo tanto de meus problemas que não sobra tempo para acalmar o coração diante de Deus.

O melhor que faço é aquietar-me diante dele e suplicar que mais uma vez diga "efatá!" e meus ouvidos se abram para ouvir o que ele tem a me dizer. Só tenho a ganhar. – MHJ

Para ouvir a voz de Deus é preciso aquietar-se diante dele.

16 de agosto

Prontos para adorar

LEITURA BÍBLICA:
Levítico 9.1-24

Por meio de Jesus ... ofereçamos continuamente a Deus um sacrifício de louvor, que é fruto dos lábios que confessam o seu nome (Hb 13.15).

Por muito tempo, o povo de Israel entendeu que religião era sinônimo de sacrifício. No livro de Levítico, o Senhor deu ordens aos líderes do povo sobre o tipo, o preparo e o modo de oferecer os sacrifícios a Deus. O povo seguia as instruções divinas, visando a ganhar favores (bênçãos), aplacar a ira divina, obter perdão pelos pecados, purificação e consagração. No texto de hoje, vemos o sacerdote Arão oferecendo os sacrifícios que o Senhor exigia pelos pecados do povo e também por seus próprios. O Senhor agradou-se daquelas ofertas, o povo ficou alegre e adorou ao seu Deus.

O sistema de sacrifícios "caiu bem" ao povo de Israel. Esta foi a forma pela qual Deus pôde interagir com os israelitas, escolhidos para ser seu povo. Porém, oferecer sacrifícios constantemente não era o plano definitivo de Deus para nos aproximar dele – era apenas um modelo do sacrifício verdadeiramente eficaz. Assim, hoje os sacrifícios de animais e as ofertas de cereais não são mais necessários, pois um único sacrifício foi suficiente para castigar nossos pecados e aplacar a ira divina: a morte de Cristo. O autor de Hebreus explica: "Cristo foi oferecido em sacrifício uma única vez, para tirar os pecados de muitos" (Hb 9.28). Na cruz, conseguimos o nosso maior favor: a vida eterna! O sacrifício de Jesus também nos deu acesso direto ao Pai, restaurou nossa comunhão com ele e já não precisamos mais esperar para sermos purificados e consagrados, pois isso acontece quando entregamos nossa vida a Deus. Estamos sempre prontos para a adoração ao Senhor e para um relacionamento de amor profundo com nossos irmãos. Não espere mais: creia em Cristo, em seu único e eficiente sacrifício, e adore ao Senhor com sua vida! – LM

**Adorar a Deus com nossa vida
é mais que qualquer sacrifício.**

17 de agosto

Espelho

meu

LEITURA BÍBLICA:
Lucas 18.9-14

Sonda-me, ó Deus, e conhece o meu coração (Sl 139.23a).

Quem é a pessoa que você vê no espelho todos os dias? Não precisamos do reflexo da nossa imagem no espelho para nos percebermos, mas devemos pensar acerca do que vemos em nós, especialmente quando nos comparamos aos outros.

Jesus nos conta esta parábola sobre um fariseu (elite religiosa da época de Jesus) e um publicano (coletor de impostos) que vão orar. O fariseu faz uma oração bem esquisita. Na verdade, ele não estava falando com Deus, mas consigo mesmo, com seu ego – que parecia ser do tamanho do universo. Observou como era superior aos outros e "agradecia a Deus" por não ser como o publicano que estava perto. Acho que nem eu nem você jamais faríamos uma oração assim... pelo menos, não com palavras...

Aquele fariseu, que costumamos abominar, revela um pouco do que temos guardado dentro de nós: o orgulho. Claro que se eu perguntar se você "se acha o máximo", sua resposta será não; mas preste atenção na maneira como você percebe as pessoas e como se percebe diante delas. Não se sente melhor que os outros, às vezes?

Somos orgulhosos. Isso é fato! Pior orgulho é aquele que não é evidente, mas ainda mais prejudicial que o orgulho inerente a todo ser humano é o orgulho espiritual. Este geralmente aparece em forma de julgamento, condenação e desprezo a quem não parece "tão espiritual" quanto você. O orgulho espiritual é uma espécie de roubo, pois você toma para si algo que é de Deus! Seja lá o que você for, espiritualmente falando, isso é resultado da graça e misericórdia de Deus e não de si mesmo ou de sua busca.

Por isso, troque o orgulho, não apenas pela humildade, mas pela sinceridade, pela autenticidade e absoluta verdade do seu coração diante de Deus. A verdadeira humildade só surge quando começamos a nos envergonhar de nosso orgulho! – WMJ

Se o espelho mostrar orgulho, mude de atitude!

18 de agosto

Vamos acordar?

LEITURA BÍBLICA:
Efésios 5.8-17

Desperta, ó tu que dormes, levanta-te dentre os mortos e Cristo resplandecerá sobre ti! (Ef 5.14b)

Na leitura de hoje o apóstolo Paulo alerta para termos cuidado com o modo como vivemos, porque "os dias são maus". Esse aviso até que poderia estar no jornal de hoje, concorda? Houve tempos, porém, em que não se pensava assim: adorava-se o "progresso", imaginando que o mundo melhoraria sem parar. Há uns 100 anos, por exemplo, a tecnologia, a medicina e as riquezas avançavam, até que em 1914 a Primeira Guerra Mundial estragou tudo. Mais tarde, depois da Segunda Guerra Mundial, chegaram os "anos dourados" das décadas de 50 e 60, mas veio o medo com a Guerra Fria. Esta terminou por volta de 1990 e, agora sim, parecia que o paraíso chegaria. Todavia, as guerras continuaram, aumentou o terrorismo, e agora receia-se alguma catástrofe climática. Assim, a afirmação de que os dias são maus passou a ser respeitável. Sugerir, então, cuidado com a maneira de viver, como lemos, é perfeito, mas... como? Alguma proposta prática? Algo que vá além de reciclar o lixo, andar de bicicleta e tentar ser mais ou menos gentil?

Bem, Paulo não diz isso a qualquer um. Ele chama seus leitores de "filhos da luz". Gente assim deve enxergar bem e saber como agir. Mas quem seriam esses filhos da luz? É um termo bonito, muito conveniente para expressar aquilo que nós mesmos pensamos ser. Por isso é bom observar que ele fala ali em "luz no Senhor". Trata-se, portanto, daqueles que vivem dependendo diretamente de Deus e se deixam dirigir por ele – nada mais nem nada menos. Agora, será que você se enquadra nessa condição, ou seria antes naquele versículo em destaque no topo da página? Desperte, diz ele, peça a Cristo que lhe dê uma nova vida e clareza para o caminho! Depois leia todo esse capítulo da Bíblia e tenha mais orientações práticas a fim de que sua vida contribua para que estes dias sejam menos maus. – RK

**O que você precisa: acordar ou refletir
a luz de Cristo para que outros acordem?**

19 de agosto

Necessidades

LEITURA BÍBLICA:
Provérbios 3.27-28

A verdade é que ninguém dá a mão ao homem arruinado quando este, em sua aflição, grita por socorro (Jó 30.24).

O mundo está cheio de pessoas que farão coisas boas ou ruins, e isso trará as mais diversas consequências às suas vidas. O que você tem a ver com isso? Tudo! Há pessoas caladas que precisam de alguém para conversar. Outras estão tristes e precisam de conforto. Há pessoas tímidas que precisam de alguém que as ajude a dar o primeiro passo e vencer sua timidez. Muitas estão sozinhas e precisam de alguém para sorrir com elas. Há pessoas com medo precisando de alguém que lhes diga que não é preciso temer. Há pessoas fortes que precisam de conselhos para usar bem sua sabedoria e força. Há pessoas habilidosas que precisam de orientação para melhor usar sua habilidade. Outras acham que não sabem fazer nada e precisam descobrir que um simples telefonema pode abençoar alguém. Há pessoas apressadas que precisam de alguém para lhes mostrar tudo o que não têm tempo para ver. Há pessoas agressivas que precisam de ajuda para não magoar os outros com seu modo "tsunami" de ser. Há pessoas que se sentem à parte e precisam de alguém que lhes mostre o caminho de entrada. Há pessoas que estão próximas, mas se sentem invisíveis. Outras estão quebradas e precisam ser refeitas. Tantas estão morrendo de sede ao nosso lado, quando temos em nós a Água Viva. Há pessoas que precisam comer o verdadeiro pão. Há diversas delas ao seu lado, na rua, na escola, no seu prédio, no seu trabalho, em sua família. Pessoas que se acham feias, gordas, inúteis, acabadas. Outras pensam que são maravilhosas, independentes e supridas de tudo. Há pessoas precisando de pessoas. Há pessoas – e muitas – precisando de Jesus e de alguém que lhes fale dessa graça e de tudo o que o Senhor já fez e pode fazer por elas. Com certeza, pelo menos uma dessas pessoas precisa de você. Descubra suas necessidades e ofereça ajuda! – AP

Faça diferença neste mundo tão indiferente.

20 de agosto

Adaptação

LEITURA BÍBLICA:
Romanos 12.1-5

Não se amoldem ao padrão deste mundo, mas transformem-se pela renovação da sua mente, para que sejam capazes de experimentar e comprovar a boa, agradável e perfeita vontade de Deus (Rm 12.2).

Recentemente mudei-me com a minha família para uma nova cidade. Nos primeiros meses sentimos muita saudade dos amigos que ficaram, dos lugares que frequentávamos, da casa onde morávamos, etc. Fomos muito bem recebidos, todos diziam a mesma frase com sinceridade: Sejam bem vindos! E perguntavam: Como vocês estão? Nossa resposta era sempre repetida também: Estamos nos adaptando!

Adaptação é um exercício interessante. Quando alguém muda de residência, precisa adaptar-se à sua nova casa, médico, supermercado, padaria, açougue, amigos, igreja. A vida inteira se modifica. Pode ser ruim por um lado, mas este exercício é algo que nos tira da acomodação e nos leva à transformação e ao movimento, que é sempre sadio. Acredito que muitos vão-se adaptando às facilidades da estabilidade: ao seu portão eletrônico, à sua poltrona preferida, ao disque pizza, à sua casa confortável. Estão fazendo da comodidade comodismo. Ao mesmo tempo adaptam-se às baladas, às conversas maliciosas, aos convites das tentações. Nosso texto bíblico desta mensagem é muito claro. Ele diz que não devemos nos amoldar ao padrão deste mundo. Não podemos nos conformar com a maneira como a sociedade vive. Nosso modelo não podem ser as pessoas corrompidas que têm suas paixões e pecados como prioridade. É preciso buscar a constante renovação da nossa mente. Nossa forma de pensar não deve adaptar-se aos maus costumes. Vivemos a necessidade de um exercício constante de mudança que exige sacrifício de nossa parte. O mundo nos abraça tentando fazer com que tomemos a sua forma. Precisamos resistir, buscando a Deus e seu caminho. Mesmo vivendo em condições difíceis como as deste século, podemos e devemos buscar a agradável e perfeita vontade de Deus. – HSG

Leve a sério a necessidade de transformação.

Formigas

LEITURA BÍBLICA:
Tito 3.12-14

As formigas, criaturas de pouca força ... armazenam sua comida no verão (Pv 30.25).

Você certamente já foi incomodado por formigas! Parece não haver insetos mais numerosos, e elas proliferam em todos os continentes, exceto na gélida Antártida. Em várias partes do mundo ainda se descobrem espécies antes desconhecidas. No versículo em destaque, o sábio Agur cita a formiga para dar um exemplo de sabedoria e diligência. Ela realiza coisas admiráveis, mas é totalmente movida pelo seu instinto inato. Já nós temos a vantagem da inteligência para governar a nossa vida – especialmente o cristão, com a direção de Deus. Na leitura você encontrou Tito, um servo de Deus, deixado por Paulo na Ilha de Creta para ensinar os cristãos. No fim da carta que lhe escreveu, Paulo acrescenta várias instruções pessoais, sabendo que Tito era fiel e capaz de agir no que fosse necessário para o bom andamento do trabalho. Queria encontrar-se com Tito no lugar onde passaria o inverno. Aos colegas enfatizou a "prática de boas obras" – que fossem produtivos nos seus trabalhos – tal como as formigas!

Você dá valor às responsabilidades que lhe são atribuídas? Tal atitude é gerada cedo na vida, quando a criança recebe deveres à altura da idade e das forças que tem e vê nos pais um exemplo a seguir. Depois, como jovem, não fugirá do trabalho. Aos outros Salomão recomenda que reflitam "nos caminhos da formiga" (Pv 6.6), pois sábio é aquele que age a tempo, o que Paulo pediu a Tito diante da aproximação do inverno. Se Tito não fizesse planos, poderia haver um desencontro e possíveis dificuldades. Quando a pessoa se deixa levar como algum objeto na corrente dum rio, aparecem os problemas. Com razão Jesus disse: "A noite se aproxima, quando ninguém pode trabalhar" (Jo 9.4). Com estas e outras orientações que a Bíblia oferece, a vida proporciona satisfação em alcançar nossos alvos para a glória de Deus. – TL

**Receita de vida: trabalhar como as formigas
e descansar no amor de Deus.**

22 de agosto

Coração

LEITURA BÍBLICA:
1 Samuel 16.1-13

O homem vê a aparência, mas o Senhor vê o coração (1Sm 16.7).

A história de Davi é uma das mais tocantes que conheço. No texto de hoje, narra-se o começo dela.

Era um tempo em que valia muito mais a razão da força do que a força da razão, e o rei precisava não apenas ser um grande guerreiro, mas também parecer assim. Enviado a ungir o novo rei, o profeta Samuel se surpreende quando Eliabe, provavelmente um homem forte e vistoso, é rejeitado por Deus em favor de um adolescente ruivinho. E recebe a lição de que o Senhor se interessa muito mais pelo coração de Davi.

À primeira vista, pensando com a minha mente limitada, tendo sido escolhido por causa de seu coração, seria de se esperar que Davi fosse impecável em toda a sua vida. Mas a Bíblia não doura seus heróis, e Davi é mostrado em seus altos e baixos. Naquele que, creio, foi o pior de seus momentos, o rei fica ocioso em seu palácio em plena guerra, entediado, e acaba se envolvendo com uma mulher casada, engravidando-a. Não contente, tenta acobertar o problema arquitetando, e consumando, a morte do marido.

Mas então, era este o coração que Deus queria? O de um rei preguiçoso, adúltero e assassino? Não. Seguramente não.

A história também não acaba aqui. O rei é confrontado pelo profeta Natã, em nome de Deus. Um rei absoluto, com autoridade para fazer calar o profeta, aceita a confrontação e se quebra por inteiro. Humilha-se perante seu Deus (é quando compõe o Salmo 51 – não deixe de ler).

Davi caiu, arrastou-se na lama, mas o coração deste homem era totalmente submisso ao seu Criador – e ele voltou.

Apesar da terrível e vergonhosa queda, Deus continuou usando Davi, que veio a tornar-se ancestral do próprio Jesus Cristo. Olhando para o exterior, eu provavelmente teria jogado Davi fora, desde o começo e de novo depois. Mas Deus vê o coração e não despreza alguém que o leva a sério. – MHJ

A integridade do coração diante de Deus
não fica sem resposta.

23 de agosto

Crises no casamento

LEITURA BÍBLICA:
1 Coríntios 7.1-11

O casamento deve ser honrado por todos; o leito conjugal, conservado puro; pois Deus julgará os imorais e os adúlteros (Hb 13.4).

Quantas vezes ouvimos dizer que fulano se separou de sicrana! É lamentável, mas o casamento está virando passatempo, diversão de gente grande. Será que as pessoas esqueceram que o casamento é um ato sagrado, uma instituição divina? Não é só fazer sexo, passear, viajar. É apoiar o outro, educar os filhos preparando-os para aproveitar os momentos alegres e enfrentar, juntos, todas as dificuldades. Porém, hoje não vemos isso, mas casais que terminam o relacionamento logo na primeira crise, causando mágoas e outros problemas ao cônjuge e aos filhos. Outros casais, quando a crise vem, partem para o adultério, o que traz ainda mais sofrimento para os envolvidos.

As crises que acontecem no casamento não são motivo para separação ou mesmo para traição. Quando elas ocorrem, são oportunidades para refletir, dialogar, avaliar os problemas e restaurar o casamento. As maiores vitórias na vida conjugal são obtidas quando os cônjuges superam suas dificuldades juntos, buscando em oração o auxílio do Senhor. É assim que eles escapam das armadilhas de Satanás, o grande interessado na destruição da família.

Não há casamento sem crises ou sofrimento. Dinheiro, status, posição social ou diplomas podem até ajudar, mas não são tudo. Nada, além de Deus, pode resolver os problemas de um casal. Pense nisso: a crise vem não para resultar em separação, mas para trazer de volta o diálogo, muitas vezes esquecido, e com ele restabelecer a paz. Quando isso acontece, o amor que motivou a união volta a prevalecer no lar.

Se você está passando por crises, nem pense em desistir de seu casamento. Busque em Deus a ajuda para vencer o problema e reestruturar o relacionamento. – ETS

Crise no casamento deve ser motivo para diálogo, oração e perdão.

Astúcia

LEITURA BÍBLICA:
2 Coríntios 2.5-11

O próprio Satanás se disfarça em anjo de luz (2Co 11.14).

Veja o gato sentado no chão, perto de um buraco pequeno na parede. Quietinho, não se mexe. Astuto, parece indiferente. Mas num piscar de olhos um ratinho morre nas suas garras. Sabemos também que as forças armadas usam artimanhas secretas para surpreender seus inimigos nas batalhas. E na esfera espiritual, o inimigo de Deus também não revela as suas intenções de ganhar a vantagem e a vitória. A leitura bíblica de hoje fala de alguém que caiu vítima de alguma armadilha assim e cometeu alguma falta. Seguindo o conselho de Paulo, os cristãos de Corinto o haviam disciplinado. Entretanto, o objetivo daquilo não deveria ser uma simples punição do faltoso, mas sua restauração. Diante do seu arrependimento, Paulo recomenda então que o aceitassem plenamente de volta à comunhão. Temia que, se não reafirmassem o seu amor, o tal poderia desanimar e abandonar sua carreira cristã.

O ingênuo cai facilmente pela ignorância. "O inexperiente acredita em qualquer coisa, mas o homem prudente vê bem onde pisa" (Pv 14.15). O prudente é sábio pela informação que recebe, como o cristão que faz questão de ler assiduamente a Palavra de Deus. Não se contenta com um conhecimento superficial dos planos de Deus; procura inteirar-se das histórias do Antigo Testamento para conhecer mais precisamente o cumprimento das profecias antigas no Novo. É cauteloso e evita o mal (Pv 14.16). Faz parte desse procedimento manter-se em comunhão contínua com outros cristãos e aproveitando os ensinos dos cultos da igreja. O sábio evita a sutileza do inimigo, obedecendo à vontade de Deus, tanto debaixo dos céus azuis da vida como nas sombras das provações. E se tropeçou, volta-se ao Senhor em oração para retomar o caminho da vida com Deus. Confia no poder de Deus para o guardar até a vinda do Senhor. "O Senhor é fiel; ele os fortalecerá e guardará do Maligno" (2 Ts 3.3). – TL

O diabo nos derruba com sua astúcia,
mas Deus oferece restauração pela sua graça.

25 de agosto

Boa consciência

LEITURA BÍBLICA:
1 Timóteo 1.18-20

Combata o bom combate, mantendo a fé e a boa consciência (1Tm 1.18,19).

Todos temos uma consciência que nos alerta para o que é certo e errado. Há quem diga que a consciência é a voz de Deus na alma humana. Para outros são os olhos da alma, voltados para Deus. Deveria ser assim, mas nem sempre é, e quando não vivemos com Deus, a consciência não tem em que se basear e pode enganar-nos. Ela depende de quem a alimenta, e se a entregarmos a Deus, então, sim, ele a usará para nos orientar, e é importante prestarmos atenção a ela. Entretanto, somos sempre tentados a fazer só o que desejamos e não aquilo que a consciência nos aponta. Às vezes falamos mal de alguém e a consciência nos acusa; outras vezes apropriamo-nos de algo que não nos pertence, e novamente a consciência grita. Assim, quanto mais não atendermos à voz da consciência, mais nos distanciaremos da vontade de Deus. Quando desprezamos a boa consciência, acabamos cauterizando-a, como diz a Bíblia (1Tm 4.2), e o resultado de uma consciência cauterizada (queimada) é o naufrágio na fé: "...mantendo a fé e boa consciência que alguns rejeitaram e, por isso, naufragaram na fé (1 Tm 1.19). É por isso que também Tiago diz que "quem sabe que deve fazer o bem e não o faz, comete pecado" (Tg 4.17). Portanto, fique atento e sensível à voz da consciência. Mantenha a sua consciência sempre sensível e aberta à vontade de Deus. Toda vez que surgir a questão: "Será que não devo fazer isto?" é bom que não faça! Se fizer, já poderá estar no caminho errado! Quando a consciência fala, o sinal vermelho já acendeu; não questione, discuta ou racionalize: pare antes que seja tarde demais, para não naufragar na fé.

É necessário viver de modo que a nossa sintonia com Deus esteja sempre bem ajustada, a fim de que em cada circunstância possamos entender de imediato "qual seja a boa, agradável e perfeita vontade de Deus" (Rm 12.2). – MM

Acerte o caminho: mantenha sua consciência bem sintonizada em Deus.

26 de agosto

Instruções

LEITURA BÍBLICA:
Salmo 105.1-5

*O Senhor é ... uma
torre segura na hora da
adversidade (Sl 9.9).*

A o contrário do que alguns pregam, a vida cristã não é feita apenas de vitórias. Há dias em que ficamos desanimados, achando que Deus nos esqueceu ou que não escuta mais as nossas orações. O que fazer quando nos sentimos assim?

O texto de hoje dá várias instruções: agradeça e louve a Deus, alegre o coração e glorie-se no Senhor. Uma atitude tão positiva pode ser quase impossível quando estamos "para baixo". Então siga as outras orientações primeiro: recorra ao Senhor e ao seu poder, buscando sua presença. Seja qual for seu problema, somente Deus pode dar a melhor orientação para lidar com a situação e até mesmo solucioná-la. Depois, lembre-se daquilo que o Senhor *já fez*: como agiu em situações semelhantes ou como demonstrou seu amor a você por meio de pequenos milagres (ou grandes, talvez). Por fim, é hora de contar a outros as maravilhas que Deus fez, proclamando seu nome a todos os povos (ou, ao menos, às pessoas mais próximas).

Se você continuar lendo o salmo, verá que quem o escreveu estava louvando o Senhor pelo que tinha feito a Israel: a aliança e promessa a Abraão, o sustento na época de fome por meio de José, a libertação da escravidão no Egito, o cuidado diário durante a peregrinação pelo deserto e a posse da terra prometida aos antepassados. Os sinais milagrosos aqui citados ocorreram em situações complicadas, quando parecia não haver mais esperança. Foi nas circunstâncias mais desesperadoras que Israel viu o poder de Deus e depositou nele a sua confiança.

Hoje não é diferente. Enfrentamos tentações, perigos, tragédias ou qualquer situação que teste nossa fé. O desespero ou o desânimo duram até que busquemos o Senhor e confiemos totalmente nele. Nem sempre os problemas acabam quando fazemos isso, mas é a partir deste momento de entrega que conseguimos louvar a Deus e, apesar de tudo, lembrar do que ele já fez e divulgar seu nome aos outros. – VWR

**É adorando a Deus que colocamos nossa vida
e as circunstâncias no devido lugar.**

27 de agosto

Robôs

LEITURA BÍBLICA:
Gênesis 1.26-31

Seja feita a tua vontade, assim na terra como no céu (Mt 6.10).

Quando a televisão apresenta um robô em ação ficamos impressionados. É engraçado quando um boneco metálico se move como um ser vivente! Hoje esse tipo de mecanização é aplicado na indústria para substituir a mão de obra humana. É de grande utilidade especialmente para operações repetitivas e cansativas para o braço humano. Porém, o robô tem uma deficiência: nada faz que não seja programado no seu sistema eletrônico. Não pensa por si nem sente nada, pois não tem nervos nem mente e trabalha sem nunca decidir alguma coisa. Você notou na leitura de hoje que o homem foi criado bem superior a qualquer desses inventos? Fomos criados à imagem de Deus – com mente para pensar, emoções para amar e vontade própria para escolher. Longe de qualquer robô, você é um ente criado "de modo especial e admirável" (Sl 139.14) para a glória de Deus. Os outros seres viventes, não criados à imagem de Deus, não têm essas capacidades.

O intento divino em constituir o homem acima do nível das plantas e animais fez dele a coroa da Criação. Deus não impôs ao homem nenhum programa para cumprir sua vontade. Com o poder de escolher, Adão e Eva não eram como robôs, mas fizeram uso do seu livre arbítrio ao deixarem de venerar e amar o Criador. Na hora da tentação, Deus não lhes tirou a livre vontade. É verdade que então decidiram mal e levaram a humanidade para longe da comunhão que Deus queria ter com eles. O Criador, porém, não os abandonou e logo prometeu o Redentor (Gn 3.15) para restaurar a condição perdida. Quando Jesus ensinou seus discípulos a orar, logo no início da oração ensinou que prevalecesse a vontade do Pai e não a deles. Sabia que para cumprir a vontade do Pai a pessoa teria de *escolher* fazê-lo, pois Deus não força ninguém. Jesus mesmo praticou de forma exemplar a vontade de Deus e tomou sobre si todas as consequências da nossa falha, cumprindo assim aquela antiga promessa de Deus. – TL

**Continue fugindo de Deus – você pode;
ou retorne graças a Jesus. A decisão é sua.**

28 de agosto

Pregui-
çosos

LEITURA BÍBLICA:
Provérbios 26.13-16

O preguiçoso diz:
Há um leão lá fora!
Serei morto na rua!
(Pv 22.13)

Não é incomum sentir preguiça, especialmente se está frio, chovendo e os cobertores quentinhos parecem nos prender na cama, ou então quando está tão quente lá fora que desanimamos se tivermos de sair naquele calorão, enquanto onde estamos está tão agradável e fresquinho. Dá preguiça só de imaginar... mas não deixamos de fazer o que é necessário por nos sentirmos assim.

Não é sobre esse tipo de preguiça que o texto de hoje fala. No livro de Provérbios, a preguiça é retratada não como uma vontade passageira, mas como um estilo de vida. O preguiçoso inventa desculpas para não fazer nada – como por exemplo essa que está registrada no versículo em destaque; adia tudo e acaba perdendo suas oportunidades. Se por acaso começa algo, não termina; deseja coisas, mas não trabalha para alcançá-las (Pv 13.4; 20.4; 21.25). Uma pessoa assim não tem ânimo nem para comer (v 15) e também não dá valor ao que consegue (Pv 12.27). O preguiçoso pensa que age com sabedoria e que é mais esperto que os outros, mas até uma formiga (Pv 6.6-8) é mais sábia que ele! Você pode imaginar qual a consequência de uma vida "fácil" assim? Pobreza (Pv 6.11; 19.15 e 20.13) e escravidão (Pv 12.24). Por fim, o preguiçoso acaba se tornando inútil, incapaz e insatisfeito. Agora fica mais fácil entender porque a preguiça como estilo de vida é desaconselhada na Bíblia. Este não é o tipo de vida que Deus deseja para seus filhos!

Não podemos ter preguiça de proclamar o evangelho, ajudar o próximo, ler a Bíblia, ir à igreja ou ter um relacionamento íntimo com as pessoas. Se adiarmos tudo e nos recusarmos a aceitar boas oportunidades, ficaremos pobres – espiritualmente. Deixe a preguiça de lado e viva com a sabedoria que Deus dá, aproveitando bem seu tempo para a glória de Deus! – VWR

Se alguém não quiser trabalhar,
também não coma (2Ts 3.10).

29 de agosto

Duro de matar

LEITURA BÍBLICA:
1 Samuel 19.8-12

Confio em ti, Senhor
(...) o meu futuro está
nas tuas mãos; livra-
-me dos meus inimigos
e daqueles que me
perseguem
(Sl 31.14-15).

Há gente com mania de persegui-ção, sempre acham que alguém lhes quer fazer algum mal. Para proteger-se, fazem uso dos mais diversos recursos e crendices totalmente dispensáveis a quem confia em Deus. Todavia, há quem de fato seja perseguido e corra perigo de vida. Gente, por exemplo, com coragem de denunciar os golpes de bandidos ou que se arrisca em nome da justiça e da verdade. Estes precisam mesmo se proteger.

No texto lido hoje, Davi esteve bem perto da morte. E não só então! Várias vezes Saul e outras pessoas quiseram matá-lo. Já pensou como seria viver assim, com gente à sua espreita o tempo todo? E o pior, sendo seu maior inimigo o próprio sogro, pai do seu melhor amigo e rei em Israel! Como agir diante do ciúme e da inveja descontrolados de alguém tão próximo? Davi, porém, em vez de revidar, fugia. Numa ocasião teria podido matar Saul, mas não o fez por temor a Deus. Não foi fácil viver com um sogro desses! Mas ainda pior que os sustos de Davi foi a condição de Saul, que deixou escapar a vida que poderia ter tido com Deus. Não se arrependeu, não buscou a Deus, não dominou seus instintos. Davi poderia ter-se brutalizado como Saul, mas não o fez. Cometeu muitos erros, mas jamais deixou de buscar a Deus, e expressava diante dele a dor e a angústia por tantos inimigos que queriam o seu fim. Em todo o tempo, porém, bendizia e adorava a Deus.

É assim que você age? É improvável que haja alguém perseguindo você para tirar-lhe a vida. Seja lá o que possa lhe acontecer de ruim, inspire-se no exemplo de Davi. Ele sempre buscou a Deus e expôs sua aflição diante dele nos salmos que escreveu e, mesmo enfrentando a perseguição doentia de Saul, expressou sua confiança, seu amor e seu louvor a Deus, pois sabia que era do Senhor que sua vida dependia. – WMJ

Deus sempre chega ao seu objetivo. O melhor é ir com ele.

30 de agosto

Conselhos

LEITURA BÍBLICA:
2 Reis 4.1-7

Fico longe dos conselhos dos ímpios (Jó 21.16b).

Não é difícil imaginar que neste momento muitas pessoas estão precisando de conselhos – mas nem sempre os buscam no lugar certo. No texto bíblico que lemos hoje, aquela viúva procurou o conselho do profeta do Senhor, Eliseu. Ela tinha dívidas a pagar e os credores ameaçavam levar seus filhos como pagamento. Mas, antes que o pior acontecesse, ela confiou na orientação de Eliseu e fez tudo o que ele aconselhou. Não teve vergonha ao pedir ajuda aos seus vizinhos, que cederam as vasilhas que ela precisava, nem contou para que usaria aqueles utensílios. Seus filhos também ajudaram e presenciaram, junto com sua mãe, o milagre efetuado por Deus naquela casa, multiplicando o azeite até encher a última vasilha que eles tinham conseguido arrumar. Depois, mais uma vez a viúva procurou o profeta, que a orientou a vender todo aquele azeite – um produto valioso na época – e assim pagar suas dívidas e ainda sustentar sua família por muito tempo com o que sobrasse.

Aquela mulher pode até ter ficado desesperada com sua situação, mas não resolveu as coisas a seu modo ou de forma ilícita. Mãe preocupada e temente a Deus, foi buscar o conselho certo com a pessoa certa. Em nossa vida, o desespero pode tomar conta e não permitir que vejamos qualquer solução, nem saibamos para onde devemos ir. Nestes momentos, precisamos ter calma e buscar o conselho certo – aquele que vem do Senhor. Quando as dificuldades são muitas e parece não haver mais saída, a atitude mais segura é pedir a Deus que nos mostre o caminho a seguir. Ele pode fazer isso de diversas formas – por meio de sua Palavra, da orientação clara do Espírito Santo, das circunstâncias, de conselhos de pessoas experientes ou qualquer outro meio que ele quiser usar. Depois, é preciso obedecer completamente tudo o que ele ordenar. Buscando e seguindo o conselho do Senhor, você saberá como enfrentar seus problemas. – ETS

**Busque sempre o conselho certo
– a orientação de Deus.**

31 de agosto

Exemplo

LEITURA BÍBLICA:
Filipenses 2.19-30

___

... para que nos
tornássemos um
modelo para ser
imitado (2Ts 3.9).

___

N as comunidades virtuais, como o Orkut, é comum existirem nas páginas pessoais espaços reservados que amigos ou parentes preenchem com depoimentos a favor do detentor da página. Conheço pessoas que gostam de colecionar depoimentos, um mais bonito que o outro. É fácil, basta exercer influência em algum grupo, ter amigos e deixar depoimentos nas páginas deles – e pronto! É só esperar, que em alguns instantes a sua página estará recheada de longos textos exaltando a sua pessoa.

Em nossa leitura, quase fim da carta de Paulo aos Filipenses, encontramos dois depoimentos curtíssimos, tão curtos que talvez fosse melhor chamá-los simplesmente de elogios. Sim, elogios de dois homens; mas de ninguém menos do que de Paulo, apóstolo de Cristo. Um deles chamava-se Epafrodito e o outro, Timóteo, que mais adiante foi destinatário de outras duas cartas pessoais de Paulo.

Elogios não devem ser a motivação de nossa vida. Todavia, o esforço em sermos melhores maridos, esposas, filhos e cidadãos, que sirvam de exemplo e inspirem outras pessoas a servir a Cristo e ao próximo, é válido e louvável. Na carta aos Filipenses, Paulo elogia Timóteo por buscar os interesses de Jesus Cristo como ninguém e a Epafrodito por sua disposição que quase o fez morrer pelo evangelho de Cristo.

Imagino Paulo a uma mesa escrevendo essas cartas – e de repente para, olha para o nada, pensa na vida de seus dois amigos, enxuga as lágrimas e volta a escrever. Epafrodito e Timóteo foram inspirações que Deus deu a Paulo. A vida deles precisava, sim, ser registrada por quem Deus escolheu para escrever parte da Bíblia. Que nossa vida seja digna de elogios a fim de glorificar somente a Deus e servir de inspiração para outros darem a vida pelo evangelho. – LM

Imitar um bom exemplo
tem mais valor do que aplaudi-lo.

Generoso

1º de setembro

LEITURA BÍBLICA:
Lucas 10.25-37

O generoso será abençoado, porque dá do seu pão ao pobre (Pv 22.9 ARA).

Você conhece muitas pessoas generosas? Mil? Cem? Dez? Ao menos uma? É, parece que a generosidade não está na moda.

Geralmente pensamos que uma pessoa generosa é aquela que dá grandes quantias de dinheiro para instituições de caridade. Mas a generosidade vai muito além disso. No dicionário Aurélio encontramos a seguinte definição de generoso: que gosta de dar, pródigo; que perdoa facilmente. Já a Bíblia Anotada apresenta algo mais: o que tem bom olho; olha com compaixão e benevolência. A pessoa generosa olha para os outros com bons olhos, sem críticas, desconfianças, preconceitos ou mágoas. Como é difícil agir assim! Há pelo menos um período da nossa vida em que não temos a menor dificuldade de ser generosos: é quando estamos apaixonados. Nesta fase, não medimos esforços para dar à pessoa amada tudo que ela precisa e que está ao nosso alcance. Portanto, para demonstrar generosidade a alguém é preciso primeiro amar aquela pessoa.

Ser generoso é muito mais do que dar dos nossos recursos materiais: é dar nosso tempo, nossa atenção e nosso perdão; é colocar-se no lugar do outro e ajudar. Um exemplo de generosidade é o bom samaritano da parábola que lemos hoje. Mesmo não tendo nenhuma obrigação, parou para ajudar um desconhecido, e isso certamente atrasou sua viagem. Olhou com compaixão e tratou as feridas do estranho. Colocou-o no seu próprio cavalo, ou seja, teve de ir caminhando. Cedeu seus "direitos". Por fim, pagou a hospedagem daquele homem e comprometeu-se a voltar e pagar alguma despesa a mais. Que exemplo! A Bíblia também nos diz que "há quem dê generosamente e vê aumentar suas riquezas; outros retêm o que deveriam dar, e caem na pobreza" (Pv 11.24). Com quem você pode ser generoso hoje? Ore e peça a Deus uma oportunidade de dar de si mesmo a alguém. Faça isso hoje e perceba como sua vida será diferente. – CTK

Quem ama dá de si sem pensar em si.

2 de setembro

Resultados da salvação

LEITURA BÍBLICA:
1 João 1.1-2.1

Deus os vivificou com Cristo. Ele nos perdoou todas as transgressões (Cl 2.13).

A salvação é um presente que Deus nos dá, garantindo-nos a vida eterna que havíamos perdido quando nos afastamos dele. É simplesmente maravilhoso alguém saber com certeza que, ao partir deste mundo, estará com Deus no céu por toda a eternidade. No entanto, a salvação envolve muito mais do que simplesmente nos assegurar um passaporte para o céu. Na leitura de hoje, João fala sobre a vida eterna que nos foi dada por Jesus Cristo, a quem ele chama de "Palavra da vida" (v1.1). A vida eterna coloca-nos em comunhão com Deus o Pai, com seu Filho Jesus Cristo e também com o povo de Deus aqui na Terra (v 3). A salvação também nos tira das trevas, levando-nos a andar na luz (v 6).

João reconhece que, mesmo sendo salvos, não temos condições de viver sempre sem pecar. Claro que o pecado não é uma rotina na vida do cristão, porque ele é nascido de Deus e a semente divina permanece nele (1Jo 3.9), mas como o vírus do pecado está em nós, vez por outra caímos (vv 8,10). No entanto, quando isso acontecer, temos um advogado que nos defende, Jesus Cristo, o justo. E se arrependidos admitirmos nossos pecados diante de Deus, ele nos perdoa e nos purifica outra vez (v 9). Assim a comunhão é restabelecida e os laços são reatados.

O que João ensina a respeito da salvação é que a pessoa salva passa a viver uma nova vida. Ela tem agora uma nova relação, tanto na vertical, com Deus, como na horizontal, com seus irmãos na fé. O pecado interrompe a relação da pessoa com Deus e com seu próximo. Mas o salvo foi liberto do pecado, foi perdoado, e a relação foi refeita em Cristo.

É por isso que o apóstolo Paulo escreve em 2Co 5.17: "Se alguém está em Cristo, é nova criação. As coisas antigas já passaram; eis que surgiram coisas novas." – HS

Ser salvo significa ser criado de novo.

3 de setembro

A Bíblia é a resposta

LEITURA BÍBLICA:
2 Crônicas 17.1-13

Eles percorreram todas as cidades do reino de Judá, levando consigo o Livro da Lei do Senhor e ensinando o povo (2Cr 17.9).

Poucos reis de Judá realizaram um bom reinado. Dentre eles, mesmo que não perfeito, podemos destacar Josafá. Em meio às turbulências sociais de sua época, ele reinou com tranquilidade. Na maior parte de seus vinte e cinco anos de reinado, além da paz com as nações vizinhas, Judá gozou de paz interna, certamente impulsionada pela administração da justiça levada a efeito por juízes honestos estabelecidos pelo rei (2Cr 19.4-10). Esse evidente sucesso leva à pergunta: Qual a razão de tanto êxito? E a resposta está no versículo-chave de hoje: Josafá ensinou o Livro da Lei do Senhor a seu povo. Pode-se dizer que este rei foi o criador da escola bíblica. Era uma escola bíblica itinerante que, liderada por pessoas capazes, levava o ensino da Palavra de Deus de cidade em cidade (2Cr 17.7). Naquela época ainda não existia a Bíblia como a conhecemos hoje, com todos os seus livros. Muitos seriam escritos depois de Josafá, mas aqueles que estavam escritos já eram considerados Palavra de Deus. Provavelmente ele tinha em mãos apenas os cinco primeiros livros da Bíblia atual, mas eles já foram suficientes para a transformação radical do país. Será que hoje não podem fazer o mesmo em nossa nação e também em outras? Com certeza podem!

Diante das graves crises mundiais, das injustiças sociais sem fim e de tantas outras dificuldades que enfrentamos, a resposta continua sendo a mesma que Josafá encontrou. Assim, se quisermos um país e um mundo melhor, devemos lembrar que a resposta para os desafios desta nossa época continua sendo a Lei do Senhor. Faça a sua parte: estude, viva, ensine e promova as lições da Palavra de Deus, pois ela é a resposta para as inquietações desta e de qualquer outra geração. – ARG

O ensino da Palavra de Deus contribui para a paz e o bem-estar das nações.

4 de setembro

Honras

LEITURA BÍBLICA:
Ester 6.1-14

O Senhor disse a Josué: "Hoje começarei a exaltá-lo à vista de todo o Israel... (Js 3.7).

Qual sua posição hoje? No decorrer da vida assumimos diferentes posições em várias áreas. Algumas piores, outras melhores. Mas é impressionante como o ser humano tende a querer ser honrado nas posições que assume. A história de hoje fala de dois personagens: Hamã, que possuía posição de destaque no império persa e tinha o coração inflamado por este anseio, e Mordecai, que não estava preocupado com honras e sim com a vida de seu povo. Mordecai, apesar de ter salvo a vida do rei ao denunciar uma conspiração, nada recebeu em troca. Ainda que sem destaque, criou sua prima Ester, órfã, que alcançou uma posição de honra especial. Por muito tempo ele foi alguém sem prestígio. Note as diferenças: Enquanto Hamã era orgulhoso de sua posição e buscava mais honras para si, o outro era um homem simples. O texto evidencia a diferença entre os que buscam a honra de homens e os que entregam seus direitos aos cuidados do Senhor. Hamã, ao contrário de Mordecai, gabava-se de suas riquezas (Et 5.11), além de acreditar que ninguém além dele seria merecedor das honras do rei. Acabou perdendo tudo do que se orgulhava e até a vida (Et 7.9), enquanto Mordecai, na sua humildade, foi exaltado grandemente, com direito a proclamação em alta voz diante de todos: "Isto é o que se faz ao homem que o rei tem o prazer de honrar!". Foi apenas uma frase proclamada por um rei terreno a um dos seus súditos em reconhecimento à sua lealdade.

Você já pensou como o Senhor honrará seus filhos pelas suas atitudes nas posições que ocupam? Pense: de que adianta sua posição se ela não estiver à disposição de Deus? Usemos nossas posições em prol da vontade do Senhor e recebamos honras do Rei supremo, não apenas de homens.

Para Deus você está na posição certa, e nesta ele quer usá-lo. Faça isso e no devido tempo receberá dele toda honra.

– CK/MZK

Invista amor, humildade e serviço – é o que vale diante de Deus.

5 de setembro

Pequeno rei

LEITURA BÍBLICA:
2 Reis 22.1-2

Ensina-me, Senhor, o caminho dos teus decretos, e a eles obedecerei até o fim (Sl 119.33).

A História relata de vários reis coroados ainda crianças. Carlos IX da França (século XVI) subiu ao trono com cerca 10 anos; na Inglaterra ocorreu naquele século o mesmo com Eduardo VI e até no Brasil Dom Pedro II é aclamado imperador aos 6 anos e assume o trono aos 15, em 1841. Ah, se fosse hoje... Bom, se você tem filhos, deve ter reis e rainhas tentando reinar em casa, não é?

O texto que lemos hoje fala exatamente de uma criança que sobe ao trono de Judá com apenas 8 anos. Seu nome é Josias. Diz o texto que ele teve um reinado longo (31 anos) e permaneceu fiel a Deus até o fim. O que mais impressiona aqui não é a idade em que Josias se torna rei, pois, como vimos, houve outros casos assim, mas o fato de que, enquanto crescia e amadurecia, ele permaneceu fiel a Deus e "fez o que o Senhor aprova" em vez de tornar-se arrogante pela sua alta posição. Gosto sempre de pensar que Jesus falava sério quando valorizou as crianças e as colocou em seu colo dizendo que só se poderia entrar no reino de Deus tornando-se como elas. Parece que Josias entendeu isso antes mesmo de conhecer o que Jesus ensinou séculos depois. Ele nunca abandonou os caminhos de Deus. Enquanto era pequeno, isso pode ter sido fácil porque a criança entende Deus de modo simples. Quando deixamos de ser crianças, porém, levantam-se tantos muros e questões e a vida começa a se tornar tão complexa que muitos deixam de reconhecer Deus. A maturidade nem sempre nos melhora! Contudo, isso não aconteceu com Josias, pois aos vinte e seis anos, ao redescobrir os livros da Lei, levou todo o povo a buscar a Deus novamente. Uma criança pode ensinar muito aos adultos. Existe uma criança esquecida em algum lugar aí dentro de você, cuja fé singela do passado talvez fosse viva e simples, e ela pode ajudar muito você a governar sua vida com fé em Deus. – WMJ

**As promessas de Deus são para quem confia nele.
Simples assim.**

6 de setembro

Muralha

LEITURA BÍBLICA:
Zacarias 2.1-13

Eu mesmo serei para [Jerusalém] um muro de fogo ao seu redor (Zc 2.5a).

Ainda recordo aqueles dias em que enfrentava um sério problema moral que Satanás conseguira introduzir na igreja que eu pastoreava na época. Eu buscava ardentemente a ajuda do Senhor. Quem vive problemas sérios de brigas entre irmãos corre o risco de também ser atingido pelas setas inflamadas do Maligno (Ef 6.16). Naquela situação os meus olhos e o meu coração encontraram o texto da leitura bíblica de hoje, com a preciosa promessa do Senhor de que seria como uma muralha de fogo. O profeta Zacarias diz que, após sua restauração, a cidade de Jerusalém não precisaria de muros, pois não haveria mais conflitos e medo e o próprio Deus protegeria seu povo. Os salmistas também destacam a proteção que temos em Deus, chamando-o de abrigo e escudo (Sl 119.114); torre forte contra o inimigo (Sl 61.3); abrigo seguro em tempos difíceis (Sl 59.16); torre alta, libertador, rochedo (Sl 18.2); aquele que sustém (Sl 3.5); refúgio e fortaleza, auxílio sempre presente na adversidade (Sl 46.1); auxílio e proteção (Sl 33.20); está com seu povo e por isso não há motivo para temer (Sl 23.4). Naquela situação, era preciso lembrar que Deus protege e que daria a solução para o conflito, conforme a sua vontade, mas também era necessário manter-me da forma correta. Foi naquela madrugada que escrevi esta oração:

Livra-me, Senhor, das minhas próprias agressões.

Livra-me, Senhor, dos meus próprios elogios.

Livra-me, Senhor, da minha própria justiça.

Livra-me, Senhor, da minha própria bondade.

Livra-me, Senhor, da minha própria compaixão.

Livra-me, Senhor, da minha autossuficiência.

Livra-me, Senhor, de mim mesmo, porque então serei liberto, e tu, Senhor, serás a muralha de fogo ao meu redor.

E agora, Senhor, já posso viver e até morrer, porque tu vives em mim. Por isso posso cantar: Tua vontade, boa e sem par, quero na vida realizar. Vive, triunfa, domina, enfim reina, supremo, meu Deus, em mim. – HM

Deus está com você – confie e não tema!

7 de setembro

Governo

LEITURA BÍBLICA:
Esdras 6.1-12

O Senhor os encheu de alegria ao mudar o coração do rei da Assíria, levando-o a dar-lhes força para realizarem a obra de reconstrução do templo de Deus, o Deus de Israel (Ed 6.22).

A situação política em que vivemos faz pensar que Deus não está interessado neste assunto, pois não vemos qualquer realização que busque seu louvor – ao contrário, constantemente ouvimos de novos projetos de lei para limitar nossa prática religiosa. Será que os governantes podem ser influenciados por Deus? Adianta orar para que isso aconteça?

O livro de Esdras mostra Deus agindo por meio dos poderosos da época para cumprir seus propósitos. Um deles foi Ciro, rei persa, cujo coração Deus despertou (Ed 1.1) para que autorizasse a volta do povo judeu do exílio para sua terra, visando sua restauração. Além disso, ele também devolveu os utensílios sagrados que haviam sido confiscados. Depois, Dario encontrou aquele decreto e ordenou que a reconstrução prosseguisse sem interferências. Além da autorização, o império colocou à disposição dos judeus o dinheiro que fosse necessário para as despesas da reconstrução e também animais e outros tipos de ofertas para que se fizessem sacrifícios. Assim, eles foram fortalecidos e terminaram a obra.

Esta é uma das histórias bíblicas em que vemos com clareza a soberania de Deus sobre todo e qualquer governo humano. Na verdade, é ele que os coloca no poder (Dn 4.17). O domínio de Deus abrange tudo e todos, mesmo os que rejeitam seu governo. Não podemos esquecer esse fato. Mesmo que vivamos em uma democracia, é Deus, e não a maioria dos eleitores, que vai estabelecer os governos. Nosso dever, então, é pedir a orientação divina quanto ao nosso voto e também interceder por nossas autoridades (1Tm 2.2), sejam elas do nosso agrado ou não. Assim como Deus usou aqueles governantes, pode também usar os nossos para sua honra e glória, e até mesmo para nosso benefício. – VWR

**De acordo com sua vontade,
Deus usa governantes para cumprir seus propósitos.**

8 de setembro

Abrir mão!

LEITURA BÍBLICA:
Atos 16.25-33

Cada um cuide não somente dos seus interesses, mas também dos interesses dos outros (Fp 2.4).

É muito gratificante conversar ou ler sobre respostas a oração. Na leitura sugerida encontra-se um grandioso exemplo deixado por Paulo e Silas. Após serem injustamente presos, torturados e acorrentados a troncos, em vez de reclamarem ou se revoltarem contra Deus (afinal foram presos por fazer a obra do Senhor), cantavam e oravam.

A despeito das correntes, da humilhação, das feridas e das dores, "pela meia noite Paulo e Silas oravam e cantavam hinos a Deus enquanto os outros presos os escutavam". Podemos tirar duas grandes lições deste verso: é possível cantar e orar mesmo em meio às dificuldades, e ao nosso redor há pessoas atentas à nossa reação diante dos dilemas que a vida nos proporciona.

Eu não poderia deixar de mencionar essas verdades, mas o que realmente me chamou a atenção foi o milagre descrito no texto. De repente houve um terremoto especial, pois não apenas abriu as portas, mas também soltou as correntes de todos os presos. Porém, nenhum preso fugiu.

Quando o oficial responsável por guardar aquela prisão a viu destruída, pensou logo em tirar a própria vida. Então Paulo o tranquiliza – que não fizesse aquilo, porque todos ainda estavam ali. De forma impressionante aqueles grandes homens de Deus nos ensinam mais uma poderosa lição: às vezes Deus age em nossas vidas para abençoar alguém que está ao nosso redor. Apesar de a prisão ter sido destruída, Paulo e Silas perceberam que não deveriam tirar proveito próprio da situação e fugir, mas uma oportunidade de levar salvação àquele carcereiro e sua família. Eles abriram mão da liberdade para abençoar aquelas pessoas.

E você, o que tem feito diante das dificuldades? Tem buscado a Deus, orando e cantando? E o que você tem feito com as bênçãos que Deus lhe dá? Tem olhado apenas para você mesmo ou procurado abençoar aqueles que estão ao seu redor? – RPM

Sirvam uns aos outros mediante o amor (Gl 5.13b).

Descendentes

LEITURA BÍBLICA:
1 Crônicas 5.18-26

Durante a batalha, clamaram a Deus, que os ajudou ... porque confiaram nele (1Cr 5.20).

O início do livro de 1 Crônicas é marcado por genealogias. Cita nome por nome, de pai para filho, registrando na Bíblia a existência de nossos antepassados. Às vezes, em meio às citações de nomes, aparece um pouco da vida do personagem, como no caso de Jabez (4.9,10). Mais adiante, ao falar da história dos descendentes dos filhos de Jacó, a Bíblia conta que alguns deles, numa situação difícil, clamaram a Deus e confiaram nele (v 20). Que marco de fé: vencer a guerra confiando em Deus! Só que logo a seguir, no v 25, abandonam Deus e partem para a prostituição e idolatria. Poderíamos julgá-los fria e humanamente, dizendo que erraram – e erraram mesmo!

O problema é que a história se repete até hoje. Agimos igual a eles e ainda não aprendemos a lição. Quantas vezes em nossa vida clamamos a Deus para que nos ajude a vencer as lutas da vida, mas estamos cometendo transgressões e pecados contra o próprio Deus? Quantas vezes abandonamos nossa fé, deixamos para trás todas as maravilhas que Deus realizou por nós e em nós, para nos afastarmos de Deus e não adorá-lo em primeiro lugar? Quando estamos em dificuldades – dívidas, doenças, problemas de relacionamento, desemprego – então nos lembramos de Deus e pedimos a sua ajuda. Fazemos até promessas "para agradar a Deus". Mas Deus não quer sacrifícios e promessas! Ele apenas quer nossa santidade e fidelidade, em qualquer situação. O problema está em continuarmos com nosso mesmo sistema de vida, que não agrada a Deus; em não mudar nossas atitudes erradas, em permanecer no pecado esperando que a bênção chegue. O que fazer? Abandonar nossos pecados com arrependimento, clamar a Deus e confiar nele de todo o coração e em todas as circunstâncias. Se formos fiéis, seremos exemplo para que as próximas gerações sirvam a Deus e não esqueçam o que ele fez por nós. – VS

Que tal mudar hoje a sua história e a de seus descendentes?

10 de setembro

Paz

LEITURA BÍBLICA:
Romanos 16.17-20

Em breve o Deus da paz esmagará Satanás debaixo dos pés de vocês (Rm 16.20).

A promessa de Deus dirigida aos cristãos romanos no versículo salientado é para todo cristão autêntico e pode ser sua também. Muitos cristãos sofreram por sua fé em Cristo, mas foram consolados por esta palavra de esperança do triunfo final sobre Satanás. Este tirou a paz do mundo quando conseguiu enganar Adão e Eva, induzindo-os a desobedecer a Deus. Com isso, roubou-lhes a paz com Deus e entre eles. Desde então há conflitos nas relações pessoais e sociais, e a hostilidade acompanha a humanidade. Alguém comentou que a paz é o tesouro que mais se procura no mundo, mas ao mesmo tempo a maior das ilusões. Para tornar esse tesouro real e não ilusório, Deus enviou seu Filho, Jesus Cristo, o "Príncipe da Paz," para restaurar a relação entre o homem e Deus e entre as pessoas que o amam.

Ainda assim, o inimigo procura perturbar onde puder – no lar, na vizinhança, na nação – para gerar desavenças, desentendimentos, conflitos e até guerras. Com sutileza inspira certas pessoas a introduzir conflitos e divisões entre os cristãos e criar obstáculos ao ensino da Palavra de Deus (v 17). Para a sua própria satisfação enganam os ingênuos a segui-los, "ensinando coisas que não devem, e tudo por ganância" (Tt 1.11). O resultado é a falta de paz entre os irmãos. O Deus da paz deseja conduzir você nos caminhos da justiça em meio às pressões da vida e prepará-lo para a vinda de Cristo. Por isso, estabeleça um programa de leitura diária da Bíblia e de oração, pois a falta de orientação constante deixa a pessoa sem meios de fazer frente às "ondas" religiosas populares, que conseguem levar muitos cristãos ao erro e à consequente falta de paz.

Um dia o Rei dos Reis reunirá todos os fiéis para, juntos com ele, esmagar a cabeça da "Antiga Serpente". Alegre-se na gloriosa vitória que o Deus da paz concede já hoje e definitivamente na vinda de Cristo! – TL

A paz entre nós depende da paz com Deus que Jesus nos trouxe.

11 de setembro

Tenha ânimo

LEITURA BÍBLICA:
Salmo 40.11-17

Neste mundo vocês terão aflições; contudo, tenham ânimo! Eu venci o mundo (Jo 16.33b).

À s vezes parece mais difícil viver – há dias em que falta motivação até para sair da cama. Começamos a pensar em várias possibilidades: trabalhar, passear, comprar, caminhar, conversar. Mas não temos ânimo para fazer nada. Davi passou por uma situação parecida. Estava desanimado porque se sentia culpado e também por ter inúmeros problemas.

Diante disso, ele pede a Deus que não negue a sua misericórdia, seu auxílio e perdão – este capaz de retirar o sentimento de dor e culpa pelo pecado que tanto atrapalha o nosso caminhar. Se um erro é a causa do abatimento, arrepender-se é o caminho mais rápido para se alcançar o bom ânimo. Quem tem os pecados perdoados recebe a alegria de poder continuar a caminhada de cabeça erguida e com o coração alegre. Davi também busca em Deus a força para enfrentar seus muitos problemas. Ele acredita que o amor de Deus é verdadeiro, não uma promessa vazia. Este amor é capaz de trazer proteção suficiente para seus filhos. Os nossos problemas podem ser maiores que as nossas forças, mas nunca serão maiores que a solução de Deus para eles. O Senhor se agrada em nos libertar e se apressa em nos ajudar – basta pedir.

É possível recobrar o ânimo por meio da confiança em Deus. Ela fará parte de nossa vida quando lemos na Bíblia várias histórias que demonstram o poder do Senhor e acreditamos que também seremos vitoriosos se buscarmos a Deus. Pode ser difícil vencer os problemas, mas o próprio Jesus passou por diversas aflições e a todas venceu. A Bíblia diz: "Pensem bem naquele que suportou [grande] oposição dos pecadores contra si mesmo, para que vocês não se cansem nem desanimem" (Hb 12.3). Ele avisou que teríamos aflições, mas sua vitória nos faria seguir em frente (veja o versículo em destaque). Então, quando estiver desanimado, clame pelo socorro do Senhor. – HSG

A presença de Deus é ânimo constante;
sua graça é eterna consolação.

12 de setembro

Tão bom!

LEITURA BÍBLICA:
Marcos 9.2-8

[Jesus] esvaziou-se a si mesmo, vindo a ser servo, tornando--se semelhante aos homens (Fl 2.7).

O dia amanhece. O sol corta as árvores em feixes, revelando a névoa que se esqueceu de ir embora. O calor logo chega. Pássaros conversam em sinfonia e você contempla toda essa beleza da varanda enquanto toma seu café! Pronto, pode acordar... você estava sonhando! Mas que seria bom poder viver isso, seria! Pois é, quando podemos experimentar algo assim, sair da rotina, estar num lugar onde tudo parece perfeito, não dá vontade de voltar e ter de encarar os problemas do cotidiano!

Parece ter sido algo assim que Pedro, Tiago e João sentiram quando subiram o monte conduzidos por Jesus e o viram resplandecendo em toda a sua glória, com Elias e Moisés ao lado, talvez representando os profetas e a Lei do Antigo Testamento. Uma imagem arrebatadora; melhor que férias, melhor que tudo. Uma experiência sobrenatural, um privilégio único para os seus olhos. Por que não permanecer mais tempo ali? Mas, de repente, toda aquela glória desaparece: voltam à realidade e precisam descer do monte porque lá embaixo há gente necessitada à espera deles. Viver com Jesus não é afastar-se da realidade muitas vezes dura e perturbadora, mas uma constante recarga das energias da alma cansada e do coração aflito para poder atender aos que não encontram alívio para seus problemas nem orientação de vida. Seguir a Cristo não é acampar no monte da transfiguração, longe das dificuldades, mas ter a certeza de que, em meio aos desafios, o próprio Pai se encarrega de nos fortalecer para podermos abençoar outros. Andar com Cristo tem mais a ver com descer do monte que com subir. Aliás, foi exatamente isso que Jesus fez: deixou sua glória e majestade e se fez humano, de carne e osso como nós. Um cristianismo autêntico consiste mais em olhar o outro e, assim, ver no próximo a expressão do que Jesus pode ser e fazer na vida de quem é tocado e transformado por ele. – WMJ

Com Jesus, é descendo que se sobe.

13 de setembro

Conselho certo

LEITURA BÍBLICA:
1 Reis 12.1-14

Roboão ... rejeitou o conselho que as autoridades de Israel lhe tinham dado e consultou os jovens que haviam crescido com ele e o estavam servindo (1Rs 12.8).

O principal personagem do texto bíblico de hoje é Roboão, que herdou o trono de seu pai, Salomão – rei de Israel conhecido por sua sabedoria. A atitude do rei na ocasião narrada neste texto é lamentável. Primeiramente buscou o conselho das autoridades que colaboraram no governo de seu pai, e eles lhe disseram que deveria agir em benefício do povo – diminuindo os impostos e os trabalhos exigidos (corveia). Mas Roboão rejeitou o conselho daqueles líderes idôneos e foi buscar a opinião dos jovens que haviam crescido com ele – por sinal, inexperientes e alheios à situação do povo. Ora, o conselho destes foi oposto ao anterior: aumentar ainda mais a carga imposta ao povo, tornando-se um rei mais rígido que Salomão. Quando os israelitas foram ouvir a resposta do rei, este foi áspero e não atendeu às suas reivindicações. Sua insensatez foi uma das causas da divisão de Israel nos reinos do norte e do sul.

Infelizmente, a mesma atitude se observa na vida de muitas pessoas que, à semelhança de Roboão, não seguem os conselhos certos, mas aqueles que parecem ser mais fáceis ou que possam trazer algum benefício – e acabam tendo de lidar com grandes fracassos. Você já passou por uma situação assim? Buscar conselhos é demonstrar humildade, mas também é preciso procurar os *conselheiros* certos. Antes de tomar uma decisão, peça a opinião de pessoas experientes, maduras na fé e que tenham um relacionamento íntimo com o Senhor. Elas podem ajudar no discernimento da vontade de Deus para sua vida. Busque também o conselho divino por meio da oração, da leitura da Bíblia e da orientação do Espírito Santo. Seguindo o conselho certo – aquele que vem de Deus – há maior probabilidade de sucesso em suas decisões. – MM

**Ouça conselhos e aceite instruções,
e acabará sendo sábio (Pv 19.20).**

O pão

LEITURA BÍBLICA:
João 6.38-51

O pão de Deus é aquele que desceu do céu e dá vida ao mundo. ... Jesus declarou: Eu sou o pão da vida (Jo 6.33,35).

Quando você faz um pão, ajunta os ingredientes necessários, mistura e amassa tudo, põe a massa na fôrma, deixa crescer um pouco e depois põe para assar no forno. O pão estará pronto para alimentar as pessoas.

Fazendo um paralelo, podemos dizer o seguinte: Jesus afirmou que ele é o Pão da Vida. Observe que ele tinha e tem todos os ingredientes: ele é Deus, Filho de Deus, sem pecado, Salvador e Senhor, porém foi amassado, sofreu na mão dos homens, foi sepultado, ressuscitou, está vivo e é o alimento espiritual para todos os que creem nele. Infelizmente existem inúmeras pessoas comendo "biscoitinhos" – tolices com que tentam matar sua fome espiritual, mas o único e verdadeiro Pão (alimento) que mata esta fome é Jesus Cristo.

Aqueles que ainda não têm Jesus Cristo como Salvador e Senhor de suas vidas precisam saber que ele é a única solução para impedir a morte espiritual. Ele sacia a necessidade básica, é o que mata a fome e dá vida. Esta vida não é qualquer uma, mas a vida eterna, salvação, esperança.

Assim como qualquer ser humano, creio que mesmo quem já tem Jesus como Salvador e Senhor sofre de vez em quando algum mal-estar e perde a vontade de comer. Posso dizer-lhes, porém, por experiência própria, que não devem deixar de se alimentar do Pão Celestial, pois perderão o vigor e sua situação só piorará. É preciso alimentar-se bem de Jesus Cristo e de sua Palavra. Bem alimentados por meio de Jesus teremos forças espirituais para enfrentar as dificuldades e problemas que vêm pela frente. "Tudo posso naquele que me fortalece" diz Paulo em Fp 4.13 pensando em sua situação e falando de Jesus. Como você quer vencer na vida se não se alimentar e fortalecer – de Jesus Cristo? – HK

**Jejum espiritual não é um bom programa.
Não fique sem Jesus!**

15 de setembro

Ladrão!

LEITURA BÍBLICA:
2 Samuel 15.1-12

Não furtarás (Êx 20.15).

Quem era esse Absalão sobre quem você leu hoje? O capítulo anterior ao lido explica: filho do rei Davi, "boa pinta" e bastante desinibido, para dizer o mínimo. Inescrupuloso, para ser mais claro. Junte tudo isso, e sua conspiração para depor o próprio pai foi um resultado quase automático. Começou com manobras demagógicas, bajulando o povo e vendendo sua imagem oferecendo virtudes que não tinha. Dependendo da tradução da Bíblia que você tiver, terá então lido no versículo 6 que ele "furtou o coração" dos israelitas para jogá-los contra Davi. Veja só: não se furtam só bens materiais, mas outras coisas que nem imaginamos. Como acabamos de ver, furtar pode ser bem mais sutil do que normalmente parece. Por que será que as pessoas se apropriam do que não lhes pertence para sair ganhando em prejuízo do legítimo dono? Foi o que Absalão fez.

É porque acham que precisam do objeto furtado – sem ele, serão infelizes – e porque se julgam tão importantes que a vítima não interessa. Portanto, a garantia mais segura contra a tentação de furtar é estar satisfeito com o que se é e tem. Dá para conseguir isso?

O fato é que o candidato a ladrão não é infeliz por não ter aquilo de que necessita: ele pensa necessitar do que não tem porque é infeliz. Ou seja, felicidade não depende de ter ou não ter – sua fonte é outra, e quando a temos, não dependemos de mais nada e nem desejamos furtar. A Bíblia diz isso assim: "A piedade com contentamento é grande fonte de lucro" (1Tm 6.6). Decifrando: *piedade* significa ter o relacionamento correto com Deus; *contentamento* é a tal felicidade que buscamos – é estar satisfeito com a vida – e *lucro* é aquilo que nos deixa satisfeitos – e aqui está claro que não se trata de dinheiro ou similar. Agora tente montar as pecinhas deste quebra-cabeça. Se for difícil, sugiro uma conversa com Deus. Com isso, a primeira peça (a piedade) já estará em ação. Depois é só continuar. – RK

Quem vive com Deus não furta – distribui.

Dívida

LEITURA BÍBLICA:
Marcos 1.35-39

[Deus] deseja que todos homens sejam salvos e cheguem ao conhecimento da verdade (1Tm 2.4).

Um novo profeta tinha chegado à cidade. Todos ficaram admirados com seu ensino, mas muito mais com os sinais que fazia. Aquele homem curava os doentes e expulsava demônios! O povo não lhe dava descanso – foram procurá-lo à noite e não deixaram de ir atrás dele mesmo quando ele orava, de madrugada. Apelaram aos discípulos que o chamassem, precisavam dele! O povo de Cafarnaum queria milagres!

Jesus poderia ter cedido e concentrado seu ministério ali, já que fora bem aceito. E para que pregar, se os milagres atraíam mais público? Mas ele sabia que sua missão era mais ampla. Era preciso levar as boas novas também às outras pessoas, em outros lugares. A atitude do povo bem se parece com o nosso modo de agir. Quando conhecemos Jesus, recebemos o evangelho com alegria e desfrutamos das bênçãos de Deus – mas o queremos só para nós. Queremos receber, receber e receber. Engordamos, enquanto milhares estão famintos. Esquecemos como era nossa vida sem Cristo e que tantos ainda vivem nas trevas, sem conhecer a Luz. Queremos milagres, não a missão. E acabamos como o Mar Morto, que só recebe água e não a escoa – quando não compartilhamos a mensagem de salvação, nossa vida perde até o propósito. Enquanto queremos Jesus só para nós, ele quer ser levado a outros. Esta é nossa missão (Mc 16.15). Há muitos esperando que deixemos o comodismo e levemos a eles a mensagem de amor e esperança. Cristo morreu por *todos* – também por aquelas pessoas com as quais não simpatizamos, por quem nos fere e por quem nem conhecemos.

Se você tem guardado a salvação só para você e ficou acomodado com as bênçãos, acorde! Há muito mais gente esperando pela bênção de conhecer Jesus! Aproveite as oportunidades e fale de Jesus com quem você puder. Você vai perceber que esta é a maior bênção: quando Deus nos usa para abençoar outros com o evangelho! – VWR

Vida espiritual produz frutos, não espetáculos.

17 de setembro

Gratidão

LEITURA BÍBLICA:
Filipenses 4.4-7

*Um deles, quando viu
que estava curado,
voltou, louvando a
Deus em alta voz.
Prostrou-se aos pés de
Jesus e lhe agradeceu
(Lc 17.15-16).*

Certo missionário conta que recebeu uma carta com más notícias. "Minha alma estava muito dolorida e triste", escreveu. "Orei, mas a tristeza não desapareceu. Nisso, numa visita a uma casa no interior, vi na parede estas palavras: 'EXPERIMENTE A ATITUDE DE GRATIDÃO'. Fiz isso e, num instante, a tristeza desapareceu para nunca mais voltar." Paulo recomendou aos cristãos terem essa postura de gratidão. Espírito de gratidão o ano inteiro ao levantar-se, ao deitar-se, na madrugada ou ao meio-dia. Em tudo somos chamados a dar graças. Na realidade é um desafio que enfrentamos sempre. Jesus disse que teríamos aflições em nosso viver, mas prometeu estar conosco todos os dias.

A razão por que devemos ter essa atitude é que temos em nós o dom indescritível de que fala 2Co 9.15. Esse dom é a graça de Deus na pessoa do próprio Jesus Cristo, uma dádiva dada por Deus a cada cristão. Gratidão constante porque ele, Jesus, é a expressão do amor de Deus que está conosco, sempre presente. O cristão experimenta isso muito fortemente na família, na união que existe entre seus membros. É Jesus quem torna possível essa comunhão, razão de sobra para agradecer. Jesus caminha com seu povo.

O cristão é uma pessoa vitoriosa. Lemos na segunda carta de Paulo aos Coríntios que Jesus sempre conduz o cristão em triunfo (2Co 2.14). Como cristão, você é vitorioso! Nada pode deter a sua marcha triunfante. Continue sua jornada com uma atitude de gratidão, apesar das dificuldades que possa ter. Você pertence a Jesus e deveria ter, portanto, uma postura de gratidão. Olhe sem medo para o futuro, pois o amanhã está repleto de vitórias. É a atitude de gratidão que faz do cristão uma pessoa radiante no meio das incertezas do tempo presente. – JG

**Mantenha sempre uma atitude
de gratidão.**

18 de setembro

Tragédia

LEITURA BÍBLICA:
Lucas 13.1-5

A minha alma descansa somente em Deus; dele vem a minha salvação (Sl 62.1).

Tragédias, atentados e acidentes dominam os noticiários e o cotidiano das pessoas: mortes no trânsito, deslizamentos de terra, queda de aviões ou prédios, atentados terroristas, balas perdidas... parece que nada é realmente seguro. Quando algo terrível assim acontece, podemos pensar que aqueles que mais sofrem também são os que mais pecaram, em um justo castigo por seus atos. Mas Jesus explica que não e adverte: se vocês não se arrependerem, também morrerão! O modo como a vida termina nem sempre é consequência de um pecado. Há cristãos fiéis com doenças degenerativas ou sofrendo – seria justo dizer que estão "pagando" por algo? Deus é soberano e não devemos questioná-lo pelo modo como age. Os filhos de Deus não estão imunes ao sofrimento e podem até mesmo ter uma morte cruel. Mas não é a morte física o que deve preocupar, e sim a morte eterna. Quem não se arrepender dos seus pecados, morrerá para sempre, longe de Deus e sem qualquer chance de reverter sua sentença. Isso deveria ser mais assustador do que o risco de uma tragédia. Não há motivo para pânico para os que buscam agradar a Deus, pois estes sabem que o Senhor, como dono, tem o direito de fazer o que quiser com suas vidas. Mas para os que não admitem a interferência divina, as tragédias que ocorrem com os outros são alertas de que sua vida está em risco e está na hora de decidir onde passarão a eternidade. Esta decisão não pode mais ser adiada!

Então, quando ouvir falar sobre alguma tragédia, não julgue as pessoas envolvidas. Pense, sim, em sua própria vida: se fosse comigo, qual seria o julgamento de *Jesus*? Minha vida com Deus permite que eu diga como Paulo "para mim o viver é Cristo e o morrer é lucro" (Fl 1.21)? Quem vive com Deus não teme a morte, tragédias e perigos diários, pois o Senhor é a sua segurança. E a sua vida, como está? Decida seguir a Cristo enquanto ainda há tempo. – VWR

Tragédia é viver e morrer sem Deus!

19 de setembro

Propaganda

LEITURA BÍBLICA:
Salmo 34.1-10

Como crianças recém--nascidas, desejem de coração o leite espiritual puro, para que por meio dele cresçam para a salvação, agora que provaram que o Senhor é bom (1Pe 2.2-3).

Algumas pessoas são muito resistentes a novidades – preferem permanecer na segurança do que já conhecem e gostam; outras experimentam tudo que o mercado lança: biscoitos, refrigerantes, eletrodomésticos, etc. Há algum tempo, a propaganda de uma nova bebida convidava: "Experimenta!" O objetivo da campanha publicitária não era que as pessoas apenas experimentassem, mas adotassem o novo sabor como seu preferido e passassem a comprar sempre aquela marca.

No texto de hoje, o salmista também faz uma propaganda: Prove Deus! Se você ainda não o conhece, experimente! Veja por si mesmo o quanto ele é bom! Sua vida mudará e você não vai querer outro deus nem sua vida antiga de volta. E sabe por quê? Deus responde quando o buscamos e livra-nos de nossos temores; traz alegria; protege-nos e provê o que necessitamos (confira a leitura). O autor fez este convite porque já experimentou a ação de Deus e deseja que outros façam o mesmo. O que Deus é e faz dá um novo sabor à nossa vida, tanto que não há como desejar voltar atrás. Mas nem sempre esta experiência vai ser fácil. Haverá momentos de dor, mas neles teremos o consolo divino; nas tribulações veremos seu livramento e na necessidade experimentaremos sua provisão. Portanto é melhor contar com Deus nestes momentos. Quando experimentamos Deus, não há como não louvá-lo por toda a vida e proclamar sua grandeza. Além disso, continuamos crescendo por meio de sua Palavra e experimentando mais dele (veja o versículo em destaque). Você já experimentou Deus? Já provou sua bondade? Convida outros para que experimentem o Deus que você conhece? Sua vida mostra que o Senhor é bom e que o melhor é mesmo prová-lo? Experimente a vida com Deus e mostre aos outros que *esta* propaganda não é enganosa: vale a pena! – VWR

Experimente como Deus é bom – você não vai se arrepender.

20 de setembro

Abra

mão

LEITURA BÍBLICA:
Gênesis 13.1-18

Se alguém o forçar a caminhar com ele uma milha, vá com ele duas (Mt 5.41).

O ônibus chegou lotado. Passava um pouco das sete da manhã, naquele horário em que simplesmente não há ônibus vazios. Eu já estava esperando há 25 minutos e, como as pessoas que utilizam essa linha já se conhecem, estávamos tentando formar uma fila para organizar o aperto. Avistamos o ônibus se aproximando. Nessa hora todo mundo se ajeita, confere se a bolsa está para frente e se a carteira está segura e, quando ele para, lá vamos nós. Só que, dessa vez, um "espertinho" furou a fila bem na minha frente, com a maior cara-de--pau. Eu tentei mostrar que havia uma fila. Em vão. Ele se instalou na minha frente e ainda resmungou algo como "fica esperto da próxima vez". Você conhece gente assim? Não dá raiva, às vezes? Você querendo resolver uma coisa e o camarada nem aí – deixando como está para ver como é que fica? Graças a Deus, naquela manhã eu tinha lido o texto de hoje. Os pastores de Abrão e seu sobrinho Ló viviam uma relação tão pesada que foram obrigados a se separar. Ló fingiu que o problema não era com ele, mas Abrão, com sabedoria, abriu mão da melhor porção da terra. Sabia que sairia prejudicado, mas a paz é melhor do que a fartura.

Lembrei-me dessa história na hora de pegar o ônibus. Deixei o intruso subir. Por conta disso, não houve espaço para mim e tive de esperar o próximo ônibus. Bem, Deus não precisava, mas ele fez algo nesse dia. Poucos minutos depois, um colega de trabalho passou por ali, ofereceu carona em seu carro e cheguei antes do que se tivesse ido de ônibus – e bem menos cansado! Se tivesse brigado por "meu" lugar, não teria esse privilégio. Se Abrão não tivesse cedido, perderia aquele precioso tempo de intimidade com Deus que aparece nos versos finais da leitura. Se em sua vida há algo pelo qual você está brigando demais, considere a possibilidade de abrir mão. Pode ser que Deus queira lhe dar uma bênção ainda maior. – IAO

Paz é melhor do que posse.

21 de setembro

A verdade

LEITURA BÍBLICA:
Jeremias 5.1-5

Vocês ouviram [a respeito da esperança que lhes está reservada nos céus] por meio da palavra da verdade, o evangelho que chegou até vocês (Cl 1.5-6a).

Você já ouviu alguém dizer que o mundo está melhorando? A ciência trouxe avanços nos meios de transporte, na comunicação, na medicina e em outras áreas. No sentido espiritual, porém, o mundo não mudou muito. No texto de hoje, Jeremias tem a missão de procurar alguém que buscasse a verdade e agisse com honestidade, mas ele não encontrou – todos tinham abandonado o Senhor. Hoje seria muito diferente?

Devido à tendência ao pecado (Rm 3.10,23) que o homem tem desde que Adão e Eva foram enganados por Satanás, o pai da mentira (Jo 8.44) e desobedeceram a Deus, ninguém é absolutamente bom. O superenganador continua inventando meios cada vez mais sutis para iludir as pessoas, especialmente no campo espiritual. Ele envia falsos profetas para que se infiltrem no meio cristão e disseminem doutrinas errôneas, que não levam a Deus, fazendo com que até aqueles que buscam sinceramente a verdade a respeito de Deus sejam levados ao erro. Quando Paulo escreveu aos colossenses, aquela igreja tinha sido infectada com uma doutrina falsa e muitos estavam confusos, sem saber qual era a verdade. Paulo assegurou que tinham ouvido "a palavra da verdade, o evangelho" quando decidiram ser cristãos.

A verdade que Deus enviou seu único Filho para que tivéssemos perdão, acesso a Deus e vida eterna é a base de todo o ensino bíblico. Quando o primeiro homem pecou, Deus prometeu alguém que venceria a serpente (Gn 3.15). As profecias da vinda do Messias – o Deus-Homem, Jesus Cristo – culminaram em sua vida, morte e ressurreição. Depois, Jesus subiu ao céu, de onde enviou seu Espírito para habilitar os cristãos a proclamar o evangelho no mundo todo. Hoje Deus encontraria pessoas que buscam a verdade? Sejamos fiéis para que por nosso intermédio a mensagem da verdade alcance muitos outros! – TL

Não se deixe enganar: a palavra da verdade anuncia Cristo!

22 de setembro

Propó-
sitos

LEITURA BÍBLICA:
Salmo 37.1-9

Muitos são os planos no coração do homem, mas o que prevalece é o propósito do Senhor (Pv 19.21).

Um rapaz não conseguia emprego e passava a maior parte do dia sem ter o que fazer. Um dia, seu vizinho questionou:
– Você não trabalha?
– Não consigo arrumar emprego.
– Que nada, você é um preguiçoso que não quer saber de trabalhar. Se procurar emprego todo dia, achará o que fazer!

O rapaz não respondeu e voltou triste para sua casa. Algum tempo depois, o filho daquele vizinho foi subir em uma escada de madeira muito velha e um dos degraus se quebrou. Um pedaço de madeira penetrou na perna do menino, causando muita dor. Ele gritou e sua mãe, ao vê-lo todo ensanguentado, pediu socorro aos vizinhos. Aquele rapaz desempregado ouviu os gritos desesperados e pulou o portão da casa daquele que o ofendera. Conseguiu um pedaço de tecido e fez um torniquete na coxa do menino para estancar o sangue. Depois, levou o garoto para o hospital em seu carro e cuidou dele até que estivesse fora de perigo.

Como lemos no texto de hoje, o rapaz preferiu não se aborrecer com o julgamento do vizinho, nem buscou vingança – ao contrário, fez bem ao seu filho. Aquele pai deve ter-se arrependido muito de seu julgamento precipitado – quando ajudou seu filho, o rapaz mostrou quem realmente era.

Pensando na situação do rapaz, muitas vezes queremos muito algo, mas os planos de Deus são outros. Se o moço estivesse trabalhando não poderia ajudar o menino quando este se feriu. Muitas vezes Deus permite situações assim para mudar nosso caráter e ensinar lições importantes a seus filhos. Para isso, precisamos confiar no Senhor, esperar dele a resposta certa e, enquanto ela não vier, fazer o bem (v 3). Ao mesmo tempo, não faça como aquele vizinho – não julgue quem está passando por circunstâncias difíceis, pois pode ser que a pessoa esteja esperando que Deus revele quais são seus propósitos para sua vida – ETS

Confie em Deus e aguarde até que ele revele seus propósitos.

23 de setembro

Deus arrependido

LEITURA BÍBLICA:
1 Samuel 15.10-12

Se hoje vocês ouvirem a sua voz, não endureçam o coração, como na rebelião (Hb 3.15).

É muito ruim começar bem uma jornada e concluí-la em ruína depois de muitas oportunidades de vitórias e glórias, ainda mais quando estas vieram diretamente de Deus. Foi o que ocorreu com Saul, o primeiro rei de Israel. O profeta Samuel o havia ungido solenemente para esse cargo (1Sm 10.1). Depois o Espírito de Deus apossou-se dele e ele passou a profetizar (ou seja, a falar legitimamente em nome de Deus – 1Sm 10.10). No entanto, não demorou muito para Saul se afastar do Senhor a quem devia todos esses privilégios. Fez isso de várias maneiras: primeiro, julgou ser mais do que era, oferecendo um sacrifício, o que não era de sua competência (1Sm 13.8 em diante) Mais tarde deixou de executar as palavras do Senhor segundo teria sido seu dever (1Sm 15.3,9). Em seguida confirmou seu desprezo por Deus erigindo um monumento em sua própria honra (1Sm 15.12).

Tudo isso fez Deus arrepender-se (ou seja, lamentar profundamente) de lhe ter concedido tal missão, e agora teve de substituí-lo. Daí em diante, Saul perdeu totalmente o contato com Deus, passando a sofrer assédios apavorantes de Satanás e descendo cada vez mais até o fundo de um poço de misérias, até terminar em um trágico suicídio.

É muito grave ter conhecimento do Deus vivo e verdadeiro, aquele que leva absolutamente tudo a sério, e querer brincar com ele, agindo negligentemente com o que lhe diz respeito.

O arrependimento de Deus sobre nós é o resultado da nossa recusa em nos arrependermos do nosso orgulho e da nossa desobediência a ele. É uma terrível tragédia, e Samuel sofreu para anunciá-lo a Saul. Fica a pergunta: como estamos nós com Deus aqui e agora? – EA

**Deus nos adverte a nos arrependermos
para que ele não tenha de se arrepender de nós.**

24 de setembro

Deus faz!

LEITURA BÍBLICA:
Gênesis 41.1-49

Deus revelou ao faraó o que ele está para fazer (Gn 41.25b).

D eus tem feito coisas na história que só ele pode e ninguém mais, e nisso não podemos interferir. Só Deus pode cuidar de determinadas coisas, e ele o faz. Nós, como seus servos, precisamos manter essa certeza! *Existem* coisas que só cabem a Deus fazer. No texto que lemos hoje, nem os adivinhos ou os sábios tentaram forçar a interpretação que só cabia a Deus. Não podemos fazer tudo, nem forçar nada; se não cabe a nós, simplesmente não nos cabe! No texto, José tinha essa convicção e isso ele declarou ao faraó: "Isto não depende de mim, mas Deus dará ao faraó uma resposta favorável". Se não podemos fazer algo, reconheçamos que dependemos de Deus.

Mas, e aquilo que eu devo fazer, quem fará? José, como servo de Deus, deixou por conta dele o que só a ele cabia, mas cumpriu sua própria parte. Deu o recado ao faraó, conforme o Senhor lhe havia mostrado. Depois, quando foi posto sobre a casa do faraó, entrou em ação, recolhendo e armazenando grandes quantidades de trigo como reserva para os sete anos de carência que viriam. O faraó reconheceu que José tinha o Espírito de Deus e ficou feliz em poder contar com alguém que sabia deixar Deus agir e ao mesmo tempo fazer a sua parte – e até hoje, sabendo disso ou não, nosso mundo anseia por pessoas assim, que saibam reconhecer o que cabe a Deus e o que cabe a elas, e que então ponham isso em prática. Se nos submetermos a Deus, já não será tão difícil como parecia aos servos do faraó encontrar tais pessoas. José mostrou-se digno da sua vocação. Em suas mãos foi colocado o destino da nação e ele fez tudo o que pôde para cumprir sua missão. Muitas coisas são colocadas em nossas mãos, o que temos feito?

Será que se aplicaria a nós a pergunta do faraó: "Acaso acharíamos um homem como este, em quem haja o espírito de Deus"? – MZK

O que Deus precisa fazer, ele fará!
Façamos a nossa parte!

25 de setembro

Guardar mágoas

LEITURA BÍBLICA:
Gênesis 45.1-16

O Senhor nosso Deus é misericordioso e perdoador, apesar de termos sido rebeldes (Dn 9.9).

Guardar ressentimentos é mais ou menos como tentar limpar pelo lado de dentro uma vidraça que alguém sujou por fora. É irritante e desmotiva porque não se vê nenhum resultado quando não se consegue reconhecer o problema e atacá-lo onde de fato está. Não pedir perdão ou deixar de concedê-lo pode causar irritação, dores de cabeça, problemas estomacais ou outros problemas de saúde. Por que sofrer se é melhor perdoar?

Precisamos lembrar que Deus perdoa nossos pecados por sua grande misericórdia (veja o versículo em destaque) e depois se livra deles jogando-os "nas profundezas do mar" (Mq 7.19). Ou seja, ele perdoa e esquece, apagando as ofensas que cometemos. Já as pessoas costumam dizer que perdoaram, mas guardam o fato para usar como argumento na próxima discussão. Não é fácil, mas precisamos deixar de lado o que já foi perdoado, não lembrando constantemente (remoendo, sentindo de novo) o que já passou. Se não for assim, como poderemos conviver alegremente com a pessoa perdoada? Não esperamos também que esqueçam o mal que fizemos? Além disso, é preciso perdoar logo, pois não sabemos quanto tempo de vida nos resta. Perdoe e viva alegre! Mágoa, desgosto, rancor – isso só nos causa danos.

No texto de hoje lemos sobre o perdão de José. Ele foi traído e vendido por seus irmãos, sofreu mais de vinte anos longe de sua família e de seu pai, que pensava que ele estivesse morto. Deus colocou-o como governador do Egito e foi assim que reviu seus irmãos e se fez reconhecer por eles. Ele tinha muitos motivos para guardar mágoas e negar o perdão, mas entendeu que tudo fora um plano de Deus e reconciliou-se com eles. Muitas vezes o Senhor permite que situações assim aconteçam conosco, para ver nossa reação. Então, perdoe sempre e não guarde mágoas de ninguém. – ETS

Para que acumular mágoas se perdoar é muito melhor?

26 de setembro

Com alegria

LEITURA BÍBLICA:
Números 7.1-3

Cada um dê conforme determinou em seu coração, não com pesar ou por obrigação, pois Deus ama quem dá com alegria (2Co 9.7).

Você leu no texto de hoje que, depois de armar e consagrar o seu tabernáculo, os líderes das doze tribos que compunham o povo de Israel trouxeram ofertas (presentes) para o suprimento das atividades religiosas que se realizariam naquele local de encontro com Deus. Se você continuar lendo o capítulo, vai ver o que foi dado. Tudo aquilo (e não era pouco!) foi oferecido com profunda generosidade e liberalidade em resposta ao amor do Deus que os havia libertado da escravidão egípcia e os conduzia a uma nova e boa terra.

Hoje é cada vez mais comum que as pessoas confundam o ato de dar algo a Deus (seja numa igreja, para uma pessoa ou para uma instituição) com troca ou barganha com ele. É como se Deus se animasse mais conosco quando "ofertamos" nosso dinheiro e, lá na frente, ele nos "devolvesse" aquilo com a maior taxa de juros do mercado. Muitos também são manipulados por líderes de índole ou teologia duvidosa e dão dinheiro "para Deus" em troca de falsas promessas. Nada disso funciona com Deus. Ele não está interessado no quanto você tem na carteira, mas com o que você guarda no coração (veja o versículo em destaque). O que alegra a Deus é a livre doação de quem deseja repartir o que tem, de quem deseja suprir as necessidades de um mundo carente, seja através de uma oferta entregue numa igreja, numa instituição, a uma pessoa ou projeto, mas que o faz de maneira livre, alegre e sincera. A este Deus ama – isso significa dizer que, com esta atitude sincera de coração, Deus verdadeiramente se alegra. Não se deixe enganar, ninguém faz barganha ou negócios com Deus! Todavia, traz muita alegria a ele ver seus filhos repartindo e ofertando o que têm para que o seu Reino e a sua justiça venham a este mundo ao qual tanto ama e por quem ele se entregou em Cristo. – WMJ

**De Deus não podemos comprar nada
– apenas agradecer suas bênçãos.**

27 de setembro

Respeito

LEITURA BÍBLICA:
Salmo 71.17-21

Ensine os homens mais velhos a serem moderados, dignos de respeito (Tt 2.2).

Sentado numa espreguiçadeira, um idoso gritou "Respeitem o velho!" a crianças barulhentas ao redor que não acatavam seus apelos para se aquietarem. Para muitos, a terceira idade é a mais respeitável. Espera-se que muitos anos de vida convençam os inexperientes a dar ouvidos a sábios conselhos.

Feliz foi o salmista da leitura, pois confiava no Senhor desde a juventude (v 5), tornou-se "um exemplo para muitos" (v 7) e foi ensinado pelo Senhor desde bem novo (v 17). Contava com o Senhor para guardá-lo na velhice a fim de falar de Deus às futuras gerações. Já passou por muitas e duras provas e louvava a Deus pelas vitórias. Diríamos: merece respeito! Acontece, porém, que nem sempre todos os idosos são respeitados, talvez por falta de ensino, mas também porque de algum modo não se qualificam. Por isso, o apóstolo Paulo manda que se ensinem os cristãos mais velhos a viverem de forma a serem dignos de respeito, pois a velhice em si não o garante.

Geralmente o idoso que compreende os jovens é honrado porque se identifica com eles e não os adverte demais. Os jovens não deveriam ser levados a "ter medo de velho", até por que fugirão de quem espalha rabugice e mau humor. Em meio às incertezas da sua vida, querem alguém que os entenda com paciência e que espere vez para ensinar.

O Antigo Testamento parece mandar respeitar a terceira idade em qualquer situação. Condena aqueles que não valorizam os pais e os mais idosos. Jesus deu o exemplo, honrando Maria, sua mãe: na hora da morte entregou-a aos cuidados de João, o discípulo mais novo. Paulo admoestou-nos a honrar a todos, sem distinção de idade e sexo. Previu, porém, a possibilidade de um velho não merecer o respeito por não dar um bom exemplo, mas de ser alguém como meu sogro: no seu funeral ouviu-se um filho desviado dizer, entre soluços: "Se houve cristão neste mundo, foi papai!" – TL

O que vale não é idade, é maturidade.

28 de setembro

Santificação

LEITURA BÍBLICA:
Josué 3.1-7

Esforcem-se para viver em paz com todos e para serem santos; sem santidade ninguém verá o Senhor (Hb 12.14).

Existem muitas explicações para o que seja santificação (ou consagração), mas nem todas convencem ou satisfazem. Talvez a melhor seja a seguinte: santificação é separar-se para um determinado fim ou, mais exatamente, ser separado por Deus e para Deus. Na prática, isto significa alguém com o qual Deus pode contar. A leitura de hoje relata o preparo do povo de Deus para a travessia do rio Jordão. Quando se aproximaram dele, perceberam que não existia nem ponte, nem barco... nada para passar. O que fazer? Eles já tinham uma experiência semelhante, quando Deus abriu o Mar Vermelho para poderem passar (Ex 14.10-22). Josué, o líder do povo, parece perceber a intenção de Deus em intervir novamente e pede: "Santifiquem-se, pois amanhã o Senhor fará maravilhas entre vocês". Numa ocasião anterior, quando o povo recebeu a lei de Deus, houve a mesma instrução de santificação (Ex 19:10-11). Logo após veio a manifestação do poder de Deus. Disso podemos concluir que só faz sentido esperar que Deus se manifeste a nós se nos santificarmos. Os grandes atos de Deus acontecem para quem está santificado, separado para dedicar-se somente a ele, pronto a receber suas instruções e então também suas dádivas, que costumamos chamar de bênçãos. Quero mencionar dois passos fundamentais para alcançar a santificação: 1) Reconhecer o pecado, ou seja, aquilo em minha vida que contraria o que Deus quer de mim e para mim. Exemplo: a oração de Davi no Salmo 51 – uma confissão seguida de uma nova dedicação a Deus. 2) Abster-se do pecado (p.ex. 1Ts 4.3). Apenas reconhecer a existência de pecado em minha vida ainda não é suficiente para a santificação. Preciso parar de pecar, consagrando-me inteiramente a Deus.

Talvez você já se pergunte há tempo: por que Deus não se manifesta na minha vida? Provavelmente falta santificação. – VS

Santificação é a porta para as maravilhas de Deus na nossa vida.

Caos

LEITURA BÍBLICA:
Gênesis 1.1-25

O corpo de vocês é santuário do Espírito Santo que habita em vocês, que lhes foi dado por Deus (1Co 6.19).

Cheguei assustado ao quarto. O barulho do móvel caindo foi muito preocupante. Em seguida, o choro desesperado da minha sobrinha já me avisava que o quadro não devia ser nada bom. "Ela deve estar muito machucada", imaginei, enquanto já pensava em como iria tirá-la dali. Felizmente, quando abri a porta, vi que ela chorava muito mais pelo susto do que pelo galo em sua cabeça. Quando o guarda-roupas virou, as portas se abriram e não permitiram que todo o peso do móvel caísse sobre ela. Um verdadeiro milagre.

Esta história, que *não* aconteceu de verdade, já me fez acordar assustado algumas vezes – um desses sonhos recorrentes que assaltam alguns de nós. A imagem que se congela na minha mente, no entanto, parece muito real: um quarto totalmente desarrumado, roupas para todo lado, uma criança chorando a plenos pulmões. Para mim, uma ilustração para o mundo a que assistimos nos noticiários da TV. Não há um dia sequer sem notícia ruim. Tenho certeza de que não é por acaso que a Bíblia começa falando sobre o caos (da terra "sem forma e vazia"), porque o mundo sem Deus é mesmo caótico. A terra era sem forma e vazia como a vida de muitas pessoas. Mas o Espírito de Deus está presente, esperando a hora de agir. Onde? No versículo em destaque, a Bíblia afirma que o Espírito, o mesmo que pairava sobre as águas antes do princípio, hoje habita no cristão.

O caos reina quando não o deixamos agir em nós para fazer diferença. A Igreja, com "I" maiúsculo – isto é, todos os verdadeiros cristãos – precisa assumir seu papel e agir contra o caos. O quarto desarrumado do meu sonho nunca se arrumaria de volta sozinho. Seria preciso muito trabalho para colocar tudo de volta no lugar. O mundo precisa de muito trabalho para que as coisas sejam colocadas de volta no lugar, e contribuir para isso é uma tarefa que Deus deixou para mim. E para você. – IAO

**Quando se deparar com o caos,
lembre-se de que você faz parte da solução para ele.**

Tribu-
lações

LEITURA BÍBLICA:
2 Coríntios 1.3-11

*Minha graça é
suficiente para você,
pois o meu poder se
aperfeiçoa na fraqueza
(2Co 12.9).*

As tribulações (sofrimentos e problemas) que fazem parte de nossa vida são uma preparação para o trabalho que Deus quer nos dar. O texto que acabamos de ler ensina que é através delas que ele nos habilita a consolar aqueles que estão passando por dificuldades. Podemos ajudar alguém mais eficientemente quando já experimentamos o que aquela pessoa está passando, e podemos consolá-la porque já fomos consolados.

Notamos que Paulo e Timóteo estavam passando por grandes problemas, tanto que pensaram que iam morrer (v 8), mas confiaram em Deus e esperaram o livramento. Quando passamos por situações que parecem não ter fim nem solução, precisamos ter paciência e perceber que Deus está presente. Mesmo em meio às incertezas da vida, ele nos ensina e capacita.

Embora não seja muito fácil, devemos receber as tribulações com otimismo, sabendo que o Deus da consolação nos ajuda e consola em todas as situações. Por meio do sofrimento somos preparados para que também consolemos (v 3); aprendemos a não confiar em nós mesmos (v 9); descobrimos que somos frágeis, embora pensemos o contrário. Além disso, muitos darão graças a Deus ao saber o que ele está realizando em nossa vida (v 11). Agradeço constantemente a Deus por uma irmã que recebe o consolo de Deus em seu sofrimento e consegue sorrir mesmo quando a dor é intensa. Há pouco tempo minha esposa e eu a levamos ao hospital, e então compreendemos um pouco mais o seu sofrimento, ao passar a madrugada com ela aguardando a chegada de um médico especializado em seu problema. Contudo, ela sente a presença maravilhosa de Jesus e seu consolo, que faz com que ela console a todos que a visitam. Sua vida nos lembra que com Jesus nunca estaremos sozinhos nas tribulações da vida. – JG

**Mude o foco: não olhe para as dificuldades
– observe o que Deus fará por meio delas.**

1º de outubro

Idosos

LEITURA BÍBLICA:
Salmo 71.1-18

Não me rejeites na minha velhice; não me abandones quando se vão as minhas forças (Sl 71.9).

Ao longo do ano existem vários dias dedicados a determinadas classes de pessoas. O mais conhecido deles é o dia das mães, em maio, mas existe também o dia dos pais, em agosto, e o dia da criança, em 12 de outubro, além de outros, entre os quais convencionou-se que o dia de hoje seria o dia do idoso. Em nosso meio há uma tendência a esquecer os idosos. Precisamos reconhecer o que eles foram para nós e o que lhes devemos, e também avaliar como agimos em relação a eles.

As Escrituras falam com ternura dos idosos, tratando-os com carinho e amor. Quando agimos assim, honramos o nome de Jesus. É preciso reconhecer o valor dos idosos em nossa família, comunidade e igreja, por tudo o que viveram e podem nos ensinar:

1. À medida que o tempo passa, temos muitas experiências e aprendemos muitas coisas que serão úteis em nossa velhice – em especial, adquirimos sabedoria para viver esse período e também para transmitir conhecimentos aos mais jovens, nossos queridos.

2. Desenvolvemos uma sensibilidade especial que nos capacita a perceber as necessidades e problemas das outras pessoas, para que possamos ajudá-las quando for preciso.

3. Aprendemos também a buscar a Deus, sua graça e amor e, decididamente, aprendemos a confiar mais em Jesus, entregando aos seus cuidados as nossas ansiedades, frustrações, amarguras, decepções, tristezas e mágoas. Nosso relacionamento com Deus faz com que provemos sua misericórdia eterna e confiemos em que o Senhor nos fará companhia nos dias de canseira e velhice. Para isso é preciso viver perto dele e entregar tudo o que temos sem reservas ou condições, sabendo que ele ouvirá a nossa voz e nos trará o conforto e a paz de sua presença. O que pode ser melhor e mais maravilhoso que ter Jesus por companhia também em nossa velhice? – EOL

A vida com Deus é plena em todas as fases.

2 de outubro

A noite vem

LEITURA BÍBLICA:
João 9.1-5

Jesus disse: "Eu sou a luz do mundo. Quem me segue, nunca andará em trevas, mas terá a luz da vida" (Jo 8.12).

Conhecemos as noites. Dependendo das estações do ano ou das regiões geográficas, sua duração varia. E como a noite é bem-vinda para o repouso e o descanso físico! Mas Jesus fala aqui de uma outra noite. Que noite seria esta? A noite da qual Jesus fala em nosso texto pode ser a noite das oportunidades perdidas. Deus nos concede a oportunidade para uma decisão que afeta a eternidade com Deus ou sem Deus. Quem ignora o apelo do Espírito Santo por essa decisão perde a sua oportunidade e permanecerá eternamente na noite da tribulação, da dor e do tormento.

A morte física também pode levar à noite eterna. Hebreus 9.27 diz: "O homem está destinado a morrer uma só vez e depois disso enfrentará o juízo." O livro de Apocalipse fala de uma segunda morte pela qual só passam aqueles que rejeitaram o convite para a salvação. Para estes há de ser noite eterna de remorso. Há ainda a noite do domínio do pecado, da confusão mundial e da confusão religiosa que teve em Babel (Gn 11) o seu começo e é gritante em nossos dias. De um lado parece haver um despertamento espiritual. Multiplicam-se comunidades cristãs as mais variadas em todos os lugares. Pregadores e milagreiros ocupam a mídia dia e noite; os estádios e megatemplos estão repletos de espectadores e o povo demonstra sede por paz, por segurança. Mas fica a pergunta: Trata-se mesmo de um avivamento espiritual sadio ou da enganação final promovida por Satanás, que age como quem tem pouco tempo? Certamente as duas coisas estão acontecendo simultaneamente. E aqui cabe bem o conselho de Jesus: "Cuidado que ninguém os engane. Pois muitos virão em meu nome, dizendo: Eu sou o Cristo! e enganarão a muitos" (Mt 24:4). No meio de toda essa escuridão, nada melhor que orientar-se pelo próprio Jesus, conforme ensina o versículo em destaque hoje. – HM

Jesus ilumina e aquece a noite de terror e frio de uma vida sem Deus.

3 de outubro

Surdo?

LEITURA BÍBLICA:
Marcos 10.46-52

Clame a mim e eu responderei e lhe direi coisas grandiosas e insondáveis que você não conhece (Jr 33.3).

Era uma vez um grupo de sapos que queria escalar um enorme muro. Parecia impossível, e a torcida gritava desencorajando-os. Todos desistiram, exceto um, que parecia não ligar para a gritaria e continuava tentando. De repente, o inesperado: para surpresa de todos, ele alcança o topo do muro. Quando lhe perguntam como conseguira tamanho feito apesar dos gritos contrários, ele exclama: "Eu sou surdo! 'Uébe, uébe!'"

Mas Bartimeu não era surdo, era cego – e queria enxergar. Queria tanto que, ao ouvir que Jesus passava, começou a gritar tão alto que nem ouvia a multidão mandando calar-se: "Cale a boca, ele não vai atendê-lo"; "Fique quieto, está atrapalhando"; "Acha que o Mestre vai dar atenção a alguém como você?" Mas ele não dava ouvidos, e continuou gritando até que Jesus o ouviu e chamou, falou com ele e o curou! E a multidão se calou.

Quantas vezes damos ouvidos ao que não devemos! Multidões nos gritam que não adianta, que não temos chance nem valor, que já caímos vezes demais no mesmo erro, que a vida não vai mudar, que não há mais esperança, que é melhor desistir. Palavras destruidoras, aparentes impossibilidades, mentiras travestidas de verdade que nos inferiorizam, quer venham de fora ou de dentro de nós, não merecem nossa atenção. Bartimeu nos ensina a tapar os ouvidos diante dos que nos impedem de ver Deus agindo, abençoando nosso coração e nossa história. É um exemplo de perseverança, confiança, fé, certeza e determinação de quem sabe que Jesus vai ouvir, sim! Não sei quais são os seus anseios e quantos 'nãos' você já ouviu. Não dê ouvidos à torcida contrária. Grite pelo auxílio do alto e continue! Deus não tem ouvidos fechados que não o possam ouvir, nem braços encolhidos que não o possam tocar e reerguer. Não há multidão que possa deter a ação misericordiosa e poderosa do Filho de Deus quando clamamos por ele! – WMJ

Deus não é surdo!
Fale sempre com ele sobre tudo!

4 de outubro

Temperatura cristã

LEITURA BÍBLICA:
Apocalipse 3.14-21

Deus retribuirá a cada um conforme o seu procedimento (Rm 2.6).

Qual é a temperatura da sua vida espiritual? Você é caloroso, refrescante ou morno? Algumas vezes, observando as pessoas e algumas atitudes que elas tomam, chego à conclusão de que só podem estar brincando com Deus, ou brincando de igreja ou de serem cristãs, pois não é possível alguém que se diz cristão agir ou falar como muitas vezes se vê. Qual é o compromisso que temos com Deus?

Uma pergunta: Você está neste mundo para alegrar e glorificar a Deus ou para alegrar o diabo? Se a resposta é alegrar e glorificar a Deus, então observe como você vive. Talvez muita coisa precise mudar para que esta afirmação se torne verdadeira em sua vida. O que você pode fazer para perder seu perfil espiritual? Pecar bastante, não ler a Bíblia, não orar, seja em casa ou na igreja. Não viver em comunhão com outros cristãos. Agir só conforme a sua vontade. Buscar defeitos em todo o ambiente cristão: na igreja e em sua liderança, nos irmãos e mesmo em Deus, não concordando com o que ele tem feito.

Porém, se você quer realmente alegrar e glorificar a Deus, então defina-se espiritualmente. Se pecar, confesse o seu pecado a Deus, não deixe que ele se torne uma barreira entre você e Deus. Leia a Bíblia. Ore, conversando com Deus em casa, na igreja ou em qualquer lugar. Viva em comunhão com outros cristãos. Aja conforme a vontade de Deus. Ajude a resolver os defeitos que você vê, onde quer que estejam. Contudo, preste atenção se são mesmo defeitos ou apenas opiniões diferentes. O cristão foi feito para abençoar as outras pessoas! O cristão existe para honrar e glorificar a Deus. O cristão existe para fazer diferença positiva onde quer que ele esteja. O cristão existe para irradiar a luz de Cristo diante das pessoas, para que, por meio das suas obras, Deus seja glorificado. – HK

Irradiar a luz de Cristo diante dos outros: você aceita este desafio para a sua vida?

5 de outubro

Chuva

LEITURA BÍBLICA:
1 Reis 17.1 e 18.41-45

[Elias] orou fervorosamente para que não chovesse, e não choveu sobre a terra durante três anos e meio. Orou outra vez, e os céus enviaram chuva, e a terra produziu os seus frutos (Tg 5.17-18).

Não são apenas as crianças que fazem perguntas difíceis, os adultos também. Meu marido seguidamente faz perguntas teológicas que me fazem parar para pensar e estudar um pouco mais a Bíblia. A última dele foi sobre a chuva. Como ele é agricultor e depende dela para o seu sustento, sempre observa a quantidade que cai em cada lugar. Ele queria saber se Deus determinou quantos milímetros de chuva cairão ou se isto faz parte das leis da natureza. Deus criou a natureza e estabeleceu certas leis para ela, como as quatro estações do ano e também as chuvas, conforme Jó 28.26 (ARA). Mas Deus é soberano e está acima até mesmo de suas próprias leis: envia a chuva conforme seu querer – o profeta Jeremias afirmou que Deus é quem faz chover no tempo certo (Jr 5.24). Lendo o texto de hoje, vemos Elias orando a Deus, que interfere na natureza e não permite que chova durante mais de três anos. Depois, o Senhor respondeu à oração de Elias e mandou chuva – tudo isso para falar com o obstinado rei de Israel, Acabe – que, apesar de tudo isso, não aceitou a soberania do Senhor em sua vida. Os israelitas acreditavam que a chuva era sinal da bênção de Deus e, quando não chovia, entendiam que era uma advertência ou um castigo por sua desobediência. Castigo ou não, o fato é que todo o funcionamento da natureza que nos cerca é uma manifestação da bondade de Deus e um chamado para nos voltarmos a ele (veja p.ex. Atos 14.16-17).

Deus não tem prazer em nos castigar, mas em abençoar. Para isto, porém, espera que as pessoas o busquem em oração, com humildade, demonstrando arrependimento e deixando seus maus caminhos (2Cr 7.13-14). Assim como Deus faz chover para dar vida à terra, ele derrama seu perdão e transforma a vida de quem o busca sinceramente. – CTK

**Como a chuva cura a terra seca,
o perdão de Deus renova a vida.**

6 de outubro

Bênção

LEITURA BÍBLICA:
Números 6.22-27

O Senhor dá força a seu povo; o Senhor dá a seu povo a bênção da paz (Sl 29.11).

Uma das funções dos sacerdotes em Israel era orar a Deus pedindo que ele abençoasse o seu povo. Para isso utilizavam o texto que lemos hoje. É uma oração maravilhosa! Ela termina com um pedido de paz e produz tranquilidade no coração de quem a ouve. Lembro-me dos momentos que antecediam nossa partida da casa dos meus queridos pais. Eles pediram que eu lesse "a oração da bênção" antes de regressarmos ao nosso lar distante. Íamos tranquilos porque sabíamos que Deus estaria conosco.

Desejamos sucesso e prosperidade a todos, mas a oração da bênção só tem significado quando houver paz no coração – paz que só Deus pode dar. O apóstolo Paulo era feliz e tinha a bênção de Deus mesmo perseguido, sofrendo ou na prisão. À igreja de Filipos ele disse que aprendera o segredo de estar feliz em todas as circunstâncias (Fp 4.11-13). Somente quem tem a paz do Senhor Jesus aprende e conhece este segredo e entende os benefícios que vêm de Deus. Um anúncio em determinada agência de crédito dizia: "Vendemos felicidade em 18 agências". Como é falsa tal propaganda! É comum esse tipo de engano em nossa sociedade. A felicidade e a bênção de Deus não se compram. São produtos da vivência do cristão com o Senhor Jesus, que produz paz em seu coração. O segredo é relacionar-se diariamente com aquele que deu a sua vida por nós na cruz. Ele morreu, mas ressuscitou e hoje vive – aleluia! Durante seu ministério terreno ele ensinou que feliz não é o que possui muito, mas aquele que é pobre de espírito, humilde, misericordioso, perseguido; aquele que chora, deseja a justiça e a paz, tem um coração puro (Mt 5.3-10). Este tem a bênção do Altíssimo e é feliz! – JG

**A maior de todas as bênçãos
é a presença de Jesus na nossa vida.**

7 de outubro

Retribuir

LEITURA BÍBLICA:
Provérbios 15.1-4; 7

Não retribuam mal com mal, nem insulto com insulto; ao contrário, bendigam (1Pe 3.9a).

Com frequência justificamos nossas atitudes e comportamentos com base naquilo que os outros nos fazem. Podemos também alegar que estamos estressados, devido ao mundo agitado em que vivemos. Veja a seguinte sequência de fatos e compare-a com sua vida. Será que você já não se envolveu numa situação semelhante, tentando justificar seus atos com o mal que lhe fizeram? Um diretor de empresa insultou seu gerente porque estava irritadíssimo. O gerente brigou com sua esposa, acusando-a de gastar demais. Nervosa, ela falou asperamente com a empregada, que deixou um prato cair no chão. A empregada chutou um cachorrinho, no qual tropeçara enquanto limpava os cacos. O cachorro saiu correndo e mordeu uma senhora que passava pela rua. Ela teve de ir à farmácia para fazer um curativo e tomar uma vacina. A senhora reclamou com o farmacêutico porque a vacina doeu ao ser aplicada. Este, ao chegar em casa, brigou com a esposa porque o jantar não estava do seu agrado. A esposa, por sua vez, beijou o marido e afagou seus cabelos, dizendo: "Querido, amanhã farei seu prato favorito. Você trabalha muito, está cansado e precisa de uma boa noite de sono. Vou trocar os lençóis de nossa cama por outros limpinhos e cheirosos para que durma tranquilo. Amanhã você vai se sentir melhor". A sequência de retribuição do mal rompeu-se quando encontrou a tolerância, a doçura, o perdão e o amor.

Quando alguém lhe fizer algum mal, não revide nem desconte nos outros. Faça o que a Bíblia ensina: seja educado, humilde e amoroso. Nosso texto bíblico diz que a palavra ríspida desperta a ira, mas a resposta calma desvia a fúria (v 1), como ocorreu na história acima; o falar amável é árvore de vida (v 4) e as palavras dos sábios espalham conhecimento (v 7). Retribua o mal com o bem e semeie a compreensão, a tolerância e o amor no coração das pessoas. – HS

Tolerância e amor bloqueiam o avanço do mal.

8 de outubro

Desapontado

LEITURA BÍBLICA:
Marcos 6.45-52

*[Jesus] lhes disse:
Vocês ainda não
entendem? (Mc 8.21)*

Quem não se sentiu desapontado alguma vez? Muitos estudam com afinco, mas não conseguem passar no vestibular. Anos atrás eu esperava ansiosamente receber a carteira de habilitação e senti profundo desapontamento quando fui reprovado – preparei-me de novo e fiquei aliviado quando a ganhei! Deus deve ter ficado decepcionado com a desobediência de Adão e Eva (Gn 3), sentindo-se rejeitado por aqueles que criou à sua imagem.

Quando veio ao mundo, Cristo também sentiu tristezas e alegrias. Embora o autor do texto de hoje não registre a reação de Jesus, ele deve ter ficado desapontado com a admiração de seus discípulos quando ele andou sobre o mar e acalmou o vento. Horas antes, aqueles homens também não entenderam que Jesus era o todo-poderoso Filho de Deus. Viram-no multiplicar os poucos pães e peixes para saciar uma grande multidão e trabalharam fielmente distribuindo comida a milhares sem pensar no grande poder do Mestre. Em outro momento, Cristo fez a pergunta que está no versículo em destaque. Aqueles que o acompanhavam ainda não tinham entendido exatamente quem ele era, nem seu poder. Às vezes agimos como os discípulos de Jesus. Acabamos nos acostumando com nossa vida diária e até mesmo com tudo o que o Senhor nos dá, mas quando numa crise vemos Deus resolver um grande problema ficamos muito admirados. Nossa surpresa revela que não nos lembramos de quem é Deus – o grande Deus que tudo pode. Isso acontece quando estamos tão acomodados que não buscamos mais a presença de Deus em oração ou por meio de sua Palavra. Portanto, leia a Bíblia e converse com Deus diariamente para aprender mais sobre ele e suas maravilhas. Assim, não ficará tão surpreso quando pequenos e grandes milagres acontecerem, pois saberá que ele é capaz de agir a nosso favor em qualquer situação. Busque de todo coração não decepcionar o Deus que nunca nos decepciona. – TL

**Às vezes desapontamos a Deus,
mas ele nunca nos decepciona!**

Refinados

LEITURA BÍBLICA:
Salmos 66.8-12; 16-20

Tu, ó Deus, nos submeteste à prova e nos refinaste como a prata (Sl 66.10).

Os versos da leitura bíblica de hoje louvam a Deus e chamam os povos para bendizê-lo por provar e refinar aqueles que são seus filhos assim como se purifica a prata. Quando estudamos a purificação de alguns metais e a lapidação de pedras preciosas, podemos entender muito do que acontece na caminhada cristã. O diamante, por exemplo, quando encontrado em seu estado natural, bruto, parece uma pedra comum – não é agradável ou bonito. No entanto, ao ser lapidado, recebe o formato da magnífica pedra que conhecemos e mostra o que tem de mais admirável. Já o ouro e a prata passam por rigorosos processos de purificação, inclusive sob fogo direto, em que as impurezas são eliminadas. Antigamente, quando o refino era mais artesanal, o ourives sabia que o processo havia terminado e seu ouro já estava puro quando podia ver sua imagem refletida no metal.

Muitas vezes Deus permite que sejamos provados e nos lança na fornalha da vida. Ele usa as situações complicadas às quais estamos sujeitos como seres humanos para o nosso crescimento; pega algo ruim e faz com que isso coopere para o bem dos seus filhos (Rm 8.28). E, por mais que sejamos impuros, rudes e sem valor no início (como o diamante e o ouro em estado bruto) Deus nos torna puros, belos e estimados em alta conta – afinal, o preço pago por nós foi o sangue de seu filho Jesus! Depois de purificados ou lapidados, com novo brilho, estamos aptos a falar a todos dos feitos do Pai, que jamais nos tratou sem amor (v 16-20).

Quando terminará este processo em nós? Ele ocorre durante toda a vida cristã: o Espírito Santo vai moldando nossa vida para que as impurezas sejam removidas e fiquemos mais parecidos com Jesus. O processo só acaba no momento em que as marcas do estado anterior tiverem desaparecido e o ourives celestial contemplar sua imagem refletida na nossa vida. – EB

Somos refinados para refletir a imagem de Cristo.

Casa-Igreja

LEITURA BÍBLICA:
Filemom 1.1-3

Todos os dias continuavam a reunir--se no pátio do templo. Partiam o pão em suas casas, e juntos participavam das refeições, com alegria e sinceridade de coração (At 2.46).

Filemom era um cristão rico que conheceu Jesus por intermédio de Paulo (1.19) e na sua casa se reunia uma igreja (v 2). Ele possuía um escravo, Onésimo, que havia fugido. Se recapturado e devolvido ao seu senhor, teria de pagar um alto preço – poderia ser punido com extremo rigor, inclusive com a morte. O proprietário do escravo podia escolher o tipo de castigo, uma vez que, na cultura da época, o escravo era considerado um objeto que se comprava, vendia ou se dava em troca de dívidas. Onésimo também se havia convertido a Jesus por meio do apóstolo Paulo (1.10) e seria mandado de volta para Filemom (1.12). No entanto, Filemom agora precisava lembrar que Onésimo era seu irmão em Cristo. De acordo com Gálatas 3.28, todos são um em Cristo. Logo, Filemom já não podia agir como previa a lei de sua época nesses casos. O que sobra para ele é receber o escravo, agora como irmão, na igreja que funciona em sua casa. Complicado? É só pelo amor de Cristo, que transforma a vida, que isso é possível: dono e escravo fugitivo louvando a Deus juntos, no mesmo local.

Filemom pôs a sua casa à disposição da igreja. Ali os irmãos se reuniam para prestar culto a Deus e terem suas almas restauradas. Colocar a casa à disposição para servir pessoas é um bom exemplo a ser seguido.

Vejo que muitas casas têm sido usadas para negócios, festas, atividades imorais, entre outras. Será que a minha casa tem servido para fazer reuniões com pessoas necessitadas, abençoando vidas que antes eram escravizadas pelo pecado? Se você ainda não colocou a sua casa à disposição da igreja do Senhor Jesus, então pense seriamente sobre isso. Talvez Deus queira fazer da sua casa, do jeito como ela é, uma igreja para abençoar outras pessoas. – VS

Que seu lar seja local de adoração ao Senhor!

11 de outubro

Medo

LEITURA BÍBLICA:
Gênesis 3.1-24

O Senhor é a minha luz e a minha salvação; de quem terei temor? O Senhor é o meu forte refúgio; de quem terei medo? (Sl 27.1)

Lemos hoje sobre a desobediência de Adão e Eva a Deus, que resultou em separação entre o homem e Deus, tendência para o mal, culpa, problemas de relacionamento, sofrimento e morte. Para o primeiro casal, a consequência imediata foi sentir vergonha e medo. Desde então, as pessoas sonham em viver sem medo. Porém, os progressos científicos e culturais não trouxeram nenhuma solução para este problema. Até os assaltantes vivem com medo e por isso são mais agressivos e perigosos. Parece impossível viver sem medo!

Mas houve quem viveu sem ele: Jesus. Ele não fugiu ou se ocultou de seus inimigos, nem mesmo quando vieram prendê-lo. Entretanto, reconheceu que este sentimento é uma realidade quando dizia: "Não temam". Mas como não ter medo quando impera o terrorismo e a violência? Quando catástrofes de todo tipo ameaçam a vida? Jesus sabe dos nossos temores. Ele mesmo disse: "Neste mundo vocês terão aflições; contudo, tenham ânimo! Eu venci o mundo" (Jo 16.33b) e "Não tenham medo dos que matam o corpo, mas não podem matar a alma. Antes, tenham medo daquele que pode destruir tanto a alma como o corpo no inferno" (Mt 10.28).

O apóstolo Paulo escreveu uma relação de sofrimentos pelos quais passou: foi preso; açoitado; exposto à morte; golpeado; apedrejado; sofreu naufrágio; passou por perigos nas viagens e cidades; ficou noites sem dormir; teve fome e sede (2Co 11.23-30). Interessante que ele não citou o medo. Qual o segredo? Em Rm 8.37-39 temos a resposta: "Em todas estas coisas somos mais que vencedores, por meio daquele que nos amou. Pois estou convencido de que nem morte nem vida, nem anjos nem demônios, nem o presente nem o futuro, nem quaisquer poderes, nem altura nem profundidade, nem qualquer outra coisa na criação será capaz de nos separar do amor de Deus que está em Cristo Jesus, nosso Senhor". – HM

Com Cristo na vida, o medo precisa ceder.

12 de outubro

Gerações

LEITURA BÍBLICA:
Juízes 2.6-12

Meus ouvidos já tinham ouvido a teu respeito, mas agora os meus olhos te viram (Jó 42.5).

Este texto de Juízes é chocante. Deus libertou do Egito a multidão dos descendentes de Israel; em uma longa peregrinação de 40 anos transformou-os de um bando desorganizado e confuso de escravos em uma poderosa nação. Viram grandes maravilhas, foram alimentados no deserto, beberam da sua água, viram o mar se abrir e os inimigos serem expulsos. A essência da existência da nação de Israel era a confiança em seu Deus. Embora tenha permanecido fiel durante a vida de Josué, "depois que toda aquela geração foi reunida a seus antepassados, surgiu uma nova geração que não conhecia o Senhor". Como não conheciam? Eles só existiam por sua intervenção direta! Não seria papel da geração precedente ensinar seus filhos? Contar-lhes sobre esse Deus, seus feitos grandiosos? Creio que muitos contaram, mas o que faltou a essa nova geração foi ter as experiências que seus ancestrais tiveram com Deus.

Há mais de 50 anos a graça de Deus resplandeceu sobre uma de minhas avós; por meio dela fomos todos gradativamente alcançados. Hoje, até onde sei, todos seus descendentes são tementes a Deus. Mas é papel da minha geração cuidar da próxima; e desta, por sua vez, da próxima e assim sucessivamente (considero inadmissível algum descendente desta família vir a rejeitar a graça de Deus).

Mas, como fazer que alguém conheça o Senhor? Ensinando pela palavra e pelo exemplo (discurso sem prática é vazio), e enquanto é tempo, pois as raízes se formam cedo na vida. E orar, orar muito, em todo tempo – clamar que nossos filhos conheçam o Senhor não apenas de ouvir dizer, recebendo informações sobre nossas experiências com ele, mas que tenham suas próprias experiências. Afinal, alguém só conhece verdadeiramente a Deus quando com ele anda e convive na prática. Que Deus tenha misericórdia de nós e de nossos filhos! – MHJ

A comunhão com Deus só pode ser ensinada à criança quando vivida na prática.

13 de outubro

Porta aberta

LEITURA BÍBLICA:
Apocalipse 3.7-13

Coloquei diante de você uma porta aberta que ninguém pode fechar (Ap 3.8b).

Você já encontrou alguma porta fechada quando precisava que estivesse aberta? É muito desagradável chegar p.ex. a uma repartição pública minutos depois do expediente – não há como entrar e você precisa voltar outro dia. Hoje lemos a carta à igreja de Filadélfia, na qual Deus diz que há uma porta aberta – antes de tudo o acesso a ele – e ninguém pode impedir que você entre. Além do relacionamento com Deus, quais são as portas que estão abertas diante de você? Oportunidades para falar do evangelho, para servir na igreja ou em sua comunidade, amizades novas?

Infelizmente algumas pessoas não aproveitam essas oportunidades porque não se mantêm em contato com Deus. Como vão apresentar Jesus às pessoas se sua vida não imita suas palavras? Para aproveitar as oportunidades que Deus abre é preciso ter *amor*. Com ele, Jesus Cristo conquistou muitas pessoas, que nele encontraram a alegria de viver. Com que delicadeza Jesus tocava as vidas fragilizadas! O que ele via de bom em seus discípulos era um estímulo para que se tornassem melhores ainda. Quando amamos, vemos o possível no impossível, o suportável no insuportável. O amor a Deus e às pessoas fará de você um conquistador de almas, aproveitando todas as portas abertas por Deus. Suas palavras serão brandas e amáveis, não ameaçadoras: "A resposta calma desvia a fúria, mas a palavra ríspida desperta a ira. A língua dos sábios torna atraente o conhecimento" (Pv 15.1-2a).

Se você já entrou pela porta que dá acesso a Deus e mantém um bom relacionamento com ele, procure desenvolver o amor em sua vida para aproveitar todas as portas abertas que Deus colocar diante de você. Também é preciso ter uma vida digna do nome "cristão", ou seja, cumprir a Palavra de Deus e buscar o Senhor em todos os momentos, deixando que ele dirija sua vida. Assim, mais oportunidades de servi-lo surgirão! – MM

**Desenvolva o amor e aproveite
as portas que o Senhor lhe abre.**

14 de outubro

Razão de ser

LEITURA BÍBLICA:
Mateus 5.13-16

Somos o aroma de Cristo (2Co 2. 15).

Tudo que existe deveria ter uma finalidade. Imagine uma piscina... sem água! O que se faz com ela? Nada! Ou um carro sem rodas, uma lanterna sem pilhas, um telefone sem linha, um avião sem asas! Para que servem? Para nada, pois algo só tem sentido quando pode exercer o fim para o qual foi feito. Agora imagine um cristão que não abençoa ninguém, que não partilha nada de bom com os seus semelhantes, que não transmite aos outros a bondade que recebe de Deus... é como uma piscina sem água.

Nossa razão de ser é servir de meio para Deus abençoar a vida das outras pessoas. Não somos o centro do universo nem um grupo de sortudos que Deus resolveu premiar com a salvação e nada mais; não somos um clube *privé* no qual só entram os que têm a senha secreta. Como cristãos, quer juntos (igreja) quer individualmente encontramos nossa verdadeira razão de ser quando aquilo que recebemos de Deus (salvação, amor, perdão, transformação, alegria, paz, esperança) alcança a vida de outras pessoas, dando-lhes tempero que faz bem ao paladar e perfume desejável de sentir.

Há milênios Deus incomodou um homem chamado Abrão (Gn 12), tirando-o de sua zona de conforto e revolucionando toda a sua vida para formar um povo que tinha como missão ser uma bênção na vida dos demais. Hoje Deus nos incomoda para sairmos de nossa zona de conforto e nos envolvermos na presente geração com a mesma missão que ele tinha para Abrão: ser um referencial da bênção de Deus, um tempero do mundo (sal), um sol que clareia o ambiente (luz), um aroma que encanta os sentidos (perfume), um povo que se caracteriza por amor, compaixão, misericórdia, acolhimento, mais desejo de servir do que de mandar, autenticidade e intimidade com Deus, e a vontade de mostrar o mesmo caminho a quem mais quiser. Então, para que serve uma piscina? Para que serve um cristão? Para que serve você? – WMJ

Uma vida abençoada é aquela que espalha bênçãos.

15 de outubro

Angústia!

LEITURA BÍBLICA:
Gênesis 42.18-22

Na minha angústia clamei ao Senhor, e o Senhor me respondeu dando-me ampla liberdade (Sl 118.5).

Por que estou sofrendo dessa angústia sem fim e não tenho ânimo para nada? Não é melhor morrer? Só não "fiz uma besteira" (suicídio) até agora porque tenho medo do inferno. Com frequência ouvimos algo assim de pessoas aflitas e desesperadas.

O texto bíblico de hoje faz parte da perigosa trajetória dos onze irmãos de José, os patriarcas do povo de Israel. Por inveja, sentimentos de inferioridade e raiva eles planejaram matar seu irmão, e só não o fizeram porque preferiram vendê-lo como escravo para o Egito. Além disso, cometeram o grave pecado de mentir para enganar seu pai idoso, simulando a morte de José. Passados anos de muitas perseguições injustas, Deus abençoou José, que foi por fim promovido a governador do Egito durante a grande fome ocorrida ali e nas regiões vizinhas, inclusive na velha terra de seus familiares. A aflição da fome promoveu o reencontro de José e seus irmãos. Nessa ocasião eles reconhecem sua culpa em meio à angústia de José. O resultado é ansiedade e pânico com o que poderia lhes acontecer. Todos eles sofreram angústias – José pelas injustiças que sofreu, e seus irmãos por causa da culpa que pesava sobre eles. Agora somente Deus podia resolver a situação. A angústia causa uma sensação de aperto que pode transtornar toda a pessoa. Como ela também pode ter causa orgânica que requeira tratamento médico, muitos recorrem logo a medicamentos quaisquer ou buscam curas místicas ou milagrosas no mínimo suspeitas. Se você sofre de angústia não claramente orgânica e tratável pelo médico, talvez ela venha de um sofrimento como o de José ou de culpa, como dos seus irmãos. Eles ficaram livres daquilo depois que confessaram o mal que cometeram (veja Provérbios 28.13); José quando perdoou seus irmãos.

Seja qual for o seu caso, porém, o primeiro passo a dar está no versículo em destaque hoje: fale com Deus a respeito! – EA

A graça de Deus nos liberta do aperto da angústia.

16 de outubro

Esqueça os pecados

LEITURA BÍBLICA:
João 8.3-11

_____

*Não te lembres
dos pecados e
transgressões da
minha juventude;
conforme a tua
misericórdia, lembra-
-te de mim, pois tu,
Senhor, és bom
(Sl 25.7).*

_____

"Quem não tem um pecado que queira esquecer que atire a primeira pedra". Esta poderia ter sido a frase de Jesus dita aos mestres da lei e fariseus que trouxeram uma mulher apanhada em adultério. O pecado dela foi lembrado publicamente por homens que talvez já estivessem com as pedras nas mãos, prontos para condená-la. Jesus, por sua vez, bem que poderia ter listado os pecados de cada um daqueles homens, mas bastou lembrar que todos já tinham pecado para que fossem embora. Mesmo para a adúltera Jesus não relembra seu erro, simplesmente a despede e orienta que abandone sua vida de pecado.

Mais de dois mil anos nos separam das andanças de Jesus pela terra, mas a lógica humana continua a mesma: os pecados alheios vêm com mais facilidade à tona, mesmo nas nossas orações. Oramos pela vizinha adúltera, pelo chefe incrédulo, pelo amigo alcoólatra e pelo adolescente rebelde. Em público os pecados sempre estão com os outros. Muitas vezes, oramos como se Deus tivesse a necessidade de saber quem fez o quê, esquecendo que a misericórdia divina opera em outra lógica: Deus *esquece* os nossos pecados (veja o versículo em destaque). Para orarmos pelos outros, basta que lembremos das pessoas sem estigmatizá-las por seus pecados. Deus não se lembra nem dos nossos! Isso vai permitir que nos aproximemos da pessoa por quem oramos, lembrando que todos necessitamos da graça de Deus. Também devemos orar para que nós tenhamos o desejo de repartir essa graça com os que ainda não conhecem a Deus. Orando dessa maneira, Deus, que é infinitamente bom e perdoa as transgressões, vai agir segundo a sua misericórdia e graça. – LM

**Esqueça os pecados dos outros
e concentre-se em sua busca por santidade.**

17 de outubro

É agora!

LEITURA BÍBLICA:
Eclesiastes 3.1-15

Para tudo há uma ocasião certa; há um tempo certo para cada propósito debaixo do céu (Ec 3.1).

Todas as coisas têm um tempo determinado para acontecer. Se permitirmos, o texto bíblico de hoje falará conosco todos os dias, pois em qualquer circunstância Deus está no controle e sabe o que está fazendo. Deus tem seus tempos e, como há um tempo para tudo, em cada tempo ele tem um propósito. Portanto, se hoje estou sofrendo, este é o tempo de Deus para que isso aconteça e preciso entender que há um sentido nisso. Se estou plantando ou colhendo, este é o tempo de Deus. Se estou doente, é ele quem permite isso hoje. Se tudo ao meu redor está ruindo, é tempo de isso acontecer. Se vou construir, é Deus quem possibilita. Rindo ou chorando, em prantos ou dançando de alegria, agora é o tempo de Deus. Se em minha vida começou algo novo ou se preciso desistir de alguma coisa, é o tempo de acontecer assim – Deus está no controle.

Tudo isso é apenas um momento, é o tempo de Deus determinando o que acontece em cada fase da vida de seus filhos. Ele espera para que as coisas aconteçam em minha vida na hora certa e também devo aprender a esperar. E se o momento que estou vivendo é difícil, posso não saber o porquê, mas mesmo quando não entendo, Deus está no controle. Nada acontece sem sua permissão e sem que ele tenha um fim específico. Precisamos entender seus tempos e, em vez de questionar, buscar compreender o que ele quer nos dizer com isso. É ele quem conhece o amanhã e sabe o que vamos precisar lá. Se não confiarmos nosso hoje a Deus, amanhã estaremos despreparados para o que chegar. Nossa vida possui várias fases e nenhuma circunstância, mesmo ruim, durará para sempre. Deus nos capacitará para enfrentá-la. Além disso, devemos ser compreensivos também com nossos irmãos, pois Deus tem um tempo para mim que não é o mesmo tempo de outras pessoas.

Em qualquer tempo, louve ao Senhor, pois é ele quem controla todas as coisas. – EB

Em todo o tempo, descanse no Senhor: ele sabe o que faz!

Inútil

LEITURA BÍBLICA:
2 Crônicas 21.1-7, 16-20

...e se foi sem deixar de si saudades (2Cr 21.20 – ARA).

Era uma vez um jovem rei. Poderia ter sido grande e feito uma bela carreira, amado pelo seu povo. Sendo temente a Deus, poderia ter levado o povo a buscar a Deus e a tempos de paz e adoração, entrando assim para a história como um grande homem de Deus e líder que houvesse promovido o bem e a tranquilidade. Porém, nada disso se deu: a história de Jeorão, que lemos hoje, termina de forma surpreendente: "morreu sem deixar saudades". Você já pensou em como gostaria de ser lembrado após a sua morte? Nas marcas que gostaria de deixar? Jeorão foi o tipo de pessoa que eu não gostaria de ser, e teve o tipo de fim que eu também não gostaria de ter – e nem você, acredito. Não fez falta nenhuma! Jeorão é o exemplo oposto de como alguém deve viver. Portanto, se você deseja um fim mais digno, comece logo a construir um legado que permaneça mesmo quando você deixar este mundo. Ande com Deus e esteja sintonizado com sua vontade. Jeorão não fez isso, mas o que Deus reprova. Além disso, imite o que é bom. Todos temos modelos que chamam nossa atenção e nos fazem assimilar seus valores ou ênfases. Jeorão se inspirou nos reis de Israel, que não buscaram a Deus. Já o apóstolo Paulo, por exemplo, teve em Deus e em Cristo Jesus o seu modelo a imitar e nos convida a fazer o mesmo. A igreja de Tessalônica foi um modelo que outras igrejas imitaram, tamanha a grandeza de seu caráter e conduta (1Ts 1.7-8). Mas é claro que por mais que andemos com Deus e imitemos o que é bom, também erraremos. Por isso, atenda às correções de Deus. Ele quer o seu bem e sempre lhe dá a chance de arrepender-se e voltar aos caminhos de paz. E, por fim, faça algo significativo pelos outros. Nossa missão no mundo é abençoar as pessoas da mesma forma como Deus nos abençoa. Melhore a vida das pessoas! E viva de modo significativo e inteiro de modo a impactar positivamente a vida dos outros, deixando saudades quando se for. – WMJ

**Saudade dói, mas deixá-la
para os outros é um bom projeto.**

19 de outubro

Profecias

LEITURA BÍBLICA:
Deuteronômio 18.14-22

O Senhor, o seu Deus, levantará do meio de seus próprios irmãos um profeta como eu; ouçam-no (Dt 18.15).

Quando o povo de Israel estava peregrinando pelo deserto em direção a Canaã, Deus indicou como deveriam ser tratados os profetas que surgissem naquela época. A função do profeta era tão séria que Deus ordenou a morte de quem ousasse falar em seu nome algo que não tinha sido ordenado ou profetizasse em nome de outros deuses. O texto também explica como descobrir se uma profecia vinha ou não de Deus: observar se o que fora anunciado acontecia realmente. Se uma mensagem não se cumprisse, o povo saberia que o profeta não vinha de Deus e não merecia crédito. Muitos já apareceram tomando para si mesmos algum título como "profeta", "missionário", "apóstolo", "bispo", "pastor" e dizem profetizar em nome de Deus. Reúnem o povo para expor suas mensagens e deixam algumas "palavras proféticas" acerca do casamento ou de prosperidade, ou marcam a data da volta do Senhor. No momento muitos ficam entusiasmados, mas o tempo passa, as datas expiram e nada acontece. Se isso acontecer em seu meio, convém você tomar duas atitudes:

1. Assim como os bereanos no tempo de Paulo (At 17.11), examine a Bíblia e verifique se o que foi falado está de acordo com a Palavra de Deus, ou seja, se tem base bíblica. Toda palavra que acrescente algo ou contradiga o que está registrado na Bíblia deve ser desprezada.

2. Registre o que foi falado, anote o endereço do pregador e cobre dele se algo não acontecer como ele declarou.

No texto que lemos hoje, Deus também falou sobre um grande profeta, que falaria em seu nome (veja o versículo em destaque). Em Atos 3.19-22 e 7.37 vemos este texto aplicado ao Senhor Jesus Cristo, o maior entre todos os profetas. Suas palavras merecem nossa atenção e não há risco de que suas profecias não se cumpram. Portanto, não siga aqueles que se dizem profetas, mas ouça e obedeça ao maior de todos os profetas, Jesus Cristo. – MM

Não dê ouvidos aos falsos profetas; ouça Jesus!

20 de outubro

Desafio

LEITURA BÍBLICA:
Josué 24.14-28

Antes vocês nem sequer eram povo, mas agora são povo de Deus (1Pe 2.10a).

Pouco antes de sua morte, Josué reúne o povo de Israel e lhe apresenta o desafio de ser fiel a Deus. Nessa reunião, ele relembra as grandes bênçãos recebidas, o cuidado de Deus e a posse da terra. Deus deu importância àquele povo, tão pequeno e fraco se comparado com outras nações, libertando-o da escravidão no Egito. Quando nos reunimos em família como cristãos, deveríamos também lembrar-nos do que Deus tem feito por nós. Como Israel, também éramos escravos, mas do pecado, e Deus nos libertou e abençoou. Por meio do Senhor Jesus tornamo-nos importantes, pois ele nos fez seu povo e temos sido abençoados.

Josué exigiu fidelidade total. Outros deuses tinham tomado o lugar do Senhor na vida de algumas famílias israelitas. Era necessário abandoná-los. Josué os desafia a tomar uma decisão. É impossível servir ao Deus vivo e ao mesmo tempo a outro deus. Jesus também ensinou que o cristão não pode servir a dois senhores (Mt 6.24). É necessário escolher. A decisão seria do povo. Josué conhecia bem o Deus a quem servia – como ajudante de Moisés, aprendeu a ser fiel a Deus. Ele e sua família já tinham decidido: serviriam ao Senhor.

Jesus quer ser o Senhor de todos, mas é necessário aceitar o desafio de ser fiel a ele somente. Muitos ainda receiam – como o chefe de uma tribo indígena que respondeu ao missionário: "O caminho de Jesus é bom, mas eu sempre segui os caminhos dos índios durante toda a minha vida, e não posso mudar agora". Tempos depois, o velho chefe ficou muito doente e estava prestes a morrer quando o missionário foi visitá-lo. O chefe perguntou: "Posso voltar para Jesus agora? É que o meu próprio caminho termina aqui, não tem passagem para além do vale".

Está na hora de decidir. Diga você também: "Eu e a minha família serviremos ao Senhor!" Faça parte do povo de Deus e dedique sua vida somente a ele. – JG

Você aceita o desafio da fidelidade total a Deus?

Inimigos

LEITURA BÍBLICA:
Salmo 2.1-12

*Quando éramos
inimigos de Deus
fomos reconciliados
com ele mediante a
morte de seu Filho
(Rm 5.10).*

"Inimigos! Inimigos!" gritou a mulher; pegou seus filhos e correu apavorada para o mato com eles e outras famílias, escondendo-se na densa floresta. Esperaram horas até que os homens voltassem da caça. Retornaram para a aldeia e encontraram suas casas e tudo o que tinham em cinzas. Aquele era mais um evento trágico ao longo de anos de inimizade entre as duas tribos e mais uma razão para desejar vingança.

Vivemos num mundo de inimizades, como lemos no salmo de hoje. As brigas entre os indivíduos e as guerras entre nações surgem devido ao pecado, que resulta em oposição a Deus e também aos outros. Veja Caim, o primeiro filho de Adão: sentiu ódio de seu irmão Abel e matou-o, refletindo sua atitude para com Deus e sua natureza pecaminosa. Ainda hoje, pelo mundo afora, as nações continuam conspirando contra Deus e o seu ungido (v 2) – mas no final a vitória total será de Cristo, o Rei dos Reis (Ap 19.16).

A verdade é que todos nós nascemos inimigos de Deus, em razão de termos herdado a natureza decaída de Adão (Rm 8.7). Porém, não precisamos continuar vivendo assim. No versículo em destaque vemos que Deus nos reconciliou consigo pela morte de Cristo, seu Filho. É por meio dele que "justificados pela fé, temos paz com Deus" (Rm 5.1). Quando cremos em Cristo e pedimos que ele seja nosso Senhor e Salvador, acaba nossa inimizade contra Deus. Aceitamos nossa condição de pecadores e necessitados dele, e passamos a ter um relacionamento amigável com Deus. Pela obediência à sua Palavra, confirmamos nosso amor a ele e aos nossos semelhantes. Harmonizados com ele, passamos a ser "cooperadores de Deus" (2Co 6.1). Não há mais razão para qualquer oposição. Reconciliados com Deus, podemos louvá-lo de todo o coração!

Como está sua situação: amigo ou inimigo de Deus? – TL

**Cristo nos reaproxima de Deus
e também das pessoas.**

22 de outubro

Aniversário

LEITURA BÍBLICA:
Salmo 126

[Sião] será uma esplêndida coroa na mão do Senhor, um diadema real na mão do seu Deus (Is 62.3).

Há pessoas que não gostam do seu aniversário, e eu sou uma delas. Quando vem chegando a data, fico implicante. Sinto o envelhecimento e uma frustração inexplicável. Pessoas que acreditam no "destino" chegam a dizer que antes do aniversário vivem um "inferno astral". Bobagem! O aniversário é a ocasião em que tomamos consciência de que já vivemos mais 365 dias. Parece pouca coisa, mas pare e pense no número: 365! Dias bons, maravilhosos, ruins, péssimos. Possivelmente pecamos em cada um deles! Só isso já é triste. Este ano não foi diferente. Estava passando por uma fase de insegurança e justo na semana do meu aniversário soube que teria de viajar a trabalho. "Não, Deus!" foi meu primeiro pensamento. Iria a um congresso cristão. Bem no dia, ao término da reunião plenária da manhã, o pastor palestrante disse que queria dar de presente um livro que o tinha abençoado muito. Perguntou se alguém ali aniversariava. Fiquei quieta. Pensei: "Ah! Nunca que vou levantar!" Ele tornou a perguntar e, sem saber a razão, dei um pulo e me manifestei. Quem me conhece sabe que não gosto de aparecer, mas não sei por que senti como um cutucão de Deus. Fui chamada ao palco e, a pedido do pastor, 1.300 pessoas ficaram de pé e oraram por mim, me abençoando. Jamais poderei descrever a sensação do cuidado de Deus naquela ocasião, do seu presente para comemorar o dia que me trouxe à luz. Que momento especial! Parecia um sonho. Eu olhava para todos ali e nem conseguia crer que aquilo estava acontecendo. Era impossível absorver todo o amor que o Senhor me reservava naquele instante. Com lágrimas nos olhos, só conseguia balbuciar: Obrigada Jesus...

Este é o nosso Deus, que nos surpreende por ser Criador, que nos faz rir e chorar no mesmo instante, que parece nos coroar, enche nossa vida de bênçãos e faz que nos sintamos tão amados. – AP

A bondade de Deus é surpreendente!

23 de outubro

Reco- meçar?

LEITURA BÍBLICA:
Romanos 6.15-23

Que diremos então? Continuaremos pecando para que a graça aumente? De maneira nenhuma! Nós, os que morremos para o pecado, como podemos continuar vivendo nele? (Rm 6.1-2)

Há vários materiais de apoio para o estudo da Bíblia, como dicionários, concordâncias (lista de palavras e suas respectivas referências bíblicas) e comentários sobre os textos bíblicos. No meu trabalho há uma concordância bíblica enorme, e sempre que posso fico passeando entre as palavras mais citadas nos textos bíblicos. A surpresa aconteceu outro dia quando não encontrei uma palavra – que não era particularmente moderna, dos nossos tempos ou típica da pós-modernidade. Na minha extensa concordância não existia a palavra "recomeçar". Dá para acreditar? Tentei "recomeço", "recomeçado", "recomeça", "recomeçando". Negativo. Não existe "recomeçar" na Bíblia – pelo menos não na versão Almeida Revista e Atualizada, utilizada naquela concordância.

Foi então que pensei: Não é preciso recomeçar nosso procedimento errado! Podemos começar uma nova iniciativa... Quando escolhemos seguir Jesus, nossa vida torna-se nova, pois Deus perdoa nossos pecados e esquece o que foi confessado. Nós lembramos. Ele não. Ele zera tudo. É um novo começo: por meio de Cristo fomos libertados da escravidão ao pecado e agora servimos à justiça, buscando agradar a Deus com uma vida de santidade.

É bom lembrar, no entanto, que a disposição divina em perdoar nossos pecados não nos dá o direito de abusar desses novos começos (veja o versículo em destaque). O Senhor é um Deus de graça, da maravilhosa graça ou, como escreveu Philip Yancey, "do escândalo da graça". No entanto, também é um Deus justo e um dia dirá: Basta! Pense nisso e comece agora a viver uma nova vida com Jesus. – AP

Não recomece. Comece.

24 de outubro

Posso?

LEITURA BÍBLICA:
1 Coríntios 10.23-33

Tenham cuidado para que o exercício da liberdade de vocês não se torne uma pedra de tropeço para os fracos (1Co 8.9).

M uitos pensam que cristão é quem vive segundo uma lista de "não pode". Se bem que, de certa forma, seguir a Cristo é abrir mão de várias coisas. No texto que você leu, vemos que nossa liberdade pode ser limitada por amor a Cristo e àqueles que ele ama. O cristão _pode_ fazer o que quiser – mas muitas vezes escolherá não fazer tais coisas. Quando Cristo dirige uma vida, a pessoa não é mais escrava de seus impulsos e desejos. Suas atitudes vão depender do efeito que causarão nas pessoas e diante de Deus.

A questão em pauta era se os cristãos podiam comer carne sacrificada a ídolos. Paulo diz que sim, pois davam graças (ao Senhor) antes de comer. Podiam, sim, mas não deviam fazê-lo se isso incomodasse outras pessoas (v 28). Podemos aplicar este princípio em várias áreas de nossa vida, avaliando sempre que tipo de reação nossa atitude causará. Principalmente devemos pensar se o que queremos fazer vai agradar e glorificar a Deus (v 31). Este é o critério do que devemos ou não fazer.

A liberdade do cristão está, sim, limitada – por amor a Deus e aos outros. Não posso fazer tudo o que quero sem pensar nos outros – até porque quem segue a Jesus vive em uma comunidade, a igreja, e seu exemplo pode aproximar ou afastar pessoas de Deus. Aliás, abrir mão de seus "direitos" pelo bem de outras pessoas vai impressionar aqueles que vivem sem Deus. Esta é a diferença que precisamos fazer neste mundo, mostrando que por amor a Cristo _podemos não mais fazer_ certas coisas (mesmo que nos sejam permitidas). Se quisermos que pessoas conheçam a Cristo, nossa liberdade fica em segundo plano.

Então, quando você tiver de decidir se pode ou não fazer algo, pergunte-se: Isso convém? Edifica? Trará problemas para alguém? Glorifica a Deus? Se for preciso, abra mão de algo que você poderia fazer e assim demonstre seu amor a Deus e aos outros. – VWR

Posso fazer tudo que glorifica a Deus.

25 de outubro

Ensine!

LEITURA BÍBLICA:
Esdras 7.11-28

Esdras tinha decidido dedicar-se a estudar a Lei do Senhor e a praticá-la, e a ensinar os seus decretos e mandamentos aos israelitas (Ed 7.10).

S e o presidente da República ordenasse que você deveria ensinar a Palavra de Deus ao povo, você estaria preparado? Talvez você pense que uma ordem assim é muito improvável – mas foi o que aconteceu com Esdras na época da reconstrução de Judá, após o exílio na Babilônia.

O rei da Pérsia ordenou que o sacerdote ensinasse a Lei aos que não a conhecessem (v 25). Esdras cumpriu sua missão, como lemos em Neemias 8. Aquele homem conduziu Israel a uma reforma em seus valores éticos e religiosos, fazendo com que voltassem a cultuar a Deus como ele havia ordenado. Por que Esdras foi escolhido para esta missão? O versículo em destaque dá a resposta. A tarefa não lhe foi dada sem que o Senhor o capacitasse e estivesse ao seu lado (v 6), mas Esdras teve a iniciativa de buscar esse conhecimento, provavelmente por seu amor a Deus e pelo desejo de obedecer-lhe.

É possível que não sejamos convocados a ensinar a Bíblia a todo o povo brasileiro, mas sim a um grupo menor – nossa família, vizinhos, amigos, colegas... O discipulado (ensino e aplicação da mensagem bíblica) é um privilégio para os cristãos e também uma ordem de Cristo (Mt 28.20). Para ensinar, é preciso que conheçamos bem a Palavra de Deus, mas não é necessário um curso de teologia para isso. Comece lendo e meditando em porções da Palavra todos os dias, aplicando-a em sua vida diária e aproveitando as oportunidades para ensinar a outros o que você já aprendeu.

A Bíblia não diz se Esdras se sentia preparado. O importante é que ele tinha uma vida consagrada ao Senhor e dispôs-se a obedecer-lhe. Deus usou seu conhecimento, suas experiências e sua disponibilidade para levar o povo de Israel a buscar a Deus novamente e da maneira certa. Deus também pode usar sua vida – basta que você se disponha a obedecer. – VWR

Ensinar o pouco que se sabe ajuda a aprender o muito que ainda não se sabe.

26 de outubro

O segredo

LEITURA BÍBLICA:
Provérbios 9.10-18

Não há nada escondido que não venha a ser revelado, nem oculto que não venha a se tornar conhecido (Mt 10.26).

Você tem algum segredo? Algo que ninguém sabe e que se fosse revelado seria motivo de grande vergonha e humilhação? Todos nós temos aspetos pessoais da vida que não são revelados para todo mundo – algumas coisas somente as pessoas mais próximas conhecem; outras, somente nós e Deus sabemos. O simples fato de guardar um segredo que não prejudica ninguém não é pecado. Não podemos é aproveitar esta possibilidade de fazer as coisas "escondidas" e achar que estamos livres para praticar o que não é correto só porque as pessoas não estão vendo. Temos de tomar cuidado com esta aparente liberdade, pois é nesta hora que provamos quem realmente somos. Ser bom, fiel, honesto e santo enquanto todos estão vendo é até fácil, mas é preciso manter estas características quando o chefe não está por perto no trabalho, quando estamos longe de casa e somos tentados ou quando a cola chega até nós na escola.

O que é proibido ou escondido parece ser mais saboroso. A transgressão da lei desperta o interesse, a ilusão de estar em vantagem e que não haverá problemas. É tolo quem pensa assim, pois Deus, a quem mais devemos respeitar, sempre está nos vendo. Não há lugar onde Deus não esteja, nem pensamento que ele não conheça. Quanto mais permanecemos escondidos em nossos segredos, mais nos aproximamos do mau caminho e de ser desmascarados.

É preciso abandonar a falsidade e falar a verdade com as pessoas com as quais convivemos. Elas merecem nosso respeito e devem ter motivos para confiar em nós. Não se entregue à mentira nem à desonestidade. Sábio é quem teme a Deus e vive no caminho da verdade, lembrando que no dia do juízo tudo será trazido à luz – todo segredo será revelado e toda hipocrisia será desmascarada. – HSG

Tenha como esconderijo um coração sincero.

27 de outubro

Socorro

LEITURA BÍBLICA:
Salmo 70

Não fiques longe de mim, ó Deus; ó meu Deus, apressa-te em ajudar-me. (Sl 71.12).

Certa ocasião li este salmo em uma versão menos conhecida da Bíblia e esbarrei na palavra "praza-te". Primeiro pensei em Deus ter um prazo para vir me socorrer. Depois percebi a grandeza do que ele me dizia naquele momento. O salmista pedia que Deus tivesse prazer em socorrê-lo. Mais uma vez fiquei maravilhada com a perspectiva de Deus ter prazer em nos socorrer. É o Deus vivo que nos auxilia nas grandes decisões e situações críticas que nos amedrontam. O Deus vivo que faz nossos inimigos retrocederem. Inimigos físicos e inimigos da alma. Nossos sentimentos deformados, nossa visão retorcida da realidade e das circunstâncias pelas quais estamos passando. Um Deus que não nos retribui segundo nossas faltas, mas vem em nosso socorro por puro amor; um Deus que cura as dores das nossas lembranças, sejam da infância, da adolescência ou até mesmo as que aconteceram ontem.

Nosso Deus, por tudo que é, nos faz amar a salvação, a reconciliação com ele. Você ama estar salvo? Ser nova criatura? Saber que seu possível sofrimento de hoje durará só um breve tempo? Deus sabe que sou pobre. Pobre de espírito, pobre nos meus anseios e dúvidas. Sabe que necessito dele como alguém que tem a sede de quem passou por muitos desertos e por isso clama a ele por ajuda. Deus me dá valor. Valor que não mereço, nem posso compreender. Um valor tal que Jesus, o próprio Filho de Deus, se entregou à morte para me resgatar plenamente. Um Deus libertador, que ressurgiu e nos faz crer que houve reconciliação. Jesus está aqui ao meu e ao seu lado. Ele não nos abandonará jamais. E ele não demorará... – AP

Não existe outro que nos possa socorrer como o nosso Deus!

28 de outubro

Perigo!

LEITURA BÍBLICA:
1 João 5.1-3

Examinem-se para ver se vocês estão na fé (2Co 13.5a).

Passeando em um barranco alto à beira de um rio, dois jovens encontraram um aviso: PERIGO! Mas viram no chão marcas de pessoas que arriscaram descer segurando galhos de pequenas árvores. Os dois discutiram se também poderiam descer. Finalmente, um deles resolveu mostrar-se corajoso e desceu. Mas, por um descuido, começou a derrapar e caiu. O outro jovem correu para chamar socorro e em pouco tempo um helicóptero salva-vidas chegou e socorreu o infeliz, ainda com vida. Se o jovem tivesse aceitado o alerta, não teria arriscado sua vida. Alertas de perigo levam ao auto-exame. Você concorda que este exame é quase sempre necessário?

No trânsito, é preciso prestar atenção às próprias ações para evitar um acidente; na família, os pais devem considerar se são um bom exemplo para os filhos. Na vida espiritual é ainda mais importante ter o devido cuidado. Examinando o texto de hoje, você poderá ver dois avisos de "perigo":

1) O perigo de considerar-se cristão quando não se prefere a companhia dos que também seguem a Deus (v 1). Os verdadeiros cristãos são atraídos mutuamente porque sua amizade é baseada no fato de que têm Cristo no coração e amam a Deus. Aquele que se considera cristão, mas anda somente com pessoas que vivem sem Deus (Sl 1.1), deve examinar-se, pois é possível que esteja enganado;

2) O perigo de considerar-se cristão quando não se deseja servir a Deus (v 2-3). Se não há nenhuma vontade de fazer o que Deus manda, devo questionar-me: "Sou realmente cristão? Por que não sinto vontade de orar, de ler a Bíblia e de falar a outros da minha fé em Cristo? Será que ainda não me converti?"

Examine sua vida e, se há alguma dúvida que você realmente seja cristão, busque a Deus e renove seu compromisso com ele. Considere este texto como um alerta: o cristão verdadeiro é aquele que ama a Deus e aos irmãos, e também pratica o que a Bíblia ensina. Isto descreve ou não sua vida? – TL

Alarme! Perigo espiritual! Fuja para Jesus!

29 de outubro

Escolha a vida

LEITURA BÍBLICA:
Deuteronômio 30.11-20

Escolham a vida, para que vocês e os seus filhos vivam
(Dt 30.19b).

Há muitas ocasiões em que nosso futuro depende apenas de uma simples escolha. Moisés, já no fim de sua vida, convocou o povo de Israel e propôs uma escolha muito solene e séria, como vimos no texto de hoje. Josué, já na Terra Prometida, também reuniu o povo para que fizesse sua escolha, dizendo: "Escolham hoje a quem irão servir, se aos deuses que os seus antepassados serviram além do Eufrates, ou aos deuses dos amorreus, em cuja terra vocês estão vivendo. Mas, eu e a minha família serviremos ao Senhor" (Js 24.15). Em ambos os casos, o povo escolheu adorar a Deus e aquela geração foi abençoada por ter feito a escolha certa.

Na história de Israel, várias pessoas fizeram escolhas que foram marcantes em sua própria vida e no seu relacionamento com os demais. Moisés preferiu sofrer as aflições com o povo de Deus a desfrutar os privilégios do palácio do faraó e tornou-se um dos maiores personagens da História da Antiguidade. Vivendo no Egito, José preferiu a prisão a vender o seu caráter e virtude; tornou-se governador e salvou a vida de milhares de pessoas. Daniel preferiu a cova dos leões a deixar de orar ao Senhor, e foi respeitado e admirado no reino persa. Seus três amigos preferiram a fornalha em chamas a adorar outro deus, e receberam autoridade na Babilônia. A estrangeira Rute preferiu deixar a sua terra e seus parentes a ser infiel à sua amada sogra, e foi uma das ancestrais do Messias prometido.

Pensando nestes exemplos, reflita: que tipo de escolhas você tem feito em sua vida? Você escolhe fazer o que Deus quer ou o que *você* acha certo? Escolhe ler e praticar a Bíblia? Opta por adorar somente a Deus? Afinal, você já escolheu a vida com Deus ou ainda prefere a escravidão ao pecado? Escolha servir a Jesus Cristo e então receberá dele a vida eterna. – MM

Nossas escolhas definem nossa vida
– agora e na eternidade.

30 de outubro

Deserto

LEITURA BÍBLICA:
Números 1.1-19

Aquele que habita no abrigo do Altíssimo e descansa à sombra do Todo-Poderoso pode dizer ao Senhor: Tu és o meu refúgio e a minha fortaleza, o meu Deus, em quem confio (Sl 91.1-2).

O nome do livro "Números" foi tirado da versão grega do Antigo Testamento e refere-se aos dois recenseamentos de Israel (Nm 1.2; 26.2). Na versão hebraica do Antigo Testamento o nome deste livro é "No deserto", porque é o lugar onde se passaram todos os fatos narrados no livro. Queremos combinar estes dois temas e dizer que o deserto não era o lugar definitivo do povo de Deus, mas a terra prometida deveria ainda ser conquistada. Por isso ele manda contar o povo, para verificar seu poderio militar e para organizar a divisão da nova terra. Como muitos do povo não confiaram em Deus para essa conquista, estes morreram no deserto sem ver a terra prometida. Assim Deus purifica seu povo da incredulidade. Depois disso, manda fazer uma segunda contagem (Nm 26.2), na qual dos nomes da primeira lista só constam Josué, Calebe e Moisés. Não sobrou mais ninguém. E destes três, somente Josué e Calebe entrariam na terra, pois Moisés também ainda morreria.

Se sua vida hoje se parece com um deserto, lembre-se: é no deserto que somos preparados para conquistar o lugar prometido. É no lugar transitório que nos preparamos para o local definitivo. Somos convidados por Deus a realizar a contagem do que temos e do que somos. E se existir alguma incredulidade em nós, permaneceremos no deserto até que sejamos dela purificados. É neste lugar árido que descobrimos a água divina. Diz um hino, lembrando o Salmo 23 e Daniel 3: "Aos pastos bem verdes, na sombra ou calor, Deus guia seus filhos em paz. Às águas tranquilas de puro frescor, Deus guia seus filhos em paz. Pelas montanhas ou pelo mar, pela fornalha que vem nos provar. Pelas tristezas, mas sempre a cantar, Deus aos seus filhos em paz vai guiar". Ele se refere a você. – DW

**No deserto conhecemos quem é Deus
e descobrimos quem nós somos.**

31 de outubro

Reformas

LEITURA BÍBLICA:
Efésios 2.8

No evangelho é revelada a justiça de Deus, uma justiça que do princípio ao fim é pela fé, como está escrito: O justo viverá pela fé (Rm 1.17).

Lá pela época em que o Brasil foi "descoberto", um homem encontra Deus ao ler o versículo em destaque e descobre uma fé viva nesse Deus que antes lhe parecia distante. Seu nome é Martinho Lutero, um sacerdote católico alemão. Ele decide denunciar alguns dos exageros da ordem religiosa vigente e prega suas 95 teses na porta da catedral. Com isso, em 31 de outubro de 1517 inicia a Reforma Protestante – há 493 anos. Ele foi perseguido por suas ideias, mas influenciou sua geração – influência que nos alcança ainda hoje. A Reforma mudou a compreensão do Cristianismo para além de seu próprio tempo – no texto de hoje vemos um dos pontos que ela defendia. Lutero era inteligente e buscava a Deus com sinceridade, mas era apenas um homem, sujeito aos mesmos desafios e medos que nós. Não era perfeito. Cometeu erros no processo, como todos os que buscam algo novo. Mas ele tinha coragem, fibra e garra.

A igreja e o mundo precisam de pessoas assim, que influenciem positivamente a sua geração. Precisamos de reformadores: pessoas que acreditam, ousam e pensam além de seu tempo; que amam sinceramente a Deus e não tenham medo nem preguiça de estudar, de ir além, de questionar seu tempo e confrontá-lo com as Escrituras. Precisamos de gente como Lutero e tantos outros homens e mulheres que entraram para a história por causa de sua fé genuína em Deus – gente que alterou o curso das coisas. Precisamos de pessoas que leiam sua Bíblia de maneira singela, porém libertadora; pessoas com autenticidade, amor e fé no Deus vivo; que compreendam a obra redentora de Jesus e o sigam fielmente; gente transformada pelo Espírito Santo e conectada a um mundo em constante mudança, mas que carece do poder transformador do evangelho da graça e do amor de Cristo. Você pode ser uma dessas pessoas! – WMJ

A igreja e o mundo precisam de pessoas comprometidas com a Palavra de Deus.

1º de novembro

Negócios honestos

LEITURA BÍBLICA:
1 Timóteo 6.6-10

A piedade com contentamento é grande fonte de lucro (1Tm 6.6).

Na Bíblia, a Palavra de Deus, encontramos uma série de advertências sobre o nosso trato com o dinheiro e as riquezas. Isto porque infelizmente existem muitos cristãos que não sabem como administrar a sua área financeira e os bens materiais. É muito fácil detectar essas falhas pela simples razão de muitos estarem com o limite do cheque especial estourado, cartões de crédito cancelados, com dívidas na praça e com o nome sujo. Conhecemos uma irmã, gerente de uma livraria evangélica, que nos contou existirem evangélicos que compram Bíblias fiado e não pagam, o que é uma vergonha. Pedir emprestado ou comprar fiado para pagar depois e não pagar é atitude de ímpio, pois a Bíblia diz: "Os ímpios pedem emprestado e não devolvem, mas os justos dão com generosidade" (Sl 37.21).

Outro problema é o cristão dando "jeitinhos" para não pagar imposto quando não pede nota fiscal para comprar por menos, sendo conivente com a sonegação. Outros preferem comprar produtos pirateados por serem mais baratos e com isso acabam sendo receptadores de produtos falsificados. Acerca disto, a Bíblia novamente diz: "Deem a cada um o que lhe é devido: se imposto, imposto; se tributo, tributo; se temor, temor; se honra, honra (Rm 13.7). O texto de hoje ensina que a piedade, ou seja, uma vida com Deus, de fato é fonte de lucro, mas não porque nos faça ganhar mais, e sim porque nos deixa contentes com o que temos.

Assim, evite dificuldades no trato com seus bens e finanças; seja honesto nos seus negócios. Não compre produtos falsificados, compre e venda com nota fiscal e faça tudo para não ficar endividado (Rm 13.8). Como cristão, prefira reduzir seu "padrão de vida" a ficar com o nome sujo na praça. Fazendo assim, com certeza Deus será glorificado e você não passará mais vergonha. – MM

Cristãos desonestos abusam do nome de Deus (cf. Êxodo 20.7!).

2 de novembro

Lar celestial

LEITURA BÍBLICA:
1 Coríntios 15.35-49

Se não há ressurreição dos mortos, nem Cristo ressuscitou (1Co 15.13).

Um pesquisador descobriu uma grande inscrição numa ilha japonesa, onde se lê: "Aqui estão as cabeças de 11.111 cristãos". Todos os cristãos da ilha foram mortos, mas as suas cabeças e corpos enterrados separadamente. Na pedra estava escrito o ano em que isso aconteceu: 1637. Os cristãos pregavam a ressurreição dos mortos e enfatizavam que um dia iriam ressuscitar. Quem os matou ficou com medo de que isso realmente acontecesse e teve a ideia de enterrar os corpos separados das cabeças, pensando que assim poderia impedir que ressuscitassem. Entendemos que, assim como Cristo ressuscitou, os cristãos também ressuscitarão. Jesus ressuscitou! Ele é o nosso futuro. E quando ressuscitarmos, receberemos um novo corpo para estarmos com ele para todo o sempre. Podemos dizer que, se não houvesse ressurreição, não haveria nenhum significado em adorá-lo. Sem a ressurreição não haveria fé, nem igreja, nem comunhão dos cristãos. As Bíblias e os livros de cânticos não existiriam. Onde estariam o nosso conforto, a segurança e a paz? Seríamos apenas como animais que nascem e morrem sem nenhum futuro!

Paulo usa a ilustração do lavrador: ao semear a semente, ela morre para nascer de novo em uma linda planta. "Deus lhe dá um corpo, como determinou, e a cada espécie de semente dá seu corpo apropriado"(v 37,38). Aplicando a lição à nossa vida espiritual, Paulo diz que "o corpo que é semeado é perecível e ressuscita imperecível" (v 42). O nosso corpo terrestre será desfeito na terra, não importa se estivermos em duas sepulturas! Ele volta para o pó, e certamente ressuscitará um corpo novo. Podemos viver cada dia na esperança de um futuro melhor porque Jesus ressuscitou e nós também ressuscitaremos. Há um lar celestial no qual todos os remidos do Senhor irão habitar. – JG

A ressurreição de Cristo é a esperança concreta e real da nossa ressurreição.

Dúvidas?

LEITURA BÍBLICA:
Judas

_Tenham compaixão
daqueles que duvidam
(Jd 22)._

É impossível que um ser humano não tenha dúvidas em seu coração. Mesmo o cristão, cuja vida se fundamenta na fé, as tem. Isso é normal – as incertezas fazem parte da vida. No entanto, as dúvidas são perturbações que podem abalar a nossa fé. No texto lido hoje Judas alerta para a presença de homens pervertidos e ímpios na igreja, que abalavam as convicções daqueles que deveriam estar firmes na fé. Muitas circunstâncias da vida também podem contribuir para gerar dúvidas e insegurança em nós. Alguns exemplos são: desemprego, enfermidades, fofocas, perseguições, conflitos, solidão, pressão no serviço, pressão da sociedade, decepções, depressão, etc. Para essas situações, em vez de queixar-se e forçar a satisfação dos próprios interesses, conforme Judas comenta, ele dá um conselho melhor: deixe o Espírito Santo dirigir sua vida, entregue tudo em oração ao Senhor Jesus e conte com a misericórdia de Deus. Caso contrário caminha-se para o desespero, que nos cega e desequilibra, fazendo-nos tropeçar e cair. Quando Judas fala de perigos na igreja, como citamos acima, ele mostra ao mesmo tempo que a igreja também é importante como família espiritual para sustentar-nos em nossas crises. Resumindo, ele nos aconselha a não desanimarmos na fé, a cultivarmos uma vida cristã com oração e a termos compaixão daqueles que duvidam, auxiliando-nos uns aos outros, confiando na misericórdia de Jesus e mantendo distância daqueles que procuram nos perverter, além de também orar por eles para que venham a se arrepender e colocar Jesus em sua vida. O selo de qualidade e garantia de um cristão é a fé, e as dúvidas são uma ameaça a ela. Se surgirem, precisamos reagir, lutar e perseverar, sobretudo não permitindo que abalem nossa convicção da ressurreição de Jesus e da vida eterna. – ETS

**Cultivar a comunhão com Deus
defende-nos dos assaltos das dúvidas.**

4 de novembro

Sabetudo

LEITURA BÍBLICA:
1 Coríntios 13.8-11

Ensina-me o bom senso
e o conhecimento,
pois confio em teus
mandamentos
(Sl 119.66).

É muito bom ouvir alguém falar sobre um assunto que conhece profundamente e buscar conselhos com pessoas que demonstram sabedoria – ou seja, aplicam bem o conhecimento que possuem. Porém, quem sabe muito corre o risco de se tornar arrogante, passando a alardear sem modéstia seu conhecimento. Pode também tornar-se ranzinza e deixar de repartir seus conhecimentos com os outros. Isso lembra a fábula da Tartaruga Sabetudo, que transcrevo aqui, resumida, de um site da internet. "Sabetudo" era o apelido pelo qual todos os habitantes do bosque conheciam a tartaruga. Quem tivesse algum problema a resolver ou dúvida para esclarecer ia até a casinha dela. A Sabetudo era muito compreensiva com todos os seus vizinhos, que tinham por ela grande admiração. Os anos se passaram e os conhecimentos da tartaruga tornaram-se imensos. Então ela começou a ficar exigente e crítica. Com mania de perfeição, tornou insuportável a vida dos outros. A amiga brilhante tornou-se amarga e insatisfeita, passando a ser tratada com hostilidade pelos outros. O que precisamos fazer para que esta história não aconteça conosco? Nosso texto diz que o conhecimento passa, enquanto o amor nunca morre. Quanto mais conhecermos a Deus e o que ele registrou em sua Palavra, mais amadureceremos e deixaremos de lado as "coisas de menino", como o sentimento de superioridade. Quanto mais conhecermos nosso Senhor, mais perceberemos quão pouco sabemos e o quanto nossa visão é limitada diante do profundo conhecimento de Deus. Com modéstia e amor, podemos compartilhar com os outros o conhecimento que Deus nos deu. Aqueles que se destacam por ter maior habilidade em adquirir conhecimento e aplicar com sabedoria o que sabem devem buscar crescer no conhecimento de Deus e repartir com amor o que receberam. Afinal, não adianta ter conhecimento se não houver amor (1Co 13.2). – HSG

Demonstre amor aos outros compartilhando seus conhecimentos.

5 de novembro

Se não fosse Deus...

LEITURA BÍBLICA:
Salmo 124

Se Deus é por nós, quem será contra nós? (Rm 8.31b)

Quando acontece algo que não esperamos, mesmo assim devemos continuar crendo que Deus está presente. Após uma tempestade podemos dizer: "Se o Senhor não tivesse nos protegido..." Essa foi exatamente a posição do salmista. Ele olha para a história da sua vida e de seu povo e vê quantas vezes passaram por situações difíceis. O autor não se preocupou em defender Deus nem duvidou de sua existência, mesmo quando os dias foram maus. Ele percebeu a importância da presença de Deus quando as coisas aconteceram em sua vida, creu e então exclamou: se o Senhor não estivesse do nosso lado! Lembrando disso, pôde continuar sua caminhada porque Deus esteve presente e o ajudou.

Analise seu passado e veja que Deus esteve sempre presente. Daqui para frente não duvide, mas creia que quando os inimigos se levantarem contra você, o Senhor o ajudará. Não esqueça que, se Deus não estivesse ao seu lado, você teria sido destruído. Talvez o salmista tivesse em mente a passagem pelo Mar Vermelho. O povo de Israel tinha sido liberto da escravidão no Egito, mas não estava totalmente livre do exército inimigo. Se não fosse o Senhor, estariam perdidos. Assim como Deus ensinou a Moisés o que fazer, também mostra ao cristão a saída. O que teria sido de nós se o Senhor não estivesse conosco quando estávamos diante de um grande "mar" de desgraças?

Deus não me abandonou no momento em que mais precisei dele. A beleza deste salmo é que ele não fala que enquanto estivermos neste mundo vamos ficar completamente livres de lutas. O cristão passará por muitas situações difíceis, e para ele só até insuportáveis. Mesmo que tenha a promessa da vida eterna, peregrina nesta vida enfrentando dragões enfurecidos, inimigos e mares bravios. Bendito seja o Senhor que está presente e faz milagres em nossa vida. - JG

Com o Senhor ao lado, superamos qualquer circunstância.

Altar

LEITURA BÍBLICA:
Êxodo 20.22-26

Onde quer que eu faça celebrar o meu nome, virei a vocês e os abençoarei (Êx 20.24).

Segundo o dicionário, "materialista" é o adjetivo dado a alguém que procura satisfação em coisas materiais. Para mim, no entanto, o materialismo afeta a todos nós com a dificuldade de compreender a realidade a não ser por meio de coisas, e manifesta-se muito claramente na forma como nos relacionamos com Deus. Ele sabe disso, tanto que no texto de hoje (cujo contexto traz os famosos "Dez Mandamentos") teve o cuidado de instruir especificamente contra a tentação de representá-lo por imagens – isto é, tentar transformar o espiritual em material.

Embora muitos cristãos zelosos combatam firmemente qualquer tipo de ídolo, acabam inadvertidamente incorrendo no mesmo erro, que chamo de materialização do espiritual. Olham para instituições, objetos, templos e até mesmo pessoas como se apenas neles e por eles a divindade se manifestasse. Esse equívoco se expressa em frases do tipo "Depois que mudei para a igreja tal..." ou "Quando passei a frequentar a igreja do 'ministro' Fulano...". Sem que se perceba, o Deus Espírito, invisível, acaba sendo "materializado" em coisas boas, mas que são apenas instrumentos usados por ele.

Na leitura bíblica de hoje, vimos que o altar era para ser feito de terra mesmo e, creio que não por acaso, as Escrituras nos informam que o homem foi feito exatamente do pó da terra. A bênção de Deus não depende da igreja A ou B, do líder X ou Y nem dos objetos de culto, sejam eles quais forem. A Bíblia deixa claro que somos habitação do Espírito Santo (1Co 3.16) e que a verdadeira adoração é no espírito do adorador (Jo 4.24). É evidente que há pregadores muito úteis e abençoados e que determinadas instituições religiosas têm práticas e ensino fiéis à Bíblia, mas eles não podem (nem conseguem) substituir uma comunhão íntima e verdadeira do nosso espírito com o Espírito Eterno. – MHJ

**No altar de sua vida, adore apenas Deus
– não coisas ou pessoas.**

7 de novembro

Pedido

LEITURA BÍBLICA:
2 Reis 2.5-10

O Pai que está nos céus dará o Espírito Santo a quem o pedir (Lc 11.13).

Eliseu era discípulo de Elias. Aprendia com seu mestre, buscava a Deus com ele. Sabia que Elias seria levado por Deus e que teria de separar-se do seu amigo. Por isso, cada vez mais ia com Elias a todos os lugares. Não o deixava só. Pede, então, que Elias lhe conceda do mesmo espírito profético. Desejava ser como seu mestre.

Muitos são os desejos que nos movem. Há pessoas que são exemplos inspiradores que nos estimulam a ir além do lugar comum. Se você pudesse pedir algo a alguém assim, o que pediria? Riqueza, inteligência, poder, fama, sucesso? Tal como Eliseu, os discípulos de Jesus tinham a ele como mestre, amigo e modelo. Viveram com Jesus algum tempo e viram-no agir no poder do Espírito de Deus. No entanto, alguns deles lhe pediram status; outros, apenas curas. O próprio Jesus, sabendo que teria de separar-se de seus amigos em breve, diz-lhes que não os deixaria sós: ele lhes daria do seu Espírito, que os guiaria e capacitaria para anunciar seu amor salvador. O versículo em destaque traz essa afirmação de Jesus, quando ensinava sobre o que pedir. Ele deseja dar-nos do seu Espírito, transformar nosso jeito de ser, nossa maneira de ver as coisas e as pessoas, nossa forma de sentir e agir. Deus deseja colocar sobre cada um dos seus o mesmo Espírito que estava sobre Elias e Jesus – para que sejamos como Cristo, isto é ser um verdadeiro discípulo: um mini-Cristo, alguém parecido com Cristo (esse é o significado da palavra "cristão"). Mas isso só é possível mediante a ação do Espírito Santo em nós. Eliseu o pediu a Elias e ele lhe foi concedido. Jesus disse que não negaria o Espírito aos que lhe pedissem. Então, o que você tem pedido a Deus? Há em você o desejo sincero de assemelhar-se mais com a personalidade de Cristo? Não peça apenas futilidades a Deus, peça-lhe do seu Espírito e ele o transformará e o usará para levar seu amor e paz às pessoas. – WMJ

**O Espírito Santo em nós transforma-nos
em gente de verdade.**

8 de novembro

Vale a pena

LEITURA BÍBLICA:
Números 9.15-23

Conforme a ordem do Senhor [os israelitas] acampavam, e conforme a ordem do Senhor partiam. ... Cumpriam suas responsabilidades para com o Senhor, de acordo com as suas ordens (Nm 9.23).

Convicta de que Deus a queria como missionária na América do Sul, a enfermeira inglesa Annie Soper preparou-se para a tarefa. Devido à sua saúde frágil, porém, os médicos desaconselharam uma viagem tão longa – e ela não foi aceita por nenhuma agência missionária. Mesmo assim atravessou o Atlântico, e em 1917 chegou ao Peru como missionária independente. Lá organizou uma escola de enfermagem. Em 1922 atravessou os Andes montada numa mula, viajando durante seis semanas. Após anos de trabalho, aposentou-se aos 74 anos por motivo de saúde. Consta que ela tenha dito depois: "Quero testemunhar como o Senhor me usou para concretizar o seu plano no Peru. Minha saúde frágil impediu meu envio ao exterior por agências missionárias. Segundo os médicos, eu jamais alcançaria com vida o destino da viagem. Desde então atravessei o Atlântico catorze vezes e os Andes outras cinco." Deus usou pessoas que cuidavam de tudo para que ela sobrevivesse a tanto esforço. Annie sabia que uma tarefa assim inclui dificuldades, mas preferiu seguir a ordem de Deus e fazer o que ele queria com sua vida. No texto de hoje, vimos Israel seguindo pelo deserto para tomar posse da terra que fora prometida por Deus aos seus antepassados. Para cumprir esse propósito de Deus, eles deveriam seguir as ordens do Senhor – ele os direcionava por meio de uma nuvem, que à noite brilhava como fogo, mostrando quando deveriam andar e quando parar. O que importava naquela longa caminhada era viver "conforme a ordem do Senhor" – expressão repetida várias vezes neste texto. Assim como Annie Soper, eles também atingiram seu objetivo porque seguiram a orientação do Senhor.

Quem obedece a Deus experimenta que viver na dependência dele vale a pena: ele cuida de tudo. – LSCH

Viva sob as ordens do Senhor e ele colocará ordem em sua vida.

Espe-
rança

LEITURA BÍBLICA:
Josué 14.6-13

*Temos esta esperança
como âncora da alma,
firme e segura
(Hb 6.19).*

E vangelizando na Ilha de Marajó, numa tardinha lançamos a âncora da nossa lancha no meio de um rio estreito para passar a noite. Na manhã seguinte, qual não foi nossa surpresa ao ver que nos encontrávamos numa outra curva do rio! Nossa âncora havia escapulido quando a maré virou de direção e nos arrastou até que se prendeu em algo e segurou. Foi como o que ocorre com pessoas que alimentam uma vaga esperança de vida eterna, mas sem a firmeza da Palavra de Deus. Na história que lemos hoje, Calebe firmou-se no que Deus havia prometido a Abrão séculos antes, dando aos seus descendentes a terra de Canaã. Calebe aguentou os quarenta anos de andanças do povo desobediente pelo deserto até a morte daquela geração toda. Ancorou sua esperança no que Deus lhe prometera por Moisés, que ele e Josué, os dois espias fiéis, entrariam na terra prometida. Quando a nova geração entrou na terra, Calebe batalhou ao lado de Josué e o povo durante cinco anos, vencendo os principais inimigos. Embora idoso, com oitenta e cinco anos, Calebe pediu a Josué, o comandante, a posse da região montanhosa em que andara anos atrás. Foi atendido por ter sido "inteiramente fiel ao Senhor" e firme numa esperança viva ancorada no que Deus havia falado. Isso combina com o versículo destacado, que a esperança do cristão está ancorada no que Cristo fez quando morreu, ressuscitou e subiu para o Pai. Por isso temos a certeza de entrar no céu, pois ele "nos regenerou para uma esperança viva, por meio da ressurreição de Jesus Cristo, para uma herança que jamais pode perecer, macular-se ou perder o seu valor" (1Pe 1.3-4). Isso tudo é qual rocha em que a âncora da fé se firma. Quando Satanás lança dúvidas, nossa resposta não é um vago "espero ser salvo", mas "eu sei pelas garantias da Palavra de Deus que vou para o céu!" Que alegria é viver com tal esperança segura! Em que ou em quem você espera? – TL

**A confiança em Cristo é a âncora segura
contra o arrastão do mal e da morte.**

10 de novembro

Aladim?!

LEITURA BÍBLICA:
1 Reis 3.5-14

Peça-me o que quiser, e eu lhe darei (1Rs 3.5b).

Encontrar a lâmpada de Aladim com um gênio dentro capaz de satisfazer nossos desejos é o sonho de muita gente. Mas o que pedir? Riquezas, saúde, um futuro tranquilo e seguro? Lendo o texto de hoje, parece que para Salomão isto aconteceu, ou melhor, ao invés do gênio da lâmpada, o próprio Deus lhe aparece em um sonho e diz: "Peça-me o que quiser, e eu lhe darei." E Salomão pediu sabedoria. Sim, sabedoria para julgar o povo. Ele tinha consciência de sua falta de preparo para tão elevado cargo – o de rei de Israel – e pediu um coração compreensivo para julgar o povo, discernir entre o bem e o mal. E isto agradou a Deus, que, além de sabedoria, concedeu-lhe glória e riqueza. Salomão compreendeu que não adiantaria ter riquezas se não tivesse sabedoria para administrá-las.

Assisti a um programa do Globo Repórter no qual várias pessoas premiadas na loteria se encontravam pobres novamente porque não tiveram sabedoria para administrar aqueles recursos.

Gosto muito de um conceito que diz: "Sabedoria é ver a vida do ponto de vista de Deus". Poder enxergar as pessoas, as circunstâncias, tudo, como Deus vê. Que diferença isto faria em nossas vidas, se vivêssemos nesta perspectiva. O que realmente importa para Deus, quais seus valores, seus propósitos, como Deus agiria em meu lugar.

Agora a boa notícia: assim como Deus deu a Salomão sabedoria, ele a oferece a todos: "Se algum de vocês tem falta de sabedoria, peça-a a Deus, que a *todos* dá livremente, de boa vontade; e lhe será concedida" (Tg 1.5).

Você também pode pedir a Deus sabedoria para assim viver de um modo que agrade a ele. – CTK

**Pedir sabedoria a Deus
é a atitude mais sábia possível.**

Decepção

LEITURA BÍBLICA:
Gênesis 9.18-27

Clamaram a ti, e foram libertos; em ti confiaram, e não se decepcionaram (Sl 22.5).

Decepção é uma esperança interrompida acompanhada de mágoas e geralmente vinda de uma pessoa que admiramos e da qual temos uma expectativa elevada. Quando ocorre, ficamos feridos e até mesmo paralisados, sem rumo. Algumas vezes, ela vem acompanhada de traição, o que nos leva a desconfiar das pessoas – e a vida torna-se um tormento para que nos defendamos de novas decepções.

Na Bíblia encontramos alguns exemplos de decepção, como o caso de Geazi, servo de Eliseu. Ele mentiu ao profeta e também a Naamã para ficar com a recompensa pelo milagre, mas Geazi e seus descendentes foram punidos com a lepra que estava em Naamã (2Rs 5.26-27). No texto de hoje, vemos Noé decepcionado com um de seus filhos, que fez fofoca dele para os irmãos. A decepção foi tão grande que Noé amaldiçoou Cam e abençoou os dois filhos que o respeitaram e ajudaram quando estava em dificuldades – atitude que esperava também do mais novo.

Se lembrarmos que Cristo também sofreu decepções aqui na terra – por exemplo, com seus discípulos – compreenderemos que ainda há muitas possibilidades de decepções com as pessoas, pois todas são imperfeitas. Temos de lidar, também, com nossa própria imperfeição. Enquanto somos transformados pelo Espírito Santo e buscamos a santidade, também decepcionaremos a muitos com nossas falhas e atitudes inadequadas. O único que nunca nos decepcionará é Deus! Nós é que o decepcionamos, muitas vezes. Alguns ficarão decepcionados se o Senhor não atender suas orações – mas então o problema está nas pessoas, que ainda não entenderam o significado da soberania de Deus sobre suas vidas e querem determinar qual será a resposta divina.

Precisamos reconhecer nossas falhas e também as dos outros para que, quando nos decepcionarmos ou causarmos decepção, consigamos perdoar e seguir em frente. – ETS

Somente Deus não nos decepciona.

12 de novembro

Dormir de tristeza

LEITURA BÍBLICA:
Lucas 22.39-46

Quando se levantou da oração e voltou aos discípulos, encontrou-os dormindo, dominados pela tristeza (Lc 22.45).

Jesus sabia que teria de suportar a cruz, que tinha de sofrer por nós, ser humilhado e ferido, para que se cumprisse a profecia de Isaías (Is 53.3). Nessa profunda agonia diante do que estava por vir, ele se afasta dos seus discípulos e recomenda que orem para não caírem em tentação. O que é tentação? É o que pode desviar-nos de Deus, muitas vezes num momento de aflição, como esse em que os discípulos acabaram "dormindo de tristeza".

Quando estamos tristes e desanimados, nosso único desejo pode ser uma cama macia e quentinha, embrulhar-se no cobertor e fechar os olhos para dormir, pensando que "quando acordar a coisa estará melhor".

A tristeza pode dar sono. Sono que interrompe um pouco nossa ligação com a realidade daquele momento. Quando despertamos, porém, percebemos desapontados que tudo continua igual, que a situação não mudou, e assim o desânimo aumenta. A tristeza nos entorpece e nos impede de ver o que Deus está fazendo; as lágrimas tiram a clareza da nossa visão de Deus. E o que fazer? Jesus diz: "Ore para não cair em tentação". Na tentação de nos deixarmos envolver pela tristeza, de fechar os olhos para aquilo que Deus quer fazer em nossa vida – de ficar imóvel e não procurar ajuda em Deus. Da mesma forma que Jesus nos orienta a orar, ele dá o exemplo de como agir, ou seja, derramar a nossa aflição diante do Pai e desejar de todo o coração que *ele* assuma o controle e não nós. Com essa atitude de submissão a Deus podemos ter o privilégio de experimentar o conforto dos céus, que o nosso Pai amoroso nos envia como fez com Jesus. Vale a pena crer naquilo que o nosso Senhor nos ensinou. Por que então deixar a tristeza crescer? Lembre-se, mesmo sonolento, de correr para os braços de Jesus. Que ele não nos encontre dormindo! – APS

**O conforto do amor de Deus
faz muito mais que o melhor travesseiro.**

13 de novembro

O programa

LEITURA BÍBLICA:
Mateus 5.1-12

Tenho grande alegria em fazer a tua vontade, ó meu Deus; a tua lei está no fundo do meu coração (Sl 40.8).

Hoje lemos o início do Sermão do Monte, uma série de ensinos de Jesus nos capítulos 5 a 7 do evangelho de Mateus. Alguém já o chamou de constituição do reino de Deus, ou seja, os princípios básicos que governam a vida que Deus planejou para a humanidade. Jesus começa com as chamadas "bem-aventuranças", oito condições que ele declara como extraordinariamente felizes. O curioso é que quatro delas descrevem situações nada desejáveis (pobreza, choro, fome e perseguição), enquanto as outras tratam de atitudes louváveis, mas também contrárias ao que se costuma aplicar para ter sucesso na vida (humildade, misericórdia, pureza e busca da paz). Parece algo "de outro mundo", um tanto sonhador e irreal – e o sermão continua no mesmo tom. Inverte tudo o que funciona no nosso mundo. Não é de espantar que muitos o considerem lindo, mas impraticável. Por que será então que Jesus insiste nessa orientação? Bem, ele mesmo disse diante de Pilatos que seu reino não era deste mundo (Jo 18.36). Nesse caso, porém, que interesse teria isso para nós? E por que Jesus afirma que esses aparentes sonhadores seriam justamente os mais felizes?

É porque, simplesmente, só pode ser de fato feliz quem vive de acordo com os planos do Criador para ele – e estes são os que constam do Sermão do Monte. Tudo o mais não passa, no fundo, de enganação. Só que, dirá você, toda a experiência mostra que o esquema mau e violento deste mundo é muito mais potente – então, o que adianta? Por isso, o programa de Jesus não deixa de levar em conta o sofrimento, mas também mostra que ele não pode aniquilar a felicidade que promete. Esta repousa mais fundo, e quem melhor que Jesus, que ressuscitou dos mortos, para assegurar o verdadeiro valor da vida?

Uma sugestão: leia com atenção o salmo 40 (o do versículo em destaque) e beneficie-se da experiência do autor. – RK

Felicidade não é o que aparece, mas o que sustenta.

14 de novembro

Conselho

LEITURA BÍBLICA:
2 Reis 4.1-26

*Tu me diriges com
o teu conselho
(Sl 73.24a).*

O texto de hoje conta a história de duas mulheres – uma era pobre e a outra rica. O marido da primeira faleceu e a família ficou endividada – tanto que os credores queriam levar seus filhos como escravos. A segunda teve um filho quando pensava que não mais seria mãe, mas um dia o menino foi ajudar o pai no trabalho, sentiu uma forte dor de cabeça e morreu. Duas mães em situações extremas, temendo perder os filhos que tanto amavam. A quem poderiam recorrer? Preocupadas com seus filhos, as duas tiveram a mesma ideia: procurar o profeta Eliseu e, por meio dele, buscar a ajuda do Senhor. No caso da primeira, Deus providenciou um meio para o pagamento das dívidas e sustento da família, multiplicando o azeite que tinham. A segunda mãe também teve seu pedido atendido, pois Deus ressuscitou o menino. As duas tiveram seus filhos de volta e não os perderam, como temiam.

Aquelas mulheres eram tementes a Deus e foram buscar ajuda no lugar certo, com a pessoa certa – o profeta de Deus naquela época. Pensando nisso, pergunto: a quem você pede ajuda quando tem problemas? Se você tem filhos, qual orientação segue para criá-los? Você age como as mães do texto que lemos hoje?

É de Deus que recebemos o melhor conselho para qualquer situação em nossa vida. Obtemos as respostas que precisamos lendo e estudando a Bíblia, ouvindo a orientação do Espírito Santo e conversando com cristãos maduros e experientes. Os pais, em especial, devem buscar no Senhor a orientação para criar seus filhos. Nossa tendência é tentar resolver o problema de acordo com o que achamos correto, mas nem sempre dá certo – é bem provável que não tenhamos sucesso, pois não conhecemos todos os fatores envolvidos nem sabemos o que o futuro nos reserva. Deus, sim, conhece e leva em conta tudo que é preciso para resolver o problema. É melhor agir de acordo com o seu sábio conselho! – VWR

**Problemas diferentes têm soluções diferentes,
mas igualmente boas se vierem de Deus.**

15 de novembro

Chegou carta!

LEITURA BÍBLICA:
1 Pedro 1.1-2

Paz a todos vocês que estão em Cristo (1Pe 5.14).

Já faz um bom tempo que não recebo uma carta. Quero dizer: carta mesmo, escrita à mão, com envelope também escrito pelo remetente, com selo e carimbo do correio. Contas eu recebo, todo mês! Agora, cartas... ah... só e-mails! Mas quando eu era pequeno, a alegria era grande quando ouvia o toque da campainha de casa e sabia que era o carteiro. "Alguma carta para mim?", pensava. E como ficava contente quando havia! Que emoção olhar o selo, ver o remetente, abrir o envelope e me deliciar lendo notícias de tempos atrás, de pessoas queridas, de lugares outros. Pedro é o remetente da carta que leva seu nome. Apóstolo teimoso e impulsivo, tem seu caráter refinado por Jesus com paciência. Torna-se uma das colunas da Igreja de Cristo, dá sua vida pela pregação da boa notícia do amor de Deus revelado em Jesus. Escreve para cristãos perseguidos em cidades romanas numa região que hoje é a Turquia. Pedro os trata de peregrinos (gente que está a caminho) e dispersos (espalhados em terras e ambientes estranhos). Tudo isso porque são cristãos. Lembra-os, porém, que foram escolhidos por Deus e que esse mesmo Deus os fortaleceria com paz e graça para que permanecessem fiéis a Jesus e à sua fé.

Esta carta não é só para eles. É para mim e você, hoje. Dois mil anos depois de escritas, as palavras de Pedro nos fazem pensar que tipo de cristianismo vivemos hoje em nosso país. Aqui ninguém é perseguido por ser cristão, mas o desafio de obedecer a Cristo continua valendo. E isso é bem mais do que ir à igreja ou ler a Bíblia. Cristãos hoje precisam redescobrir o que significa seguir Jesus e como realmente fazer o Reino de Deus e a sua justiça serem parte da vida cotidiana. Esta carta traz consolo e encorajamento, urgência e responsabilidade perante o mundo no qual Deus nos colocou para sermos colaboradores dele. Foi escrita pra você: abra e leia! – WMJ

**Deus mandou uma carta com um convite
para festejar com ele e espera sua resposta.**

16 de novembro

Rodas

LEITURA BÍBLICA:
Naum 2.13-3.4

Aproxime-se dessa
carruagem
e acompanhe-a
(At 8.29b).

Segundo registros históricos, os primeiros veículos com rodas foram usados por volta de 3.500 a.c. na região de Ur, na Mesopotâmia. Este invento deu ao mundo um meio de transportar cargas pesadas, e logo carruagens puxadas por animais conduziam soldados bem mais rapidamente às frentes de guerra. Quando Salomão reinou em Israel, o povo se orgulhava de possuir carros e cavalos como as outras nações, apesar da recomendação divina de não imitar os outros povos. Você leu no texto bíblico de hoje a pregação de Naum contra a cidade de Nínive, que derrotou outras nações com seu poder militar, sendo ouvido "o barulho das rodas" (3.2) nas suas viagens para as guerras. Melhor seria se tivessem continuado arrependidos como quando Jonas pregou naquela capital talvez um século antes, mas a nação abandonou a sua posição de humildade diante de Deus e por isso suas magníficas carruagens passaram para seus conquistadores. As rodas serviram também para difundir o evangelho, conforme Atos 8.26-39. Filipe subiu na carruagem de um oficial etíope e lhe explicou o evangelho. Este converteu-se, e as mesmas rodas o levaram à sua terra com as boas novas de Cristo. As rodas continuam a servir o evangelho quando os cristãos viajam em automóveis, ônibus, motos ou bicicletas. Muitas pessoas se convertem quando cristãos empregam suas rodas para levar amigos a cultos evangélicos, ou dão caronas a desconhecidos. Certo jovem, em pé à beira de uma estrada, pedia carona. Um carro parou e o motorista cristão o convidou a entrar. Viajando, falou sobre Jesus e perguntou a seu novo amigo se já tinha ouvido o evangelho. Ele respondeu que sim. Então, o motorista explicou o que era necessário para ser salvo e convidou-o a crer em Cristo. Com a concordância do jovem, pararam num lugar conveniente e o jovem orou. Depois, o motorista lhe indicou uma igreja onde poderia ouvir mais da Bíblia. Deus abençoe nossas rodas cristãs! – TL

Inovações tecnológicas são boas;
melhor ainda se usadas para divulgar o evangelho.

17 de novembro

Não disse?!

LEITURA BÍBLICA:
Jonas 4.1-11

Senhor, não foi isso que eu disse quando ainda estava em casa? (Jn 4.2).

Depois de tentar fugir de Deus, Jonas havia cumprido sua tarefa e anunciado a destruição de Nínive. Sabendo da crueldade (chegavam a queimar pessoas vivas!) e da hostilidade daquele povo em relação aos israelitas, o profeta certamente torcia para ver a destruição prometida. Mas, para sua surpresa, os ninivitas se arrependeram de sua maldade e buscaram a Deus, promovendo um jejum do qual até os animais participaram. E, devido à sua mudança de atitude, Deus não os destruiu.

Quem não mudou de atitude foi Jonas. Ficou aborrecido, talvez considerando que sua pregação tinha sido um fracasso. Não gostou do que Deus fez e ainda reclamou, lembrando a Deus que já sabia o que ia acontecer: por isso fugira. Todo seu esforço tinha sido em vão, e ainda tinha de ver os ninivitas, gentios odiados, buscando o Deus de Israel – mais ou menos como assistirmos à torcida adversária comemorando um título após vencer nosso time. O que Jonas não via é que sua pregação foi um sucesso, pois pessoas foram salvas da morte certa. Mas ele só pensava em si: "O que vão pensar de *mim*? Por que Deus não fez a *minha* vontade?"

Como Jonas, muitas vezes temos vontade de confrontar Deus com um "Eu não disse?!": após um relacionamento que termina, uma doença que não é curada, uma seleção na qual não conquistamos uma vaga... Achamos que temos as respostas certas e que Deus deveria fazer as coisas do *nosso* jeito, e não do dele, e então nos ofendemo quando tudo dá errado.

Esquecemos que *Deus* está no controle, e não nós! Você já imaginou como seria o mundo se Deus respondesse "sim" a todas as orações? Seria um caos! Ainda bem que não estamos no lugar de Deus, este sim capaz de tomar as melhores decisões. Devemos pedir a ele que cumpra sua perfeita vontade, ao invés de desejar que a nossa seja feita, e deixar que ele guie nossa vida de acordo com seus propósitos. – VWR

Deus transforma mal em bem – e você vai reclamar disso?

18 de novembro

A Cruz

LEITURA BÍBLICA:
Mateus 16.24-28

(Cristo) morreu por todos para que aqueles que vivem já não vivam mais para si mesmos, mas para aquele que por eles morreu e ressuscitou (2Co 5.15).

"Tenho de aguentar meu reumatismo: é a minha cruz", reclamou alguém. Mas seria a dor realmente uma cruz? Existem vários tipos de sofrimento: aflições físicas, apertos financeiros, pressão de negócios, críticas e conversas, estresse, crises emocionais na família, a morte de alguém, e muito mais. Ninguém é isento de tais aflições. A dor atinge todo mundo, pois faz parte da condenação proveniente do pecado original. Portanto, a aflição em si não é a cruz; antes é uma ocasião para o cristão tomar a cruz. Tomar a cruz é renunciar ao controle sobre sua vontade e vida. É viver agradecendo a Deus pelo que experimentamos, se necessário escolhendo o mais difícil, aceitando tudo na confiança de que Deus sempre escolhe o caminho melhor.

Uma cristã idosa de classe alta dedicava-se a visitar famílias em ambientes miseráveis. Uma manhã, ao levantar-se com dificuldade, sentindo-se um pouco indisposta, disse: "Olha, meu velho corpo, você reclamaria ainda mais se soubesse para onde o levarei hoje!" Não se sentia bem, mas tomar a cruz para ela era negar a sua indisposição e fazer o que Deus indicava. Nossa inclinação natural é promover a nossa própria agenda, vivendo para nós mesmos. O versículo em destaque transmite a mesma mensagem que Jesus. Pela sua morte na cruz ele nos livrou do egoísmo da nossa natureza humana. Levou-nos a morrer com ele para seguirmos a agenda de Deus. A nossa posição é de "crucificado com Cristo" (Gl 2.20). Sobre esta base você pode dizer: "Considero-me morto para o pecado (de viver para mim) mas vivo para Deus em Jesus Cristo" (Rm 6.11). Toda a vez que renunciamos ao "eu" entra em ação a nova vida em Cristo por meio do seu Espírito e recebemos a paz e a alegria de sentir que realmente temos vida nova em Cristo. Tornamo-nos "mais que vencedores" por aquele que nos amou (Rm 8.37). – TL

**Levar a cruz é sofrer voluntariamente
para gerar grandes bênçãos.**

19 de novembro

Manchas

LEITURA BÍBLICA:
Isaías 1.16-19

Vocês foram lavados, foram santificados, foram justificados no nome do Senhor Jesus Cristo e no Espírito do nosso Deus (1Co 6.11).

Gosto muito de banana maçã. Desde pequena é uma das minhas frutas favoritas. Lembro também de ter a lembrança de ser uma fruta perigosa. Como? Pelas manchas que provocava na roupa. Minha mãe sempre avisava: "Mancha de banana não sai". Eu pensava no poder que essa gostosura tinha para provocar uma mancha permanente. O cuidado era redobrado quando eu comia. Quem já teve uma roupa manchada a ponto de não podê-la usar mais, sabe do que estou falando. Certa vez encostei o talo de uma folha de bananeira em meu moletom branco, e ouvi de um amigo: "Cuidado que isso mancha para sempre!" Nem dei muita atenção, mas no dia seguinte a mancha imensa estava lá – implacável – bananas! Aí era tarde e o moletom estava perdido para ser usado. Virou pijama. Há muitas manchas que podem contaminar-nos – não só no corpo, mas no nosso nome, na consciência... Muitos andam por aí com a vida manchada, seja por mau procedimento, seja de amargura resultante de abusos, violência, incompreensão e humilhações. São manchas que nos prostram e paralisam. "Quando o mal faz uma manchinha: eu sei muito bem quem pode me limpar. É Jesus, eu não escondo nada, tudo ele pode apagar". Cantei muitas vezes essa música para os meus filhos e alunos na igreja. O nome dessa mancha é pecado, ou seja, tudo o que é contrário ao plano de Deus para a nossa vida. A mancha do pecado parece ser permanente, mas Deus (e só ele) consegue removê-la. No Antigo Testamento o sacrifício pelo pecado deveria ser a morte de um cordeiro "sem manchas" (defeito – Lv 23.12), um modelo da vida perfeita e sem pecado de Jesus Cristo, que deu sua vida para que seu sangue nos purifique de todo pecado (1Jo 1.7). Essas manchas sempre nos marcarão até que tomemos a decisão de apresentá-las a Jesus. Ninguém precisa ter a vida manchada. Para o Senhor Jesus não há manchas indeléveis. – AP

**Não tente esconder suas manchas
– deixe Jesus removê-las.**

20 de novembro

Matar

LEITURA BÍBLICA:
Mateus 5.21-22

Não matarás
_(Êx 20.13)._

"Nunca matei!" dizem muitos para mostrar que são bons. Todavia, a leitura bíblica para hoje mostra que isso não basta. O critério de Jesus é muito mais rigoroso: não seria preciso matar alguém fisicamente para ser homicida. Parece que chamar alguém de tolo ("Ô seu burro!") ou de louco ("Ficou maluco?") já seria o mesmo. Exagerado, não?

Ocorre que o "matar" proibido aqui não é algum ato fortuito ou acidental, como alguma irritação de momento ("irar-se") ou xingar alguém por causa de alguma tolice ("Você foi burro em pagar adiantado") ou mesmo de louco ("Ficou louco? Dirigir à noite com farol apagado e ainda na contramão!"). Aqui até se pode ter razão, embora não seja muito gentil falar assim.

Já o mandamento – e Jesus – referem-se a um ato deliberado: irar-se é planejar o mal para o outro, chamá-lo de tolo é desqualificá-lo (p. ex. "matar" sua reputação), e "louco" corresponde a "sem entendimento" – alguém sem nenhuma qualidade humana ("Você é um lixo – não tem jeito – é irrecuperável – morra!").

O outro pode não morrer e até nem sofrer por causa disso – talvez nem tome conhecimento do insulto – mas para quem julga assim, a outra pessoa está "morta" ("Não tenho mais filho", dirá o pai de um criminoso – e se recusa a vê-lo pelo resto da vida). De fato, agir desta forma e decidir matar alguém tem o mesmo objetivo: eliminar o tal da minha vida. Para mim, ele deixou de ser gente. Exatamente o oposto de qualquer coisa que se possa chamar de amor. Ora, Deus é amor, e quem se recusa a amar exclui Deus da sua vida, candidatando-se assim ao inferno, tal como Jesus disse. O dano maior aí não é do "morto", que talvez nem morreu, mas de quem "matou" – é uma espécie de suicídio espiritual.

Creio que você nunca matou ninguém e nem pretenda fazê-lo. Mas será que passaria pelo filtro de Jesus? Se alimentarmos aquela mistura de rancor e arrogância que nos leva a desqualificar o próximo, como ficaremos diante de Deus? – RK

Viver sem amar é morrer e matar.

21 de novembro

Arma secreta

LEITURA BÍBLICA:
2 Reis 6.15-17

Deus não nos deu espírito de covardia, mas de poder, de amor e de equilíbrio (2Tm 1.7).

Algum tempo depois de Eliseu ficar sem o seu mestre Elias, ele já estava mais seguro e cheio do Espírito Santo. Nessa época, o rei da Síria guerreou contra Israel, mas o Espírito sempre revelava a Eliseu o local do próximo ataque. O rei descobriu isso e resolveu então capturar o profeta. Quando Geazi, servo de Eliseu, vê que estão cercados por um batalhão, ele se apavora. Eliseu, porém, em sua intimidade com Deus, não teme porque vê com os olhos da fé mais do que Geazi! O medo turva nossa visão da realidade, mas mais importante do que literalmente ver coisas espirituais é reconhecer a grandeza do nosso Deus. Eliseu pediu que Deus abrisse os olhos de Geazi para tranquilizá-lo. Mas será que é sempre preciso ver algo? Será que nossa fé em Deus, aliada à sua Palavra e a todas as demonstrações de poder que ele certamente já nos deu não bastam para livrar-nos do medo quando ele tenta apoderar-se de nós? Servir a Deus não elimina os problemas, nem garante vitória certa em tudo que empreendermos, mas é certeza de que ele age por nós. E de que não importa o tamanho da maré contrária pela frente. Em comunhão com ele não estaremos sós: ele batalha conosco!

Se você continuar lendo o texto bíblico de hoje, perceberá que Eliseu não teve apenas visão espiritual, mas teve compaixão daqueles que vieram capturá-lo. Isso o torna ainda mais especial, pois ele não tinha apenas o poder de Deus, mas também o seu caráter misericordioso. Como diz o versículo-chave, ele tinha poder, amor e equilíbrio. Essa era sua arma secreta: comunhão com Deus, visão de fé e um caráter íntegro, semelhante ao do Deus a quem servia. Da mesma forma como Eliseu, aprendamos a enxergar a realidade com os olhos da fé e, acima de tudo, a ter uma visão clara de como Deus pode agir em meio às ameaças de hoje. – WMJ

A fidelidade de Deus atinge mais longe que a nossa visão.

22 de novembro

Brilho

LEITURA BÍBLICA:
Lamentações 2.1-13

*Mantenham o
pensamento nas coisas
do alto, e não nas
coisas terrenas (Cl 3.2).*

"Nem tudo que brilha [ou reluz], é ouro," é uma expressão utilizada quando algo parece mais do que é: um bom negócio era uma fraude, um carro badalado desaponta seu comprador, uma pessoa sempre elogiada falha, uma religião que prega garantias de melhora material deixa os novos adeptos desiludidos.

Quando o profeta Jeremias viu as lindas construções de Jerusalém em escombros ficou pasmado: "Como o ouro perdeu o brilho!" (Lm 4.1) A cidade de Deus, outrora santa e abençoada, estava deserta e repleta de ruínas causadas pela invasão dos babilônios que levaram o povo de Judá para o exílio. O profeta fez bem em registrar suas lamentações para a posteridade, para que as gerações seguintes soubessem o triste fim de quem confia nos valores materiais e não em Deus. Toda idade tem seus "brilhos": crianças querendo brinquedos novos e melhores, adolescentes e jovens atraídos pelas vaidades do mundo, adultos procurando a segurança financeira e a terceira idade almejando estabilidade e conforto. Todavia, o "mundo" que empolga cada idade passa, deixando a triste impressão de não ter dado a plena satisfação esperada.

Jesus contou a história do "filho pródigo" que partiu de casa com o sonho de aproveitar a vida como nunca (Lc 15.11-32). Ele tinha muitos amigos e divertimentos para alegrar seu coração Porém, quando seu dinheiro acabou e uma fome tremenda invadiu a região, ele teve de trabalhar cuidando de porcos e desejando comer a comida dos animais. Como seu sonho perdeu o brilho! Só quando se arrependeu e retornou para casa aprendeu o valor real de viver contente com seu pai.

Quando nos firmamos no propósito de servir a Cristo, tudo mais deixa de brilhar. Nada se compara à íntima satisfação de se concentrar na vida com Deus (nas "coisas do alto") para um dia ganhar uma recompensa no céu, com um brilho que perdurará por toda a eternidade para a glória de Deus! – TL

**O brilho de sonhos e bens se apaga;
o da vida com Deus cresce até a glória.**

23 de novembro

Filmado

LEITURA BÍBLICA:
2 Samuel 12.1-14

Você é esse homem!
(2Sm 12.7a)

A polícia de uma cidade resolveu usar um método curioso com a finalidade de ajudar as pessoas embriagadas. Ao encontrar um bêbado caído na rua, os policiais filmam a pessoa naquele estado triste e deplorável. Depois levam-na à prisão, onde dorme até que passe o efeito da bebida. Na manhã seguinte, antes de liberá-la, ela é obrigada a assistir ao seu próprio filme e ver a si mesma num estado vergonhoso e humilhante. O resultado, segundo dizem, é muito positivo. Consta que muitas dessas pessoas dependentes do álcool mudaram sua vida após verem a si mesmas naquela situação terrível.

Deus usou um método parecido para que Davi caísse em si. Enviou o profeta Natã, que contou a história de um homem rico, dono de muitas ovelhas, mas também cruel a ponto de roubar e matar a única ovelha de um pobre que a tinha como um animal de estimação, a fim de preparar uma refeição com ela. Quando Davi "assistiu" a esse "filme", ficou furioso e julgou: "O homem que fez isso merece a morte!" Ele não admitia tamanha injustiça. Porém, Natã encarou o rei e apontou-lhe o dedo, dizendo que aquele homem era o próprio Davi, e que aquilo era o filme da sua vida. Ele havia desprezado a palavra do Senhor, matado Urias por meio dos amonitas e ficado com a mulher dele.

Cada frase dita pelo profeta revelava a culpa e o pecado de Davi. Até então ele tinha sido muito hábil em esconder a sua realidade. É possível que ninguém soubesse de seu "caso" com a Bate-Seba e da eliminação de Urias, o marido da amante, em um "crime perfeito". Ninguém desconfiava da maldade de Davi. Mas Deus sabia de tudo e enviou seu "filme" por meio de Natã, mostrando que Davi era um adúltero assassino, mesmo que as pessoas não soubessem disso, e dando oportunidade para que ele reconhecesse seu erro e se arrependesse. Então, Davi restaurou seu relacionamento com Deus.

Caro leitor, o que revelaria o filme de sua vida? – LSCH

Examine sua vida e arrependa-se!

24 de novembro

Selados

LEITURA BÍBLICA:
Efésios 1.3-14

Se alguém não tem o Espírito de Cristo, não pertence a Cristo (Rm 8.9).

No texto em consideração, Paulo escreve sobre a Trindade: "Bendito seja o Deus e Pai de nosso Senhor Jesus Cristo, que nos abençoou com todas as bênçãos espirituais..." e continua dizendo "em Jesus temos a redenção", afirmando em seguida que fomos feitos herança e selados com o Espírito Santo da promessa. O apóstolo está ensinando que a vida cristã obedece à seguinte sequência: quem ouve o Evangelho e crê, é selado com o Espírito Santo. Embora esse selo não seja visível, podemos ver suas consequências, seus resultados em nosso viver diário. O Espírito Santo faz residência, sela a nossa vida como sua morada. É um sinal de que o cristão pertence a Deus e de que ninguém vai arrebatá-lo dele. A casa foi fechada, trancada e selada para todas as agressões de Satanás. Ela nunca será destruída, porque há um outro residente. Satanás deixou de dominar, para prevalecer o Espírito Santo. O Espírito Santo vive para sempre no coração de quem recebe Jesus como seu Salvador.

Muitas pessoas já me perguntaram como é que eu sei que o Espírito Santo vive no cristão. Respondo apontando para um DVD. Não posso ver a letra nem a melodia que lá estão. Mas creio que ali, naquele objeto tão pequeno, há muitas palavras. Para ouvi-las, preciso colocá-lo num aparelho especial. A música será o resultado do que está no DVD. O cristão sabe que o Espírito Santo está nele por crer na mensagem da Bíblia que assim nos ensina. E, também, vendo os resultados do seu trabalho na sua própria vida cotidiana. O que talvez esteja ocorrendo com muitos é que não confiam nisso e não permitem que o Espírito atue em seu interior. Ele quer participar da sua vida. Permita que ele a preencha e a domine completamente. Você já foi selado no dia em que começou a caminhar com Jesus. – JG

Mente cheia do Espírito Santo é oficina de Deus.

25 de novembro

Quem ele é?

LEITURA BÍBLICA:
Marcos 8.27-30

Quando Jesus entrou em Jerusalém, toda a cidade ficou agitada e perguntava: Quem é este? (Mt 21.10)

Quem é Jesus? Esta pergunta tem inspirado livros, filmes, documentários. Ele é analisado sob os mais diversos ângulos, com conclusões baseadas na Bíblia, na ciência ou em provas históricas – de acordo com a crença do pesquisador. Quando uma descoberta sobre Jesus é anunciada, logo atrai grande audiência. Por que tanta curiosidade sobre a vida de um judeu do primeiro século? Por que seu nascimento mudou até mesmo o calendário? Não é por acaso que Jesus causa tanto debate e pesquisa. Ele não foi um homem comum: realizava milagres, chamava Deus de Pai, convivia com os desprezados pela sociedade. Não há paralelo no mundo para uma vida como a dele. Alguns pesquisadores querem provar que Cristo foi apenas um grande homem; outros descobrem nos fatos que ele é o Filho de Deus. Enquanto Jesus vivia na terra, as pessoas também queriam saber quem ele era. No texto de hoje lemos que muitos o viam como um profeta. Então Jesus perguntou a opinião dos seus discípulos. Pedro respondeu, corretamente, que ele era o Cristo – o redentor aguardado por Israel. Eles sabiam a quem estavam seguindo. E para você, quem é Jesus? Apenas um grande homem do passado? Ou aquele que transformou sua vida e o livrou da morte eterna? O que você sabe sobre Jesus? Que importância ele tem em sua vida? Pense bem nestas perguntas. É nossa resposta a Jesus e nosso conceito sobre ele que vão determinar onde passaremos a eternidade. Por isso, busque aprender mais sobre Cristo lendo os evangelhos e livros confiáveis sobre ele. Conheça-o profundamente e creia naquele que não está morto, mas vive; que deu sua vida por amor a nós, antes mesmo de nosso nascimento; que transforma vidas e nos torna filhos de Deus. Por que tanto interesse em Jesus? Porque ele é a pessoa mais importante do mundo e sua mensagem é a única capaz de transformar vidas. – VWR

**Jesus é o homem perfeito
– e quer tornar-nos como ele. Aceita o convite?**

26 de novembro

Não tenha medo!

LEITURA BÍBLICA:
Isaías 41.8-13

Não tema, pois estou com você; não tenha medo, pois sou o seu Deus. Eu o fortalecerei e o ajudarei; eu o segurarei com a minha mão direita vitoriosa (Is 41.10).

Algumas situações na vida fazem parecer aos outros que não vale a pena ser fiel a Deus e levar a vida com toda seriedade. Certa vez, um ateu visitou um cristão que sofria de dores provindas de crueldades de guerra. O ateu perguntou: "Por que você ainda persiste em crer? Suas condições provam que o Deus em quem você confia não tem poder". O cristão respondeu: "A provação pode trazer-nos forças para suportar tudo e ainda dá a esperança de um futuro feliz. Isso só é conquistado por meio da confiança em Deus, que nos capacita a enfrentar e triunfar sobre as dores físicas e mentais". Que bela declaração de fé! Mesmo em meio a vários problemas, aquele cristão podia louvar e falar de Deus daquela maneira. Paulo, em uma de suas cartas, afirma que "Os nossos sofrimentos atuais não podem ser comparados com a glória que em nós será revelada" (Rm 8.18). Com essa esperança, cristãos têm declarado a sua confiança em Deus, mesmo que estejam passando por circunstâncias adversas e até desesperadoras.

Você está passando por situações assim neste momento? Se a resposta é positiva, reflita neste texto da Palavra de Deus: "O Senhor é a minha luz e a minha salvação; de quem terei temor? O Senhor é o meu forte refúgio; de quem terei medo? Quando homens maus avançarem contra mim para destruir-me, eles, meus inimigos e meus adversários, é que tropeçarão e cairão" (Sl 27.1-2). Então, sejam quais forem suas lutas, dificuldades ou ameaças, não tenha medo. Confie em Deus, procure ter tranquilidade e siga conforme a direção de Deus. Não esqueça que Deus disse, por meio do profeta Isaías: "Eu sou o Senhor, o seu Deus, que o segura pela mão direita e lhe diz: Não tema; eu o ajudarei" (v 13). – MM

Não tenha medo – Deus está no controle!

27 de novembro

Eco

LEITURA BÍBLICA:
2 Crônicas 31.17-21

*Ai daquele que
constrói o seu palácio
por meios corruptos,
seus aposentos, pela
injustiça, fazendo os
seus compatriotas
trabalharem por nada,
sem pagar-lhes o
devido salário
(Jr 22.13).*

Certa vez li uma história interessante. Contava a respeito de um menino que caminhava com seu pai por uma montanha. O menino tropeçou e caiu, machucando-se, e deu um grito. No mesmo momento ouviu um eco de sua voz. Ele pensou que era alguém e começou a brigar com a voz. Disse: "Quem é você, seu covarde?". Cada palavra que dizia, era repetida pelo eco e ele ficava mais irritado ainda. Até que seu pai começou a dizer palavras boas e o menino percebeu que ele ouvia apenas o eco das palavras. O pai então lhe disse que na vida acontece a mesma coisa. Quando buscamos viver com Deus e fazer o que ele deseja, somos abençoados com sua paz. Mas se buscarmos o que é mau, sendo egoístas, teremos grandes problemas. É preciso tomar muito cuidado com as nossas ações. Elas podem produzir um eco de acordo com o que estamos fazendo. No lugar de reclamar de Deus quando acontece algo ruim, deveríamos olhar para nós mesmos e ver se não estamos apenas colhendo o que plantamos.

Grande parte dos problemas que enfrentamos é originada de atitudes erradas que nós mesmos tomamos. No lugar de ouvir Deus, o homem escolhe a sua própria independência. Deus não é culpado pelas coisas ruins que existem no mundo. Deus criou todas as coisas e viu que tudo era muito bom. O próprio homem, pelas suas escolhas erradas, tem tornado o mundo pior.

O rei Ezequias foi um homem abençoado, pois fez o que era bom e certo, e em tudo foi fiel diante do Senhor. Nosso texto base diz que ele buscou a Deus e trabalhou de todo o coração. Por isso teve um reinado próspero. Tudo que ele conquistou foi andando conforme a vontade de Deus.

É preciso confiar em Deus em todas as circunstâncias. Mesmo quando não entendemos o que está nos acontecendo, é preciso esperar em Deus e andar conforme a sua vontade. – HSG

Vida de paz é o eco da santidade.

28 de novembro

Lembretes

LEITURA BÍBLICA:
Provérbios 3.1-4

Tenho prazer nos teus decretos; não me esqueço da tua palavra (Sl 119.16).

Quando preciso me lembrar de algo, tenho de anotá-lo num papel ou mesmo na mão. Outros colocam fitas nos dedos, guardam a informação na agenda, no computador ou no celular. Estamos saturados de informações, por isso enchemos nossa vida de lembretes para conseguir fazer o que é preciso.

Entre tantas informações a lembrar, não há dúvida de que a Palavra de Deus é a mensagem mais importante. Como podemos guardá-la? No texto de hoje vemos que o amor e a fidelidade, dois importantes princípios bíblicos, devem estar presos em nosso pescoço e escritos em nosso coração. O que isso quer dizer? Significa que os mandamentos de Deus precisam estar *em nós* – sempre por perto, impregnados em nosso viver de tal forma que tenhamos acesso rápido à mensagem e também não deixemos de fazer algo importante por esquecimento. Não importa o método que você vai usar: faça o que for preciso para que os princípios bíblicos fiquem bem gravados em sua mente e expressos em suas atitudes. Viver conforme o que está escrito na Bíblia nos trará vida plena, pois seremos tudo aquilo que Deus espera. Uma agenda ou qualquer outro lembrete pode ser útil – se for consultado! Da mesma forma, a Bíblia contém a mensagem mais importante para nossas vidas, mas precisa ser aberta e lida para que tenhamos acesso ao que Deus quer de nós. Guardamos a Palavra quando a lemos, estudamos, memorizamos, consultamos e, principalmente, praticamos. A melhor forma de aprender algo é fazendo: vamos entender os princípios bíblicos quando pudermos aplicá-los em nosso cotidiano – por exemplo, atitudes práticas que demonstrem amor ao próximo, como respeito, e nossa fidelidade a Deus, como a adoração exclusiva a ele.

Então, quando precisar lembrar-se de algo importante, aplique os princípios da Palavra de Deus. As informações que ela contém são as que devemos reter, anotar e não esquecer jamais. – VWR

O melhor lembrete é o exercício – também na vida cristã.

29 de novembro

Aleluia!

LEITURA BÍBLICA:
Isaías 40.1-10

*Consolem, consolem o
meu povo, diz o Deus
de vocês (Is 40.1).*

Nesta época festiva em que se aproxima o Natal, muitos gostam de cantar em corais as tradicionais músicas que celebram a vinda de Jesus. Algumas dessas peças são consideradas clássicas. Quem não se emociona ao ouvir a melodia tão ricamente trabalhada em "Jesus Alegria dos Homens" de J.S.Bach? A melodia se eleva e declina num movimento que faz jus ao nome da peça – Jesus é a nossa alegria. Outra peça clássica é o oratório "Messias". Muitos de nós já o ouviram ou até o cantaram. Composto por Georg F. Händel, mostra o que Deus pode fazer em termos de louvor para si quando toma um homem disposto a ser usado para glorificá-lo. Incrivelmente, Händel escreveu toda a peça (mais de duas horas de duração) em apenas 24 dias, compondo a música e adaptando a letra, extraída inteiramente da Bíblia. Esta é uma forte razão para o "Messias" falar de perto ao nosso coração: as palavras das Escrituras são vivas e eficazes e jamais voltam vazias, mas atingem o seu propósito (Hb 4.12; Is 55.11). No início desta peça musical há um pequeno solo de tenor (a voz masculina mais aguda) muito bonito que reproduz exatamente as palavras do versículo em destaque hoje. São palavras de conforto que sempre podem estar ao nosso lado, lembrando-nos do que Jesus, o Messias, faz por nós. Quem recebe para si essa oferta de Deus, passa a adorá-lo com sua vida. Assim, o final da segunda parte do "Messias", o "Aleluia", durante cuja execução é tradição os ouvintes se levantarem em sinal de reverência, remete-nos ao grande coral que um dia formaremos glorificando o Cordeiro, o Rei dos Reis, o Senhor Jesus. Se você tiver oportunidade de ouvir ou até de cantar o Messias de Händel, aproveite a experiência – e se não a tiver, não deixe de ler adiante o texto da leitura de hoje para alegrar-se com a mensagem de amor e restauração que Deus nos transmite por meio dele – AP

**Jesus, o Messias, reina sobre tudo
e torna novas todas as coisas. Aleluia!**

Afini-dades

LEITURA BÍBLICA:
Tiago 2.1-9

Se vocês amarem aqueles que os amam, que recompensa vocês receberão? Até os publicanos fazem isso! (Mt 5.46)

É comum alguém comentar: "Não tenho afinidade com aquela pessoa" – e por isso evita o contato com ela. Ter afinidade significa entender-se bem e facilmente, pensar do mesmo jeito, gostar das mesmas coisas. Tudo isso é natural, e é normal que nem sempre exista, mas a diferença do cristão é justamente não evitar alguém por falta de afinidade, mas fazer de tais pessoas o alvo do seu amor.

Note o que Jesus disse no versículo em destaque. Temos de aprender a amar os nossos inimigos e aqueles que não têm as mesmas preferências e gostos que nós. Devemos orar por eles para que vejam a luz de Jesus brilhando em nós.

Quem hoje não gosta de nós precisa poder provar o nosso "sabor cristão" numa medida que torne o trato com o próximo agradável para ele. Superar a falta de afinidade com as pessoas não é fácil – exige esforço e sacrifício, tal como Jesus demonstrou repetidamente, mas em grau extremo na cruz quando, sofrendo humilhado, orou pelos seus inimigos, dizendo: "Pai, perdoa-lhes, pois não sabem o que estão fazendo" (Lc 23.34). Não há prova de amor maior do que essa.

Evidentemente, isto não significa associar-se a atos malignos de outros, mas mostrar o amor de Deus às pessoas, mesmo nem sempre aprovando o que fazem. É preciso que a diferença do cristão se manifeste em humildade e amor, jamais com a pretensão de ser melhor que o outro. Com afinidade pela pessoa ou sem ela, o amor estará disposto a servir segundo a instrução de Jesus: se precisarmos caminhar com eles uma milha, caminhemos duas (Mt 5.41). Tal ato de amizade lhes fará bem.

Plante a semente do amor ao próximo desde cedo no quintal do seu coração, para que cresça uma árvore forte de humildade, que dará muitos frutos. – ETS

**O amor de Deus cria afinidades
onde nem imaginamos.**

1º de dezembro

Ciúme

LEITURA BÍBLICA:
Ezequiel 8.1-6

Há outro Deus além de mim? Não, não existe nenhuma outra Rocha; não conheço nenhuma (Is 44.8).

Uma vez por semana, minha esposa e eu visitávamos uma casa na comunidade para estudar a Bíblia com uma senhora. Num canto da sala havia uma caixa toda iluminada e enfeitada, e dentro dela estavam colocadas nove imagens, pequenas e grandes. Por muito tempo fizemos estudos bíblicos e oramos com aquela senhora. Ela tinha muitos problemas e almejava por soluções. Quando falávamos da salvação pela crença em Jesus, ela sempre chorava. Explicamos que Cristo não somente oferece uma nova vida, que é eterna, mas também traz respostas para os problemas. Em um dos encontros estudamos o capítulo 44 do livro de Isaías – sobre a inutilidade dos ídolos e a insensatez de quem os adora. Na semana seguinte aquela senhora nos disse, com muita educação, que já não mais desejava estudar a Bíblia e preferia ficar com a sua casinha cheia de imagens. No texto de hoje lemos que, numa visão, o profeta Ezequiel foi transportado da Babilônia, onde estava exilado com o povo de Israel, para Jerusalém. O Espírito mostrou-lhe o que provocara o ciúme de Deus: um ídolo (imagem de um falso deus) colocado nos recintos do templo – possivelmente um poste sagrado (uma deusa cananita) como o que o Rei Manassés também colocou no templo (2Rs 21.3-7). O templo deveria ser lugar de adoração exclusiva a Deus, e por sua imensa paciência o Senhor permanecia com seu povo, mas este aparentemente estava cego para ver que ele ali estava.

Hoje Deus continua presente na vida das pessoas e busca um relacionamento com elas, mas estas, por sua vez, preferem adorar ídolos – qualquer coisa que tome o lugar de Deus, e não apenas uma imagem ou um poste sagrado. Há muitas opções de ídolos (alguns exemplos: dinheiro, poder, influência – tudo que importa mais do que Deus), por isso é preciso que cada um examine o seu coração e retire de sua vida tudo o que puder provocar o ciúme de Deus. – JG

Ídolos são barreiras que colocamos no caminho para Deus que Jesus abriu.

2 de dezembro

SOS

LEITURA BÍBLICA:
Lucas 19.1-10

O Filho do homem veio buscar e salvar o que estava perdido (Lc 19.10).

Há muitas nações e muitas línguas diferentes, mas algumas palavras ou códigos são iguais para todos. Por exemplo, o SOS é um pedido de socorro que pode ser compreendido por todos – talvez por isso foi criado este código, pois a pessoa que precisa de ajuda pode ser resgatada por qualquer um, independente de sua nacionalidade e língua.

No mundo individualista de hoje, o homem tem sérias dificuldades para pedir ajuda a outras pessoas, pois isto parece fraqueza e falta de capacidade. Em geral, somente quando estão em situações extremas é que as pessoas pedem socorro.

Agimos com Deus da mesma maneira. O homem moderno tem excluído Deus de sua vida e somente em casos muito graves, em que se esgotou toda a possibilidade, é que ele recorre a Deus. O materialismo e a tecnologia criaram uma falsa sensação de independência e capacidade – por que orar quando um familiar não chega em casa na hora habitual se temos o celular, ou pedir a Deus um filho se podemos fazer inseminação artificial? O homem não compreende sua situação de perdido e acha que não precisa de Deus. Certa vez, ao falar do evangelho a alguém, usei a expressão "Jesus quer te salvar!" e a pessoa perguntou: "Salvar do quê?"

Se não estivermos conscientes da nossa situação de perdidos em nossos pecados, nunca faremos um SOS pedindo que Deus nos salve. Isso só acontece porque o Espírito Santo age em nossas vidas, convencendo-nos de nossos pecados, da justiça divina e do juízo futuro (Jo 16.8). A boa notícia é que Deus, em seu grande amor, busca o homem perdido e lhe oferece a salvação, e também está atento para nos socorrer quando buscamos de todo coração. – CTK

Jesus é a resposta ao SOS da humanidade.

3 de dezembro

Vingança?

LEITURA BÍBLICA:
Gênesis 42.1-17

Não se deixem vencer pelo mal, mas vençam o mal com o bem (Rm 12.21).

Curioso. O jovem José, vendido para os ismaelitas e depois no Egito, viveu cerca de 22 anos sem enviar notícias do seu paradeiro a seus familiares. Por que esse silêncio? É verdade, seus irmãos o odiavam. Mas seu pai, Jacó, amava-o e certamente merecia a atenção do filho. Pode-se entender também que José, enquanto escravo e preso, tinha certamente limitações e não podia enviar notícias para casa. Entretanto, quando alcançou a posição de governador e provedor do Egito, ele bem que poderia ter dado um sinal de vida. Quando seus dez irmãos chegaram ao Egito para adquirir mantimentos, José os reconheceu e lembrou-se dos sonhos que tivera quando jovem (Gn 37.5-11). Será que ele não se identificou por motivo de vingança? Você faria isso no lugar dele? Isto seria agir segundo suas paixões humanas. Mas o que foi que manteve José firme durante aqueles vinte e dois anos? De onde buscou forças para resistir à tentação da mulher de Potifar? De onde o poder para não buscar revanche quando estava esquecido na prisão? E agora José estaria cedendo à paixão e haveria de se vingar?

Nos sonhos pelos quais Deus revelou o seu plano para a vida de José, eram onze os feixes de trigo e onze estrelas mais o sol e a lua que se inclinavam perante ele. Com a primeira visita dos dez irmãos, José percebe que Deus está iniciando o cumprimento daqueles sonhos, mas o quadro ainda estava incompleto. Somente quando todos os irmãos estavam presentes, ele se dá a conhecer (Gn 45.3) e, mais tarde, explica aos irmãos: "Vocês planejaram o mal contra mim, mas Deus o tornou em bem, para que hoje fosse preservada a vida de muitos" (Gn 50.20).

José tinha muitos motivos para buscar vingança, mas Deus tinha para sua vida um plano mais importante que seu triste passado. Hoje também devemos agir como José: no lugar de vingança, o que devemos buscar é o cumprimento dos propósitos de Deus em nossa vida. – HM

Quem espera Deus agir, não precisa de vingança.

4 de dezembro

O melhor
presente

LEITURA BÍBLICA:
Isaías 55.1-7

Vocês são salvos pela graça, por meio da fé, e isto não vem de vocês, é dom de Deus (Ef 2.8).

Quem vai às compras em dezembro enfrenta lojas lotadas e com muitas filas. Por quê? Porque todos querem comprar presentes para as pessoas que amam. Muitos gastam todo o seu 13º salário, outros compram em prestações – tudo para não fazer feio no Natal.

Mas o maior presente de todos os tempos é gratuito e pode ser recebido por todas as pessoas. Ele não custa nada porque já foi pago por Cristo, quando este entregou sua própria vida para nos reconciliar com Deus. Qual é esse presente? A vida eterna! Muitos perguntam quanto ela custa e não compreendem como Deus pode oferecer tudo isso de graça, sem cobrar nada. Mas a verdade é que a vida eterna é oferecida gratuitamente a todos, e assim não será nossa falta de recursos que nos prejudicará.

No entanto, a gratuidade da vida eterna é apenas um lado da moeda. O texto de hoje é um convite a todos, mesmo os que nada têm, para que busquem o Senhor. Podemos receber a vida eterna sem gastar um centavo, mas no v 7 lemos que há condições para que recebamos este presente – é preciso arrependimento dos pecados e fé em Cristo. Mas o que é fé? Muitos acham que fé é simplesmente acreditar. Não, fé é muito mais que isso: é aceitar o plano de Deus para sua vida; é submeter-se a Deus; é fazer de Jesus o Senhor da sua vida. Arrependimento e fé resultam na conversão, ou seja, mudar de vida: abandonar o caminho mau, seus próprios pensamentos, e voltar-se para Deus. Então Deus terá misericórdia do pecador, oferecendo-lhe o perdão dos seus pecados.

Neste Natal, qualquer pessoa pode receber o maior presente de todos os tempos. Basta reconhecer seus pecados, humilhar-se na presença de Deus, clamar por sua misericórdia e perdão. Você já fez isso? – HS

**A vida eterna é um presente de Deus
– o melhor de todos!**

5 de dezembro

Jesus vem

LEITURA BÍBLICA:
Marcos 13.1-8; 26-27

Os céus e a terra passarão, mas as minhas palavras jamais passarão (Mc 13.31).

Recentemente assisti a um filme em que os seres humanos seriam destruídos para salvar o planeta de sua ação nefasta – uma excelente crítica ecológica, que mostra como somos responsáveis pela destruição da criação de Deus. A verdade é que vivemos como se nada tivesse fim. Todavia, o que vemos a cada dia é o aumento da temperatura na terra, os efeitos da mudança climática, nações que não querem abrir mão dos lucros em prol da preservação do planeta. A perspectiva é de milhões de desabrigados (refugiados do clima), aumento da fome, escassez dos recursos naturais, aumento do nível do mar e destruição de cidades inteiras. E isso não é filme de ficção!

No texto de hoje, Jesus profetizou sobre a destruição de Jerusalém, que ocorreu algumas décadas depois, e também quanto ao dia em que voltará como Rei. Ninguém sabe quando isso se dará – o importante é saber que Deus é o Senhor da história e o Criador de tudo – quer as pessoas acreditem nele ou não. Então, resta-nos esperar a volta de Cristo? Não! Enquanto Jesus não vem cabe a todo cristão orar e trabalhar para que mais pessoas façam parte do Reino de Deus; para que a justiça alcance a todos os homens; para que a criação de Deus seja preservada e respeitada; para que todos os seres humanos vivam com a dignidade e igualdade que Deus deseja que eles tenham, como Cristo nos ensinou. Enquanto ele não volta, não esperemos de braços cruzados para partir para o céu, como quem espera um ônibus que está atrasado. Devemos esperar a consumação da história com mãos ágeis e prontas, assumindo nossa responsabilidade cristã diante da criação de Deus e com o coração aberto para partilhar a vida e a esperança que já temos em Cristo enquanto trabalhamos pela preservação e construção de um mundo melhor para as futuras gerações. Uma nova realidade espera os seguidores de Jesus: a vida eterna com Deus! – WMJ

**Para preservar a criação,
o melhor é servir ao Criador.**

6 de dezembro

Papagaios

LEITURA BÍBLICA:
Mateus 7.15-23

*Quando orarem,
não fiquem sempre
repetindo a mesma
coisa (Mt 6.7).*

Durante uma série de palestras que dei numa igreja fui apresentado a alguém que possuía um par de papagaios que sabiam cantar uma pequena música cristã. Convidado a visitar a casa dele, aceitei e me admirei da maneira como os dois papagaios reproduziam o cântico inteiro a pedido do dono. Quando cheguei perto e o dono pediu que cantassem, cantaram admiravelmente, mas só até a metade. Por mais que os incitasse a cantar para mim, sempre paravam pelo meio, talvez porque achei tão engraçado!

Deus criou o papagaio com o poder de imitar vários sons, inclusive a habilidade de cantar. Sabemos, porém, que o papagaio nada entende do que imita, quer sejam palavras, quer outros sons. Os dois que ouvi cantaram até algumas verdades da palavra de Deus, mas ninguém esperava que entendessem o sentido. O ser humano, porém, foi criado para compreender e anunciar as verdades de Deus. Por isso é imprescindível que você leia a Bíblia para saber o que Deus diz. O problema é que podemos repetir o que ouvimos sem saber seu significado, como os falsos profetas no texto lido hoje, que esperavam aceitação pelo Juiz eterno porque haviam falado "em seu nome". Enunciaram belas frases religiosas, mas sem significado para eles. Quando, como cristãos, tentamos explicar alguma parte da Bíblia sem compreendê-la, damos uma impressão falsa de conhecimento, mas não oferecemos um benefício espiritual.

Deus não se impressiona com a repetição de frases religiosas. Mais do que palavras, ele deseja ouvir a expressão do coração. Devemos controlar a mente para que realmente expresse diante de Deus o que se passa em nós ou acabaremos papagaiando. Muitos conhecem bem e repetem o "linguajar" do evangelho, mas o que importa é viver de acordo, arrependendo-se das suas "realizações" inúteis e confiando sua vida a Cristo. – TL

**Meras repetições de verdades
não substituem seu conteúdo na vida.**

7 de dezembro

Água Viva

LEITURA BÍBLICA:
João 7.37-44

Jesus lhe respondeu: "Se você conhecesse o dom de Deus e quem lhe está pedindo água, você lhe teria pedido e ele lhe teria dado água viva" (Jo 4.10).

Recentemente fui ao supermercado para fazer uma pequena compra. Vi na sessão de frutas e verduras uma prateleira cheia de lindas flores. Embora não estivessem em minha lista, fiquei tentado a levar algumas para oferecer à minha esposa. Comprei um feixe de dez tulipas amarelas. Uma beleza! Terminei as compras, voltei para casa, pus as flores num vaso próprio que enchi com água fresquinha. Lá elas ficaram sobre a mesa da sala, tão lindas, para a alegria da minha esposa quando as encontrou.

No dia seguinte, domingo, fomos à igreja. Um lindo dia de sol que invadiu a casa através da janela. As flores recebiam o sol quente, demonstrando satisfação. Entretanto, quando voltamos, elas estavam completamente murchas – não eram mais aquelas lindas flores da manhã. Fiquei muito triste e fui investigar a razão. A água viva, fresquinha, com a qual tinha enchido o vaso, havia-se evaporado com o sol forte que entrava pela janela. Imediatamente tratei de repor a água do vaso e fiquei à espera, ansioso para que as flores se reanimassem e voltassem a ser o que eram. A água fez o seu efeito, à tardinha começaram a dar sinal de vida, e de repente estavam firmes, cheias de vigor e lindas novamente.

A vida do cristão é assim também. Ele é chamado a viver cheio de esperança e alegria. Se Jesus viver nele por meio do seu Espírito, essa vida transparecerá nele, mas se o Senhor for esquecido, sua vida não apresentará a beleza de quem o conhece. Se Jesus dominar, não importam o sol escaldante, os problemas, as lutas de cada dia, as dúvidas, as doenças e tantas outras dificuldades, o cristão sempre terá dentro de si uma fonte de vigor e alegria – terá aprendido o segredo de viver feliz. – JG

**A água da vida está à disposição
para reanimar quem quiser recebê-la.**

8 de dezembro

Preparado?

LEITURA BÍBLICA:
Lucas 12.35-48

*Fiquem atentos!
Vigiem! Vocês não
sabem quando virá
esse tempo ... Se
ele vier de repente,
que não os encontre
dormindo!
(Mc 13.33,36)*

O que você faz quando seu chefe, professor ou líder não está olhando? Quando você sabe que ninguém notará o que você fizer? Alguns funcionários aproveitam estes momentos para descansar, procurar algo na internet, comer um lanchinho escondido... Afinal, ninguém vai ver mesmo e todo mundo tem direito a uma folguinha. Já outros continuam trabalhando com a mesma dedicação, estando ou não sob supervisão. Alguns assim fazem porque sabem que Deus está *sempre* olhando e conhece as intenções de seu coração. Uma pessoa pode até enganar a si mesma, mas ninguém pode enganar a Deus.

E enquanto Jesus não volta, conforme prometeu, o que você tem feito? Está de folga, achando que ele demora tanto que talvez nem volte mesmo, ou vive sempre pronto a servir? No texto de hoje, Jesus diz que é preciso estar preparado (ou "vigilante"), pois ele virá em uma hora que ninguém espera (v 40). Quando ele voltar, os que continuaram servindo serão recompensados, enquanto aqueles que resolveram "aproveitar a vida" e deixar o trabalho para depois serão punidos. A volta de Cristo implica o julgamento de nosso comportamento enquanto esperamos seu retorno. Analisando sua forma de agir, qual sentença você deve esperar?

Você está preparado? Isso significa estar pronto para servir, ou seja, trabalhar enquanto ele não vem, estar com sua vida "em dia" e crer que ele voltará e julgará a todos. Se o Senhor voltasse hoje, como ele o encontraria? Pense nisso. Enquanto ele não vem, sirva da melhor forma que puder e busque consertar seus relacionamentos, perdoar o que for necessário, cumprir a missão de proclamar a salvação em Cristo e crescer espiritualmente, lendo e praticando a Palavra de Deus. Que Jesus não o surpreenda "dormindo no ponto", mas que você esteja pronto e se alegre com o dia da sua vinda! – VWR

Para não dormir no ponto, o melhor é permanecer ativo.

9 de dezembro

O perdão

LEITURA BÍBLICA:
Salmo 130

Eu lhes perdoarei a maldade e não me lembrarei mais dos seus pecados (Jr 31.34c).

Quando se refere ao nosso pecado, a Palavra de Deus é muito clara. Por exemplo, o apóstolo Paulo explicou que todos pecaram e estão privados da glória de Deus (Rm 3.23). Isto bastaria para nos fazer pensar sobre as ofensas que cometemos contra o nosso próximo e contra o Pai celeste. Segundo o texto que lemos hoje, se Deus registrasse os nossos pecados, ninguém escaparia (v 3); mas o salmista conforta o nosso coração dizendo que com Deus está o perdão. Quando pensamos em nossos pecados, a Bíblia nos consola com a certeza de que Deus, em Cristo Jesus, nos perdoou (Ef 4.32).

Após sua ressurreição, Jesus disse a seus discípulos que deveriam, em seu nome, pregar o arrependimento para perdão dos pecados a todas as nações (Lc 24.46-47). Neste sentido é que o apóstolo Pedro disse que "todo o que nele crê recebe o perdão dos pecados mediante o seu nome (At 10.43). Paulo, no seu testemunho perante o rei Agripa, afirmou que fora enviado aos gentios a fim de que eles recebessem o perdão de pecados (At 26.18). Declarou isto porque tinha certeza de que Cristo morreu pelos nossos pecados (1Co 15.3).

Todas as pessoas necessitam de perdão, e a Bíblia explica como é possível obtê-lo: "quem confessa [seus pecados] e os abandona encontra misericórdia" (Pv 28.13b). Ou seja, é preciso admitir e estar disposto a deixar os pecados e crer em Jesus para receber o perdão de Deus. Quando uma pessoa age desta forma, "os seus pecados foram perdoados, graças ao nome de Jesus" (1Jo 2.12b). A certeza do perdão é afirmada no seguinte texto: "Se confessarmos os nossos pecados, ele é fiel e justo para perdoar os nossos pecados e nos purificar de toda injustiça" (1Jo 1.9). Quem confessa seus pecados é perdoado por Deus e passa a ter uma nova vida, agora como filho de Deus: "Aos que o receberam, deu-lhes o direito de se tornarem filhos de Deus" (Jo 1.12). – EOL

Deus nos perdoa e capacita-nos a perdoar os outros.

Jonas

LEITURA BÍBLICA:
Jonas 4.1-3

[Cristo], quando insultado, não revidava; quando sofria, não fazia ameaças... (1Pe 2.23a)

Quantas vezes você já orou pedindo a Deus que mude outras pessoas e parece que Deus não age? A história de Jonas é uma das mais conhecidas da Bíblia, principalmente a parte em que ele é engolido por um grande peixe (Jn 1). Lendo todo o livro – apenas quatro capítulos – percebemos que Jonas agiu conforme a sua natureza humana. Deus ordenou que ele que fosse para Nínive, mas ele fugiu para a direção contrária. Fez isso porque os ninivitas eram seus inimigos e o que Jonas mais queria era vê-los destruídos. Depois do "passeio" no ventre do peixe, Jonas obedeceu ao Senhor e pregou uma mensagem de condenação: "Daqui a quarenta dias Nínive será destruída" (Jn 3.4). Após cumprir sua tarefa, saiu da cidade e buscou um lugar onde poderia assistir à destruição da cidade pelo fogo dos céus. Mas isso não aconteceu, pois Deus viu o arrependimento do povo e teve misericórdia dele. Irado, Jonas pediu a morte. Quão humano era Jonas – e quão humanos somos nós!

Muitas vezes agimos como Jonas: quando queremos ver nossos inimigos destruídos; quando não amamos nossos inimigos; quando queremos misericórdia para nós, mas justiça para os outros; quando as coisas não acontecem como esperamos, ficamos aborrecidos e desistimos de tudo, preferindo morrer a viver; quando nos alegramos com as bênçãos que recebemos de Deus, mas ficamos irados quando Deus abençoa os outros.

Que contraste entre Jonas e Jesus! O Filho de Deus amou seus inimigos até mesmo quando causaram seu sofrimento; sempre fez a vontade do Pai, mesmo quando não era agradável; teve compaixão dos pecadores e demonstrou misericórdia a eles, mesmo quando o rejeitaram. Se desejamos agradar a Deus, precisamos deixar de seguir nossa natureza humana e agir como Cristo agiria. Por exemplo, pare de pedir que Deus mude os outros e permita que ele trabalhe primeiro em você, tornando-o mais parecido com seu Filho. – CTK

Pare de agir como Jonas e siga o exemplo de Cristo!

11 de dezembro

Cons-ciência

LEITURA BÍBLICA:
Tito 1.10-16

O sangue de Cristo ... purificará a nossa consciência de atos que levam à morte, para que sirvamos ao Deus vivo! (Hb 9.14)

Em um livro encontrei o relato sobre um acidente com um avião colombiano na Espanha, que causou muitas mortes. No áudio encontrado na caixa preta da aeronave ficou gravado o alarme de altitude do avião que repetia em inglês: "Suba! Suba!" e depois a voz do piloto: "Cale a boca, gringo!" Provavelmente pensou que o aparelho estava com defeito e não deu a devida atenção ao alarme. O autor do livro, então, chama a nossa consciência de "sistema de alarme da alma". Achei interessante porque realmente somos alertados pela nossa consciência e, no caso dos cristãos, pelo Espírito Santo que neles habita. Se negarmos a boa consciência, podemos cometer graves erros – por isso é fundamental saber lidar com os avisos de perigo que recebemos. A boa consciência, guiada pelo Espírito Santo, pode ser uma grande amiga. Ela nos leva a tomar decisões mantendo a fé e nos guia para uma vida honesta e verdadeira. Devemos cuidar bem dela e mantê-la pura diante de Deus e dos homens por meio da obediência à Palavra de Deus.

Se não for purificada por Cristo, a consciência se torna traiçoeira: em vez de alertar quando há perigo, dá um sinal verde de incentivo a fazer coisas detestáveis e sem qualquer sentimento de culpa. Isso acontece quando o homem começa a arranjar desculpas para fazer tudo que deseja e nada que pratica lhe parece errado. Sua consciência não o repreende mais porque fica cauterizada pela prática do pecado (1Tm 4.2). É de pessoas assim que nos fala o texto de hoje: pessoas sem Deus, impuras e que espalham falsas doutrinas.

É preciso manter a consciência "limpa" – purificada pelo sangue de Cristo e pela ação do Espírito Santo, para dizer, como Jó: "Manterei minha retidão, e nunca a deixarei; enquanto eu viver, a minha consciência não me repreenderá" (Jó 27.6). – HSG

Boa consciência é aquela guiada
pelo Espírito Santo de Deus.

12 de dezembro

O metro

LEITURA BÍBLICA:
2 Timóteo 4.1-5

*A verdade é a essência
da tua palavra
(Sl 119.160a).*

N a França há um metro-padrão que foi confeccionado após uma convenção internacional para assegurar a precisão do sistema decimal de medidas criado na década de 1790. O metro de um país podia ser levado à França ao lugar onde o metro perfeito era guardado com segurança para a verificação da medida. Ele acusava qualquer desvio do metro em relação aos mil milímetros exatos ou confirmava a medida em análise.

Algo semelhante acontece com o que chamamos de *Verdade*. Se você quiser saber a verdade sobre Deus, o ser humano, as normas sociais e morais, a salvação e o juízo final, para onde irá? Precisa consultar a palavra autêntica, a Bíblia, o "metro" divino, cuja essência é a verdade. Tão verdadeira é que Jesus disse que os céus e a terra passarão, mas a sua palavra nunca passaria, e orou: "Santifica-os na verdade; a tua palavra é a verdade" (Jo 17.17) – porque é ligada ao Deus verdadeiro. Veja então duas verdades básicas sobre: (1) Salvação: "Esta é a vida eterna: que te conheçam, o único Deus verdadeiro, e a Jesus Cristo, a quem enviaste" (Jo 17.3). A Bíblia revela Deus Pai e também seu Filho, Jesus Cristo, que morreu, ressuscitou e vive eternamente. Jesus declarou: "Eu sou ... a verdade" (Jo 14.6). Quem o aceitar pela fé será eternamente feliz no céu. (2) Santificação: "Pregue a palavra" (v 2) é o âmago da leitura de hoje. A Palavra de Deus é o único instrumento que convence a pessoa não somente a crer em Cristo, mas também a ajustar a sua vida ao padrão da santidade de Deus. Quem quiser manter um testemunho que convença, tem esta orientação: "Seja moderado em tudo" (v 5). É viver de maneira que reforce o testemunho falado.

Um homem que duvidava da veracidade da Bíblia e do evangelho pregado disse consigo quando um dia viu um cristão que, com calma, não revidava: "Chegou a hora de eu me entregar." A paciência daquele cristão convenceu-o da verdade da Palavra de Deus em Jesus Cristo. – TL

Verifique se sua vida está de acordo com o padrão, a Bíblia.

13 de dezembro

Eterno amor

LEITURA BÍBLICA:
Oseias 11.1-11

Com amor eterno eu te amei; por isso, com benignidade te atraí (Jr 31.3b – ARA).

Presente, passado e futuro são os tempos que conhecemos, mas para Deus só existe um: a eternidade. Eterno é aquilo que não termina, que se perpetua e se mantém constante. Vinicius de Moraes teria desejado à sua amada um amor eterno enquanto durasse (na verdade, ele disse "infinito"). Todavia, essa é a "eternidade" do amor humano: de repente acaba. Haveria algum amor cuja eternidade não acabe jamais? O amor de Deus é assim. É eterno desde sempre e será eterno até sempre! Ele sempre nos amou, mas só reconhecemos esse amor quando decidimos seguir Jesus. Não conhecemos Deus desde sempre, mas a partir daquele momento a eternidade de seu amor se apropria de nós e nos envolve para sempre! O livro de Oseias, onde está o texto que lemos hoje, mostra como Deus ama profundamente seu povo. Nossa relação com Deus deve ser permeada por seu amor eterno e transformador. Mas não confunda tal amor com arroubos românticos entre Criador e criatura. Não! O amor de Deus é perfeito e revela-se em atos, testemunhos, mudanças. Ele sustenta a vida, encanta nosso coração, realinha os horizontes da alma, pinta a vida com outras cores. Faz sorrir, chorar, tocar, olhar, orar, adorar, exaltar e amar. O amor de Deus produz perdão, simplicidade, contrição. Transforma, preenche, alegra, potencializa. É alimento, canção, vida!

Poucas coisas levam-nos de volta ao começo de tudo. Uma delas é o amor de Deus, imprescindível a quem o conhece. Se o seu "primeiro amor" por Deus se tornou raro, frágil ou inexistente, volte correndo a encontrá-lo. Busque-o com fome voraz e "encha-se" dele. No meio de toda a temporalidade e futilidade de nossa existência e de tantos apetrechos inúteis que a envolvem, não deixe que o amor fique ofuscado ao ponto de quase sumir. Deixe tudo e volte correndo ao amor eterno, ao Deus cujo amor quer envolvê-lo pra sempre! – WMJ

Retribua o eterno amor de Deus com amor e obediência.

14 de dezembro

Sucesso

LEITURA BÍBLICA:
Salmo 119.97-104

Não deixe de falar as palavras deste Livro da Lei e de meditar nelas de dia e de noite, para que você cumpra fielmente tudo o que nele está escrito. Só então os seus caminhos prosperarão e você será bem sucedido (Js 1.8).

Quem tem um mínimo de organização, ao menos no início de cada período da vida avalia o passado e estabelece alvos futuros, que podem envolver emprego, casamento, igreja, família, etc. Muitos são os alvos, mas o objetivo é um só: alcançá-los! O versículo em destaque aponta para isto. Josué estava assumindo a direção da nação e tinha como alvo levar o povo à Terra Prometida. Certamente ele tremia nas bases, pois sabia que não era capacitado para tão grande tarefa. Porém, ele chegou ao sucesso pelo caminho que Deus lhe mostrou. Creio que assim como Josué nós também seremos bem sucedidos se formos por este caminho. Então, atentemos para os passos que Deus apontou a Josué, para aplicá-los às nossas vidas.

Primeiramente Deus mostrou a Josué que o caminho passa pela leitura de sua Palavra. Diante disto Josué poderia ter perguntado: Será que é mesmo este o caminho? Tenho uma obra tremenda pela frente – posso dar-me ao luxo de parar para ler? Ele não só podia, mas devia. O segundo passo apontado foi o da meditação. Josué, apesar de muito atarefado, não deveria apenas ler rapidamente, mas também meditar. Todos nós devemos meditar e procurar saber qual é a vontade de Deus para as nossas vidas. Já o terceiro passo chamou a atenção para a prática. De nada adiantaria a Josué ler e meditar se não praticasse. A Palavra de Deus é para ser praticada sempre e em qualquer lugar. Não há coerência em ler, meditar, mas não praticar!

Como bem sabemos, Josué atingiu seu objetivo. Ele levou o povo à Terra Prometida, seguindo o caminho traçado por Deus. Ele chegou lá, venceu! Se você já tem os alvos traçados e também deseja vencer, siga pelo caminho apontado por Deus. Este método não falhou com Josué e, com certeza, não falhará com você. – ARG

O caminho do sucesso passa pela leitura, meditação e prática da Palavra de Deus!

15 de dezembro

Nozes

LEITURA BÍBLICA:
Jeremias 19.1-4; 10-15

Como barro nas mãos do oleiro, assim são vocês nas minhas mãos (Jr 18.6b).

V ocê já quebrou nozes? Ganhei um pacote com dezenas delas e tive de quebrá-las, uma a uma, para retirar da casca dura a parte comestível. Algumas são mais fáceis de quebrar, outras produzem um som diferente ou até se esfarelam quando partidas – estão estragadas por dentro. De qualquer forma, é preciso quebrar a casca para descobrir o que há dentro dela – a noz madura ou a que tem de ser descartada.

Deus sabe que é preciso abrir nossa "casca" para revelar nosso caráter. Para isso, às vezes usa sofrimentos, problemas, pessoas complicadas... Ele quebra nosso orgulho, nossa teimosia, nossa independência para que possa transformar nossa vida e moldá-la de acordo com sua vontade. Porém, há pessoas tão duras que não se deixam quebrar por Deus: passam por problemas, mas não mudam com as dificuldades; são indiferentes à voz do Espírito Santo e preferem não ter contato nenhum com Deus. Pessoas assim acabam "estragando" por dentro, porque não permitem que Deus transforme suas vidas. O povo de Judá estava assim, "estragado" por causa de seus pecados. O profeta Jeremias quebrou um vaso de barro, ilustrando o que Deus faria com aquelas pessoas. O povo seria julgado por sua desobediência e enviado ao exílio, para que depois fosse restaurado por Deus. O cativeiro foi uma experiência dolorosa, mas serviu para firmar a fé daqueles que depois reconstruíram seu país.

Muitas vezes, Deus precisa nos "quebrar" para nos abrir e descobrirmos quem realmente somos e deixar que ele nos molde. O vaso quebrado pelo profeta já não servia mais, mas uma pessoa "quebrada" por Deus pode ser restaurada por ele, que a torna uma nova criação (2Co 5.17). São os filhos "quebrados" e restaurados que ele pode usar em sua obra. Deveríamos ser flexíveis, como o barro na mão do oleiro, e deixar que Deus nos molde conforme a sua vontade. – VWR

A noz não é como nós: ela precisa ser quebrada para ser útil, e nós?

16 de dezembro

Vaso novo

LEITURA BÍBLICA:
Jeremias 18.1-12

Senhor, tu és o nosso Pai. Nós somos o barro; tu és o oleiro. Todos nós somos obra das tuas mãos (Is 64.8).

No texto que você acabou de ler, Deus pede a Jeremias que vá até a casa do oleiro, pois falaria com ele naquele lugar. Era um encontro marcado. O profeta não duvidou. Foi. Na realidade, não tinha outra alternativa – para compreender a mensagem de Deus, tinha de obedecer. Foi na casa do oleiro que Jeremias viu o que Deus pode e quer fazer na vida de uma pessoa, família, cidade e de um povo. Ele está interessado nas pessoas, para moldá-las e transformá-las.

Estar pronto a ouvir a Palavra do Senhor e obedecer a ela é de extrema importância na vida do cristão. Recusar é infelicidade. Deus quer fazer maravilhas, mas primeiro é preciso levantar-se e ir "à casa do oleiro", ou seja, aonde Deus mandar – obedecer. Ele quer transformar sua vida, ajudar, fazer tudo de novo, como o oleiro com o vaso estragado: ele o refez e moldou um novo vaso de acordo com a sua vontade.

Refeito o vaso, Jeremias recebeu a grande responsabilidade de dizer aos habitantes de Judá que eles deveriam converter-se das suas maldades: deixar seus caminhos maus e corrigir suas ações. Era uma mensagem veemente! Ela foi anunciada pelo profeta em diversas ocasiões: "Corrijam a sua conduta e as suas ações" (7.3a); "Converta-se cada um do seu caminho mau e de suas más obras" (25.5a); "Obedeçam ao Senhor, ao seu Deus" (26.13b); ou seja, o povo deveria converter-se ao Senhor e deixar de seguir outros deuses e prestar-lhes culto (35.15a). Esta também é a mensagem que cada pessoa que deseja seguir a Cristo é chamada a pregar, quando refeita num encontro pessoal com o Senhor. Essa experiência de renovação espiritual faz do cristão um vaso de bênção, anunciando que o único caminho para uma vida melhor é o Senhor Jesus Cristo. – JG

Permita que Deus o transforme num vaso novo, apto a anunciar a salvação.

17 de dezembro

Perdão difícil

LEITURA BÍBLICA:
Mateus 18.21-35

Se vocês não perdoarem [os outros], também o seu Pai que está nos céus não perdoará os seus pecados (Mc 11.26).

Perdoar não é fácil, mas necessário. Dag Hammarskjoeld, secretário-geral da ONU, disse: "Quem perdoa quebra a corrente motivadora da discórdia". Perdoar não é um ato isolado, mas repetitivo, constante. É o que Jesus respondeu a Pedro, quando este perguntou quantas vezes se deveria perdoar uma pessoa. Pedro arriscou citar um limite: perdoar até sete vezes? Jesus respondeu com outro limite: "Não até sete, mas até setenta vezes sete". Ou seja, 490 vezes! Jesus não está dizendo aqui que deveríamos fazer um registro de contabilidade, anotando quantas vezes perdoamos cada um que nos ofende. O que ele ensinou é que devemos perdoar *sempre* e não considerar mais o assunto.

Talvez seja esse o nosso problema com o perdão. Dizemos que "perdoamos", mas ao mesmo tempo fazemos o nosso controle "contábil". Deus, assim nos ensina a Palavra, perdoa e esquece: "Eu lhes perdoarei a maldade e não me lembrarei mais dos seus pecados" (Jr 31.34), declaração que é repetida pelo autor da carta aos Hebreus (Hb 8.12). Porém, o perdão que Deus nos promete está intimamente ligado ao perdão que nós concedemos aos nossos devedores ou aos que nos ofendem (veja o versículo em destaque). Isso nem sempre é fácil, porque o pecado que há em nós nos inclina para a vingança e ao orgulho – e quem segue estas características não consegue perdoar, não agrada a Deus e seu fim será desastroso: "O orgulho vem antes da destruição; o espírito altivo, antes da queda" (Pv 16.18).

Portanto, convém lembrar e colocar em prática o pedido inserido na oração ensinada por Jesus, o pai-nosso: "Perdoa as nossas dívidas, assim como nós perdoamos aos nossos devedores" (Mt 6.12). – HM

**Não faz sentido os perdoados
por Deus não perdoarem seus irmãos.**

18 de dezembro

Meu filho

LEITURA BÍBLICA:
Atos 2.22-24; 36-41

Que os olhos do coração de vocês sejam iluminados, a fim de que vocês conheçam a esperança para a qual ele os chamou (Ef 1.18a).

Li um episódio no qual um adolescente entrou correndo na moradia de um certo homem, seguido de várias pessoas armadas decididas a matar o menino por causa de algum crime. O homem disse que não o entregaria. "Você quer perdoá-lo porque não sabe o que ele fez e nem quem ele matou", disseram. O homem respondeu: "Não importa, quero perdoá-lo". Disseram-lhe então: "Ele matou seu filho!" Mesmo assim, porém, ele disse: "Eu o perdoarei e vou criá-lo como se fosse o meu filho". Eis aí um retrato do grande o amor de Deus por nós! Ele fez mais do que perdoar o assassino de seu filho: perdoou *muitos* assassinos de seu Filho. Quando o apóstolo Pedro pregou no dia em que o Espírito Santo foi derramado, milhares de pessoas creram em Jesus – inclusive aqueles que o tinham perseguido até a morte. Pedro mostrou àquelas pessoas que elas haviam matado o Senhor Jesus (v 36), mas poderiam arrepender-se dos seus pecados e seriam perdoadas por Deus, recebendo a vida eterna. Seriam salvas por quem haviam assassinado! Se Deus perdoou aqueles assassinos de seu filho, pode perdoar quem ele desejar. Pedro disse que a oferta de perdão era para aquelas pessoas, seus descendentes e todos quantos fossem encontrados pelo Senhor (v 39). Por mais afastado de Deus que alguém se encontre, pode ser alcançado por seu amor. Ele quer libertar o homem da escravidão ao pecado – "Salvem-se desta geração corrompida" (v 40), foram as palavras de Pedro. Naquele dia, mais de três mil pessoas compreenderam a mensagem e creram em Jesus. Se, como elas, você também deseja seguir a Cristo, é preciso crer em Deus e em seu grande amor, reconhecer seus pecados e, arrependido, confessá-los a Deus para receber o perdão e a vida eterna. Depois, deve ouvir e praticar a Palavra de Deus, demonstrando seu amor a ele por meio da obediência. – HSG

Não há nada que possa impedir Deus de nos perdoar, a não ser nossa recusa.

19 de dezembro

Res-
postas

LEITURA BÍBLICA:
Lucas 1.26-38

Nada é impossível para Deus (Lc 1.37).

É comum ouvir sudações como: "O Senhor esteja com você", "Deus te acompanhe", "vá com Deus", "Deus te abençoe" etc. Você já parou para pensar o que significam essas expressões?

Note a sequência da revelação de Deus a Maria: quando o anjo Gabriel lhe disse que ficaria grávida, ela se perturbou com a grandeza da revelação e se pôs a pensar o que poderia significar aquela saudação. Continuando em conversa com Gabriel, ela fica perplexa, ou seja, admirada e confusa, e tinha todos os motivos para isso, uma vez que ainda não era casada, apenas noiva. Em seguida entende o plano de Deus e que para ele tudo é possível. Por último, faz o mais importante: diz sim a Deus e obedece.

O que acontece com você quando Deus se revela? Impressiona-se com a revelação? Fica perplexo e pensa no que seria aquilo? Entende o plano de Deus? E, por último, consegue dizer sim a Deus, a exemplo de Maria? Muitas vezes conseguimos acompanhar cada um desses estágios, mas nem sempre dizemos sim no último. Para Maria a saudação significou a possibilidade divina diante da impossibilidade humana – e então ela simplesmente creu nas promessas de Deus. Finalmente, sua atitude se expressa num cântico de louvor (Lc 1.46-55). Veja agora no trecho anterior à leitura o exemplo de quem não creu (Lc 1.5-20). Seis meses antes, Gabriel havia aparecido também a Zacarias, dizendo-lhe que teria um filho. Zacarias não crê na promessa divina e ainda arruma desculpas, dizendo que ele e sua esposa já eram velhos demais, além de ela ser estéril. Diante disso o anjo lhe informa que ficaria mudo até o dia do nascimento. Será que existem tantos mudos espirituais no meio cristão porque não confiam nas promessas de Deus? Zacarias recuperou a voz quando mostrou que, apesar da sua falta de fé, era obediente a Deus (Lc 1.63-64). O resultado também foi um cântico de louvor. Quando Deus fala conosco, será que nossa resposta o louva? – HS

**Ouvir, crer, obedecer e louvar
– passos de uma vida que agrada a Deus.**

20 de dezembro

Preo-cupado?

LEITURA BÍBLICA:
Lucas 12:22-34

*Onde estiver o seu
tesouro, ali também
estará o seu coração
(Lc 12.34).*

A vida é cheia de coisas preocupantes que nos deixam ansiosos, não é? Por exemplo: se vamos arranjar emprego e, uma vez arranjado, se vamos mantê-lo. Se o mantivermos, se seremos promovidos e, nesse caso, se ninguém vai puxar nosso tapete, e por aí vai. A lista é imensa. O que podemos fazer quando estamos ansiosos ou preocupados? Nada! Ooops... desculpe... podemos orar! Interessante: no texto que lemos, Jesus nem menciona a oração. Será que não devemos orar pelo que nos preocupa? Sim e não! Sim, porque devemos orar sempre. Não, porque certas questões não são apenas objeto de oração, mas de ação e reorganização. Neste texto, Jesus diz que os pagãos (os que não conhecem Deus) é que se preocupam com o básico, como comida e vestuário, e continua dizendo que Deus sabe que precisamos disso. A verdade é que a maioria de nós já tem o básico (comida, roupa e moradia). Não há por que tanta ansiedade, mas nossas preocupações com o excedente apontam o foco real da nossa vida. A questão aqui não é irresponsabilidade e comodismo, mas reavaliar aquilo que de fato nos ocupa (ou... pré-ocupa). Cabe perguntar: onde ficam os interesses de Deus na sua vida? Ele já prometeu suprir nossas necessidades se buscarmos primeiro o seu Reino. Então, por que preocupar-se com o básico quando vivemos de acordo com seus padrões? É fácil os interesses e o bem-estar pessoal – o *meu* reino – se tornarem o foco de orações egocêntricas. Uma vida tranquila baseia-se em priorizar o que Deus classifica assim: manter contato com ele e canalizar sua justiça e suas bênçãos a um mundo injusto e necessitado. Este seria o nosso papel principal – do resto Deus cuidará – e ele é digno de confiança em cumprir o que promete. Então, ore para entender as prioridades do Pai, faça tudo o que deve e nada que não possa; depois descanse e busque viver pelo que realmente vale a pena! – WMJ

**Deus quer cuidar de nós
– mas é preciso deixar o cuidado nas mãos dele.**

21 de dezembro

Menos

LEITURA BÍBLICA:
Lucas 12.13-21

A vida de um homem não consiste na quantidade dos seus bens (Lc 12.15d).

Deus deu ao homem o poder de dominar a terra e de servir-se dela, mas a ação humana extrapolou as possibilidades de sustentabilidade e administração sadia dos recursos naturais e hoje colhemos as consequências disto. Tudo porque o homem quer cada vez *mais*: mais dinheiro, mais poder, mais conforto, mais lucro, mais vantagens, mais bens de consumo, mais, mais, mais...

Imagine como seria um mundo em que o "menos" sobrepujasse o "mais". Um estilo de vida menos dispendioso teria *menos*: luxo, futilidade, consumismo desnecessário, desperdício de água, lixo, poluentes. As pessoas seriam *menos* egocêntricas e haveria menos palavras ríspidas no trânsito, correria, horas de trabalho, dinheiro no bolso, neurose, prestações para pagar, estresse, passividade diante das injustiças sociais, descompromisso com o próximo, sonegação do amor, mania de grandeza, superficialidade, mediocridade, mentira, tempo perdido com inutilidades, menos, menos, menos.

Acho que pouca gente quer ter menos. Afinal, nosso mundo nos conclama diariamente à ditadura do mais. E gostamos disso. Gostamos porque o "mais" nos diferencia dos outros e nos coloca acima deles, e com esta situação nos sentimos melhor. Tudo ilusão, diria o autor de Eclesiastes: é correr atrás do vento.

Jesus chamaria isso de tolice. Quando entendermos que podemos viver longe da opressão do "mais" e encararmos o desafio libertador do "menos", descobriremos o real poder do evangelho de Jesus e almejaremos ser o último em vez do primeiro, servir no lugar de sermos servidos, perder no lugar de ganhar, dar mais e reter menos, enfim, fazer morrer o velho para deixar brotar o novo – que nasce do Espírito e contraria nossos maus desejos, o sistema e o mal vigente – para finalmente revelar o Cristo vivo, Senhor da vida e razão de nossa existência.

Mais? Sim: santidade, tempo com Deus, maturidade espiritual... – WMJ

Menos de nós mesmos, mais de Cristo em nós.

22 de dezembro

Deus conosco!

LEITURA BÍBLICA:
Mateus 1.18-25

A virgem ficará grávida e dará à luz um filho, e lhe chamarão Emanuel, que significa Deus conosco (Mt 1.23).

Não posso entrar em detalhes do texto de hoje, mas, em especial, quero pensar no significado e aplicação de um nome que aparece nele, o tão conhecido e amado "Emanuel". O texto às vezes nos confunde. Um anjo aparece em sonho a José, fala de um nascimento, diz que o menino que haveria de nascer deveria ser chamado de Jesus (Mt 1.21), mas, de repente, cita uma profecia dando a entender que ele seria chamado de Emanuel (Is 7.14). O sonho se vai, o tempo também, nasce o menino e, por fim, lhe é dado o nome de Jesus (Mt 1.25). Ei! Espere um pouco, ele deveria ser chamado de Jesus ou de Emanuel?

Na verdade, no Novo Testamento Jesus nunca foi chamado pelo nome de "Emanuel". Seu nome sempre foi Jesus. O que o texto mostra é que Jesus é o "emanuel", ou seja, ele é o "Deus conosco", que é o significado deste termo hebraico. A importância, então, não está na palavra "emanuel" em si, como algo que designe alguém em particular, mas no seu significado, "Deus conosco". Se "emanuel" significa "Deus conosco" e Jesus é o emanuel, o que estava sendo anunciado para José naquele sonho é que a partir do nascimento de Jesus passaríamos a contar com a presença de Deus em nosso meio.

E mais, ele veio para ficar. Jesus não foi o "Deus conosco" apenas durante seu ministério na Terra, em forma humana, Jesus é o "Deus conosco". Ele mesmo prometeu: "Estarei sempre com vocês, até o fim dos tempos" (Mt 28.20). Isto não é maravilhoso? É claro que é! Como é bom olhar para a Palavra de Deus e perceber que Jesus, ainda que tão grande e poderoso, não está ausente, preocupa-se conosco, sempre esteve, está e estará ao nosso lado. Como é bom perceber que ele, ainda que não tenha sido chamado pelo nome de Emanuel, verdadeiramente é o "emanuel", Deus conosco, sempre presente, em toda e qualquer situação. – ARG

Jesus é Emanuel: ele é o Deus conosco!

23 de dezembro

Rejei-tado

LEITURA BÍBLICA:
João 1.10-13

Veio para o que era seu, mas os seus não o receberam (Jo 1.11).

Jesus veio ao mundo para restaurar o relacionamento de Deus com os homens, quebrado pelo pecado, conforme anunciaram os profetas. Na comemoração do Natal relembramos o cumprimento dessas profecias. Sempre me encanto ao ler aquela declaração feita pelo anjo aos pastores: "Hoje, na cidade de Davi, lhes nasceu o Salvador, que é Cristo, o Senhor" (Lc 2.11). Eles foram até Belém, viram o bebê e divulgaram a notícia. Mas quem deu crédito a essa boa nova? O profeta Isaías iniciou seu precioso 53º capítulo com esta pergunta: "Quem creu em nossa mensagem?" Foram estrangeiros, os magos, que acreditaram em uma estrela e vieram adorar o novo rei – o fato lembra Isaías 65.1: "Fui achado pelos que não me procuravam".

No texto de hoje, lemos que Jesus veio para os seus, mas estes o rejeitaram. Isso quer dizer que seu ministério foi dirigido primeiramente aos judeus, e seus discípulos foram orientados a pregar às ovelhas perdidas de Israel (Mt 10.6). Mas ele também atendeu pessoas de outras nacionalidades (por exemplo, Mt 15.21-28). No dia de sua morte, foram estrangeiros os primeiros a reconhecer que Jesus era o Filho de Deus (Mt 27.54).

Seu próprio povo o rejeitou, mas a salvação que sua morte na cruz trouxe vale para toda a humanidade. Na verdade, Jesus veio para *todos*. Deus dá às pessoas a oportunidade de receber o perdão por seus pecados por meio do sacrifício de Cristo, ter sua vida transformada e viver eternamente com ele. Cristo virá novamente, desta vez para o julgamento dos bons e dos maus. Aqueles que o receberam como único e suficiente Salvador e Senhor receberão a vida eterna.

Pilatos perguntou: "Que farei então com Jesus, chamado Cristo?" (Mt 27.22). E você, vai rejeitar a Cristo, como fizeram os judeus de sua época, ou vai recebê-lo em sua vida e se tornar filho de Deus? – HM

Jesus veio salvar a todos – você vai rejeitá-lo?

24 de dezembro

Natal

LEITURA BÍBLICA:
Lucas 2.8-20

Hoje, na cidade de Davi, lhes nasceu o Salvador, que é Cristo, o Senhor (Lc 2.11).

Um garoto aproveitou as férias escolares para passar alguns dias na casa do seu avô, que morava no campo e fazia esculturas em madeira. Numa noite, depois de um dia muito agitado, o menino foi ver o trabalho do avô, que estava criando as figuras do presépio. Apoiado na mesa, observava o escultor lascar cuidadosamente a madeira, mas adormeceu. Sonhou que as figuras do presépio estavam vivas. Aproximou-se da manjedoura para ver Jesus, que olhou para o garoto e disse: "Quero três coisas de você!" – "Sim, já sei: o meu tênis novo, meu skate e o meu trenzinho elétrico." – "Não quero nada disso." – "Então, o que você quer?" – "Traga-me aquela última redação que você escreveu."

Assustado, o menino respondeu:

"Justo essa? A professora, ao avaliá-la, escreveu 'Insuficiente'."

– "Traga-me todas as insuficiências de sua vida. Mais uma coisa: Traga-me a caneca de porcelana com a qual você toma leite."

– "Jesus, esta não existe mais: quebrou." – "Então traga-me todas as coisas quebradas de sua vida. Ah, sim, traga-me também a resposta que você deu à sua mãe quando ela perguntou sobre a caneca."

O menino começou a chorar.

"Jesus, eu menti para a minha mãe. Disse-lhe que havia caído por descuido, quando na verdade eu a quis quebrar."

– "Traga-me todas as mentiras de sua vida."

Então o menino acordou. É apenas uma historinha, mas quanto ela nos ensina!

Jesus veio ao mundo porque a todo momento constatamos a nossa insuficiência e queremos mudar, mas não podemos; porque há tantas coisas quebradas em nossa vida, como os relacionamentos; porque há tanta coisa mal contada – mentiras e hipocrisias.

Esta é a boa notícia do Natal: Deus enviou seu filho para libertar as pessoas de seus pecados. Jesus agora espera que lhe entreguemos nossa insuficiência, as coisas quebradas e as mal contadas de nossa vida. Você já fez isso? – LSCH

O Natal aconteceu porque Deus nos ama e quer salvar-nos.

25 de dezembro

Envolto

em panos

LEITURA BÍBLICA:
Lucas 2.1-7

Isto lhes servirá de sinal: encontrarão o bebê envolto em panos e deitado numa manjedoura (Lc 2.12).

Eu tinha cinco anos de idade quando nasceu o meu irmão caçula. Uma senhora que morava conosco, Tia Emilia, tirou de um velho baú um monte de panos e foi ao rio para lavá-los. Ela disse que eram as fraldas que eu usava quando criancinha e que agora seriam usadas pelo meu irmãozinho. O texto de hoje também fala em panos. Que tipo de "panos" seriam aqueles em que Maria enrolou o seu bebê? Certamente não eram como as fraldas descartáveis que conhecemos hoje. Será que eram fraldas semelhantes àquelas que minha mãe usou comigo e que ainda serviram para o meu maninho? Não sei. Mas certamente era o melhor que Maria tinha ao seu alcance.

Aqui na terra, Jesus foi pobre. O apóstolo Paulo explicou: "Vocês conhecem a graça de nosso Senhor Jesus Cristo que, sendo rico, se fez pobre por amor de vocês, para que por meio de sua pobreza vocês se tornassem ricos (2Co 8.9). Ao nascer, Cristo foi envolvido em panos, e quando morreu José de Arimateia e Nicodemos, que eram homens ricos, envolveram seu corpo não em panos, mas em lençóis finos e aromas. A sepultura também era nova – isso faz lembrar a profecia de Isaías 53.9, que diz que o Messias haveria de ser sepultado com os ricos.

Que lugar e que tipo de "panos" você teria hoje para Jesus? Ou seja, o que você teria para lhe oferecer? Confesso que os meus panos são imprestáveis. Não servem. Mas pela graça de Deus, revelada em Cristo, ele é que providenciou para mim vestimentas novas, brancas, puras e resplandecentes. Devemos alegrar-nos com o que Deus fez: vestiu-nos com as roupas da salvação e colocou sobre nós o manto da justiça (Is 61.10b). – HM

**Troque os panos sujos do pecado
pela nova roupa da salvação!**

26 de dezembro

Graça e paz

LEITURA BÍBLICA:
Filipenses 1.1-3

A vocês, graça e paz da parte de Deus nosso Pai e do Senhor Jesus Cristo (Fp 1.2).

Geralmente quando se pergunta "tudo bem?" no fundo se quer dizer "por favor, diga que sim, pois não quero ouvir suas queixas". É apenas uma saudação, nada mais, palavras raramente com sentido literal. Aliás, quantas outras saudações já perderam seu real sentido pelo uso?

Todas as cartas de Paulo têm como saudação inicial a expressão "graça e paz" (exceto as duas cartas a Timóteo que têm "graça, misericórdia e paz"). Muitas comunidades cristãs desenvolveram o hábito de saudarem-se assim uns aos outros. Evidentemente não tenho nada contra isto, muito pelo contrário. Mas para que seu uso seja genuíno, sem cair no mesmo "buraco negro" das demais saudações, é importante que seu sentido não seja também perdido pelo uso.

Graça: receber a graça de Deus é ser tratado com bondade por aquele a quem tão gravemente ofendi. Classicamente se define graça como "favor imerecido", isto é, ser favorecido por Deus mesmo não merecendo. Assim sendo, graça pressupõe falta de méritos. Se alguém acha que tem merecimentos, pode reivindicar o que merece, não precisa de graça, que é para quem sabe que não os tem. Quando saúdo você com "a graça de Jesus" estou lhe dizendo que sei que você é como eu alguém que não tem méritos que o tornem digno de reivindicar o que quer que seja diante de Deus, mas quer sua bênção, e portanto necessita de graça.

E paz? No contexto cristão paz não tem coisa alguma a ver com ausência de conflitos, mas com um coração tranquilo mesmo nas piores adversidades. Geralmente falta de paz tem a ver com não saber: não sei no que vai dar, o que acontecerá. E então a graça deságua em paz pois *sei* que nada mereço mas também *sei* da graça de Deus. Quando lhe desejo graça e paz, estou lhe desejando, na verdade, felicidade verdadeira a toda prova. – MHJ

A você leitor, a graça e a paz de Jesus Cristo.

27 de dezembro

Messias

LEITURA BÍBLICA:
Atos 2.32-36

*Cristo é o poder de
Deus e a sabedoria de
Deus (1Co 1.24).*

V ocê conhece o significado do seu nome? Talvez seja até bem antigo! Doroteia, por exemplo, é grego e significa "dom de Deus". Muitos nomes bíblicos são bastante comuns, como Marcos, João ou Maria. Existe até quem se chame Messias, talvez sem saber o significado. Messias é, na verdade, um título, e muito importante na Bíblia. É hebraico e significa "o ungido". Seria alguém como Davi, ungido pelo profeta Samuel para ser rei de Israel (1Sm 16.13), mas sua grande importância vem de pertencer a Jesus, nosso Salvador. Por séculos os judeus ouviram profecias da vinda do Messias, que reinaria com poder e glória. Aqueles, porém, aos quais se dirigiu o texto lido hoje entenderam mal essas profecias e esperavam um líder político para libertá-los dos romanos. Por isso Jesus não permitia que seus discípulos o chamassem publicamente de Messias, pois veio como Salvador. A uma mulher samaritana, porém, Jesus pôde revelar: "Eu sou o Messias!" (Jo 4.26). Ela creu nele e teve sua vida restaurada! Um dia Pedro declarou a Jesus: "Tu és o Cristo, o Filho do Deus vivo!" (Mt 16.16). Depois de morrer, ressuscitar e retornar para junto do Pai, Jesus enviou o Espírito Santo, por meio de cujo poder Pedro o revelou como Messias a milhares, confrontando-os com o fato de terem crucificado o Senhor. Isto os abalou tão profundamente que cerca de três mil pessoas se submeteram a Jesus como Messias.

Jesus Cristo é o nome-chave do evangelho. Paulo afirma: "Pregamos a Cristo crucificado" (1 Co 1.23) e, segundo o versículo em destaque, ele é o poder de Deus. Paulo alegrava-se quando os cristãos viviam firmes em Cristo (Cl 2.5). Você também pode ter uma fé firme no verdadeiro Messias, "pelo precioso sangue de Cristo" (1 Pe 1.19). Quem entrega sua vida a ele é justificado "gratuitamente por sua graça, por meio da redenção que há em Cristo Jesus" (Rm 3.24). Creia e declare a sua fé no Messias a outras pessoas! – TL

**Jesus Cristo, o Messias, ungido para ser rei do mundo,
espera o seu convite para reinar em você também.**

28 de dezembro

Deus verda- deiro

LEITURA BÍBLICA:
2 Crônicas 32.1-22

Saibam que o Senhor, o seu Deus, é Deus ... que mantém a aliança e a bondade por mil gerações daqueles que o amam e obedecem aos seus mandamentos. Mas àqueles que o desprezam, retribuirá com destruição (Dt 7.9-10a).

Numa época de tanta confusão religiosa, com soluções mágicas e deuses para todos os gostos e demandas, as pessoas têm dificuldade em identificar o que é verdade e o que não é. Há os que afirmam haver muitos caminhos para chegar a Deus, enquanto outros negam mesmo que possa existir um Deus. Alguns até defendem que o verdadeiro caminho é o próprio homem, que poderia tornar-se deus. Tantas teorias aceitas como verdades fazem com que muitos duvidem se a Bíblia está mesmo correta ao afirmar que o único Deus é o que seguimos. Diante de tantas opções, em que você realmente crê? O texto de hoje mostra um rei orgulhoso de seus feitos, pronto a conquistar Judá. Sua estratégia foi desacreditar o rei Ezequias e principalmente o Senhor, tratado como um deus qualquer. Senaqueribe insultou a Deus, desafiando seu poder. Ezequias encorajou o povo, dizendo: "Com ele está somente o poder humano, mas conosco está o Senhor, o nosso Deus, para nos ajudar e para travar as nossas batalhas" (v 8). Os assírios não sabiam do que o Deus verdadeiro é capaz, e pagaram com suas próprias vidas por suas ofensas.

Eles tinham conhecido vários deuses, mas, sendo apenas ídolos, estes não puderam defender os povos que os adoravam. Por que com o Deus de Judá seria diferente? Porque Deus é o único e verdadeiro Deus, que cuida de seu povo e o protege, não engana ninguém, é fiel e age para sua própria glória.

É nisso que você acredita? É em Deus que está sua confiança, ou em outros "deuses" – amuletos, homens, poder? Deus de verdade é aquele que age, e para comprovar isso é preciso deixar Deus agir em sua vida. Não busque ajuda em outros caminhos, mas naquele que é único e verdadeiro. – VWR

Em que você baseia sua confiança? (2Rs 18.19)

29 de dezembro

Bem
e mal

LEITURA BÍBLICA:
Isaías 5.18-23

*Para mim, bom é
estar perto de Deus;
fiz do Soberano
Senhor o meu refúgio;
proclamarei todos os
teus feitos (Sl 73.28).*

Desde abusar da velocidade no trânsito até sonegar impostos, passando pelos desperdícios de tempo e dinheiro, são muitos os exemplos de como somos atraídos pelo que é mau. Além da atração pelo mal, temos a tendência de chamá-lo de bem e ainda de contar vantagem do que fazemos de errado, até em tom de brincadeira. A Bíblia adverte seriamente contra essa tendência de chamar o mal de bem e o bem de mal. Esta é a raiz de toda prática do mal. Quem faz alguma coisa errada só a faz porque antes se convenceu de que ela não é má. Eva foi convencida antes de pecar de que não estava fazendo nada de mau. A serpente disse que nada aconteceria de mau. Ainda disse que o resultado seria bom – ela seria como Deus (Gn 3.4). Quando queremos fazer alguma coisa errada, arranjamos uma justificativa apropriada para nos desculpar. E em nome do bem, cometemos o mal. Uma pessoa sábia foge desta maneira errada de viver. Chama o bem de bem e o mal de mal.

Quanta coisa tem feito parte de nossa vida sem nunca servir para nada de benéfico. Quantos hábitos são constantes em nosso dia-a-dia e só nos fazem piores – porque chamamos o mal de bem. Quantas coisas boas têm sido ignoradas por nós. Desprezamos pessoas amigas, momentos felizes, muitas oportunidades de crescimento e alegria – porque chamamos o bem de mal. Viver de maneira sábia é não se deixar levar pela aparência, mas buscar conhecer a essência das coisas – o que não só *parece* bom, mas *é de fato* bom. Não seguir pelo caminho da rapidez e da facilidade, mas pelo caminho reto ensinado na Palavra de Deus.

Isto se aplica mesmo nas coisas simples, como o comportamento no trânsito ou a administração do dinheiro, quanto mais no relacionamento humano e, principalmente, com Deus. A verdadeira satisfação e paz passam pela prática do bem em lugar do mal. – HSG

Para se dar bem, pratique o bem.

30 de dezembro

Melhor idade?

LEITURA BÍBLICA:
Salmo 90

Lembre-se do seu Criador nos dias da sua juventude, antes que venham os dias difíceis e se aproximem os anos em que você dirá: Não tenho satisfação neles (Ec 12.1).

Servindo a Deus como pastor, usei muitas vezes o texto de Salmo 90.10 quando visitava aniversariantes. Mas hoje, quando já alcancei os 29.220 dias, ou seja, 80 anos, este texto tem um sabor diferente e vejo algo que antes me passava despercebido. Isto então me faz lembrar Jó, que no final de sua dramática experiência com Deus declarou: "Meus ouvidos já tinham ouvido a teu respeito, mas agora os meus olhos te viram" (Jó 42.5). Ele diz que no passado conhecia Deus teoricamente; agora, porém, é pela experiência. *Falar* sobre o que é a vida após os setenta anos é uma coisa; *viver* oitenta anos é outra. O Salmo 90 é uma oração escrita por Moisés, certamente quando já havia cruzado a casa dos oitenta. O que ele escreve é resultado de sua experiência de vida. Moisés faleceu aos cento e vinte anos de idade, e dele foi dito: "Nem os seus olhos e nem o seu vigor tinham se enfraquecido" (Dt 34.7).

A primeira frase de Salmo 90.10 lembra de forma poética ao que alcança 80 anos que pode considerar-se abençoado. Entretanto, Moisés faz um acréscimo não tão poético: "São anos difíceis e cheios de sofrimentos." Isso seria coisa da "melhor idade", como se diz por aí?

Para quem vive com Deus, mesmo os tempos difíceis são suportáveis porque Deus está com seus filhos sempre. Melhor é lembrar-se do Senhor desde a juventude, para que ao chegar à velhice possa lembrar, agradecido, tudo o que o Senhor fez em sua vida. A fidelidade de Deus nos fará suportar qualquer doença, perda ou impedimento físico que geralmente ocorrem quando se chega a uma idade avançada. Portanto, não desanime: você ainda terá muitas experiências com Deus se continuar confiando nele. – HM

**Com Deus, qualquer fase da vida
é a melhor idade.**

31 de dezembro

Uma auto-avaliação

LEITURA BÍBLICA:
Salmo 119.1-11

Guardei no coração a tua palavra, para não pecar contra ti (Sl 119.11).

O final do ano é uma oportunidade para avaliar como tem sido a nossa vida à luz da ética e dos princípios ensinados por Jesus. Pare um pouquinho, deixe a balbúrdia e a agitação do dia-a-dia de lado e pense no seguinte:

– Realizei tudo o que podia, da melhor maneira possível? Em outras palavras, será que procedi conforme Paulo ensina: "Tudo o que fizerem, façam de todo o coração, como para o Senhor e não para os homens" (Cl 3.23)?

– Fui bondoso e misericordioso para com aqueles que são menos afortunados do que eu?

– Tratei meus familiares com respeito e amabilidade?

– Fui agradecido pelas belezas da natureza que o Pai celestial nos deu com tanto amor?

– Tenho tratado com respeito a natureza?

– Tive uma atitude animada diante das adversidades, como aconselhou Neemias ao povo: "Não se entristeçam, porque a alegria do Senhor os fortalecerá" (Ne 8.10c)?

– Estive satisfeito com as pequenas coisas da vida e não reclamei porque gostaria de ter mais?

– Fui paciente com as ideias dos outros, jovens e idosos, mesmo quando diferiam das minhas próprias, segundo Paulo ensina em 2Tm 2.24: "Ao servo do Senhor não convém brigar mas ser amável para com todos, apto para ensinar, paciente"?

– Ajudei alguém ao longo do caminho, quando ele era mais áspero para o outro do que para mim?

Outro dia li o seguinte: "Deus está esperando que comecemos a fazer tudo aquilo para o qual esta vida nos foi dada". Portanto, não desperdice mais tempo. Que ele abençoe a sua vida, guiando-o hoje e sempre em direção àquilo que você almeja ser. Que você possa realizar os projetos do Senhor para sua vida e se torne o que ele quer que você seja. – EOL

**Pela leitura bíblica de hoje,
sua conduta seria aprovada?**

Índice de Referências Bíblicas

Referências	Datas	Referências	Datas	Referências	Datas
Sl 119.109-114	..03/01	Jr 18.1-12	......16/12	Mt 24.1-14	.......01/04
Sl 121.1-8	.........05/01	Jr 19.1-4	.........15/12	Mt 25.14-30	......14/06
Sl 124.1-8	.........05/11	Jr 23.25-32	.....09/01	Mt 25.31-46	......05/02
Sl 126.1-6	.........22/10	Jr 29.10-15	......08/07	Mt 28.16-20	......14/02
Sl 127.1-5	.........10/03	Jr 35.1-19	........30/04	Mc 1.1-4	.........17/01
Sl 128.1-4	.........15/03	Lm 2.1-13	........22/11	Mc 1.35-39	......16/09
Sl 130.1-8	.........09/12	Lm 3.19-26	......12/04	Mc 1.40-45	......02/05
Sl 133.1-3	.........19/05	Ez 3.16-21	......17/02	Mc 4.35-41	......16/05
Sl 136.1-26	........27/03	Ez 8.1-6	.........01/12	Mc 6.1-6	.........11/07
Sl 139.1-12	........21/02	Ez 18.1-20	........11/01	Mc 6.45-52	......08/10
Sl 139.15-18	......28/02	Ez 18.21-23	......27/04	Mc 7.31-37	......15/08
Pv 3.1-4	.........28/11	Ez 34.1-10	........20/01	Mc 8.27-30	.....25/11
Pv 3.21-26	......23/03	Dn 1.1-9	.........17/04	Mc 9.2-8	.........12/09
Pv 3.27-28	......19/08	Dn 3.1-30	........04/03	Mc 10.17-27	......20/07
Pv 6.6-11	........01/05	Dn 12.8-13	........29/06	Mc 10.46-52	.....03/10
Pv 8.12-14	......07/08	Os 11.1-11	........13/12	Mc 12.18-27	.....05/03
Pv 8.22-36	......14/08	Am 5.21-27	......18/06	Mc 13.1-8	.........05/12
Pv 9.10-18	......26/10	Ob 1.1-21	........26/04	Mc 14.3-9	.........21/03
Pv 13.10-16	......13/01	Jn 1.1-17	........31/05	Mc 14.66-72	.....28/03
Pv 15.1-7	.........07/10	Jn 4.1-3	.........10/12	Mc 16.1-20	........04/04
Pv 16.1-3	.........30/01	Jn 4.1-11	........17/11	Lc 1.26-38	......19/12
Pv 17.17	.........21/05	Na 2.13-3.4	.....16/11	Lc 2.1-7	.........25/12
Pv 20.19-23	......15/01	Hc 3.17-19	......03/03	Lc 2.8-20	........24/12
Pv 26.13-16	......28/08	Ag 1.1-11	........30/06	Lc 6.20-26	......20/02
Pv 26.23-28	......25/03	Zc 2.1-13	........06/09	Lc 6.37-42	......16/07
Ec 1.12-18	......15/07	Zc 13.1-2	.........19/03	Lc 7.1-10	........21/06
Ec 3.1-15	........17/10	Ml 1.6-14	........28/05	Lc 7.31-35	......23/06
Ec 4.8-12	........24/04	Ml 3.13-18	......13/05	Lc 9.46-48	......19/01
Ec 5.10-15	......07/06	Ml 4.1-6	.........19/07	Lc 10.25-37	......15/02
Ec 6.1-12	........18/03	Mt 1.18-25	......22/12	Lc 10.30-35	......01/09
Ec 9.11-16	......20/03	Mt 5.1-12	........13/11	Lc 10.38-42	......29/07
Is 1.11-17	......22/02	Mt 5.13-16	......14/10	Lc 12.13-21	......21/12
Is 1.16-19	......19/11	Mt 5.21-22	......20/11	Lc 12.22-34	......20/12
Is 5.18-23	......29/12	Mt 6.19-21	......24/05	Lc 12.35-48	......08/12
Is 40.1-10	........29/11	Mt 7.7-11	........24/02	Lc 13.1-5	.........18/09
Is 41.8-13	........26/11	Mt 7.15-23	......06/12	Lc 13.22-30	......21/04
Is 49.3-4	.........22/07	Mt 7.24-27	......28/07	Lc 17.3-10	........29/01
Is 55.1-5	.........30/03	Mt 9.1-8	.........16/06	Lc 17.20-37	......15/04
Is 55.1-7	.........04/12	Mt 9.35-36	......07/02	Lc 18.9-14	........17/08
Is 59.1-2	.........11/08	Mt 9.35-38	......26/06	Lc 19.1-10	........02/12
Is 61.1-2	.........01/01	Mt 11.28-30	......24/07	Lc 21.20-28	......10/05
Jr 5.1-5	.........21/09	Mt 12.46-50	......02/01	Lc 22.39-46	......12/11
Jr 7.9-15	........13/08	Mt 15.11-20	......04/08	Lc 23.26-43	......03/04
Jr 8.4-13	........08/01	Mt 16.24-28	......18/11	Jo 1.10-13	......23/12
Jr 10.1-7	.........26/05	Mt 18.21-35	......17/12	Jo 4.1-26	........04/06
Jr 17.5-8	.........20/04	Mt 19.1-6	.........06/03	Jo 4.19-26	......07/01

Referências	Datas	Referências	Datas	Referências	Datas
Jo 6.38-51	14/09	1Co 15.21-28	06/04	Fm 1.8-16	02/07
Jo 7.37-44	07/12	1Co 15.35-49	02/11	Hb 4.14-16	24/03
Jo 8.3-11	16/10	2Co 1.3-11	30/09	Hb 10.10-14	09/02
Jo 8.12	16/01	2Co 2.5-11	24/08	Hb 11.1-6	07/07
Jo 8.31-36	09/03	2Co 10.3-6	16/03	Hb 11.7-12	12/06
Jo 9.1-5	02/10	Gl 5.16-26	18/04	Hb 11.8-16	01/02
Jo 11.1-15	14/07	Ef 1.3-14	24/11	Hb 12.4-11	19/02
Jo 14.1-7	05/07	Ef 2.8	31/10	Hb 12.15-17	28/06
Jo 15.1-17	10/01	Ef 4.17-24	02/03	Tg 1.1-4	26/02
Jo 20.1-18	05/04	Ef 5.1-7	28/01	Tg 2.1-9	30/11
At 2.1-12	23/05	Ef 5.8-17	18/08	Tg 2.14-18	09/04
At 2.32-36	27/12	Ef 5.17-21	10/07	Tg 3.1-12	06/08
At 2.22-41	18/12	Fp 1.1-3	26/12	Tg 3.9-12	15/06
At 3.1-16	16/04	Fp 1.27-30	19/04	Tg 4.11-12	24/06
At 8.26-34	17/05	Fp 2.5-11	02/04	Tg 5.13-20	06/01
At 9.36-42	12/05	Fp 2.19-30	31/08	1Pe 1.1-2	15/11
At 16.11-15	08/03	Fp 3.1-4	12/01	1Pe 1.17-25	03/08
At 16.25-33	08/09	Fp 3.12-16	23/01	1Pe 2.9-10	17/06
At 17.16-30	18/02	Fp 4.4-7	17/09	1Pe 3.8-12	27/05
Rm 1.18-32	10/02	Cl 3.5-11	12/08	2Pe 2.1-22	01/06
Rm 6.1-8	03/07	Cl 3.9-17	13/06	1Jo 1.1-2.1	02/09
Rm 6.15-23	23/10	1Ts 4.13-18	16/02	1Jo 1.1-4	07/03
Rm 7.21-25	09/06	1Ts 5.16-18	17/07	1Jo 4.7-12	14/04
Rm 8.12-17	13/07	1Tm 1.18-20	25/08	1Jo 4.9	14/03
Rm 12.1-5	20/08	1Tm 4.12-16	29/05	1Jo 5.1-3	28/10
Rm 12.9-16	25/02	1Tm 6.6-10	01/11	3Jo 1.1-8	19/06
Rm 12.17-21	26/03	2Tm 1.1-7	09/05	Jd 1.1-25	03/11
Rm 16.17-20	10/09	2Tm 4.1-5	12/12	Ap 2.1-7	27/02
1Co 1.4-9	31/03	2Tm 4.5-8	21/01	Ap 3.1-6	22/06
1Co 7.1-11	23/08	Tt 1.10-16	11/12	Ap 3.7-13	13/10
1Co 9.19-27	04/07	Tt 3.3-8	27/01	Ap 4.1-11	11/04
1Co 10.23-33	24/10	Tt 3.12-14	21/08	Ap 3.14-21	04/10
1Co 13.8-11	04/11	Fm 1.1-3	10/10		

Rádio Trans Mundial
Caixa Postal 18.113
04626-970 São Paulo - SP
Email: rtm@transmundial.com.br
Site: www.transmundial.com.br

Para solicitar o Pão Diário
Tel.: 11 5031.0857
Fax: 11 5031.3533 ramal 218
Email: vendas@transmundial.com.br
Site: www.transmundial.com.br

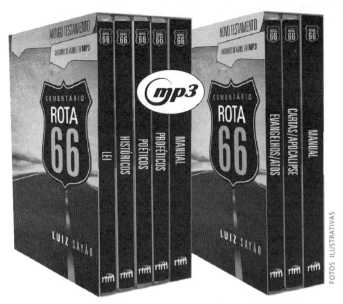

Box: 9 CDs em MP3 com 396 estudos e livro manual

Box: 4 CDs em MP3 com 218 estudos e livro manual

FOTOS ILUSTRATIVAS

ROTA 66 com LUIZ SAYÃO

Rota 66 - Antigo Testamento e Novo Testamento

Esta imprescindível coleção leva o ouvinte ao começo de uma viagem pelo primeiro "comentário bíblico falado" do Brasil. Em cada CD desta coleção, você viajará com o teólogo e hebraísta Luiz Sayão em uma fantástica jornada pelos 66 livros que compõem as Escrituras Sagradas.

O Rota 66 é um programa de rádio produzido e transmitido pela Rádio Trans Mundial. Agora você tem em suas mãos uma ferramenta de estudo indispensável e muito fácil de usar. Você pode escutá-lo em casa, no carro, em grupos pequenos ou com os amigos no seu tempo disponível.

Apresentadas de forma simples e prática, as lições do Rota 66 serão de extrema importância para desvendar os mais diferentes temas bíblicos como teologia, história de Israel, arqueologia bíblica, vida diária nos tempos de Jesus e o início da igreja.

Nas melhores livrarias
ou pelos telefones (11) 5031.3533 e 5031.0857
transmundial.com.br

rádio trans mundial

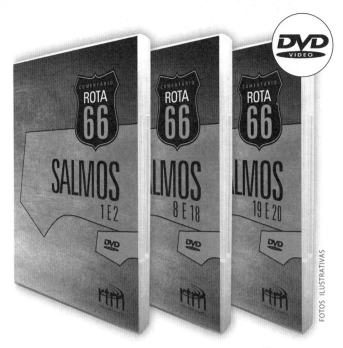

FOTOS ILUSTRATIVAS

SALMOS com LUIZ SAYÃO

Uma jornada espiritual pelo livro de Salmos

Os Salmos eram o hinário do antigo Israel. Usado no culto e na liturgia do templo, o livro reúne as mais belas poesias da literatura hebraica bíblica, revelando a teologia e a espiritualidade do Antigo Testamento de modo peculiar e profundamente tocante.

A diversidade dos Salmos chama a atenção. São hinos, cânticos de gratidão, salmos didáticos, invocação de bênçãos, cânticos de confiança, salmos sapienciais, poemas imprecatórios e até lamentos. A Rádio Trans Mundial amplia o grande sucesso do Comentário em Áudio Rota 66 e passa a oferecer uma coleção em vídeo. São 15 DVDs com um total de 30 Salmos gravados na Terra Santa.

O teólogo e hebraísta Luiz Sayão, comenta cada Salmo nos lindos e milenares cenários e traz à vida as informações antes presas ao papel e ao áudio. Um estudo vivo e empolgante das Escrituras.

Nas melhores livrarias
ou pelos telefones (11) 5031.3533 e 5031.0857
transmundial.com.br

rádio trans mundial

Espiral - 14 x 21 cm 392 pgs.

Pão Diário Traz Surpresas para Hoje 2010 - Edição Anual

Surpresas para Hoje é um devocional infantil, para crianças a partir de 7 anos, mas que pode ser lido por toda família, no culto doméstico.

O *Surpresas* traz, todos os dias, uma leitura bíblica com explicação, histórias, desenhos para colorir, passatempos, charadas e atividades educativas que estimulam o contato com a Palavra de Deus.

O *Surpresas para Hoje* reconta as mesmas mensagens encontradas aos domingos, no já conhecido Pão Diário. É a Palavra de Deus para a família inteira.